GLOSSÁRIO ETIMOLÓGICO DE VERTEBRADOS
ORIGEM GREGA E LATINA DOS TERMOS

Editora Appris Ltda.
1.ª Edição - Copyright© 2025 do autor
Direitos de Edição Reservados à Editora Appris Ltda.

Nenhuma parte desta obra poderá ser utilizada indevidamente, sem estar de acordo com a Lei nº 9.610/98. Se incorreções forem encontradas, serão de exclusiva responsabilidade de seus organizadores. Foi realizado o Depósito Legal na Fundação Biblioteca Nacional, de acordo com as Leis nos 10.994, de 14/12/2004, e 12.192, de 14/01/2010.

Catalogação na Fonte
Elaborado por: Dayanne Leal Souza
Bibliotecária CRB 9/2162

F356g
2025
	Ferigolo, Jorge
	   Glossário etimológico de vertebrados: origem grega e latina dos termos /
	Jorge Ferigolo. – 1. ed. – Curitiba: Appris, 2025.
	   455 p. ; 23 cm. – (Coleção Dicionários Técnicos e Científicos. Linguagens
	e especialidades).
	
	   Inclui referências.
	   ISBN 978-65-250-7266-1
	
	   1. Glossário. 2. Etimologia. 3. Vertebrados. 4. Grego. 5. Latim.
	   I. Ferigolo, Jorge. II. Título. III. Série.
	                                                                                         CDD – 590.3

Livro de acordo com a normalização técnica da ABNT

Appris editora

Editora e Livraria Appris Ltda.
Av. Manoel Ribas, 2265 – Mercês
Curitiba/PR – CEP: 80810-002
Tel. (41) 3156 - 4731
www.editoraappris.com.br

Printed in Brazil
Impresso no Brasil

JORGE FERIGOLO

GLOSSÁRIO ETIMOLÓGICO DE VERTEBRADOS
ORIGEM GREGA E LATINA DOS TERMOS

Appris
editora

Curitiba, PR
2025

FICHA TÉCNICA

EDITORIAL
Augusto Coelho
Sara C. de Andrade Coelho

COMITÊ EDITORIAL
Ana El Achkar (Universo/RJ)
Andréa Barbosa Gouveia (UFPR)
Antonio Evangelista de Souza Netto (PUC-SP)
Belinda Cunha (UFPB)
Délton Winter de Carvalho (FMP)
Edson da Silva (UFVJM)
Eliete Correia dos Santos (UEPB)
Erineu Foerste (Ufes)
Fabiano Santos (UERJ-IESP)
Francinete Fernandes de Sousa (UEPB)
Francisco Carlos Duarte (PUCPR)
Francisco de Assis (Fiam-Faam-SP-Brasil)
Gláucia Figueiredo (UNIPAMPA/ UDELAR)
Jacques de Lima Ferreira (UNOESC)
Jean Carlos Gonçalves (UFPR)
José Wálter Nunes (UnB)
Junia de Vilhena (PUC-RIO)

Lucas Mesquita (UNILA)
Márcia Gonçalves (Unitau)
Maria Aparecida Barbosa (USP)
Maria Margarida de Andrade (Umack)
Marilda A. Behrens (PUCPR)
Marília Andrade Torales Campos (UFPR)
Marli Caetano
Patrícia L. Torres (PUCPR)
Paula Costa Mosca Macedo (UNIFESP)
Ramon Blanco (UNILA)
Roberta Ecleide Kelly (NEPE)
Roque Ismael da Costa Güllich (UFFS)
Sergio Gomes (UFRJ)
Tiago Gagliano Pinto Alberto (PUCPR)
Toni Reis (UP)
Valdomiro de Oliveira (UFPR)

SUPERVISORA EDITORIAL
Renata C. Lopes

PRODUÇÃO EDITORIAL
Adrielli de Almeida

REVISÃO
Camila Dias Manoel

DIAGRAMAÇÃO
Bruno Ferreira Nascimento

CAPA
Mateus de Andrade Porfírio

REVISÃO DE PROVA
Jibril Keddeh

COMITÊ CIENTÍFICO DA COLEÇÃO DICIONÁRIOS TÉCNICOS E CIENTÍFICOS: LINGUAGENS DE ESPECIALIDADES

DIREÇÃO CIENTÍFICA
Maria Margarida de Andrade (Umack)

Maria Aparecida Barbosa (USP)

CONSULTORES
Maria Luísa Ortiz Alvares (UnB)
Ieda Maria Alves (USP)
Alice Maria Ferreira de Araújo (PUC-GO)
Francis Henrik Aubert (USP)
Maurizio Babini (Unesp-Rio Preto)
Lídia Almeida Barros (Unesp-Rio Preto)

Rosiane Cristina Gonçalves Braga (UFMT)
Guiomar Fanganiello Calçada (USP)
Maria Vicentina de Paula do Amaral Dick (USP)
Lineide do Lago Salvador Mosca (USP)
Jeni Silva Turazza (PUC-SP)

PREFÁCIO

Na presente obra, *Glossário etimológico de vertebrados: origem grega e latina dos termos*, Jorge Ferigolo apresenta e discute a etimologia dos principais termos utilizados no estudo dos vertebrados, em particular sua anatomia. O termo grego *etimos* se refere à "verdadeira" origem das palavras. Por exemplo, como se originam os termos científicos da anatomia? **Fíbula**, por exemplo. Fíbula era um alfinete para prender a túnica dos romanos. O mesmo alfinete era chamado de **perônio** pelos gregos, termos utilizados por Vesalius e Galeno para se referirem ao osso lateral à tíbia, e que por analogia parece a agulha do prendedor de túnicas. Outro exemplo notável, dos muitos milhares, são os nomes **amônia** e **amoníaco**. Qual sua origem? Entre outras hipóteses, há a de que os termos provêm do fato de que os egípcios produziam o que os gregos chamaram de *hals ammoniakos*, "sal de Amon", utilizado na lavagem de roupas, misturando água do mar à urina de camelos, em um local próximo ao templo de Amon, o principal deus dos antigos egípcios.

Pela profundidade do tema que desenvolve, e sua necessidade na ciência em geral, esta obra cumprirá importante papel para um melhor entendimento do significado dos nomes científicos, bem como na criação, pelos cientistas, de termos a serem utilizados em sua pesquisa (como na concepção de nomes de famílias, gêneros e espécies).

Dr.ª Ana Maria Ribeiro

Paleontóloga do Museu de Ciências Naturais, Departamento de Biodiversidade, SEMARS; professora/orientadora do PPG Geociências, UFRGS; professora/orientadora e coordenadora do PPG em Sistemática e Conservação da Diversidade Biológica (SEMARS/UERGS); editora da Revista Brasileira de Paleontologia.

APRESENTAÇÃO

Neste trabalho, damos a lume a origem grega e/ou latina dos principais termos da Zoologia, com ênfase na Anatomia de Vertebrados, para utilização em futuras pesquisas e na história da anatomia e fisiologia. Qual é a origem dos termos científicos? Muitas vezes não encontramos um lugar que explique suas origens, o que acontece em todas as áreas do conhecimento. Muitos têm origem em Homero, em Filósofos Pré-Socráticos, Hipócrates, Aristóteles etc. Por exemplo, de onde vem o termo Anatomia? Do prefixo privativo *an-*, sem, não + *tomos*, partes; portanto sem partes. E os nomes dos ossos? Qual é a origem do nome tíbia? Tíbia era uma flauta romana, feita com o osso hoje chamado de tíbia, da perna de aves. O mesmo se dá com os demais termos, milhares, como crânio, encéfalo, vértebra, clavícula etc. Encéfalo quer dizer, literalmente, "dentro da cabeça" (*en-*, em, dentro + *kephalos*, cabeça); e clavícula (*clavis*, chave + diminutivo *-ula*), "pequena chave", por sua semelhança com uma primitiva chave. Etimologia provém do termo *etimos*, significando verdadeira origem + *-logos*, estudo, e refere-se à origem e, portanto, ao significado das palavras.

Quando um biólogo, zoólogo, botânico ou um paleontólogo descreve uma nova espécie ou um novo gênero, ele precisa nomeá-los. Para tal, utiliza termos que se referem a alguma característica anatômica, funcional ou sua procedência etc. Como os termos são normalmente de origem grega ou latina, torna-se necessário conhecê-los e como são grafados, quando aportuguesados, sempre respeitando a transliteração com base no grego ou no latim.

SUMÁRIO

INTRODUÇÃO................11
A 17
B 63
C 71
D 105
E 121
F 147
G 167
H...........................179
I............................197
J 205
K...........................207
L 217
M...........................227
N 251
O 261
P 295
Q...........................341
R...........................343
S 355
T 377
U...........................395
V 397
W 407
X...........................409
Z 411
REFERÊNCIAS 413

INTRODUÇÃO

Este trabalho tem por objetivo maior apresentar a origem grega (gr.) e/ou latina (lat.) dos principais termos da Zoologia, com especial ênfase na Anatomia de Vertebrados. Para tal, foram incluídas as principais raízes gregas e latinas e os afixos (prefixos + sufixos) que têm sido utilizados ao longo dos séculos da história da Zoologia. Evidentemente que este trabalho não esgota o tema, porque cada subárea possui inúmeros termos técnicos que estão muito além do nosso propósito. Foram ainda incluídos muitos vocábulos não biológicos, mas que têm relação com os seres vivos, caso de termos da Geologia que têm relação com os animais por meio da ecologia e da paleontologia. Além dos Vertebrados, foram incluídos termos de outras áreas (Invertebrados, Botânica etc.) e que são necessários para distingui-los de estruturas de Vertebrados. Igualmente foram incluídos os principais termos filosóficos de autores da Antiguidade Clássica e que têm relação com a Biologia; além dos principais anatomistas.

Os termos gregos transliterados estão sem os acentos e sem as marcações dos "espíritos"[1], para maior facilidade e porque originalmente tais acentos e espíritos não existiam, já que foram introduzidos pelos Gramáticos Alexandrinos, no século IV a.C. No Glossário, quando aparecem dois termos gregos ou latinos juntos, um é o *nominativo* (termo com função de sujeito/adjetivo) e o outro é o *genitivo*[2] (indicando posse ou relação com; como no termo grego ὀδόντος, *odontos, do* dente; e no latim *dentis, do* dente); ou são *singular* e *plural* (como em gr. αἴτιον, αἰτία, *aition, aitia,* causa, causas). Para os termos anatômicos e fisiológicos em Homero, baseamo-nos em Daremberg (1865) e em Malgaigne (1842). Sobre os biológicos de Aristóteles, ver também A. L. Peck (em Aristotle, 1955, p. 24-39; e em Aristotle, 1965, p. lxii-lxxxix). As obras onde são utilizados os diferentes termos técnicos criados por Aristóteles estão indicadas no *Index Aristotelicus* (Bonitz, 1955).

---

[1] Ver Acento de Aspiração.

[2] O caso genitivo (genit.), tanto em grego quanto em latim, é da maior importância, porque foi dele que derivaram inúmeras palavras das línguas neolatinas e muitas outras, como o próprio inglês (geralmente através do francês). O genitivo implica principalmente em *posse*, ou *relação com* algo. Por exemplo, em latim, "o campo" é *ager*, mas foi do genitivo *agri* ("*do* campo", "*relativo ao* campo") que derivaram palavras como agricultura (cultivo *do* campo) e agrimensura (mensuração *do* campo)

Não está nos objetivos deste trabalho discutir a relação entre diferentes línguas, como entre latim e grego. Sobre isto há muitas publicações, e as interpretações variam no tempo. Por exemplo, por muito tempo, considerou-se o latim como derivado principalmente do grego (ver Valpy, 1852). Hoje, a tendência é considerar-se que são línguas irmãs, derivadas ambas do indo-europeu. Mas, certamente, houve uma "importação" de cerca de 10.000 palavras gregas para o idioma latino, à época de Cícero (106-43 a.C.).

O melhor dicionário de grego disponível é o de Liddell e Scott (1953); e o melhor de latim é o de Lewis e Short (1956). Mas há vários outros excelentes dicionários de grego e latim, bem como outros sobre os termos da Biologia e da Medicina (e.g., Konstantinidis, 2006; Tirri *et al.*, 1998), alguns disponíveis na internet (ver Referências).

As palavras são em geral formadas de outras mais básicas, que são chamadas de *raízes* ou *radicais*, aos quais se acrescentam *afixos*. Por exemplo, *basisfenoide*, nome de um osso craniano, é formado da raiz grega ςφήν, *sphen*, que significa cunha[3], à qual se adicionou o prefixo latino *basis-*, base e o sufixo grego εἶδος, *eidos*, forma de. Portanto, Osso basisfenoide significa "osso da base do crânio, em forma de cunha"[4]. Alguns termos da Biologia podem, ao observador mais cuidadoso, parecer estranhos, pois são formados por prefixo, radical e sufixo de origens diferentes. O que isto quer dizer? Que, em um mesmo termo, um prefixo/radical/sufixo é de origem grega e outro de origem latina, como em basisfenoide. Tais termos complexos surgiram com o advento do assim chamado Latim Científico (também chamado de Latim Moderno ou Novo Latim), utilizado em linguagem científica, no qual, além das raízes e afixos latinos, foram incluídos raízes e afixos gregos, bem como vocábulos de outras línguas da Antiguidade e modernas.

---

[3] Aparentemente a origem do nome desse osso está em que antigos anatomistas o viam com uma forma de *cunha* (gr. ςφήν, *sphen*) situada entre a porção facial e a porção craniana propriamente dita, em uma vista lateral do crânio. Outros autores entendem que o nome original do osso teria sido *os sphecoidale*, com o sentido de "osso que se assemelha a uma vespa"; o que poderia referir-se a uma vista interna da base do crânio. Então, o nome *os sphenoidale* teria sido um erro de transcrição posterior (ver Schuenke *et al.*, 2011). A comparação do esfenoide com uma parte de um animal permanece na Anatomia Humana, em que a porção ântero-lateral do osso (osso orbitosfenoide nos demais Mamíferos) é chamada de "pequena asa do esfenoide"; e a porção póstero-lateral (alisfenoide nos demais Mamíferos), de "grande *asa* do osso esfenoide". Esse sempre foi um costume geral, o dar aos ossos nomes de coisas melhor conhecidas; portanto por analogia.

[4] Evidentemente que alguns termos estão implícitos ou subentendidos. Por exemplo, o termo *Enaima* (*en-* + *aima*) de Aristóteles significa literalmente "com sangue", mas, referindo-se a animais, significa "animais com sangue". Como o sangue em questão é o sangue vermelho, *Enaima* significa "animais com sangue vermelho" (os atuais Vertebrados/Craniata).

Assim, a maioria dos nomes de estruturas é formada pela adição de prefixos e/ou sufixos gregos/latinos a termos básicos chamados radicais, como em Osso esfenoide. De fato, a regra mais comum em grego, na formação dos termos anatômicos, é a adição do sufixo *-oides* (do gr. εἶδος, *eidos*, forma de) aos radicais, como em odontoide (gr. *odous/odontos*, dente/*do* dente + *-eidos*, forma de; logo, odontoide significa "forma de dente").

Muitas estruturas anatômicas, em particular no esqueleto, foram nomeadas por analogia com objetos bem conhecidos dos Gregos e Romanos. Por exemplo, o nome "falange", do gr. φάλαγξ, *phalanx*, plural φάλαγγες, *phalanges*, se deve a que as falanges distais (ossos dos dedos) do Homem (e de muitos Vertebrados) têm a forma de uma cunha, como a parte anterior de uma Falange[5] do Exército Greco-Romano. E também perônio, do gr. περόνή, *perone*, e que é originalmente o nome de um *broche* que servia para fixar a túnica; que corresponde à fíbula, do latim *fibula*, e que é o nome do mesmo *broche* dos Romanos. Outro exemplo é a patela, do latim *patela*, e que significa *pequeno prato*. Outros termos foram criados de acordo com costumes ou até com o nome de jogos; como é o caso do astrágalo, nome que deriva do jogo *astragaloi* (literalmente "astrágalos"), ou *astragalismos*, jogado com Ossos astrágalos de cabra ou ovelha. Este jogo veio a dar origem aos hoje chamados *jogo dos ossos* e *jogo de dados*. Outros termos anatômicos derivaram de alguma semelhança por vezes grosseira, com algum objeto, animal ou parte deles. Este é o caso do lat. *tragus*, do gr. τράγος, *tragos*, que significa bode. Tragus é o nome de uma porção da orelha externa (situada sobre o Meato Auditivo Externo), assim chamada porque pode ter um tufo de pelos similar à "barbicha dos bodes".

Alguns nomes científicos de animais provêm de outros nomes, por analogia. Por exemplo, em *Giraffa camelopardalis*, temos uma analogia: *camelopardalis* ("camelo-leopardo") significa que esta espécie se parece em tamanho com um camelo e sua pelagem é semelhante à do leopardo. Também é o caso do nome *Hippotigris* (significando "cavalo-tigre"), que os antigos gregos davam à zebra, sendo *hippo*, cavalo; e *tigris*, uma referência ao aspecto da pelagem semelhante à do tigre (sobre estes e outros exemplos, ver Bodson, 2010).

É importante lembrar que os radicais, prefixos e sufixos de origem grega e latina geralmente aparecem modificados em português. Por exemplo, no nome do Osso esfenoide, o radical grego ςφήν, *sphen* (cunha) se

---

[5] Falange era um conjunto de soldados de infantaria, armados com lanças e espadas.

torna "*esfen-*", enquanto que εἶδος, *eidos* (forma) se torna "*-oide*"; de modo que em português temos *esfen-* + *-oide*, *esfenoide*. Como no caso do sufixo -εἶδος, *-oide*, palavras, raízes e afixos gregos são latinizados na formação das palavras em português, daí não derivarem diretamente do grego.

Os filólogos consideram que *as palavras em geral provêm de verbos*, pois são estes que *indicam as ações realizadas*. Em função disto, nomes, adjetivos etc. são chamados de *termos deverbais*, o que quer dizer "termos derivados de verbos". Por exemplo, o termo latino *corona*, que significa coroa, deriva do verbo latino *coronare*, coroar. Em português temos vários acidentes anatômicos derivados deste verbo, como "sutura coronal", "artéria coronária" etc. A sutura é assim chamada porque se localiza próximo ao *lugar onde é colocada a coroa nos reis e rainhas*; e a artéria, porque *ela circunda* o coração como se fosse uma coroa.

Os exemplos fornecidos no fim de cada item são casos de aplicação do termo em questão; como no item "*Cephale, kephale* (Aristóteles, Rufus de Efésos), gr. κεφαλή, cabeça, na Antiguidade por vezes significando crânio, ex.: Cefalópodes (*kephale* + πούς, *pous*, pé)". Aqui, "Cefalópodes" é um *exemplo* da utilização do termo gr. *cephale, kephale*, cabeça, e não como Aristóteles ou Rufus chamavam os cefalópodes (Aristóteles os chamava de μαλάκια, gr. μαλακός, mole, ou seja, "animais moles"). Outros exemplos não são de aplicação do termo, mas de estruturas incluídas no item; por exemplo: "Organelas [...]; ex.: Mitocôndrias" (logo, mitocôndrias são um exemplo de organelas). Os dados entre parênteses podem também indicar o *grupo taxonômico* ou a *região corporal* à qual a estrutura pertence, bem como, no caso dos ossos, se ele é um osso par ou ímpar; como no item: "Osso Pterigoide (Vertebrados, crânio, par) [...]". O nome de autor(es) entre parênteses (e.g., Homero, Hipócrates, Aristóteles), logo após cada vocábulo do Glossário, indica quem pela primeira vez utilizou o termo ou primeiro se referiu àquela estrutura; cujas obras se encontram na Bibliografia.

Muitas vezes, o sentido atual de um termo tem uma relação indireta ou aparentemente nenhuma relação com o sentido original. Por exemplo, o termo âmnio, do gr. ἄμνιον, de Galeno, e que originalmente significava pequeno cordeiro, foi por ele aplicado à membrana embrionária que envolve o embrião de Vertebrados Amniotas.

Para dar maior ênfase, algumas das principais estruturas do corpo estão em caixa alta, como é o caso dos nervos, vasos, forames e principais ossos do corpo, bem como as estruturas do Sistema Nervoso Central; o mesmo acontecendo com os nomes de enfermidades.

Em relação a este trabalho, quero agradecer, em primeiro lugar, aos meus antigos alunos da UFRGS (PPG Geociências) e PUCRS (PPG Biociências), bem como aos meus colegas biólogos e paleontólogos do Museu de Ciências Naturais (da antiga Fundação Zoobotânica do Rio Grande do Sul; MCN/FZBRS), Secretaria do Meio Ambiente e Infraestrutura (SEMA), em particular à minha colega Dr.ª Ana Maria Ribeiro. Finalmente quero agradecer muito especialmente ao meu caro amigo Dr. Odi Alexander Rocha da Silva, professor da Universidade Estadual de Tocantins (UNITINS), por suas incomparáveis aulas de Língua e Cultura Grega. Como este é um trabalho inicial, espero que os leitores enviem correções e contribuições ao e-mail jorgeferigolo@gmail.com.br.

A

A-, *ad-*, prefixo (pref.), lat. (latim), em direção a, próximo a; ex.: Glândula adrenal (*ad-* + *renalis*, renal, "próximo ao rim"; esta glândula está *sobre* o rim, pelo que é também chamada de glândula suprarrenal).

A-, *an-*, pref. privativo (priv.), gr. (grego) ἀ-, ἀν-, sem, não; ex.: Apodidae (ἀ-, *a-*, sem + πούς, *pous*, pé; sem pés; nome que se deve ao fato de estas aves terem pés muito pequenos); em Aristóteles, Ápodes são os Vertebrados que não caminham, como Peixes, Cetáceos e Serpentes.

***Ab-*,** pref. lat. que indica afastamento, para longe de, após; ex.: Aboral (*ab-* + *os, oris*, boca, refere-se ao lado contrário ao da boca; e que corresponde à extremidade do ânus, principalmente nos animais de simetria bilateral, como os Vertebrados). Ver Simetria bilateral.

Abdução, pref. lat. *ab-*, após + verbo (vb.) *ducere*, levar. Este é o movimento de *afastamento de um membro do plano mediano* do corpo. Por outro lado, a abdução da mandíbula se refere ao *movimento de abertura da boca*. Oposto de Adução; ex.: Músculos abdutores da boca. Ver Adução e Adutor.

Abdutor, pref. lat. *ab-*, após + vb. *ducere*, levar. Oposto de adutor; que abre a boca ou desloca um membro em direção lateral (para longe do centro do corpo); ex.: Músculos abdutores da perna; Músculos abdutores da mandíbula (que abrem a boca).

***-abilis, -ibilis*,** sufixos (suf.), lat. indicando qualidade; ex.: *Ursus arctos horribilis; Araucaria mirabilis.*

Abiótico, pref. priv. lat. *a-*, sem + *bios*, vida; refere-se a algo com ausência de vida; ex.: Ambiente abiótico. No início, a Terra era um planeta abiótico. Após alguns bilhões de anos surgiram as bactérias anaeróbicas, que viviam nesse ambiente sem oxigênio. A seguir surgiram as bactérias e as algas produtoras de oxigênio. Finalmente, graças a estas últimas, foi possível o desenvolvimento da vida aeróbica, unicelular e a pluricelular aeróbica.

***Abomasum* (Anatomia, Mamíferos),** pref. lat. *ab-*, após, para longe de + *omasum*, omaso; uma das câmaras gástricas dos Ruminantes/Artiodáctilos e que se situa logo após a câmara chamada de *omasum*.

Aboral (Anatomia, Vertebrados), pref. lat. *ab-*, após, para longe de + *os, oris*, boca; lado oposto ao da boca, o ânus; o *tubo digestivo* nos Mamíferos em geral é constituído por: boca, faringe, esôfago, cárdia, estômago, piloro, duodeno, jejuno, íleo, cecum, cólon ascendente, cólon transverso, cólon descendente, cólon sigmoide, reto e ânus.

Abscôndito ou **absconso**, vb. lat. *obscondere*, esconder, ocultar; encoberto. Algumas vísceras estão, por assim dizer, "escondidas" ou encobertas. Por exemplo, os rins e as glândulas suprarrenais, que são retroperitoneais (razão pela qual sua abordagem cirúrgica pode ser feita pelas costas); enquanto que o baço se situa por trás do ângulo esplênico (gr. ςπλήν, lat. *splen*, baço) do cólon. Outros órgãos retroperitoneais são o pâncreas e o duodeno.

a.C. ou **A.C.**, abreviaturas para "antes de Cristo".

-ação, suf., do lat. *actĭo, actĭonis*, ação, movimento; ex.: Articulação.

-actĭo, -onis, suf. lat., ação, movimento; *actĭo* deu origem ao sufixo "-ação" em português; ex.: *Articulatio* (*artus*, articulação, membro + *-actĭo*), Articulação.

Accipiter, lat., falcão; ex.: *Accipiter* (um gênero de falcão).

Acéfalo, pref. priv. lat. *a-*, sem + gr. κεφαλή, *kephale*, cabeça; refere-se a algo sem cabeça.

Acelia (Anatomia, Mamíferos, Coluna vertebral), pref. privativo gr. ἀ-, ἀν-, sem, não + κοιλία, *koilia*, cavidade, escavado. Diz-se dos corpos das vértebras que têm faces cranial/caudal (superior/inferior no homem) planas. O mesmo que platicelia ou vértebra anfiplatiana. Ver Anficelia, Procelia e Opistocelia.

Acento de Aspiração. Em grego antigo, as vogais e a letra "rô" (ῥ, "r"), quando iniciam uma palavra, têm um acento que é uma espécie de "vírgula" colocada sobre a letra. Se a concavidade da vírgula estiver invertida (para trás), a vogal e o "rô" são aspirados. Então, por exemplo, na palavra ἑπτά, teremos a transliteração como *hepta*, com "h" (que representa a aspiração). Igualmente na palavra ῥίς, *rhis*, nariz; como também em *Rhinoceros* (de ῥίς, *rhis*, nariz + *ceros*, corno; nariz com corno), o gênero do rinoceronte, em que o "rô" é aspirado. Diferentemente, quando a concavidade da "vírgula" for normal, a exemplo de ἄκρος, extremidade, topo, teremos a transliteração como *akros*, sem "h"; e o "rô" (ῥ) tem significado de "r" simples, não de "rh". Tais *acentos de aspiração* foram introduzidos pelos Gramáticos Alexandrinos (os quais trabalhavam na Biblioteca de Alexandria; século IV a.C.), com o objetivo de ajudar as pessoas na pronúncia, mas sem mudar o significado das palavras. Tais sinais, de uma certa forma, persistem em palavras que derivam do grego antigo, em várias línguas. Por exemplo, palavras escritas com "rh" (rô aspirado; e.g., *Rhodes* em inglês) indicam uma origem grega. O mesmo acontece nas palavras com "th" e "ph"; como em *theology* (gr. Θεός, *Theos*, deus; θ, theta. com som de th) e em *philosophy* (gr. φιλία, φίλος, *philia, philos*, amor, amizade + Σοφία, *Sophia* (φ, phi, com som de ph), Sabedoria, amor pela Sabedoria). Antes da Reforma Ortográfica de 1911, também em português muitas palavras eram escritas com "rh", "th" e "ph", como em *rheumatismo, theologia* e *philosophia*.

Acer, acris, nominativo[6] e genitivo (genit.) lat., agudo, pungente, amargo; do vb. *acere*, afiar, tornar agudo.

Acidofílico, adj. lat. *acidus*, ácido + vb. gr. φιλέω, *phileo*, eu amo (vb. amar); refere-se às células e tecidos orgânicos que têm afinidade por um *corante ácido* como a eosina. Contrário de Basofílico ou Basófilo.

Acidus, lat., ácido; ex.: Acidez gástrica.

Acinesia (Biomecânica), pref. priv. lat. *a-*, sem, não + gr. κίνησις, *kinesis*, movimento, mudança; falta de movimento. Diz-se de estrutura que não tem partes móveis, i.e., acinética. Por exemplo, o crânio dos Mamíferos é acinético, enquanto que o crânio das Serpentes é cinético, pois tem movimento entre os ossos da base quadrado e pterigoide. Muitas Aves também têm cinesia entre os ossos do bico (rostro) e os ossos cranianos (caixa craniana) propriamente ditos.

Acinus, acini, lat., uva, baga, ácino; unidade secretora terminal de glândulas exócrinas (de secreção externa) e que têm uma pequena luz interior; logo, ácino é cada elemento de uma glândula exócrina com a forma de um cacho de uvas.

Acleidia, pref. priv. lat. *a-*, sem + gr. κλείς, *kleis*, chave; sem clavícula; caráter de alguns Mamíferos, nos quais as clavículas foram reduzindo de tamanho durante a evolução e finalmente desapareceram; ex.: Certos

---

[6] O Caso Nominativo refere-se às palavras que são *sujeito* ou *predicado* nas frases; ex.: *Os livros* são *novos* (*livros* é sujeito e *novos* é predicado); enquanto que o Caso Genitivo indica *posse* ou *relação*; ex.: Os livros são *de João*.

felinos, como o gato doméstico. A clavícula, que conecta a cintura escapular com o tronco, é um osso que existe em muitos Peixes, bem como nos Tetrápodes em geral. Em Aves e Dinossauros Terópodes, as clavículas direita e esquerda estão fusionadas entre si, formando o Osso fúrcula. Este é um dos ossos utilizados no "jogo do osso".

***Acnestis, aknestis* (Homero)**, gr. ἄκνηςτις, dorso, região dorsal; Homero (*Odisseia*, 10, 161) com este termo se refere à coluna vertebral de um cervo (Daremberg, 1865). Hoje o sentido é o da região entre as escápulas e a região lombar, onde um animal não consegue coçar.

Acro, lat., do gr. ἄκρος, *akros*, extremidade, topo, ponta; ex.: Acrômio (processo da escápula que se articula à clavícula, na articulação acrômio--clavicular); Acrodontia.

Acrodontia (Anatomia, Répteis, dentes), lat. *acro-*, gr. ἄκρος, *akros*, extremidade, topo, ponta + ὀδόντος, *odontos, do* dente; implantação dentária reptiliana, na qual os dentes estão fusionados à margem dos ossos; ex.: Lagartos Agamidae e Chamaeleonidae, Esfenodontídeos e alguns grupos de Répteis extintos. Os demais Répteis têm implantação dentária geralmente pleurodonte (e.g., Lagartos em geral) ou tecodonte (e.g., Arcossauros em geral). Quando há alvéolos, a articulação dos dentes com o osso chama-se *gonfose* (gr. γόμφος, *gomphos*, cavilha, encaixe). Ver Pleurodontia e Tecodontia.

Acromático, pref. priv. lat. *a-*, sem + gr. χρῶμα, *chroma*, cor; diz-se de algo a que falta cor; também a instrumentos ópticos, quando seu sistema de lentes não decompõe a luz; ex.: Lentes acromáticas.

Acrômio (Galeno, Anatomia, Vertebrados, cintura escapular), gr. ἄκρος, *akros*, extremidade, topo, ponta + ὦμος, ὤμου, *omos, omou*, ombro; um processo ósseo da escápula, o qual se articula com a clavícula; ex.: Articulação acrômio-clavicular.

Acropódio, gr. ἄκρος, *akros*, extremidade, topo, ponta + πούς, ποδός, *pous, podos*, pé, *do* pé, ossos da porção distal das mãos e dos pés; ou seja, o conjunto das falanges de cada um dos membros.

Acros, acr-, gr. ἄκρος, *akros*, extremidade, topo, ponta; ex.: Acrodontia; Acromegalia; Acromelia.

Acrossoma, gr. ἄκρον, *akron*, extremidade + ςῶμα, *soma*, corpo; refere-se à extremidade da cabeça do espermatozoide.

Actinium, lat., do gr. ἀκτίς, ἀκτῖνος, *aktis, aktinos*, raio, *do* raio, algo que irradia; ex.: Actinomicose.

Actinomorfo, lat. científico *actinium*, gr. ἀκτίς, ἀκτῖνος, *aktis, aktinos*, raio, *do* raio + μορφή, *morphe*, forma; algo que tem a forma radiada. Semelhante a *actinoide*, utilizado em Zoologia; enquanto que *actinomorfo*, em Botânica.

Actinopterígios, lat. científico *actinium*, do gr. ἀκτίς, ἀκτῖνος, *aktis, aktinos*, raio, *do* raio + πτέρυξ, *pteryx*, asa, nadadeira; Peixes com nadadeiras com raios ou lepidotríquias, esqueleto ósseo e brânquias com opérculo.

Actus, lat., ato; ex.: Ato sexual.

Acus, acicula, lat., agulha, agudo, pequena agulha, objeto agudo e pequeno; ex.: Acuminado; Formato acicular.

Acústica, gr. ἀκουςτικός, *akoustikos*, do vb. ἀκούω, *akouo*, eu ouço (vb. ouvir); refere-se ao ramo da física que estuda o som, fenômeno ondulatório causado pelos animais e objetos e que é propagado pelos mais diferentes meios, principalmente o ar, a água e os sólidos.

Acutus, particípio passado (p.p.) do vb. lat. *acuo*, eu afio (vb. afiar), eu torno agudo; relacionado a *acus*, agulha; ex.: *Crocodylus acutus* (*acutus* é uma alusão à forma afilada do rostro deste animal).

Ad-, pref. lat., próximo de, em direção a; indica aproximação; ex.: Adaptação.

A.D., abreviatura para *Anno Domini*, Ano do Senhor; tem o mesmo sentido de "depois de Cristo" (D.C. ou d.C.).

Adaptare, vb. lat., *ad-*, próximo de, em direção a + vb. *aptare*, ajustar, vb. *apto*, eu ajusto; ex.: Adaptação.

Aden-, gr. ἀδήν- ou ἀδέν-, referente a uma glândula; ex.: Adeno-hipófise (porção da hipófise que é de origem glandular; a outra porção é a neuro-hipófise, com origem no Sistema Nervoso Central).

Adeno-hipófise, gr. ἀδήν- ou ἀδέν-, referente a uma glândula + *hypophysis* (*hypo-*, sob + *physis*, origem crescimento), um "crescimento *sob* o cérebro", que corresponde ao *lobo anterior da hipófise*. O lobo posterior é a neuro-hipófise.

Adenoides, gr. ἀδήν- ou ἀδέν-, referente a uma glândula, lat. *adeno* + gr. εἶδος, *eidos*, forma; "forma de glândula". Elas são geradas de tecido linfoide, como as tonsilas palatinas, e ambas têm a função de combater infecções. As adenoides se localizam mais acima e mais para trás das tonsilas palatinas e do palato mole. Elas são observadas numa radiografia do pescoço em perfil (com regime para tecidos moles). As adenoides podem representar um problema quando não regridem na idade correta e permanecem grandes por inflamação/infecção. As adenoides aparecem como uma massa arredondada na porção mais superior e posterior da faringe e relacionam-se também com dificuldades respiratórias, dor de garganta e a serem responsáveis por infecções que podem se estender até a orelha média (otite média) e os seios da face (sinusite esfenoidal e/ou etmoidal). Ver Regime radiográfico.

Adeps, adipis, lat., gordura; ex.: Adiposidade; Tecido adiposo.

Adipócito, lat. *adeps, adipis*, gordura (animal) + gr. κύτος, κύτους, *kytos, kytous*, jarro, vaso, célula; células do tecido adiposo (i.e., células que armazenam lipídios). São mais abundantes no tecido celular subcutâneo dos Vertebrados.

Adiposo, lat. *adeps, adipis*, gordura; relacionado a *lipos*, graxa, banha, gordura; ex.: Tecido adiposo subcutâneo.

Adjetivo, lat. *adjectivum*, pref. lat. *ad-*, próximo de, em direção a (sentido de aproximação) + *ject*, p.p. do vb. lat. *jacere*, jogar, lançar. Adjetivo é qualquer palavra que descreva qualidades, quantidades ou estados dos nomes; ou que modifique e/ou descreva os nomes; ex.: Cão *grande*; Homem *inteligente*. Os adjetivos "grande" e "inteligente" modificam os nomes Cão e Homem. Alguns nomes específicos estão adjetivando uma estrutura, como em *Corpus albicans* do ovário.

Adluminal, adj. lat. *ad*, em direção a + *lumen*, uma cavidade, uma luz (de uma víscera); refere-se a uma estrutura que esteja adjacente à luz de um órgão; por exemplo, estruturas adjacentes à cavidade do tubo digestivo (esôfago, estômago, intestinos) são, por exemplo, o fígado e o pâncreas, que são glândulas digestivas exócrinas. O pâncreas é também uma glândula endócrina (que produz insulina e glucagon).

Adução, pref. lat. *ad-* + vb. *ducere*, levar; movimento de um membro do corpo em direção à linha média; i.e., deslocando-se de uma posição lateralizada em direção ao centro do corpo (como "fechar as pernas"); adução também se aplica ao movimento de fechamento da boca; oposto de abdução; ex.: Músculos adutores dos membros. Ver Abdução e Abdutor.

Adutor, pref. lat. *ad-* + vb. *ducere*, levar; que fecha a boca ou que desloca um membro em direção medial (para perto do centro do corpo). Oposto de abdutor; ex.: Músculos adutores da boca (Músculo temporal, Músculo masseter); Músculos adutores da perna.

Adventícia, lat. *adventicius*, proveniente de fora, de *adventus*, p.p. do vb. *advenire*, provir, acontecer. Refere-se à camada de tecido mais externa e que reveste um órgão ou um vaso; ex.: Túnica adventícia dos vasos sanguíneos, composta por tecido conjuntivo, fibras colágenas e elásticas.

Aeiro, aeirein, vb. gr. ἀείρω, eu levanto, eu penduro, eu elevo; vb. inf. ἀείρειν, levantar, pendurar. O verbo grego *aeiro* deu origem ao termo ἀορτή, *aorte*, aorta. Este termo foi primeiro utilizado por Hipócrates para a traqueia e/ou os brônquios, condutos que estão "pendurados" no meio do tórax e estão cheios de ar. Ver Aorta; e Liddell e Scott (1953).

Aequus, lat., igual; ex.: Equivalência. Distinguir *aequus* de *Equus*, o gênero do cavalo moderno.

Aer, aeros, gr. ἀήρ, ἀέρος, ar, vento, espaço, azul do céu; ex.: Artéria (gr. ἀρτηρία, de ἀέρα, *aera*, ar + vb. τηρεῖν, *terein*, conter, contendo ar). Na Antiguidade, acreditava-se que certos "ductos" (as artérias) estariam cheios de ar, e não de sangue. Isto se devia a que, nos respectivos corpos de animais *mortos por sangria* (cujos pescoços eram *cortados*), as artérias se tornam relativamente vazias e colapsadas. Então, parecia aos antigos que apenas as veias conteriam sangue. Aristóteles e outros, no entanto, já descrevem a artéria aorta como um vaso sanguíneo; portanto distinguindo-a das *veias em geral*, como é o caso da principal veia do corpo, que Aristóteles chama de grande veia (que corresponde às atuais veias cavas superior e inferior). O termo que ele utilizou, ἀορτή, *aorte*, se refere a *algo pendurado*, porque deriva do vb. gr. ἀείρω, *aeiro*, eu levanto, eu penduro, eu suspendo (vb. inf. ἀείρειν, levantar, pendurar, suspender). A aorta, e em particular a crossa da aorta, formando uma espécie de cajado, também parece pendurada dentro do tórax; o que também é o caso do coração.

Aesthesis, aisthesis, gr. αἴζθησις, sensibilidade, sensação; ex.: Anestesia (pref. priv. gr. ἀν, *an-*, sem + *aisthesis*; sem sensibilidade).

Aevus, lat., tempo, idade; ex.: Longevidade (lat. *longus*, longo + *aevus*).

AF (Mamíferos), abreviatura para *ânulo fibroso*; com a lâmina cartilaginosa terminal (LCT) e o núcleo pulposo (NP), eles constituem o disco intervertebral (DIV). O AF é um anel de tecido fibroso que une as margens dos respectivos corpos de duas vértebras contíguas. Apenas os Mamíferos têm NP, LCT e DIV. Embora não seja chamado de AF, também os demais Vertebrados têm um anel de tecido conjuntivo denso unindo cada par de vértebras contíguas. Ver DIV, LCT e NP.

Aferente, adj. lat., pref. *ad-*, para + vb. *ferre*, carregar, produzir; utiliza-se principalmente para nervos que conduzem estímulos sensoriais; o contrário de eferente, nervo que leva estímulos motores para um órgão. Os nervos aferentes carregam os estímulos do meio ambiente, em direção central, ao cérebro. Também se utiliza para vasos sanguíneos arteriais que levam nutrientes e oxigênio para as vísceras, enquanto que os vasos eferentes venosos carregam o CO_2 de volta.

Agelas, gr. αγελάς, vaca. Ver *bous*, βοῦς, boi, gado e *tauros*, ταύρος, touro.

Ager, agri, lat., campo, *do* campo, gr. ἀγρός, ἀγροῦ, *agros, agrou*, campo, *do* campo; ex.: Agricultura; Agrimensura. Observe que as palavras de origem latina e grega derivam do *caso genitivo* (*agri, do* campo ou *referente ao* campo; cultura/cultivo *do* campo, medida/mensuração *do* campo), e não do *caso nominativo* (*ager, o* campo).

Agilis, adj. lat., ágil; hoje utilizado para formar nomes de táxons; ex.: *Lacerta agilis*.

Ágora, gr. ἀγορά, do vb. ἀγείρω, *ageiro*, eu reúno (vb. reunir); lugar de reunião pública de qualquer tipo; aparece já em Homero (ver Smith, 1842). O termo grego *kategoria* originalmente significava "acusação" e é um deverbal[7] de κατηγορίεν, *kategorien*, "falar contra alguém", "acusar"; do pref. gr. κατά, para baixo, sob, para fora, contra + vb. αγορεύειν, *agoreuein*, declamar, falar abertamente em público, na *ágora*. As *Categorias* de Aristóteles interessam muito à biologia, porque todas elas podem ser aplicadas aos animais, às plantas e às suas partes, como seus *caracteres* (por ex., em "o cavalo é branco", branco é tanto uma categoria de qualidade quanto um caracter do cavalo). Ver Categorias.

---

7 Termo que significa "derivado de um verbo".

Agranulócito, pref. lat. priv. *a-*, sem + *grano*, grão + gr. κύτος, κύτους, *kytos, kytous*, jarro, vaso, célula; nome de célula sanguínea branca sem um grande número de grânulos citoplasmáticos; mas que pode apresentar grânulos azurófilos; ex.: Monócito; Linfócito.

Aidoia (Homero), gr. αἰδοῖα, órgãos genitais externos; semelhante a *medea*.

Aigyptos, gr. Αίγυπτος, Egito; que deriva de *Hat-ka-ptah*, "templo do espírito de Ptah", um deus criador relacionado à cidade de Mênfis, uma das capitais do Antigo Egito. O Egito foi importante nos primórdios do conhecimento anatômico, graças às técnicas de *mumificação*, quando os órgãos eram retirados e colocados em jarros *canópicos*. Isto era necessário porque eles acreditavam que a pessoa iria precisar também de suas vísceras em sua nova vida no além. O conhecimento anatômico egípcio está registrado principalmente nos *Papiros Kahun* (c. 1825 a.C.), *Ebers* (c. 1550 a.C.) e *Edwin Smith* (c. 1500 a.C.). Além destes, também nos textos sobre mumificação, como no Papiro do Ritual de Embalsamamento. No Papiro *Ebers* há referência a estruturas vasculares, chamadas de *metu*, termo ademais utilizado para estruturas semelhantes a tendões[8]. No Papiro *Edwin Smith* aparece pela primeira vez uma referência ao cérebro e a estruturas relacionadas, como as meninges e o líquido cérebro-espinal. O Egito teve a maior importância na formação da cultura grega, pois alguns cientistas e filósofos gregos para lá viajaram com intuito de adquirir conhecimento. Este foi o caso do filósofo pré-socrático Pitágoras, bem como de Platão.

Aition, aitia, gr. αἴτιον, αἰτία, causa, causas. Ver Teoria das Causas.

Akademos, gr. Ἀκάδημος, Academia; ex.: Academia de Platão; considerada como tendo sido a primeira instituição de *ensino superior* do Mundo.

Akalephe (Aristóteles), gr. ἀκαλήφη, urtiga, algo urticante; esses são os animais hoje chamados de Celenterados ou Cnidários; e também de *Cnides* por Aristóteles, um dos dois grupos dos seus *Zoófitos*. Para ele, como diz o nome, os *Zoófitos* são seres vivos intermediários entre animais (*zoo-*) e plantas (*-fitos*).

Akanthos, akantha (Rufus de Efésos), gr. ἄκανθος, ἄκανθα, espinho; termo para *Coluna vertebral*; em lat. *acanthus*; ex.: *Acanthus spinosus*, "acanto espinhoso", planta pertencente às Acantáceas; cujas folhas pontiagudas

---

[8] Algo semelhante aconteceu com o termo grego νευρών, *neuron*, que significava tanto *tendão* quanto *nervo* e também *corda*, já que, na Antiguidade, muitas cordas eram feitas de tendões de animais.

serviram de modelo para o desenho dos capitéis de colunas gregas. Termo hoje também utilizado para formar nomes de táxons; como *Acanthostega* (anfíbio fóssil com processos ósseos pontiagudos no crânio).

-akos, -acos, suf. gr. ἀκος, formador de adj. com o sentido de *pertencente a*; ex.: Músculo cardíaco (músculo do coração).

Akouo, vb. gr. ἀκούω, eu ouço (vb. ouvir); ex.: Acústica.

Akoustikos, gr. ἀκουςτικός, do vb. ἀκούω, *akouo*, eu ouço (vb. ouvir); acústica, área da física que estuda os sons; ex.: Acústico (antigo nome do nervo auditivo ou vestíbulo-coclear, n. VIII).

Akron, akros, acros, acr-, pref. gr. ἄκρον, ἄκρος, extremidade, ponto mais elevado, topo; ex.: Acropódio (*akros* + πούς, ποδός, *pous, podos*, pé, *do* pé; refere-se aos ossos das extremidades das mãos ou pés, as falanges).

Al, abreviatura para *Osso alisfenoide*.

Ala, lat., asa; ex.: Canal alar do Osso alisfenoide (no homem e nos Mamíferos em geral este osso corresponde à grande asa do Osso esfenoide); não confundir o lat. *ala*, asa, com o gr. ἀλλά, *alla*, que significa mas, todavia; nem com o gr. ἀλλας, *allas*, que significa (em forma de) salsicha.

Alantoide, gr. ἀλλαντοειδής, *allantoeides*, de ἀλλας, *allas*, salsicha + εἶδος, *eidos*, forma, "forma de salsicha". Uma das membranas do ovo amniótico; a qual fornece uma superfície permeável para trocas gasosas e eliminação de catabólitos do embrião.

Albicans, adj. lat., esbranquiçado; ex.: *Corpus albicans* (do ovário).

Albuginea (túnica, camada), adj. lat. *albus*, branco profundo; tecido fibroso esbranquiçado, ao redor dos ovários, testículos, corpos cavernosos do pênis e dos olhos.

Albus, lat., branco profundo; ex.: Animal albino; Albúmen; Albumina.

Alça Cervical ou **Ansa cervicalis** ou **Ansa hypoglossi**, lat. *ansa*, alça + *cervix, cervices*, colo, pescoço, relativo à região cervical; *hypoglossi, do* hipoglosso, gr. ὑπό, *hypo-*, sob, debaixo + lat. *glossa*, língua; essa é uma alça de ramos nervosos que são parte do plexo nervoso cervical; e que se situa superficialmente à veia jugular.

Alça de Henle, lat. *ansa*, alça + Friedrich G. J. Henle; túbulo reto de um néfron (rins), em forma de "grampo de cabelo". Ver Henle.

Alça do Hipoglosso. Ver Alça cervical.

Alça da Subclávia, lat. *ansa*, alça + pref. lat. *sub-* + pref. *sub-* + *clavis*, chave; alça nervosa simpática que passa anterior e posteriormente à artéria subclávia.

ALCMEON DE CRÓTON (fl. século V a.C.). Cróton (Crótona ou Crotone; Calábria, Magna Grécia; hoje na Itália) foi uma das principais cidades pitagóricas, e onde nasceu Alcmeon, um dos mais importantes discípulos de Pitágoras. Considera-se que ele teria sido o primeiro médico a dissecar um cadáver humano no Ocidente[9]. Seus estudos anatômicos e fisiológicos se referem principalmente ao cérebro e aos órgãos dos sentidos. Ele também teria descoberto a conexão entre os órgãos dos sentidos e o cérebro, bem como a relação entre pensamento e cérebro; diferentemente de autores contemporâneos e posteriores, como Aristóteles, que relacionavam o pensamento e as sensações ao coração, como os Egípcios.

Alelo, forma abreviada do termo alelomorfo, um neologismo formado do gr. ἀλλήλ, *allel*, recíproco, de ἄλλος, *allos*, de um para com o outro + μορφή, *morphe*, forma. Alelos são os genes alternativos que podem ocupar o mesmo *locus* em um cromossoma; como o sistema de grupos sanguíneos ABO.

ALEXANDRE, O GRANDE (356-323 a.C.), gr. Ἀλέξανδρος ὁ μέγας, *Alexandros ho Megas*, Alexandre Magno, Alexandre, o Grande (Alexandre III). Alexandre foi rei da Antiga Macedônia, era filho do rei Felipe II e foi aluno de Aristóteles. Alguns autores sugerem que ele pode ter enviado material biológico para os estudos de seu mestre[10]. Alexandre é considerado como uma das pessoas mais influentes de todos os tempos, por ter disseminado a cultura grega (Helenismo), fundado cidades e estabelecido rotas comerciais da Europa até o Oriente Médio e a Ásia Menor.

Algos, gr. ἄλγος, dor; ex.: Cefalalgia (dor de cabeça); Lombalgia (dor lombar).

Alimentar, adj. derivado do lat. *alimentum*, nutrição; ex.: Dieta alimentar.

---

[9] Não devemos esquecer que, para outros fins, os embalsamadores egípcios em um certo sentido "dissecaram" cadáveres muito antes dos gregos.

[10] Se isto ocorreu, devem ter sido animais vivos; ou mumificados, porque outros meios de preservação não eram então conhecidos. Álcool de vinho aparentemente foi utilizado pela primeira vez no século XVII (ver Boyle, 1666) e, mesmo assim, apenas para pequenos espécimes, devido ao seu elevado custo.

-alis, -aris, -elis, -ilis, -ulis, suf. lat. formadores de adj. relativos a nomes e numerais; ex.: *Arteria femoralis*.

Alisfenoide. Ver *Osso alisfenoide*.

Alla, gr. ἀλλά, *alla*, mas, todavia; não confundir com o gr. ἀλλας, salsicha ou o lat. *ala*, asa.

Allas, gr. ἀλλας, *allas*, salsicha; ex.: Alantoide (gr. ἀλλαντοειδής, *allantoeides*, de ἀλλας, *allas* + εἶδος, *eidos*, forma, com forma de salsicha). Não confundir com o gr. αλλά, *alla*, mas, todavia, nem com o lat. *ala*, asa.

Allel, gr. ἀλλήλ, recíproco, de um para o outro; ex.: Genes alelos; Alometria.

Allius, lat., gr. ἄλλος, *allos*, outro; ex.: Alozimas (cada uma das formas de uma enzima produzida pelos diferentes alelos de um mesmo *locus*).

Allos, gr. ἄλλος, outro; ex.: Alometria (*allos* + μέτρον, *metron*, medida; outra medida ou medidas diferentes). Ver Heterocronia.

Alma, lat. *anima*; em gr. Ψυχή, *Psyche*. Na linguagem de Aristóteles, a alma *atualiza* (i.e., ela *torna real*) *a potencialidade de um corpo* em vir a se tornar um *ser vivo*. Evidência de que alma é vida está nos *tipos de alma* dos organismos: a- alma (vida) vegetativa ou nutritiva (é a única nas plantas); b- alma (vida) sensorial (existe nos animais, com a alma vegetativa); e c- alma (vida) racional (existente apenas no Homem, com as almas vegetativa + sensorial). Para Aristóteles, *não há alma fora de um ser vivo*.

Alometria, gr. ἄλλος, *allos*, outro + μέτρον, *metron*, medida; outra medida ou medida diferente. É o crescimento diferencial das distintas partes do corpo durante a ontogenia. Por exemplo, o caso do crescimento dos ossos do crânio: o homem tem alometria negativa nos ossos do rostro (que crescem muito menos) em relação aos do crânio propriamente dito (que crescem muito mais). Isto é ainda mais evidente quando comparamos o crescimento do rostro/crânio do homem com o rostro/crânio do chimpanzé e do gorila, que têm crescimento do rostro com alometria positiva em relação ao crânio (ver figuras em Gould, 1977)[11]. O mesmo ocorre nos hominídeos fósseis, se comparados ao homem moderno (em relação aos primeiros, estes últimos apresentam crescimento negativo do rostro e positivo do crânio). Enquanto que os Antropoides têm crescimento rostral

---

[11] https://pt.scribd.com/document/363229224/Stephen-Jay-Gould-Ontogeny-and-Phylogeny-PDF.

positivo em relação à caixa craniana, o homem tem crescimento craniano positivo em relação ao rostro (este, negativo em relação ao crânio).

Alótipo (1), gr. ἄλλος, *allos*, outro + τύπος, *typos*, tipo, modelo, padrão. Espécimen do sexo oposto em relação a um holótipo. Este termo, todavia, ainda não foi reconhecido pela Comissão Internacional de Nomenclatura Zoológica (CINZ, ICZN). O fato está relacionado ao *dimorfismo sexual*, muito comum entre os Mamíferos e outros grupos de animais. Por exemplo, nos Mamíferos os chifres e as presas são maiores nos machos do que nas fêmeas, que até podem não tê-los, na mesma espécie.

Alótipo (2), gr. ἄλλος, *allos*, outro + τύπος, *typos*, tipo, modelo, padrão. Alótipos são as variações nas imunoglobulinas em uma mesma espécie de vertebrado.

Alozima, gr. ἄλλος, *allos*, outro + ζέω, ζύμη, *zeo, zyme*, fermento; cada uma das formas de uma enzima produzida pelos diferentes alelos de um mesmo *locus*.

Alpha, primeira letra do alfabeto grego, ἀλφα; minúscula (minúsc.) α, e maiúscula (maiúsc.) A. Translitera-se como "a"; ex.: Macho alfa.

Altus, lat., alto, profundo; ex.: Altitude.

Alveus, lat., cavidade; ex.: Alvéolo (*alveus* + suf. dim. *-olus*, pequena cavidade).

Ambi-, pref. lat., ambos; em gr. ἀμφί, *amphi*, ambos, ao redor de; ex.: Ambidestro. Ver *Amphi-*.

Amblys, gr. ἀμβλύς, lento; ex.: *Amblystoma* (salamandra terrestre).

Ambulo, vb. lat., eu caminho (vb. caminhar), eu viajo (vb. viajar); ex.: Deambulação.

Ameba, gr. ἀμοιβή, *amoibe*, mudança; organismo eucariota e unicelular, muito móvel e pertencente ao reino dos protistas. Sua principal característica é mover-se por meio de pseudópodes. Amebas não formam um grupo taxonômico distinto e são *caracterizadas apenas por seus movimentos ameboides, e não por determinadas características anatômicas.* A *Entamoeba histolytica* é um patógeno para o homem e infecta o tubo digestivo (Amebíase).

Ameloblasto (Anatomia, Vertebrados, dentes), francês antigo *esmail*, alemão *schmelzen* + gr. βλαςτός, *blastos*, embrião, germe, broto; "célula que forma o esmalte dos dentes". O esmalte é um tecido quase que exclusivo dos Mamíferos. Outros Vertebrados têm um tecido dentário chamado de enameloide (francês *esmail* + εἶδος, *eidos*, forma, i.e., tecido semelhante ao esmalte). O esmalte é depositado sobre a dentina da coroa dentária; de modo que, se coroas de dentes fósseis forem encontradas ainda sem o esmalte e sem raízes, trata-se de dentes que não haviam sofrido erupção. Este tipo de dente não é tão comum quanto os dentes decíduos fósseis (dentes da primeira dentição, com pouco desgaste no esmalte e sem raízes porque estas foram reabsorvidas).

Amêndoa, lat. *amygdala*, gr. ἀμυγδάλη, *amygdale*, amêndoa, amígdala, fruto da amendoeira (*Prunus amigdalus*, mesmo gênero do pessegueiro, *Prunus persica*). O nome "amígdala" para a tonsila palatina deve-se à sua forma, supostamente semelhante à de uma amêndoa.

Amígdala, lat. *amygdala*, gr. ἀμυγδάλη, amêndoa, fruto da amendoeira (*Prunus amigdalus*); ex.: Amígdala ou Tonsila palatina. O nome de "amígdala" para a tonsila palatina deve-se à sua forma, supostamente semelhante à de uma amêndoa.

Amitose, pref. priv. gr. ἀ-, ἀν-, sem, não + μίτος, fio, corda; refere-se à divisão celular direta, i.e., sem cromossomas visíveis.

Ammon, gr. Ἄμμων, principal deus dos Egípcios; ex.: Amoníaco. Ver Amônia.

Âmnio (Galeno), gr. ἄμνιον, ἄμνι-, pequeno cordeiro; membrana embrionária que envolve o embrião de Vertebrados Amniotas (Répteis, Aves e Mamíferos), com função de protegê-lo dentro do ovo. Esta é uma condição considerada como derivada em relação aos Anamniotas (Vertebrados/Craniata sem âmnio: Peixes e Anfíbios). *Amnion* é também um apelido da deusa do Parto/Nascimento *Eileithyia de Amnisus* ou *Amnias*.

Amniota, gr. ἄμνιον, ἄμνι-, pequeno cordeiro; "animais possuidores de uma membrana embrionária chamada âmnio" (Répteis, Aves e Mamíferos), com função de protegê-lo dentro do ovo. Esta é uma condição considerada como derivada em relação aos Anamniotas (Peixes e Anfíbios).

Amônia, gr. Ἄμμων, *Ammon*, principal deus dos Egípcios. Há várias hipóteses para a origem do nome "amônia"; entre elas a de que o local onde os egípcios produziam amônia (misturando urina de camelo com água do mar, para produzir a substância usada na lavagem de roupas), situava-se perto do Templo de *Ammon*. Daí teria vindo o nome que os gregos deram ao composto, ἁλς ἀμμωνιακός, *hals ammoniakos*, sal amoníaco, o "sal de *Ammon*".

Amphi-, pref. gr. ἀμφί-, ambos, ao redor; em lat. *ambi-*; ex.: *Amphodonta*; Amphibia. Ver *Ambi-*

Amphibia, pref. gr. ἀμφί-, ambos, em lat. *ambi-* + βίος, *bios*, vida, modo de vida; "ambos os modos de vida", aquática e terrestre, os Anfíbios.

Amphodonta (Hipócrates, Aristóteles, ungulados), gr. ἀμφί, *amphi* + ὀδόντος, *odontos, do* dente; "ambos os dentes (superiores/inferiores)"; termo utilizado por Aristóteles para os Tetrápodes com dentes anteriores, tanto superiores quanto inferiores, como os cavalos. Os ruminantes, sem dentes anteriores/superiores, são chamados por Aristóteles de *Anamphodonta* (sem "ambos os dentes"; i.e., animais em que faltam os dentes incisivos superiores). Ver *Monychon* e *Anamphodonta*.

Amplus, lat., amplo; ex.: Amplitude.

Ampola, lat. *ampulla*, pequena redoma, vaso, bula, jarro, frasco; algo tubular que se alarga para cima (como um jarro); ex.: Ampolas de Lorenzini (receptores no rostro de tubarões, as quais são sensíveis às mudanças de temperatura, salinidade e pressão).

Amygdale, gr. ἀμυγδάλη, amêndoa, amígdala; ex.: Amígdala ou Tonsila palatina. O nome de amígdala para a tonsila palatina se relaciona a que ela teria a forma semelhante à de uma amêndoa (*Prunus amigdalus*).

An-, pref. priv. gr. ἀν-, sem; ex.: *Anaima* (αν-, *an-* + αἷμα, *haima*, sangue, sem sangue vermelho). Não confundir os prefixos gr. ἀν-, *an-*, sem e ἀνά-, *ana-*, sobre, acima, ao longo de, cada, de acordo com.

Ana-, pref. gr. ἀνά, sobre, acima, ao longo de, cada, de acordo com; ex.: Analogia (gr. αναλογία, proporção, relação; gr. ἀνά, *ana-* + λόγος, *logos*, razão, palavra, discurso). Não confundir o pref. gr. ἀνά-, *ana-*, com o pref. gr. ἀν-, *an-*, sem.

Anabolismo, gr. ἀνά, sobre, acima, ao longo de, cada, de acordo com + βουλιμία, *boulimia*, do gr. βοῦς, *bous*, boi + λιμός, *limos*, fome; fome de boi.

Conjunto de fenômenos metabólicos em que as substâncias absorvidas são incorporadas às células do corpo. O contrário de catabolismo.

Anáfase (mitose), pref. priv. gr. ἀ-, ἀν-, sem, não + φάςις, *phasis*, fase, estágio; fase mitótica inicial, quando os cromatídeos se separam.

Anaima ou *Anhaima* **(Homero, Heródoto, Empédocles, Hipócrates, Aristóteles)**, gr. ἄναιμα, pref. priv. αν-, *an-*, sem + αἷμα, *haima*, sangue; "sem sangue", significando *animal sem sangue vermelho*. Traduzido na Idade Média para o latim como *Exanguinea* (o que portanto também significava "sem sangue vermelho"). *Anaima/Exanguinea* correspondem aos atuais Invertebrados. O termo já aparece em autores anteriores a Aristóteles, mas pode ter um outro sentido. Em Homero, por exemplo, ἄναιμα, *anaima*, é utilizado para referência aos *ferimentos sem sangue*. Aristóteles entendia que os *Anaima* teriam um líquido análogo ao sangue, i.e., com a mesma função (Ferigolo, 2016, 2021, 2023).

Anaimon, anhaimon **(Aristóteles)**, gr. ἄναιμα, pref. priv. αν-, *an-*, sem + αἷμα, *haima*, sangue; "sem sangue", significando *animal sem sangue vermelho*. Aristóteles comenta que *apenas o coração contém sangue dentro dele mesmo*; ou seja, os demais órgãos apenas *têm sangue dentro dos seus vasos sanguíneos* (*phlebos*). Além disto, os vasos sanguíneos penetram na "carne" (i.e., no parênquima), nunca nas cavidades das vísceras (como sabemos hoje, nos rins os vasos penetram em seu hilo, mas não nas cavidades, pelve e cálices renais). Idem para vísceras ocas.

Anagênese, refere-se a uma teoria evolutiva segundo a qual toda uma população sofreria progressiva e contínua modificação, gradual e linear, não ramificada, formando uma nova espécie. Sinônimo de evolução filética, em oposição a cladogênese.

Analogia (Aristóteles), lat. *analogia*, gr. αναλογία, proporção, relação; pref. gr. ἀνά-, ana-, sobre, acima, ao longo de, cada, de acordo com + λόγος, *logos*, razão, palavra, discurso; do vb. λέγω, *lego*, eu digo (vb. dizer), eu falo (vb. falar), eu estudo (vb. estudar). Analogia, em Biologia, é uma *comparação entre duas relações* (e.g., a asa de inseto está *para* inseto *como* a asa de ave está *para* ave). Termo utilizado na Biologia de Aristóteles com o mesmo significado moderno: estruturas com morfologias diferentes, mas com funções ou propriedades semelhantes. Por exemplo, *pernas de Aves e pernas de insetos são análogas*; porque, por muito diferentes que seja sua morfologia (e.g., apenas as pernas de Aves têm ossos), suas funções, como a de caminhar, são semelhantes. As analogias são uma forma muito antiga de se descrever ou colocar nome em coisas novas comparando-as a outras mais bem conhecidas. Isso ocorre muito frequentemente em Anatomia, em que muitos ossos ganharam o nome de objetos comuns e do dia a dia. Por exemplo, *patela* é um tipo de *prato* romano, enquanto *tíbia* é um tipo de flauta romana (feita com o osso tíbia de ave). Outras estruturas são descritas com base em sua forma, fazendo analogia com figuras geométricas; como é o caso dos Ossos cuboide e cuneiformes dos pés e os Ossos trapézio e trapezoide das mãos. Também por analogia, há a formação de alguns nomes específicos, como o da *Giraffa camelopardalis*; em que *camelopardalis* (camelo-leopardo) significa que esta espécie se parece com um camelo (no tamanho) e sua pelagem é semelhante à do leopardo. Também este é o caso do nome *hippotigris* (cavalo-tigre), que os antigos gregos davam à zebra, sendo *hippo*, cavalo; e *tigris*, uma referência ao aspecto da sua pelagem, semelhante à do tigre (sobre esses e outros exemplos, ver Bodson, 2010). Quem propôs modernamente os termos "analogia" e "homologia" foi Owen (1843). Ver Identidade e Homologia.

Anamniota (Peixes, Anfíbios), pref. priv. gr. ἀν-, *an-*, não, sem + *amnios*; Vertebrados/Craniata sem a membrana chamada âmnio, que envolve o embrião dentro do ovo, para protegê-lo. Sua ausência é considerada hoje como caráter ancestral ("primitivo"). Ver Âmnio e Amniota.

Anamphodonta **(Aristóteles, ungulados)**, pref. priv. gr. ἀν-, *an-*, não, sem + *Amphodonta* (gr. ἀμφί, *amphi*, ambos + ὀδούς, ὀδόντος, *odous, odontos*, dente, ou seja, "com ambos os dentes"). Então, "sem ambos os dentes" se refere aos animais que não têm dentes anteriores e superiores (incisivos superiores) e que são hoje chamados de Mamíferos Artiodáctilos, os ruminantes.

Anapófise (Anatomia, Mamíferos, Coluna vertebral), pref. gr. ἀνά, sobre, acima + pref. gr. απο-, *apo-*, de, a partir de, proveniente de + φύςις, *physis*, origem, crescimento, Natureza. Em alguns Mamíferos é um pequeno processo (apófise) na porção posterior do arco neural de algumas vértebras. As apófises correspondentes, mas situadas anteriormente no arco neural, são chamadas de metapófises. Observe que as metapófises e as anapófises não são homólogos seriais entre si, porque estão em posições diferentes no arco neural. Homólogos seriais são todas as metapófises entre si e todas as anapófises entre si (como o são todas as vértebras de cada região da coluna).

Anastomose (vasos sanguíneos), pref. gr. ἀνά, sobre, acima, ao longo de, cada, de acordo com + lat. *stoma*, boca, abertura; comunicação natural entre dois vasos sanguíneos. Comunicações patológicas entre artéria e veia são chamadas fístulas artério-venosas.

Anatomia, pref. gr. ἀνά, sobre, acima, ao longo, cada, de acordo com + τομος, *tomos*, partes, do vb. τέμνω, *temno*, eu corto, vb. inf. τέμνειν, *temnein*, cortar; "estudo das partes do corpo"; termo aplicável tanto aos animais quanto às plantas. Hoje o termo "Anatomia" é também utilizado por analogia em inúmeras outras áreas que não a Biologia/Medicina. Por exemplo, "Anatomia do crime", "Anatomia da fome" etc. A razão disto é que tais áreas ou temas se prestam a ser "dissecados" em seus diferentes componentes ou partes. Ver Analogia.

ANATOMISTAS E FISIOLOGISTAS GREGOS E ROMANOS. Muitos foram os assim chamados "anatomistas" e "fisiologistas" da Antiguidade. Para a maioria deles, no entanto, apenas temos alguma opinião sobre a circula-ção do sangue ou sobre qual seria o centro das sensações. Neste Glossário foram incluídos apenas os anatomistas e fisiologistas dos quais restou algum documento, pelo menos por intermédio de terceiros: Alcmeon, Aristóteles, Diocles, Diógenes de Apolônia, Erasístrato, Galeno, Herófilo, Hipócrates, Homero, Polibo, Rufus de Efésos, Siennesis e Teofrasto. Há inúmeros outros médicos famosos da Antiguidade e Idade Média, mas a maioria não era propriamente anatomista, nem fisiologista. Foram também incluídos aqui Mondino de Liuzzi, Berengario da Carpi e Andreas Vesalius, importantes por terem publicado o que se consideram hoje os primeiros livros-texto de Anatomia humana e que foram utilizados nas universida-des europeias por vários séculos. Também incluímos Leonardo da Vinci, cujas contribuições na Anatomia e Fisiologia estão apenas começando a ser descobertas. Ademais, é dada especial ênfase aos termos utilizados por Aristóteles por ter sido ele o Primeiro Zoólogo. O Primeiro Botânico foi Teofrasto, discípulo de Aristóteles.

Anchon **(Homero, Hipócrates)**, gr. ἀγχών, cotovelo; Aristóteles e Hipó-crates chamam o cotovelo de "dobra do braço"; ex.: Processo ancôneo.

Ancyroides **(Galeno)**, gr. ἀνκυρόιδης, de ἀνκυρα, *ankyra*, gancho + εἶδος, *eidos*, forma, "em forma de gancho"; utilizado por alguns anatomistas gre-gos da Antiguidade para se referirem ao processo coracoide da escápula, que eles achavam parecido com um gancho.

Androsterona (hormônio), gr. ανδρος, *andros*, homem + *esterol*, relacionado a substância esteroide; hormônio esteroide que estimula o desenvolvimento de características masculinas em Vertebrados e que tem cerca de 1/7 da potência da testosterona. Ele é produzido no fígado com base no metabolismo da testosterona.

Anel, lat. *anellus*, pequeno objeto circular; ex.: Anel timpânico.

Anel Esclerótico (Anatomia, Vertebrados, órbita), lat. *anellus*, pequeno objeto circular, anel + lat. medieval *sclerotica*, do lat. *scleroticus*, duro; um anel de placas ósseas que se forma na órbita de alguns Vertebrados, supostamente ajudando a manter o formato do olho. Antigamente alguns autores supunham que o anel esclerótico funcionaria como um diafragma de uma câmera fotográfica, com a função de melhor focalizar a presa.

Anel Timpânico (Anatomia, Vertebrados, ouvido), lat. *anellus*, pequeno objeto circular + *tympanum*, tímpano; um anel ósseo formado pelo osso ectotimpânico, e que normalmente dá suporte à membrana timpânica.

Anellus, lat., dim. de *anulus* ou *annulus*, anel, pequeno objeto circular, pequeno anel.

-aneous, -aneus, -anea, -aneum, suf. lat. formadores de adj., indicando *pertencente a* (relação de posição ou origem); ex.: Cutâneo (rel. ou pertencente à cútis, pele).

***Anepallakta* (Aristóteles, ungulados)**, gr. ἀνεπαλλακτα[12], pref. priv. ἀν-, *an-* sem + παλλακτα, do vb. επαλλάττει, *epallattei*, entrelaçar, encaixar. *Anepallakta* são os *Zootoka* herbívoros, aqueles com "dentes que não se encaixam"[13], como nos bovídeos e nos equídeos. Diferentemente dos *Zootoka* carnívoros (Felídeos, Canídeos, Ursídeos etc.), aqueles cujos "dentes se encaixam" e que são chamados de *Epallakta* (do vb. επαλλάττει, *epallattei*, entrelaçar, encaixar) por Aristóteles. A tradução de *Epallakta* por vezes aparece equivocadamente como "dentes serrilhados", porque

---

[12] Traduzido para o inglês como "teeth which do not interlock" (dentes que não se "encaixam", ou "ocluem") por A. L. Peck (em Aristotle, 1965, p. 97).

[13] Aqui Aristóteles está aludindo à oclusão dos *dentes carniceiros*, que, segundo ele, "se encaixam" entre si. Isto não ocorre nos Ungulados, como o cavalo e o boi, em que as superfícies oclusais se tornam, com o desgaste, mais ou menos planas. Tais tipos de oclusão têm relação com o hábito alimentar: Mamíferos carnívoros geralmente cortam (com os dentes carniceiros) os alimentos e os deglutem sem mastigar, enquanto que os Mamíferos herbívoros trituram o alimento com os dentes molares, antes de deglutir; alguns deles até ruminando, i.e., regurgitando o alimento e o mastigando novamente.

Aristóteles compara tais dentes carniceiros com os dentes dos tubarões (possivelmente porque são cortantes como os destes últimos).

Aner, andros-, gr. ἀνήρ, ἀνδρός, homem, guerreiro, macho, marido; ex.: Androsterona.

Anexo, pref. lat. *ad-*, em direção a, junto a + *nexus*, ligado; parte acessória de uma estrutura; ex.: Anexos do olho (músculos, vasos sanguíneos e nervos do olho).

Anfíbios, pref. gr. ἀμφί-, *amphi*, ambos + βίος, *bios*, vida, modo de vida; portanto "ambos os tipos de vida", significando "vida aquática + vida terrestre". Aristóteles não distinguia, diferentemente de hoje, os Anfíbios dos Répteis. Ele inclui ambos no gênero *Ootoka*, que também chama de Tetrápodes Ovíparos. As Serpentes, por serem Ápodes e não Tetrápodes e algumas serem vivíparas, têm um grupo próprio em Aristóteles, os *Ophis*, de onde derivou o nome moderno dos Ofídios.

Anficelia (Anatomia, Peixes, Anfíbios, muitos Répteis, Coluna vertebral), pref. gr. ἀμφί-, *amphi*, ambos + gr. κοιλία, *koilia*, cavidade (derivado de *koilos*, vazio); corpos vertebrais com concavidade anterior e posterior. Também as vértebras notocordais são anficélicas e são encontradas na maioria dos Peixes e Anfíbios, bem como em muitos Répteis, como Captorrinomorfos, Mesossauros e Esfenodontídeos. Nos Mamíferos e no Homem, existe uma enfermidade apelidada de hemivértebra (ou "vértebra de peixe"), em que uma ou mais vértebras não desenvolvem ou não fusionam à metade contralateral; de modo que algumas de tais vértebras aparecem com uma constrição mediana e parecem ter uma forma de borboleta aos raios X. As vértebras adjacentes podem se modificar, completando o espaço deixado pela vértebra em borboleta. Estas anomalias são usualmente associadas a outras, inclusive algumas gravíssimas no Sistema Nervoso Central. Ver Vértebra notocordal e Notocorda.

Anfistilia, pref. gr. ἀμφί-, *amphi*, ambos + lat. *stylus*, coluna; tipo de articulação crânio-mandibular dupla, na qual os derivados do arco mandibular se articulam aos derivados do arco hioide e ao crânio; ex.: Tubarões Cestraciontes; *Diarthrognathus*, um cinodonte avançado, que tem duas articulações crânio-mandibulares: uma entre o quadrado (crânio) e o articular (mandíbula) e outra entre o esquamosal (crânio) e o côndilo mandibular.

Angeion, angion, gr. ἀγγεῖον, pote, recipiente, jarro, vaso; ex.: Angiologia. O duplo gama é transliterado como "ng".

Angiologia, gr. ἀγγεῖον, *angeion*, de ἄγγος, pote, recipiente, jarro, vaso + λόγος, *logos*, estudo; "estudo dos vasos sanguíneos", uma especialidade em Medicina (cujo especialista é chamado de angiologista).

Anguis, lat., cobra, serpente, dragão; ex.: Anguidae (família de lagartos, muitos deles sem membros; como os lagartos em geral, eles perdem facilmente sua cauda (por autotomia), pelo que no Brasil são chamados de "cobras de vidro"); ex.: *Anguis fragilis*. Ver Autotomia.

Anima (Aristóteles), lat., alma, vida, respiração; em gr. Ψυχή, *Psyche*; ex.: Animal. Com "seres animados", logo pensamos em animais; todavia as plantas também são seres *animados* porque elas têm a *alma nutritiva ou vegetativa*. Para Aristóteles alma/vida só existe em seres vivos. Ver Alma.

Animado, lat. *anima*, ser que tem alma, ou vida em Aristóteles. Contrário de ser Inanimado.

Animal, lat. *anima*, alma, vida, respiração; um ser vivo do grupo *Animalia* (Vertebrados e Invertebrados).

Anisodactilia (Aves, dedos), lat. *anisos*, diferente, do gr. ἄνῑςος, diferente, desigual + δάκτυλος, *dactylos*, dedo; refere-se ao padrão básico (e invertido) dos dedos dos pés das Aves, no qual o dedo I está dirigido posteriormente; enquanto que os dedos II, III e IV estão dirigidos anteriormente.

Anisos, lat., do gr. ἄνῑςος, diferente, desigual; ex.: Anisodactilia; Anisocitose.

Ankylos, gr. ἀγκύλος, torto, curvo, rígido; ex.: Ossos anquilosados (i.e., fusionados; que podem resultar de processo normal, principalmente em alguns Mamíferos Ungulados e Xenarthra). Ver Anquilose.

Annus, lat., ano; ex.: Gestação anual.

Anquilose, gr. ἀγκύλος, torto, curvo, rígido; refere-se ao fusionamento normal entre ossos, em determinados Vertebrados. Em Artiodáctilos é comum o fusionamento dos ossos do antebraço entre si, e os da perna entre si. O mesmo acontece com alguns Xenarthras, como os dasipodídeos (fusionamentos entre rádio/ulna, tíbia/fíbula e sacro/cintura pélvica). Em Medicina, Anquilose se refere a um fusionamento patológico entre ossos, seja de causa pós-traumática, pós-infecciosa, pós-inflamatória ou mesmo senil (devido à idade). Também acontece em doenças autoimunes como na espondilite anquilosante (nesta, principalmente fusionamentos ao longo da coluna vertebral).

Ansa hypoglossi. Ver Alça cervical.

Ansa nephronis. Ver Alça de Henle.

Ansa subclavia. Ver Alça da subclávia.

Ante-, pref. lat., antes, anterior, na frente de; ex.: Anterior (TRA).

Anterior/Posterior (TRA). Ver Termos de Referência Anatômicos.

Anthelika **(Rufus de Efésos)**, gr. ἀνθέλικα, nome utilizado para o promontório da Orelha média, onde se situam as janelas (fenestras) da Orelha interna.

Anthereon **(Homero, Rufus de Efésos)**, gr. ἀνθερεών, queixo; sinônimo de *geneion*.

Anthrax, anthrakos, gr. ἄνθραξ, ἄνθρακος, carvão; ex.: Antracose (um tipo de Pneumoconiose causada pela inalação prolongada de pó de carvão; portanto aparecendo em pessoas que trabalham em minas de carvão. Na fase final, a Antracose resulta em fibrose pulmonar e insuficiência respiratória. Pneumoconiose, por sua vez, é o nome de um conjunto de doenças pulmonares de origem ocupacional e natureza restritiva, sendo causadas pela inalação de poeira inorgânica relacionada ao trabalho, principalmente em minas).

Anthropos **(Sócrates, Platão)**, gr. ἄνθρωπος, homem no sentido biológico; ex.: Antropologia. De acordo com Platão (*Crátilo*, 399c, Plato, 1926), o termo *anthropos* proviria da frase gr. ἀναθρῶν ἃ ὄπωπε (*anathron ha opope*), que significa "aquele que reflete sobre o que viu". Ver *Aner* e *Vir*.

Anti, ant-, pref. lat., contra, oposto, em oposição a, do gr. ἀντί, *anti*; ex.: Anticorpo; Antígeno.

Anticlinal. Ver Vértebra anticlinal.

Antiguidade, lat. *Antiquitas*; refere-se ao período da Civilização anterior à Idade Média (antes de 476 d.C.).

Antiguidade Clássica, lat. *Antiquitas + classicus*, que pertence a uma classe; refere-se às Civilizações Clássicas do Mediterrâneo, principalmente Grécia Antiga e Roma Antiga.

Antiknemion (Rufus de Eféesos), gr. ἀντικνήμιον, pref. gr. ἀντί, *anti*, contra + κνημη, *cneme, kneme*, perna, canela, tíbia; termo para a porção anterior da tíbia (*canela*). A tuberosidade da porção anterior e proximal da tíbia é hoje chamada de tuberosidade cnemial.

Antitrocânter (Dinossauros), pref. gr. ἀντί, *anti*, contra + τροχος, *trochos*, roda; tuberosidade ou crista situada na margem dorsal/superior do acetábulo pélvico.

Antrum, antra, lat., caverna, cavidade; uma cavidade praticamente fechada; muito utilizado para cavidades formadas dentro de ossos; alguns grandes Mamíferos desenvolvem grandes seios paranasais em boa parte dos ossos do teto e da base craniana. Estes seios são divertículos gerados das cavidades nasais, como são os demais seios paranasais; ex.: Antro ou Seio frontal; Antro ou Seio maxilar.

Ânulo Fibroso (AF). Ver *Anulus fibrosus*.

Anulus* ou *annulus, do lat. *anus*, anel, quarto dedo (dedo anular), pequeno anel. Utilizado para se referir a estruturas anatômicas em forma de anel; como o *anulus fibrosus* do disco intervertebral. Não confundir *anus*, anel, com *annus*, ano.

***Anulus fibrosus, anuli fibrosi* (AF, Mamíferos)**, lat. *anulus*, pequeno anel + adj. lat. *fibrosus*, fibroso; anel de fibras conjuntivas que formam a parte periférica do disco intervertebral (DIV). Do DIV também participam o *nucleus pulposus* (NP) e a lâmina cartilaginosa terminal (LCT). Só os Mamíferos têm DIV com suas diferentes porções. Os demais Vertebrados apresentam um anel fibroso unindo corpos vertebrais contíguos, semelhante ao AF dos Mamíferos.

Anura, pref. priv. gr. ἀν-, *an-*, sem + οὐρά, *oura*, cauda; "sem cauda", grupo dos Anfíbios sem cauda (sapos, rãs e pererecas).

Anus, lat., anel, círculo, ânus (abertura terminal ou distal do tubo digestivo). De *anus* provém *anulus* (*anus* + suf. dim. *-ulus*), pequeno anel, como o *anulus fibrosus* do disco intervertebral.

Aorta (Hipócrates, Aristóteles), novo lat.[14], gr. ἀορτή, *aorte*, algo pendurado, do vb. ἀείρω, *aeiro*, eu levanto, eu elevo, eu penduro, eu suspendo (vb. inf. ἀείρειν, levantar, pendurar). O termo ἀορτή, *aorte*, foi utilizado primeiro por Hipócrates com o sentido de traqueia ou brônquios (talvez por ser algo "pendurado" entre os pulmões e cheio de ar). Em Aristóteles, ἀορτή se refere à artéria aorta. As artérias eram consideradas pelos Antigos Gregos condutos conduzindo ar, não sangue, em função de que, como os animais de corte eram geralmente mortos por sangria (gargantas cortadas), as artérias eram encontradas vazias ou "cheias de ar", diferentemente das veias (que eram encontradas cheias de sangue e coágulos). Então é possível que na origem o termo *aorte* se relacionasse apenas à traqueia e aos brônquios, que realmente são "pendurados" dentro do tórax e são cheios de ar. Posteriormente teria havido a aplicação do nome à artéria aorta, pelo fato de ela estar cheia de ar e estar "pendurada" dentro do tórax.

Aorte. Ver Aorta.

Apatita (Vertebrados), vb. gr. ἀπατάω, *apatao*, eu me engano (vb. enganar), eu me equivoco (vb. equivocar-se); um mineral presente nas escamas ósseas e nos dentes dos Vertebrados e que lhes dá grande dureza, além de certa flexibilidade. Fórmula química: $Ca_5 (PO_4)_3 (OH, Cl, F)$. O nome provém da confusão sobre a verdadeira natureza da apatita, antes de sua correta identificação.

Apêndice, pref. lat. *ab-*, de + vb. *pendere*, pendurar; ex.: Apêndices epiploicos.

Apêndice vermiforme (Anatomia, Mamíferos, intestino grosso), pref. lat. *ab-*, de + vb. *pendere*, pendurar + *vermis*, verme + *forma*, forma; um apêndice em forma de verme, situado no ceco (parte do intestino grosso).

Apêndices epiploicos (Anatomia, Vertebrados, intestino grosso), pref. lat. *ab-*, de + *appendix*, apêndice, algo acessório + gr. ἐπίπλοον, *epiploon*, omento maior. Esses apêndices são pequenas bolsas de peritôneo, preenchidas por gordura e fixas ao cólon.

Apical, adj., do lat. *apex*, ápice, ponta; ex.: Porção apical dos pulmões.

---

[14] Também chamado de *latim moderno* ou *neolatim*, estabelecido do fim da Idade Média para propósitos científicos. Nele foram incorporados, além dos elementos latinos, elementos da língua grega e de outras línguas antigas. Hoje é utilizado principalmente na ciência. O nome *neolatim* é também aplicado ao latim utilizado depois do Renascimento.

Ápice, lat. *apex*; refere-se à porção apical de algo ou alguma estrutura; ex.: Ápice das raízes dentárias (a coroa é a base do dente); Ápice do coração ("ponta"; a base é onde estão os grandes vasos, como a aorta e o tronco pulmonar).

ap. m.-m. (Anatomia, Vertebrados, Gnatostomados), abreviatura utilizada para aparelho maxilo-mandibular; ou seja, o conjunto dos Ossos pré-maxila (em número de 2), maxila (2) mais os ossos da mandíbula (número variável, conforme o grupo) e respectivos dentes.

Apo-, preposição (prep.) gr. ἀπό, de, a partir de, proveniente de; muito utilizada por Aristóteles em suas descrições anatômicas; ex.: Apófise (*apo-* + *physis*, origem, crescimento, Natureza; processo ósseo geralmente delicado, exceto em grandes Vertebrados, nos quais podem ser muito desenvolvidos, como em preguiças gigantes, elefantes e em particular em Dinossauros e grandes Répteis fósseis); Aponeurose (*apo-* + νευρών, *neuron*, tendão; uma fina camada de tecido conectivo que reveste as fibras musculares e os tendões).

Apoda, gr. ἀπούς, *apous*, pref. priv. gr. ἀ-, *a-*, sem, não + πούς, *pous*, pé; "sem pés"; refere-se aos anfíbios ápodes da Ordem Gymnophiona.

Apócrino, prep. (preposição) gr. ἀπό, *apo-*, de, a partir de, proveniente de + vb. κρῑνω, *krino*, eu separo (vb. separar), eu seleciono (vb. selecionar), eu ordeno (vb. ordenar); refere-se ao fato de que a porção apical das células secretoras é eliminada com as secreções, neste tipo de glândula; ex.: Glândulas apócrinas.

Ápodes (Aristóteles, Peixes, Serpentes e Cetáceos), gr. ἀπούς, *apous*, pref. priv. gr. ἀ-, *a-*, sem, não + πούς, *pous*, pé; "sem pés". São os animais que Aristóteles considera *não utilizarem pés para se locomover*; incluindo os Peixes, as Serpentes e os Cetáceos (ele considera o membro anterior destes animais como uma nadadeira). Ele também chama de Ápodes um grupo de Aves com pernas/pés muito pequenos. Este termo pode ter existido desde antes de Aristóteles. Hoje "pé" é um nome aplicado a um grande número de estruturas, desde os Invertebrados até o homem. O que todos estes pés (e pernas) compartilham é apenas o fato de *servirem para caminhar*. Por exemplo, nenhuma homologia existe entre os pés dos Invertebrados e o dos Vertebrados. Por isso, os termos podem gerar muita confusão. Por exemplo, são utilizados nos Invertebrados, os nomes que originalmente se referiam a estruturas muito distintas, nos membros de Vertebrados; como é o caso de *coxa, fêmur, tíbia, trocânter* etc. Ver Apodidae, Bípedes e Tetrápodes.

Apodidae (Aristóteles, Aves), gr. ἀπούς, *apous*, pref. priv. gr. ἀ-, *a-*, sem, não + πούς, *pous*, pé; "sem pés". Esta é uma família atual de Aves. O nome correspondente a Aves "sem pés" aparece primeiro em Aristóteles, mas ele sabia que tais Aves não são realmente Ápodes, evidentemente, porque todas as Aves (*Ornithes*) são animais Bípedes para ele. Os Apodidae hoje incluem 19 gêneros e, estima-se, 91 espécies de Aves.

Apófise (Galeno), ἀπόφύσις, pref. gr. ἀπό-, *apo-*, de, a partir de, proveniente de + φύσις, *physis*, origem, crescimento, Natureza. Em Anatomia, apófise é o nome dado a processos ósseos longos, geralmente muito delicados; ex.: Apófise estiloide (do osso temporal). Na Antiguidade o termo "apófise" era usado com outro sentido. Galeno o utiliza para processos com uma faceta articular, como é o caso da "apófise articular da mandíbula" (ver Galenus, 1535; tradução e comentários em Singer, 1952). Hoje esta "apófise" é chamada de côndilo ou processo articular da mandíbula.

Aponeurose ou aponevrose (Galeno), pref. gr. απο-, *apo-*, de, a partir de, proveniente de + νευρῶν, *neuron*, tendão; uma fina camada de tecido conectivo fibroso que reveste as fibras musculares; ex.: Aponeurose dos músculos masseter e temporal.

Apoptose, pref. gr. απο-, *apo-*, a partir de, proveniente de + πτῶςις, *ptosis*, queda; refere-se à morte celular que ocorre naturalmente. Considera-se que *na apoptose a morte celular é programada*, em que as células não sofrem autólise. A apoptose difere da *necrose*, porque nesta há *digestão celular* ocasionada por enzimas dos lisossomas. Uma apoptose também ocorre frequentemente durante a fase embrionária (mórula, blástula e gástrula), em função de que muitas estruturas do embrião devem desaparecer para que a embriogênese continue. Também se chama de apoptose o fenômeno das árvores de folhas caducas.

Aposição, pref. lat. *ad-*, para + vb. *ponere*, pôr, colocar; aquilo que está em contiguidade com outro órgão ou outra estrutura; ex.: Crescimento aposicional ósseo (crescimento ósseo em diâmetro, por aposição de camadas concêntricas de osso periosteal endocondral).

Apous (Aristóteles, Aves), gr. ἀπούς, *apous*, pref. priv. gr. ἀ-, *a-*, sem, não + πούς, *pous*, pé; "sem pés", referindo-se a certas Aves. Estas "aves sem pés", aparecem primeiro em Aristóteles, mas ele mesmo sabia que as Aves em questão não são realmente Ápodes, evidentemente; mas sim que elas têm pés muito pequenos; pois para ele todas as Aves são Bípedes Ovíparos. Ver Ápodes.

Apsicha (Aristóteles), gr. ἄψυχα, pref. priv. gr. ἀ-, *a-*, sem, não + ψυχή, relacionado a alma, vida, respiração. Refere-se a seres inanimados (sem alma).

Aqua, lat., água; ex.: Hábito aquático; Ambiente aquático.

Aquila, lat., águia; ex.: *Aquila chrysaetos* (águia real).

Ar, abreviatura para *Osso articular* (da mandíbula).

Aracnoide (Anatomia, Vertebrados, meninges), adj., gr. ἀράχνη, *arachne*, aranha, em lat. *araneus* + gr. εἶδος, *eidos*, forma, "forma (de teia) de aranha"; nome da meninge intermédia, a qual para alguns lembra uma espécie de rede.

Arare, vb. lat., arar; ex.: Arado; em latim temos ainda a palavra *vomer*, também significando arado. O nome do Osso vômer se deve à sua forma, lembrando um arado.

Arbor, lat., árvore; ex.: Animal arborícola; Arboretum.

Arbor vitae (Anatomia, Vertebrados, cerebelo), lat. *arbor*, árvore + *vitae*, *da* vida; este nome originalmente se referia apenas ao cedro. Mas o cerebelo, quando seccionado sagitalmente, mostra sua matéria branca central com uma forma que lembra uma árvore com seus ramos, estrutura que, por isto, é chamada de *Arbor vitae*, ou seja, "árvore da vida".

Arche, archai, gr. ἀρχή, ἄρχαί, começo(s), origem(ns), início(s); princípio(s), primeiro(s); ex.: Arquétipo.

Archetypon (Platão, Aristóteles), gr. ἀρχέτυπον; em lat. *archetypum*; o adj. ἀρχέτυπος, *archetypos*, significa "moldado pela primeira vez", de ἀρχή, *arche*, começo, origem, início, princípio, primeiro + τύπος, *typos*, tipo, modelo, padrão. Ver Arquétipo.

Arco, lat. *arcus*; ex.: Arco mandibular.

Arco Hemal (Anatomia, Vertebrados, Coluna vertebral), lat. *arcus*, arco + gr. αἷμα, *haima*, sangue; arcos ósseos articulados ventralmente às vértebras e que em alguns animais dão proteção aos grandes vasos (artérias e veias) da região posterior do corpo e/ou da cauda; ex.: Arco hemal da região posterior da coluna vertebral dos Peixes. Um arco hemal também pode estar presente em muitos Répteis e alguns Mamíferos. Há uma certa confusão, na literatura, entre arco hemal e intercentro. Para alguns autores, a base do arco hemal seria o próprio intercentro.

Arco Hioide (Anatomia, Vertebrados, Sincrânio), lat. *arcus*, arco + gr. ὑοειδές, *hyoeides*, em forma de "Y"; segundo arco branquial, pelo qual se origina o Osso hiomandibular; que articula o crânio à mandíbula em muitos Peixes, como nos Condrictes.

Arco Jugal, lat. *arcus*, arco + *zygomaticus*, gr. ζεῦγος, *zeugos*, canga, par; arco formado por uma série de ossos (jugal, quadrado-jugal, esquamosal), nos diferentes répteis; e que pode ser homólogo do arco zigomático dos mamíferos. Por vezes utilizado como sinônimo de arco zigomático.

Arco Mandibular (Anatomia, Vertebrados, crânio, Embriologia), lat. *arcus*, arco + *mandibula*; primeiro arco branquial hipotético, que durante a evolução teria dado origem à mandíbula. Alguns tubarões têm uma cartilagem na região dos "lábios", que é considerada por alguns especialistas como um resquício de um arco branquial pré-mandibular (portanto anterior ao primeiro arco branquial, o arco mandibular).

Arco Neural (Anatomia, Vertebrados, Coluna vertebral), lat. *arcus* + gr. νευρών, *neuron*, tendão; refere-se ao arco dorsal das vértebras e que protege a medula espinal. Ele é o componente dorsal (posterior no homem) das vértebras; e nele se situam o processo espinhoso, os processos transversos, as zigapófises, bem como os processos e as facetas articulares acessórias (como zigosfene/zigantro, hiposfene/hipantro, em alguns grupos "primitivos").

Arco Zigomático (Rufus de Eféros, Galeno, Anatomia, Mamíferos, crânio), lat. *arcus* + gr. ζυγωματικός, *zygomatikos*, de ζύγωμα, *zygoma*, par, jugo, canga; arco ósseo formado pelos processos zigomáticos dos Ossos jugal/malar e esquamosal/temporal; e que delimita lateralmente a fossa ou fenestra temporal, pela qual passa o músculo temporal que se origina no teto craniano e vai se fixar na mandíbula. O arco zigomático dos

Mamíferos pode ser homólogo ao arco jugal de alguns grupos de Répteis. Visto de cima (e.g., cão), os arcos parecem formar uma canga de bois.

Arcos Branquiais (Anatomia, Vertebrados, Embriologia, crânio), lat. *arcus*, arco + gr. βράγχιον, guelra, brânquia; também chamados de arcos faríngicos, são uma série de arcos dos embriões, formados posteriormente ao cérebro e que dão origem a várias estruturas da cabeça e do pescoço. No homem, por exemplo, são gerados cinco arcos branquiais (os de número 1, 2, 3, 4 e 6), mas destes apenas quatro são visíveis externamente. Todos eles são de início iguais, com uma bolsa endodérmica interna, uma porção central de mesênquima (com vasos sanguíneos, nervos, músculos e cartilagem), uma membrana formada pelo endoderma + ectoderma e uma fenda externa formada pelo ectoderma. As artérias sofrem extenso remodelamento durante o desenvolvimento do sistema vascular do embrião, em geral as artérias inferiores tendo maior contribuição que as artérias superiores. Desses arcos, apenas o segundo arco branquial persiste após a sexta semana do embrião humano, finalmente originando o conduto auditivo externo, a orelha média e a trompa de Eustáquio. Os genes Hox (principalmente Hoxa3 e Foxi1) controlam o desenvolvimento de estruturas pós-embrionárias com base nos arcos branquiais embrionários (ver Wagner *et al.*, 2003).

***Arcualia* (Embriologia, Coluna vertebral)**, lat. *arcus*, arco; são assim chamados os arcos neurais cartilaginosos das vértebras das Lampreias. Mixinas e Lampreias são os "Peixes" Agnatas (sem aparelho maxilo-mandibular, ap. m.-m.), enquanto que os demais Vertebrados (verdadeiros Peixes, Anfíbios, Répteis, Aves e Mamíferos) são os Gnatostomados (i.e., eles têm ap. m.-m.). Mixinas e Lampreias têm crânio, mas Mixinas não têm nenhum elemento vertebral. Por isto o nome Craniata é mais adequado do que Vertebrados, quando se quer referir ao conjunto de "Agnatas + Gnatostomados" (Peixes Agnatas + Peixes verdadeiros + Tetrápodes).

Arcus, lat., arco; ex.: Arco mandibular.

Ari-*, *aristo-, gr. ἄριςτος, *aristos*, de ἀρετή, *arete*, excelência; ex.: Aristogênese (teoria segundo a qual a Evolução Orgânica se daria como um *aperfeiçoamento*, em resposta a *estímulos ambientais*; segundo outra definição, é a teoria segundo a qual a Evolução Orgânica seria o produto de uma faculdade ordenadora criativa inata nos seres vivos, que se manifestaria como resposta a estímulos ambientais; de tal maneira que a perfeição de uma adaptação viria a se antecipar à sua necessidade (uma espécie de pré-adaptação).

-aria, -ariae, suf. lat. formadores de nomes abstratos com base em outros nomes. Também utilizados na criação de nomes de táxons; ex.: *Nepeta cataria* (nome científico da "erva de gato").

-aris, suf. lat. formador de adj. indicando *posse ou relação com*; ex.: Forame mandibular; Processo articular.

ARISTÓTELES (384-322 a.C.), gr. αριςτος, *aristos*, o melhor + τελος, *telos*, propósito, objetivo. Portanto, "o melhor propósito", implicando em fim de um ciclo. Também chamado de *O Estagirita* (porque nasceu em Estagira, cidade da antiga Macedônia) e de *O Filósofo* (durante a Idade Média). Ele foi aluno de Platão e mestre de Alexandre, o Grande, além de muitos outros cientistas e filósofos da Antiguidade, como Teofrasto, fundador da área científica da Botânica. Aristóteles foi o criador das seguintes áreas de investigação (entre parênteses suas principais obras correspondentes): Biologia/Zoologia (*Historia Animalium, Pars Animalium*), Fisiologia (*Pars Animalium, De Moto Animalium, De Incesssu Animalium*), Embriologia (*Historia Animalium, De Generatione Animalium*), Metafísica (*Metaphysica*), Lógica (*Organon*), Filosofia da Ciência (*Organon*), Física (*Physica*), Ética (*Ethica Nicomacheia, Ethica Eudemia, Ethica Magna*), Psicologia (*De Anima*), Retórica (*Rhetorica*), Política (*Politica*) e Teoria Literária (*Poetica*). Por sua importância na cultura ocidental e oriental até os dias de hoje, Aristóteles pode ser considerado como a pessoa mais influente de todos os tempos. Inclusive na fundamentação filosófica das religiões, como é o caso de S. Tomás de Aquino (Tommaso d'Aquino), que se valeu da Filosofia de Aristóteles para fundamentar a nova teologia da Religião Católica, no Século XIII. Anteriormente, a Teologia Católica era baseada principalmente em Platão, tendo sido proposta por Sto. Agostinho (Aurelius Augustinus Hipponensis).

-arius, -aria, -arium, suf. lat. formador de adj. com base em nomes e numerais; ex.: Aquarium; Quaternário.

ARN. Ver RNA.

Arquétipo (Platão, Aristóteles), lat. *archetypum*, em gr. ἀρχέτυπον, ἀρχέτυπος, *archetypos* provém de ἀρχή, *arche*, começo, origem, início, princípio, primeiro + τύπος, *typos*, tipo, modelo, padrão; logo, arquétipo tem o sentido de "moldado pela primeira vez". Refere-se a qualquer tipo, padrão ou paradigma. O termo também diz respeito à Teoria das Ideias de Platão; segundo a qual as Formas (ou Ideias) representariam a única realidade; embora elas sejam de natureza não física.

Arrector pili, vb. lat. *eretor*, elevador + *pilus*, pelo, cabelo; músculos que elevam os pelos e dão à pele um aspecto eriçado.

Artéria (Hipócrates)[15], lat. *arteria*, em gr. ἀρτηρία, de ἀέρα, aera, ar + vb. τηρεῖν, *terein*, conter, "contendo ar". O nome foi dado primeiro à traqueia (ἀρτηρία ἡ τραχεῖα, *arteria he tracheia*), por Hipócrates, por ser, para ele, um conduto cheio de ar. Na Antiguidade os autores acreditavam que apenas as veias conduziriam sangue; e que as artérias conduziriam ar, em função de que, nos animais mortos por meio da sangria, as artérias se enchiam de ar (ou eram vazias, colapsadas). Aristóteles utiliza o termo "artéria" para se referir à aorta, mas reconhece-a como contendo sangue; ex.: Artéria aorta.

Artéria Aorta (Aristóteles, Anatomia), lat. *arteria*, em gr. ἀρτηρία, de ἀέρα, *aera*, ar + vb. τηρεῖν, *terein*, conter, "contendo ar" + ἀορτή, *aorte*, algo pendurado, do vb. ἀείρω, *aeiro*, eu levanto, eu elevo, eu penduro, eu suspendo (vb. infinitivo ἀείρειν, levantar, pendurar). Principal artéria do corpo e que leva sangue do coração para todas as vísceras e apêndices do corpo. Divide-se em crossa da aorta, aorta torácica e aorta abdominal.

Artéria Braquial (Mamíferos), lat. *arteria*, em gr. ἀρτηρία, de ἀέρα, *aera*, ar + vb. τηρεῖν, *terein*, conter, "contendo ar" + βραχίονος, *brachionos*, do braço. Principal artéria do braço e que dá vários ramos até chegar ao nível do cotovelo, onde ela se subdivide nas Artérias radial e ulnar.

Artéria Carótida Comum (Mamíferos), lat. *arteria*, em gr. ἀρτηρία, de ἀέρα, *aera*, ar + vb. τηρεῖν, *terein*, conter, "contendo ar" + vb. gr. καροειν, enviar alguém para o sono, entorpecer (a origem do termo "carótida" provém do fenômeno de, se alguém tiver o pescoço comprimido à altura da artéria carótida, no *seio carotídeo*, ele poderá desmaiar; fenômeno já descrito por Homero e Aristóteles) + lat. *communis*, comum; esta artéria provém da artéria subclávia de cada lado, que por sua vez provém do arco aórtico (à esquerda diretamente deste arco e à direita da Artéria

---

[15] Neste Glossário são incluídas apenas as principais artérias e veias do corpo, devido ao seu grande número, o que está além do objetivo deste trabalho.

braquiocefálica). No pescoço as artérias carótidas comuns se subdividem em artéria carótida interna (que provê irrigação para o cérebro, com a artéria carótida interna contralateral) e artéria carótida externa (que provê irrigação para a face e o pescoço).

Artéria Carótida Interna/Externa. Ver Artéria carótida comum.

Artéria Femoral (Mamíferos), lat. *arteria*, em gr. ἀρτηρία, de ἀέρα, *aera*, ar + vb. τηρεῖν, *terein*, conter, "contendo ar" + lat. *femoris, do* fêmur. Principal artéria da coxa, que é continuação da artéria ilíaca externa; e que dá um ramo, a artéria femoral profunda, bem como a várias outras artérias para a coxa.

Artéria Ilíaca Comum (Mamíferos), lat. *arteria*, em gr. ἀρτηρία, de ἀέρα, *aera*, ar + vb. τηρεῖν, *terein*, conter, "contendo ar" + lat. *iliacus*, de *ilia*, entranhas, intestinos + *communis*, comum. Na região pélvica dos Mamíferos, a aorta abdominal subdivide-se em duas artérias ilíacas comuns e na artéria sacral média. Inicialmente, a artéria ilíaca comum de cada lado dá origem a uma artéria ilíaca interna relativamente pequena e se continua como uma volumosa artéria ilíaca externa.

Artéria Ilíaca Interna/Externa. Ver Artéria ilíaca comum.

Artéria Pulmonar (Mamíferos), lat. *arteria*, em gr. ἀρτηρία, de ἀέρα, *aera*, ar + vb. τηρεῖν, *terein*, conter, "contendo ar" + πλεύμων, *pleumon*, pulmão, em lat. *pulmo*; as artérias pulmonares são os dois ramos (direito/esquerdo) do tronco pulmonar, que sai do ventrículo direito em direção aos pulmões. As artérias penetram no hilo pulmonar e vão se bifurcando com os brônquios correspondentes. Estas artérias são, com as artérias umbilicais, as únicas que carregam sangue rico em dióxido de carbono e pobre em oxigênio. Elas são consideradas como artérias principalmente em função das fortes paredes musculares (o que é a principal distinção entre as artérias e as veias).

Artéria Subclávia (Mamíferos), lat. *arteria*, em gr. ἀρτηρία, de ἀέρα, *aera*, ar + vb. τηρεῖν, *terein*, conter, "contendo ar" + lat. *sub-* debaixo, sob + *clavis*, chave, clavícula. A artéria subclávia de cada lado provém do arco aórtico (a esquerda diretamente dele; e a direita da artéria braquiocefálica, do arco aórtico). A Artéria subclávia tem como ramos a artéria vertebral (que percorre o canal vértebro-arterial, situado nos processos transversos das vértebras cervicais), a artéria torácica interna, os troncos tireocervical e costocervical, além da artéria escapular dorsal. A artéria subclávia se continua pela artéria axilar; a qual, por sua vez, se continua distalmente pela artéria braquial (que, ao nível do cotovelo, se divide em artérias radial e ulnar).

Artéria Vertebral (Aristóteles, Mamíferos), lat. *arteria*, em gr. ἀρτηρία, de ἀέρα, *aera*, ar + vb. τηρεῖν, *terein*, conter, "contendo ar" + lat. *vertebra*. Esta artéria é um ramo da artéria subclávia e que ascende pelo pescoço por meio dos forames vertebrais, localizados nos processos transversos das vértebras cervicais (canal vértebro-arterial). As artérias vertebrais, uma de cada lado, seguem para dentro da cabeça, onde se unem, formando a artéria basilar cerebral (sistema arterial vértebro-basilar). A artéria basilar provê o sangue para a parte posterior do círculo de Willis (cuja porção anterior se origina das duas artérias carótidas internas).

Artérias Coronárias Direita/Esquerda (Mamíferos), lat. *arteria*, em gr. ἀρτηρία, de ἀέρα, *aera*, ar + vb. τηρεῖν, *terein*, conter, "contendo ar" + lat. *corona*, coroa; estas são as artérias que irrigam o coração, portanto que levam nutrientes para o miocárdio e as demais estruturas cardíacas. Elas se originam na primeira porção da aorta (crossa da aorta). Seu nome se deve a que elas circundam o coração como se fossem uma coroa.

Arteríola, lat. *arteria*, em gr. ἀρτηρία, de ἀέρα, *aera*, ar + vb. τηρεῖν, *terein*, conter, "contendo ar"; em lat. *arteria*, traqueia + suf. dim. *-ola*, pequena artéria.

Arthra, arthron (Galeno), gr. ἄρθρα, ἄρθρον, articulação; em lat. *artus*; ex.: Artrologia (*arthron* + λόγος, *logos*, estudo).

Artheriai (Rufus de Efésos), gr. ἀρτηρίαι, nome dado às *artérias*.

Articulação[16], lat. *artus* + suf. *-actio*, *-ação*; ex.: Articulação coxofemoral. Como se verá mais adiante, os tipos morfológicos de articulações por vezes se superpõem; ou seja, a mesma articulação pode ser classificada sob mais de um *critério*. Além dos tipos de articulação quanto à sua *estrutura* (cartilagem, tecido fibroso), há uma classificação com base na sua *forma* (côndilo, dobradiça etc.) e nos tipos de *movimento* que permitem. O termo "articulação" é também utilizado para os apêndices dos Artrópodes. Mas devemos lembrar que neste grupo as articulações estão no *exosqueleto*

---

[16] Neste Glossário são incluídas apenas as principais articulações dos Vertebrados, devido ao seu grande número, o que fugiria ao objetivo deste trabalho.

(esqueleto externo), já que eles não têm *endosqueleto* (esqueleto interno), diferentemente dos Vertebrados.

Articulação Anfistílica, lat. *artus*, articulação + gr. ἀμφί, *amphi*, ambos + lat. *stylus*, coluna, pilar. Neste tipo de articulação crânio-mandibular, a cartilagem ptérigo-quadrada origina o Osso maxilar, e a cartilagem de Meckel origina a mandíbula; de modo que os ossos derivados da cartilagem ptérigo-quadrada e do arco hioide (o hiomandibular) se articulam à mandíbula; ex.: Elasmobrânquios primitivos.

Articulação Basicraniana (1; Anatomia, Répteis, crânio), lat. *artus*, articulação + *basis-* + *cranium*. Refere-se à articulação entre o processo basipterigoide do Osso basisfenoide e o processo parabasal do Osso pterigoide; os quais formam uma articulação móvel entre o palato e o basicrânio, em Tetrápodes "primitivos". Ver Articulação basicraniana (2).

Articulação Basicraniana (2; Anatomia, Mamíferos, crânio), lat. *artus*, articulação + *basis*, base + *cranium*. Os Mamíferos não têm uma articulação basicraniana, como a dos Répteis. Neles o que se chama de articulação basicraniana é muito distinta e formada entre o corpo dos Ossos basioccipital e basisfenoide, que é uma sutura e é uma das últimas a fusionar (desaparecer). Ver Articulação basicraniana (1).

Articulação Coxofemoral (Homero), lat. *artus* + suf. -ação + *coxa*, "articulação do quadril" ou "osso do quadril" + *femoris*, fêmur; originalmente significava "articulação do quadril" ou "osso do quadril"; hoje coxa refere-se à porção proximal da perna, onde se situa o fêmur. Em Homero e em Hipócrates, há poucos nomes de ossos (e.g., clavícula e vértebra) e articulações. Homero também se refere ao "cótilo", lá "onde a coxa gira sobre a anca (*ischion*)".

Articulação Crânio-Mandibular (Anatomia, Vertebrados, Sincrânio), lat. *artus*, articulação + *cranium*, crânio + *mandibula*; vários são os tipos de articulação entre a mandíbula e o crânio, na evolução desde os Peixes até os Mamíferos; ex.: Articulação hiostílica (formada pelo Osso hiomandibular, situado entre a mandíbula e o neurocrânio, existente em alguns Peixes).

Articulação Craniostílica (Mamíferos), lat. *artus*, articulação + *cranium*, crânio + *stylus*, *stylum*, coluna, pilar. Neste tipo de articulação a mandíbula se articula diretamente à porção esquamosal (ou escama) do Osso temporal; ex.: Mamíferos. Alguns cinodontes muito derivados (como

Diarthrognathus) têm uma dupla articulação crânio-mandibular; uma delas entre o quadrado do crânio e o articular da mandíbula (como nos Répteis em geral), e a outra entre o esquamosal do crânio e o dentário da mandíbula (como nos Mamíferos em geral).

Articulação Crurotarsal (Tetrápodes), lat. *artus*, articulação + *cruro-*, perna + *tarsos*, tarso; articulação entre os ossos da perna (tíbia/fíbula) por um lado e os ossos do tarso proximal (astrágalo/calcâneo) por outro. No tornozelo dos Mamíferos (Theria: Marsupiais + Placentários), há uma articulação crurotarsal entre tíbia e astrágalo; enquanto que o calcâneo não tem contato com a tíbia/fíbula.

Articulação Estreptostílica (Serpentes, Lagartos e Aves), lat. *artus*, articulação + gr. ςτρεπτός, *streptos*, torcido + lat. *stylus*, *stylum*, coluna, pilar. Neste tipo de articulação o quadrado do crânio é móvel e flexível em ambas as extremidades e se articula ao Osso articular da mandíbula. O hiomandibular não participa da articulação porque deu origem à columela, único osso da orelha média nestes animais.

Articulação Hiostílica (Condrictes), lat. *artus*, articulação + ύοειδές, *hyoeides*, forma de "Y" + lat. *stylus*, *stylum*, coluna, pilar. Neste tipo de articulação crânio-mandibular, a mandíbula é articulada à cartilagem ptérigo-quadrada, por meio da cartilagem hiomandibular; ex: Tubarões modernos.

Articulação Holostílica (Peixes), lat. *artus*, articulação + gr. ὅλος, ὁλικός, *holos*, *holikos*, o todo + lat. *stylus*, *stylum*, coluna, pilar. Neste tipo de articulação a maxila está fusionada ao neurocrânio e a mandíbula é firmemente fixada a ele; ex.: Peixes Pulmonados e Holocéfalos.

Articulação Neuro-Central ou **Sutura Neuro-Central (Arcossauros e outros grupos fósseis, Coluna vertebral)**, lat. *artus*, articulação + gr. νευρῶν, *neuron*, tendão + lat. *centrum*, centro (centro vertebral); refere-se à articulação entre o arco neural e o corpo vertebral; presente em todos os Vertebrados juvenis. Mas que pode persistir na fase adulta de Arcossauros e outros Répteis fósseis. Se encontrada nos demais grupos, significa que o indivíduo é juvenil ou imaturo. Em alguns casos sua presença poderia indicar que o animal é juvenilizado ou pedomórfico. Ver Heterocronia.

Articulação Temporomandibular (ATM; Anatomia, Mamíferos, Homem), lat. *artus*, articulação + *temporalis*, têmpora + *mandibula*; refere-se à articulação entre o côndilo articular do Osso dentário e a fossa mandibular do Osso temporal. Nome utilizado para Mamíferos e o Homem.

Articulação tipo Anfiartrose ou Articulação Anfiartrodial (Galeno, tipo de articulação), lat. *artus*, articulação + gr. ἀμφί, *amphi*, ambos + ἄρθρα, ἄρθρον, *arthra*, *arthron*, articulação + suf. gr. -ωςις, -*osis*, condição especial, doença ou acréscimo; articulação na qual os ossos são unidos por fibrocartilagem, como nos discos intervertebrais (DIV). Estes, na realidade são muito mais complexos, pois possuem: 1-uma lâmina cartilaginosa terminal (LCT, um disco ou um anel de cartilagem) fixada a cada face axial do corpo vertebral (CV); 2- um ânulo fibroso (AF), que é uma espécie de cordão de tecido fibroso que une a periferia dos CV contíguos; e 3- um núcleo pulposo (NP), que é um resquício notocordal. Porque o NP é um tecido embrionário, ele com a idade matura, transforma-se em cartilagem e depois ossifica, deste modo ficando muito reduzido em altura. Como o NP funciona de fulcro entre dois CV contíguos, separando-os, a redução em sua altura, com a idade, leva à instabilidade entre as vértebras e posteriormente às Discopatias. Este processo, embora seja considerado patológico, é parte do envelhecimento dos Mamíferos em geral e em particular do Homem, em função de sua bipedalia e longevidade.

Articulação tipo Diartrodial ou Diartrose (Galeno, tipo de articulação), lat. *artus*, articulação + gr. δι-, *di*-, dois + ἄρθρα, ἄρθρον, *arthron*, articulação + suf. gr. -ωςις, -*osis*, condição especial, doença ou acréscimo; articulações que têm uma cartilagem hialina na superfície dos ossos e cujo movimento é livre, como na articulação coxofemoral.

Articulação tipo Sinartrodial ou Sinartrose (Galeno, tipo de articulação), lat. *artus*, articulação + pref. gr. ςυν-, *syn*-, junto, com + *di*-, duas + ἄρθρα, ἄρθρον, *arthron*, articulação + suf. gr. -ωςις, -*osis*, condição especial, doença ou acréscimo; articulações imóveis, como as suturas cranianas.

Articulação tipo Sincondrose (Galeno, tipo de articulação), lat. *artus*, articulação + pref. gr. ςυν-, *syn*-, junto, com + χόνδρος, *chondros*, cartilagem + ἄρθρα, ἄρθρον, *arthra*, *arthron*, articulação; articulação na qual os ossos são unidos por cartilagem, como entre as esternébras (segmentos do Osso esterno). Observe-se que as articulações entre os corpos vertebrais (disco intervertebral, DIV) são muito mais complexas, constando de um núcleo pulposo (NP), um ânulo fibroso (AF) e uma lâmina cartilaginosa terminal

(LCT). As articulações entre as zigapófises dos arcos neurais são típicas diartroses. Ver Disco intervertebral.

Articulação tipo Sindesmose (Galeno, tipo de articulação), lat. *artus*, articulação + pref. gr. ϛυν-, *syn-*, junto, com + δεϛμός, *desmos*, faixa, ligamento + suf. gr. -ωϛις, *-osis*, condição especial, doença ou acréscimo; articulação onde os ossos são unidos por ligamentos, como no joelho (ligamentos laterais, mediais e cruzados). Na realidade, a articulação do joelho é uma típica diartrose (e é muitas vezes dada como exemplo deste tipo de articulação), em que há componentes a mais, que são: 1- os ligamentos cruzados; e 2- os meniscos cartilaginosos, que são muito raros em articulações em geral. Além do joelho dos Mamíferos, meniscos existem entre algumas vértebras em crocodilídeos. Em Medicina, o termo Sindesmose se refere a uma lesão nos ligamentos interósseos do antebraço ou da perna.

Articulação tipo Sinostose (tipo de articulação), lat. *artus*, articulação + pref. gr. ϛυν-, *syn-*, junto, com + όϛτέον, *osteon*, osso + suf. gr. -ωϛις, *-osis*, condição especial, doença ou acréscimo. Articulação na qual há um fusionamento entre os ossos, como nos fusionamentos entre as vértebras sacrais. Em Medicina, o termo Sinostose refere-se a um fusionamento patológico entre dois ou mais ossos. Por exemplo, na Espondilite Anquilosante, em que pode haver fusionamentos entre as vértebras e entre o sacro e o ílio.

Articular, lat. *articulatus*, dim. de *artus*, articulação; osso da mandíbula dos Répteis e Cinodontes, que se articula ao Osso quadrado do crânio. A presença dos Ossos quadrado (crânio) e articular (mandíbula) permite caracterizar um animal como sendo um Réptil, já que estes dois ossos passam a formar parte dos ossículos auditivos no grupo dos Mamíferos. Outros caracteres também separam Répteis de Mamíferos, entre eles o tipo de oclusão dentária. Os Cinodontes, ancestrais dos Mamíferos, compartilham muitos caracteres com os Mamíferos, mas ainda têm os ossos pós-dentários (na mandíbula). Ver Cinodontes e Mamíferos.

Articulus, articuli, lat., articulação; lat., "nós" dos dedos, articulações dos dedos; ex.: Articulação (*artus* + suf. *-atio*, ação).

Artiodáctilos, gr. ἄρτιος, par + δάκτυλος, *dactylos*, dedo; dedos pares; ex.: Bovídeos; Cervídeos.

Artios, gr. ἄρτιος, par; ex.: Artiodáctilos (ἄρτιος + δάκτυλος, *dactylos*, dedo; dedos pares; a exemplo dos bois e dos veados, diferentemente dos Perissodáctilos, que têm dedos ímpares, como os cavalos).

Artus, lat., articulação, membro, dim. *articulus*; ex.: Articulação.

Aschides (Aristóteles, Ungulados), gr. ἀςχιδής, pref. priv ἀ-, *a-* + ςχιδής, dividido; "não dividido", significando "pé não dividido" na Zoologia de Aristóteles, como o cavalo (burro, asno etc.), com um só casco (um só dedo). Estes animais são também chamados de *Monychon* (uma unha, um casco), conforme a ênfase que Aristóteles quer dar. Os animais com "pés divididos" são os *Dischides* (com uma divisão, portanto com dois dedos, os atuais Artiodáctilos) e os *Schizopoun* (com mais de uma divisão; portanto com vários dedos, como naqueles animais com quatro ou cinco dedos). Ver *Monychon, Dischides, Dichalou* e *Schizopoun*.

ASCLÉPIO ou **ASCLÉPIOS (Medicina)**, gr. Ἀςκληπιός, deus da Medicina dos Gregos. Corresponde a Aesculapius ou Esculápio, dos Romanos.

Asinus, lat., asno; em gr. ὄνος, *onos*; ex.: Asno.

Askoma (Rufus de Efésos), gr. ἄςκωμα, nome dado à *mama bem desenvolvida*.

Askos, askidion, gr. ἀςκός, ἀςκίδιον, tubo, saco, sacola, bolsa.

Asper, lat., áspero, rugoso; ex.: Superfície óssea áspera.

Aspharagos (Homero), gr. ἀςφάραγος, traqueia. Homero refere que Aquiles não cortou a traqueia de Heitor, de modo que ele ainda pode dizer algumas palavras; assim, ele já reconhecia que o "ar da voz" passava pela traqueia.

Aspidospondilia (Coluna vertebral), gr. ἀςπίς, *aspis-*, escudo + ςπόνδυλος, *spondylos*, vértebra; refere-se às vértebras cujo arco neural e corpo vertebral permanecem articulados, não fusionados entre si. O oposto de holospondilia, onde todos os elementos estão fusionados entre si (em quase todos os Vertebrados). Aspidospondilia existe nos Crossopterígios e Anfíbios do Paleozoico, alguns Arcossauros e alguns Répteis fósseis.

Aspiração (1), lat. *aspiratio*, do vb. *spirare*, respirar, inspirar; em Medicina, refere-se ao fenômeno da passagem de corpo estranho ou líquido para dentro das vias aéreas.

Aspiração (2). Ver Acento de Aspiração (Grego Antigo).

Aspis, gr. ἀςπίς, *aspis-*, escudo.

Aspondilia (Coluna vertebral), pref. priv. gr. ἀ-, *a-*, sem + ςπόνδυλος, *spondylos*, vértebra, "sem vértebra"; refere-se aos animais Craniata que não têm nenhum elemento vertebral, como nas Mixinas. As Lampreias não têm corpo vertebral, mas têm arcos neurais cartilaginosos (chamados de arcualia).

Aspros, gr. ἄςπρος, branco; sinônimo de λευκός, *leucos*.

Astakoi (Aristóteles), gr. ἀςτακοί; em Aristóteles refere-se a um dos principais gêneros de *Malakostraca* (Arthropoda, Crustacea), o dos Lagostins.

Aster, astrou, gr. ἀςτήρ, ἄςτρου, Astro, qualquer Corpo Celestial (Estrela, Sol, Planeta, Constelação); em lat. *stella*, estrela; *aster* também se aplica aos Echinodermata Asteroidea (estrelas-do-mar).

Astrágalo (Homero, Aristóteles, Anatomia, Tetrápodes exceto Anfíbios), gr. αςτράγαλος. Homero é o único autor que chama as vértebras de astrágalo (e também de *sphondylos*); e, no seu tempo, parece que as crianças jogavam com vértebras (de ovelha ou cabra). Em Homero, o termo indica ainda "ossinho" ou dado; em Aristóteles, osso do tornozelo. Antigamente chamado de tálus. O nome do osso provém do nome de um jogo da Antiguidade, chamado pelos Gregos de *astragaloi* (literalmente "astrágalos"), o qual era jogado com Ossos astrágalos de cabra ou ovelha. *Astragaloi* parece também ter significado "ossos do tornozelo". Mas o termo pode ter vários outros significados, entre eles vértebras, principalmente da região cervical. Ver Liddell e Scott (1953); e Osso astrágalo. O astrágalo existe apenas em Répteis, Aves e Mamíferos. Nos Anfíbios não há um astrágalo, porque os ossos que fusionam entre si originando este osso ainda estão independentes e articulados entre si (Ossos tibial e fibular principalmente).

Astragaloi[17] **(1; Aristóteles)** ou ***astragalismos***, gr. Αςτράγαλοι ou αςτραγαλιςμός, jogo da Antiguidade, semelhante ao "jogo do osso" moderno; e que era jogado com Ossos astrágalos de cabra ou ovelha. Posteriormente este jogo deu origem ao jogo de dados.

---

[17] Homero já se refere a este jogo, tanto na *Ilíada* quanto na *Odisseia*. O mesmo acontece com outros autores da Antiguidade como Sófocles, Heródoto e Pausânias. Platão, no diálogo *Fedro*, atribui uma origem egípcia para o jogo, enquanto que outros autores sugerem uma origem na "Líbia" (África).

***Astragaloi* (2; Aristóteles)**, gr. ἀςτράγαλοι; em Aristóteles significando "astrágalos"[18] (ossos do tornozelo).

Astrócito, gr. ἀςτήρ, *aster*, constelação, estrela + κύτος, κύτους, *kytos, kytous*, jarro, vaso, célula; refere-se a uma célula da neuróglia e que tem uma forma estrelada.

at-, pref. lat., variação de *ad-*, para, próximo; ex.: Atavismo (do lat. *atavus*, bisavô, ancestral).

Atávico, lat. *atavus*, bisavô, ancestral, pref. lat. *at-*, para, próximo + *-avus*, avô; reaparecimento em algum animal ou no Homem, de alguma(s) característica(s) de um ancestral; ex.: Reaparecimento de membros em certas Serpentes (uma vez que estas se originaram dos Lagartos); Pequena cauda no Homem (normalmente o Homem tem apenas umas poucas vértebras caudais, fusionadas entre si e formando o cóccix).

Atavus, pref. lat. *at-*, para, próximo + *-avus*, avô; bisavô, ancestral; ex.: Atavismo.

-atio, suf. lat. indicativo de *ação* e que deu origem ao sufixo -ação em português; ex.: *Articulatio*; Articulação (*artus*, articulação + *-atio*).

-aticus, suf. lat. formador de adj. indicando *relação com*; ex.: Somático (que tem relação com o *soma*, o corpo); Animais aquáticos (que têm relação com a água).

Atlas (C1; Anatomia, Tetrápodes, Coluna vertebral, região cervical), gr. Ἄτλας, Atlas[19] ou Atlante, um dos Titãs da mitologia grega, condenado por Zeus a suportar para sempre *os céus* sobre seus ombros; primeira vértebra cervical. Galeno não dá nome especial a esta vértebra, mas simplesmente a chama de "primeira vértebra" (Singer, 1952). O Atlas faz parte do complexo Atlas-Áxis, em muitos Tetrápodes primitivos; complexo este onde

---

[18] É importante ter em mente que Aristóteles não tomou simplesmente o nome de um jogo e o deu a um osso; o que aconteceu foi que o nome do jogo era precisamente gr. *astragaloi*, "astrágalos", porque era jogado com Ossos astrágalos.

[19] Na Mitologia Grega, os Titãs fizeram uma guerra contra os Olímpios. Quando os Titãs foram vencidos, muitos deles foram enviados ao Tártaro, mas Zeus deu um castigo especial a Atlas. Ele o condenou a ficar na margem da Gaia, segurando sobre si os Céus sobre os ombros. Mas Atlas na realidade sustenta a Esfera Celeste. Tal confusão pode ter surgido do fato de que, no século XVI, Gerardus Mercator utilizou o nome "Atlas" para o conjunto dos seus mapas, em homenagem ao lendário *Rei Atlas da Mauritânia*; o qual era conhecido como filósofo, astrônomo e matemático; e a quem se atribui a invenção do Globo Celeste. O Oceano Atlântico também foi nomeado em homenagem ao Rei Atlas. Ver Mercatoris (1628).

os diferentes centros de ossificação (pleurocentros, intercentros, arco neurais) estão apenas articulados, não fusionados entre si, diferentemente do que ocorre com Mamíferos e Aves. Atlas e Áxis não têm homólogos seriais (mas suas partes sim). Ver Áxis.

ATM (Anatomia, Mamíferos, crânio), abreviatura para *articulação temporomandibular*; a articulação entre a fossa mandibular do Osso temporal e o côndilo articular do Osso dentário nos Mamíferos. Antigamente a fossa mandibular era chamada de fossa glenoide; nome hoje usado para a fossa na escápula, onde se articula a cabeça do úmero.

Atomos, gr. ἄτομος, pref. priv. ἀ-, *a-* + τομος, *tomos*, partes, "sem partes", indivisível; ex.: Anatomia. Quem primeiro utilizou o termo "átomo" foram Demócrito e Leucipo, filósofos pré-socráticos.

Atributo (Aristóteles), lat. *attributus*, do vb. *attribuere*, atribuir, imputar; de *ad-*, para + vb. *tribuere*, atribuir, dar. Na Biologia de Aristóteles os *atributos* são precisamente o que chamamos hoje de *caracteres*. Seus diferentes tipos estão no que Aristóteles chama de *Categorias* (categorias de *quantidade, qualidade, tempo, posição, relação* etc.). Ou seja, exatamente os *tipos de caracteres* que se utilizam hoje na Biologia para classificar animais e plantas. Por exemplo, se tivermos em uma investigação que: "há *seis* cavalos para estudo" (*seis* é uma Categoria de *Quantidade*), "os seis cavalos são *brancos*" (*brancos* é Categoria de *Qualidade*), "os cavalos têm *um ano de idade*" (*um ano* é Categoria de *Tempo*), "os cavalos dormem *em pé*" (*em pé* é Categoria de *Posição*), "os cavalos correm *mais do que* os bois" (*mais do que* é Categoria de *Relação*) etc. Não há nenhum caráter em biologia que não se possa enquadrar nas Categorias de Aristóteles; porque todos eles se referem a *quantidades, qualidades, relações* etc.

Atributos Essenciais (Aristóteles). Na sua terminologia estes são aqueles atributos ou caracteres que definem algo, principalmente em relação às *diferenças específicas*. Sem eles, a coisa em questão deixaria de ser o que é. Por exemplo, um Homem deixaria de ser um Homem se deixasse de ser *racional*; porque a *razão* é a Diferença Específica (gr. ειδοποιός διαφορά, *eidopoios diafora*, em Aristóteles) do Homem em relação a todos os demais animais. Um elefante deixaria de ser um elefante se não tivesse uma tromba, presas, grandes orelhas etc.

Atrium, lat., sala, entrada, átrio; ex.: Átrio cardíaco (antigamente os átrios do coração eram chamados de "aurículas"; hoje, o termo "aurícula" se refere a apêndices externos dos átrios).

Atualidade (Aristóteles), lat. *actualitas*; em gr. ενέργεια, *energeia* e ἐντελέχεια, *entelecheia*. Refere-se àquilo que "é no momento" (i.e., hoje, na Atualidade), em oposição à Potencialidade que a coisa tem, para vir a ser algo distinto do que ela é neste momento. Por exemplo, *algo é hoje uma semente* (em Atualidade), mas *ela tem a Potencialidade para se tornar uma árvore*; i.e., potencialmente ela é uma árvore. Ver Potencialidade e Teoria do Ato e Potência.

Auchen (Homero, Rufus de Efésos, Galeno), gr. αὐχη, αὐχένα, pescoço, garganta; também gr. δειρή, *deire*, por vezes como sinônimo de *auchen*, em Homero (Daremberg, 1865); hoje utilizado para formar nomes de gêneros; ex.: *Macrauchenia* (gênero que possuía um longo pescoço; Ordem Litopterna; grupo de Ungulados fósseis Sul-Americanos).

Audio, vb. lat., eu ouço, vb. inf. *audire*, ouvir; ex.: Nervo Auditivo (n. VIII).

AUERBACH, LEOPOLD (1828-1897). Anatomista e patologista polonês; que descobriu, entre outras coisas, o que é hoje chamado de plexo de Auerbach (ou plexo mioentérico, o plexo nervoso da parede intestinal).

Aur-, aurum, lat., ouro, com cor de ouro.

Auricula (Coração), lat. *auris*, orelha, ouvido + suf. dim. *-ula*, pequena orelha; em gr. οὖς, ωτός, *ous, otos*, ouvido; ex.: Aurículas cardíacas.

Auris, lat., orelha, ouvido; em gr. οὖς, ωτός, *ous, otos*; ex.: Auricular.

Autapomorfia (cladística), pref. gr. αὐτο-, *auto-*, próprio + prep. ἀπό, *apo*, de, a partir de, proveniente de + μορφή, *morphe*, forma; é um *caráter derivado*, que é exclusivo de determinado táxon terminal, em um cladograma.

Auto-, pref. gr. αὐτο-, *auto-*, próprio; ex.: Autopódio; Autotomia; Autostilia.

Autólise, pref. gr. αὐτο-, *auto-*, próprio + λύσις, *lysis*, dissolução; refere-se à autodigestão das células ou tecidos. Ver Necrose.

Automatos genesis (Aristóteles), gr. αὐτόματος γένενεσις, algo como "geração automática", que se traduz usualmente como *geração espontânea*; uma questão não tão simples em Aristóteles. Ele diz repetidas vezes que *um animal nasce sempre de um animal semelhante*; por exemplo, que *um Homem nasce sempre de outro Homem*. Apenas uns poucos animais ele admite que nasceriam da lama, entre eles os vermes, uns poucos insetos e raros peixes; animais para os quais ele não observou *dualidade de sexo* nem *cópula*. Embora hoje se considere um absurdo a geração espontânea, a teoria sobre a origem da vida na Terra supõe que ela tenha vindo do inorgânico. Alternativamente, muitos hoje têm considerado que a vida pode ter vindo para a Terra com cometas, meteoros ou até com poeira cósmica. Uma outra tradução para *automatos genesis* seria "o que gera a si mesmo", já que *automatos* significa "o que move a si mesmo".

Autônomo, pref. gr. αὐτο-, *auto-*, próprio + νόμος, *nomos*, lei, costume; ex.: Sistema nervoso autônomo; que controla e regula a vida vegetativa (respiração, circulação, digestão, temperatura etc.).

Autopódio (Anatomia, Tetrápodes, Bípedes), lat. *autopodium*, pref. gr. αὐτός, *autos-*, próprio + ποδός, *podos, do* pé; porção distal dos ossos dos membros, que vai desde o punho/tornozelo até as falanges dos dedos. O autopódio se subdivide em 1- basipódio (ossos do carpo ou do tarso de cada membro), 2- metapódio (ossos do metacarpo ou do metatarso de cada membro) e 3- acropódio (conjunto das falanges de cada membro).

Autotomia (Vertebrados e Invertebrados), pref. gr. αὐτός, *autos-*, próprio + τομος, *tomos*, parte, secção; caráter que permite ao animal soltar parte de seu corpo, como sua cauda, quando atacado por um predador; presente em alguns Anfíbios, Lagartos, Esfenodontídeos, Captorrinomorfos e Mesossauros. Muitos Invertebrados também podem apresentar autotomia de apêndices e partes do corpo (e.g., Cefalópodes, Crustáceos, Abelhas, Aranhas etc.).

AVERRÓIS (Abû'l-Wâlid Muhammad ibn Muhammad ibn Rushd; 1126-1198 d.C.). Polímata (filósofo, médico, jurista, teólogo), famoso como defensor das ideias de Aristóteles. Considerado precursor do Renascimento.

Aves (Vertebrados), talvez derivado do lat. *viae*, caminhos; pref. priv. lat. *a-*, sem + *viae*, caminhos, significando "sem caminhos"; de modo que "ave" significaria algo como "animal sem caminho", em referência ao *modo errático* de voar das Aves (indo de um lugar a outro, depois voltando etc.). Aves em gr. é ὄρνις, ὄρνιθες, *ornis, ornithes* (em Aristóteles), que significava originalmente ave ou galinha. As Aves são também referidas como Bípedes

Ovíparos por Aristóteles. Hoje as Aves são classificadas como Dinossauros Avianos. Os Dinossauros não avianos são os demais Dinossauros.

Avestruz (Aves, Aristóteles), do lat. vulgar *ave-struthiu*, "semelhante a uma ave" ou "imitação de uma ave"; gr. ςτρουθίων, *strouthion*, pardal ou ave; e forma encurtada de ςτρουθιοκάμηλος, *strouthiokamelos* (*strouthos*, pardal, ave + κάμηλος, *kamelos*, camelo; algo como "ave-camelo"). Para Aristóteles, o avestruz seria um *animal intermediário* entre um *Ornithes* (Aves, Bípedes Ovíparos) e um *Zootoka* (Tetrápodes Vivíparos); por ter asas (como os *Ornithes*), mas *não voar* e ter *penas que se assemelham a pelos* (os quais são característicos dos *Zootoka*).

AVICENA (Abu Ali Huceine ibne Abdala ibne Sina; 980-1073 d.C.). Polímata e médico árabe, seguidor de Aristóteles, e cujo livro *Canon medicinae* (*Al-qanunfi 't-tibb*) foi utilizado nas universidades, inclusive nas europeias, até a década de 1650. Portanto, esta obra foi utilizada por cerca de seis séculos.

Avis, **avis-**, **avicola**, lat., ave + suf. dim. *-ola*, pequena ave; ex.: Avicultura; termos hoje também utilizados para formar nomes de táxons, como *Neoncicola avicola* (Platyzoa, Acanthocephala).

-ax, **-acis**, suf. lat. formador de adj. indicando *tendência a determinada ação*; hoje utilizado para criar nomes de táxons; ex.: *Xiphactinus audax* (peixe fóssil).

Axial, lat. *axis*, eixo, gr. ἄξων, *axon*; refere-se ao eixo de alguma estrutura ou do corpo como um todo; nos Vertebrados, o principal eixo corporal é longitudinal e passa sobre a Coluna vertebral, sendo então chamado de eixo axial.

Axilla, lat., axila; ex.: Vasos axilares.

Axioma, gr. ἀξίωμα, do vb. ἀξιόειν, *axioein*, considerar válido; relacionado ao termo ἄξιος, *axios*, estar em equilíbrio, válido, apropriado. Na Lógica é uma premissa considerada necessariamente evidente por si só e é a base para uma demonstração. Todavia, uma premissa pode ser indemonstrável e derivada de princípios inatos da consciência (racionalismo); ou ainda de generalizações das observações empíricas (empiricismo); ex.: Nada pode ser e não ser ao mesmo tempo e sob o mesmo aspecto (Aristóteles, *Organon*).

Axios, gr. ἄξιος, mérito, válido, valer a pena, estar em equilíbrio; ex.: Axioma.

Axis, lat., eixo; ex.: Axônio.

Áxis (C2; Coluna vertebral, região cervical), lat. *axis*, eixo, gr. ἄξων, *axon*. Segunda vértebra da região cervical. O áxis faz parte do complexo atlas- -áxis, como encontrado em muitos Vertebrados "primitivos". Complexo este onde os diferentes centros de ossificação estão apenas articulados, não fusionados entre si, diferentemente do que ocorre com os Mamíferos e Aves (nos quais os centros estão fusionados entre si, formando apenas dois ossos, o atlas e o áxis). Ver Atlas.

Axon, gr. ἄξων, *axon*, em lat. *axis*, eixo; ex.: Axônio.

Axônio, gr. ἄξων, *axon*, em lat. *axis*, eixo; longo processo de um neurônio, que conduz sinais aferentes para os terminais nervosos periféricos.

B

Bacillum, lat., bastão; ex.: Bacilo (bactéria em forma de bastonete).

Bactéria (Reino Monera), gr. βακτήριον, dim. de βακτηρία, *bakteria*, bastão, vara. São organismos unicelulares e procariontes. Alguns *causam doenças* (infecções), mas muitas delas têm grande *papel ecológico*, e/ou são de grande *interesse comercial*. Por exemplo, a *flora bacteriana* do intestino é essencial à vida do Homem (o mesmo valendo para muitos outros Vertebrados, em particular aos Mamíferos).

Baculum **(Anatomia, Mamíferos, pênis)**, lat., báculo; ex.: Osso báculo (presente apenas em algumas ordens de Mamíferos, principalmente em Carnivora, Rodentia e Chiroptera; em alguns grupos, o *baculum* pode ser utilizado para determinar gênero/espécie).

Baino, *bainein*, vb. gr. βαινω, eu vou, vb. gr. βαίνειν, ir; ex.: Anfisbena (*amphi-*, ambos + *baino*, eu vou; eu vou em ambas as direções; nome derivado da crença de que estes Répteis Lacertoidea teriam duas cabeças; chamada no Brasil de "cobra de duas cabeças" e "cobra cega").

Bakterion, *bacterion*, gr. βακτήριον, dim. de βακτηρία, *bakteria*, bastão, vara; pequeno bastão; ex.: Bacteriófago.

Balanos, gr. βάλανος, glande do pênis; ex.: Balanite (inflamação por infecção).

Ballaena **(Cetáceos)**, lat., gr. φάλλαινα, *phallaina*; ex.: Baleia.

Ballein, vb. gr. βάλλειν, jogar, lançar; ex.: Metabolismo; Catabolismo; Anabolismo.

Barbatanas, lat. *barba*; o termo é utilizado tanto para as nadadeiras dos Peixes quanto para o aparelho córneo de filtração na boca das baleias.

Barra Pós-Orbital ou **Processo Pós-Orbital (Anatomia, Mamíferos, crânio)**, lat. *barra*, tranca de porta + suf. lat. *-post*, após + *orbis*, círculo. Em alguns Mamíferos, como nos Ungulados e nos Primatas, a órbita está separada da fossa temporal por um prolongamento do Processo pós-orbital do Osso frontal em direção ventral, o qual é também o limite anterior da fossa temporal (e.g., ungulados). Em outros Mamíferos, ele é apenas um discreto processo que marca o limite entre a órbita e a fossa temporal (e.g., cão).

BARTHOLIN, THOMAS (1616-1680). Anatomista, matemático e filósofo dinamarquês que descobriu, entre outras coisas, o ducto torácico e o sistema linfático.

Basal, adj., lat. *basis*, do gr. βάςις, *basis*, base; ex.: Estrato basal da pele.

Basi-, pref. lat., base, do gr. βάςις, *basis*, base; ex.: Basipódio (ossos do carpo ou do tarso de cada membro).

Basicrânio (Anatomia, Vertebrados, crânio), pref. lat. *basis*, base, gr. βάςις, *basis* + lat. *cranium*; refere-se à base do crânio, que inclui os Ossos etmoide, esfenoide, basioccipital e pétreo ou periótico (proótico + opistótico); todos eles ossos endocondrais. Alguns chamam esta parte do crânio de neurocrânio.

Basi-Hial (Anatomia, Vertebrados, aparelho hioide), pref. lat. *basi-*, do gr. βάςις, *basis*, base + ύοειδές, *hyoeides*, forma de "Y"; este é o elemento mais proximal (articulado ao crânio) do arco hioide.

Basioccipital. Ver *Osso basioccipital*.

Basipódio (Vertebrados), lat. *basipodium*, gr. βάςις, *basis*, base + ποδός, *podos, do* pé, "base do pé". Conjunto dos ossos do carpo ou do tarso de cada membro.

Basipterígio (Peixes), gr. βάςις, base + πτέρυξ, *pteryx*, asa, nadadeira; elemento ósseo que dá suporte à nadadeira pélvica nos Peixes, principalmente nos Teleósteos.

Basis (Rufus de Efésos), gr. βάςις, base, fundação, porção basal; termo para o *tronco cerebral*; hoje utilizado para muitas *estruturas na base*, seja do crânio ou outra estrutura; ex.: Osso basisfenoide (*basis* + ςφήν, *sphen*, cunha + εἶδος, *eidos*, forma; corresponde à base do Osso esfenoide do Homem e dos Mamíferos em geral).

Basofílico ou **Basófilo**, gr. βάςις, *basis*, base + φιλία, φίλος, amor, amizade, do vb. φιλέω, *phileo*, eu amo (vb. amar); um tipo de leucócito caracterizado por conter grânulos citoplasmáticos com afinidade para corantes básicos, como a hematoxilina.

Bastonetes, do francês *baston* + suf. dim. *-etes*, bastão pequeno; são as células do olho que têm a capacidade de reconhecer a luminosidade, mas não as cores. Portanto, elas são responsáveis pela visão em preto e branco (na penumbra).

Bathus, bathos, gr. βαθύς, βάθος, profundo, profundidade; ex.: Batimetria.

Belonoeides (Galeno), gr. βελονω, *belono*, agulha + εἶδος, *eidos*, forma, "forma de agulha"; o mesmo que processo estiloide, também chamado de *graphoeides* (vb. gr. γραφειν, *graphein*, escrever, desenhar + *eidos*, forma, "forma de pena de escrever"). Termos utilizados por Galenus (1535; tradução e comentários em Singer, 1952) e Vesalius (1453).

Benthos, gr. βένθος, profundeza do mar, relacionado a *bathos*, profundo; ex.: Animais bentônicos. O termo é aplicado também a corpos de água doce.

BERENGARIO DA CARPI, GIACOMO (c. 1460-c. 1530). Médico e anatomista conhecido por sua importante obra *Isagogae breves, perlucidae ac uberrimae. In: Anatomiam humani corporis a communi medicorum academia usitatam* (Berengario Da Carpi, 1523). Ele também escreveu longos comentários sobre a obra de Mondino de Liuzzi, importante anatomista da Idade Média. Berengario descreveu, entre muitas outras estruturas, a glândula pineal e os seios esfenoidais.

Beta, letra grega βήτα, minúsc. β, maiúsc. B. Translitera-se como "b".

Bi-, bis-, lat., dois; ex.: Útero bicorno (*bis-* + *cornis*, cornos; este formato de útero é considerado como anômalo na mulher, mas é bastante comum entre os Mamíferos; os cornos podem estar tão separados que parecem dois úteros (cada um com apenas um corno).

Biblion, biblia, gr. βιβλίον, pl. βιβλία, dim. de βίβλος, portanto pequeno(s) livro(s); ex.: Biblioteca (*biblion* + *-theka*, depósito; "depósito de livros").

BICHAT, MARIE FRANÇOIS XAVIER (1771-1802; Histologia). Anatomista e fisiologista francês, fundador da Patologia e da Histologia, tendo classificado 23 diferentes tecidos. Segundo ele, as doenças afetariam os tecidos, não os órgãos.

Bicorno, lat. *bis*, duas vezes + *cornua*, cornos; ex.: Útero bicorno, como em muitos Mamíferos e eventualmente também em mulheres, como anomalia. O termo "bicorno" é ainda aplicado em taxonomia, como em *Dicerus bicornis* (uma espécie de rinoceronte).

Bicúspide (1). Ver Válvula mitral.

Bicúspide (2). Nome por vezes utilizado para os dentes pré-molares humanos.

Bifurcado, lat. *bis*, duas vezes + *furca*, forcado; algo que é dividido em duas partes; ex.: Útero bifurcado.

Bile, lat. *bilus*, bile; ex.: Canais biliares.

-bilis, suf. lat. formador de adj. indicando capacidade; ex.: *Homo habilis*.

Bios, gr. βίος, vida, modo de vida; ex.: Biologia (*bios* + λόγος, *logos*, estudo).

Bípedes (Aristóteles), lat. *bi-*, *bis-*, dois + *pes*, *pedis*, pé; um dos gêneros de *Enaima* (*Sanguinea*) de Aristóteles. Os Bípedes incluem as Aves e o Homem; de modo que Bípedes não são um Grupo Natural, como também não o são os Ápodes (Peixes, Serpentes e Cetáceos). Os Tetrápodes (*Ootoka* e *Zootoka*), por outro lado, formam um Grupo Natural, já que compartilham vários caracteres. A divisão dos Vertebrados em Ápodes, Bípedes e Tetrápodes tinha um propósito dentro da *biomecânica* e da *cinesiologia* de Aristóteles, pois referem-se ao *caminhar* dos animais, já que, respectivamente, eles são os *Enaima* que 1- não caminham (Ápodes: Peixes, Serpentes e Cetáceos), que 2- caminham com duas pernas (Bípedes: Aves e Homem) e que 3- caminham com quatro pernas (Tetrápodes: *Ootoka* e *Zootoka*).

Bipolar, lat. *bis*, duas vezes + *polus*, polo; com dois polos; ex.: Célula bipolar (célula nervosa com dois processos).

Blastanein, vb. gr. βλαςτάνειν, ter brotos; βλαςτός, *blastos*, germe, broto, embrião; ex.: Blastema.

Blastema, gr. βλαςτός, embrião, germe, broto; refere-se a um conjunto de células embrionárias que, embora estando aparentemente ainda indiferenciadas, podem ser reconhecidas como vindo a originar um determinado órgão. As pesquisas mais recentes têm mostrado que, em alguns organismos, os blastemas encontrados em fases precoces do desenvolvimento podem reter uma certa *memória* do tecido original. É em função disto que Salamandras conseguem regenerar membros, cauda, intestinos e até mesmo a retina.

Blastos, blast-, gr. βλαςτός, embrião, germe, broto; ex.: Osteoblasto (célula que forma o tecido ósseo); Odontoblasto (célula que origina a dentina).

Blephara (Homero), gr. βλέφαρα, termo para as *pálpebras*; ex.: Blefarite (inflamação/infecção das pálpebras).

Bo, abreviatura para *Osso Basioccipital.*

Bos, lat., boi, gr. βοῦς, bous[20], boi, gado; para vaca, existe o termo gr. αγελάς, *agelas*; e para touro, ταύρος, *tauros*; ex.: *Bos taurus* (nome científico dos ruminantes touro/boi/vaca, que pertencem aos Artiodactyla Bovidae).

Bossa, do francês *bosse*, uma proeminência óssea arredondada; ex.: Bossas frontais (Crânio do Homem).

Bostar, Bostarium, lat *bos*, do βοῦς, *bous*, boi, gado; curral ou estábulo para o gado.

BOTALLO, LEONARDO (fl. 1530). Anatomista e cirurgião de Pávia que, entre outras coisas, foi o descobridor do que é hoje chamado de ducto de Botallo (ou *ductus arteriosus*, um canal arterial que existe funcionalmente no feto, entre a crossa da Aorta e a Artéria pulmonar). Através dele, sangue venoso passa da artéria pulmonar para a Artéria Aorta, desviando parte do sangue pulmonar, órgão não funcional na vida fetal. Por sua vez, da Aorta o sangue vai para a Artéria umbilical e daí até a placenta, onde (por meio da mãe) sofre nova oxigenação e se torna livre dos catabólitos. Após isto o sangue retorna ao feto através das Veias umbilicais.

Bothria (Galeno), gr. βοθρία, pequenos orifícios. Termo utilizado por Galenus (1535; tradução em Singer, 1952) para os *alvéolos dentários.*

Boubonas, boubones (Homero), gr. βουβῶνας, βουβῶνες, virilha; em lat. *bubo, bubonis*; termo para a *virilha*. Do genitivo *bubonis* (*da* virilha) derivou "bubônico" e o nome da Peste Bubônica. Logo, o termo que significou de início "virilha", na Medicina (Homero), veio depois significar "virilha inchada" e finalmente Peste Bubônica. Esta é caracterizada principalmente pelos enormes gânglios linfáticos enegrecidos nas axilas e virilhas. Na Peste há também tromboses pelas bactérias, com o que estruturas como os membros vão necrosando e assim ficam enegrecidas. Este é um dos

---

[20] Aristóteles também utiliza o nome *Bous* para um peixe. Este peixe nada tem a ver com o moderno peixe-boi, que é um Mamífero Sirênio.

casos em que o nome de uma estrutura (*bubo, bubonis*) passou a nomear uma doença (Peste Bubônica). O contrário também ocorre: ver Osso Ílio.

Boulimia, gr. βουλιμία, de βοῦς, *bous*, boi, gado + λιμός, *limos*, fome; "fome de boi". A Bulimia Nervosa é uma doença séria de mulheres jovens; na qual a paciente ingere grandes quantidades de alimentos, o que depois é seguido por vômitos e tentativa de reduzir drasticamente a alimentação. Podem estar associados laxantes e exercícios físicos excessivos. Usualmente é considerada como uma doença psiquiátrica. Ver Metabolismo, Anabolismo, Catabolismo.

Bous, gr. βοῦς, boi, gado; em lat. *bos, bovis*; o termo para vaca é αγελάς, *agelas*; ex.: Bulimia.

Boves cum iugo, lat., bois com canga. O nome da Veia Jugular provém do termo lat. *iugum*, jugo, canga; seu significado literal seria, portanto, "veia da canga" ou "veia onde se coloca a canga", "veia *do* pescoço". A Veia Jugular é chamada de ςφαγίτιδες, *sphagitides* por Aristóteles. O que significa "veia *da* garganta" ou "veia *do* pescoço". O nome provém do vb. gr. ςφάζω, *sphazo*, eu chacino (vb. chacinar); o que está relacionado à degola dos animais ou dos inimigos, por meio do ato de cortar as veias *do* pescoço (Veias Jugulares).

-bra, -brae, suf. lat. denotando instrumento, vaso, lugar; ex.: Vértebra; Esternebra.

***Brachion, brachionos* (Homero, Hipócrates, Aristóteles)**, gr. βραχίων, braço, βραχίονος, *do* braço; em lat. *brachium*. Em Homero, o termo significava tanto braço em geral, parte superior do braço e osso do braço; e uma vez, pelo menos, membro posterior (Daremberg, 1865); ex.: Brachiopoda (*brachion* + πούς, pé).

Brachys, gr. βραχύς, curto; ex.: Braquicefalia (*brachys* + *kephalos*, "crânio curto"; o oposto de dolicocefalia, "crânio longo", como no Homem de Neanderthal).

Bradiodontia (Anatomia, Mamíferos, dentes), gr. βραδύς, *bradys*, lento + ὀδόντος, *odontos*, dente; substituição dentária mais lenta do que o usual; identificado por meio da presença simultânea de dentes decíduos com dentes definitivos (por ex.: Pré-molares decíduos + Molares definitivos).

Bradypus, adj. gr. βραδύς, lento + πούς, *pous*, pé, "pés lentos"; gênero de preguiça arborícola recente da América do Sul. O outro gênero de preguiça arborícola vivente na América do Sul é *Choloepus* (gr. χολος, *cholos*, coxo + πούς, *pous*, pé).

Bradys, adj. gr. βραδύς, lento; ex.: *Bradypus*.

Branchion, gr. βράγχιον, guelra, brânquia; ex.: Aparelho branquial.

Braquicefalia, gr. βραχύς, *brachys*, curto + κέφαλος, *kephalos*, cabeça, "cabeça curta", quando comparado à sua largura (como no *Homo sapiens sapiens*). O contrário de dolicocefalia ("crânio longo", como no *Homo sapiens neanderthalensis*).

Braquiodontia (Mamíferos, dentes), gr. βραχύς, *brachys*, curto + ὀδούς, ὀδόντος, *odous*, *odontos*, dente; dentes de coroa baixa; de modo que estes são os dentes com coroa, colo e raiz, como os encontrados no Homem. Ver Mesodontia, Hipsodontia e Hipselodontia.

Bregma (TRA, Homero, Hipócrates, Aristóteles, Rufus de Efésos, Galeno), gr. βρέγμα, topo da cabeça; o *bregma* é também um ponto que se situa no encontro das suturas sagital e coronal; utilizado para nomear a fontanela frontal ou bregmática que se localiza entre os Ossos frontais e parietais.

Brephos (Homero), gr. βρέφος, feto da égua.

Brevis, adj. lat., breve, curto; termo hoje utilizado para formar nomes de táxons; ex.: *Hypogeophis brevis* (Amphibia).

BROCA, PIERRE PAUL (1824-1880). Cirurgião, patologista e antropólogo francês que descobriu, entre outras coisas, o que é hoje conhecido como área de Broca (centro motor da fala).

Bronchus, bronchi, lat., gr. βρόγχος, *bronchos*, brônquio; ex.: Árvore brônquica.

Bs, abreviatura para *Osso basisfenoide*.

Bucca, buccula, lat., boca, pequena boca; ex.: Face bucal dos dentes.

Bula ou **bulla**, lat., uma bolsa arredondada contendo amuletos e objetos, que era pendurada no pescoço dos meninos Etruscos e Romanos; ex.: Bula timpânica (estrutura arredondada, parte do Osso temporal dos Mamíferos e formada pelos Ossos ectotimpânico e entotimpânico; no seu interior, situam-se as cavidades timpânica e hipotimpânica da orelha média).

Bulbo, lat. *bulbus*, uma estrutura entumescida, bulbosa; ex.: Bulbo piloso; Bulbo olfatório; Bulbo da aorta; Bulbo da uretra etc.

-bulum, -buli, suf. lat. que denota instrumento, vaso, lugar; ex.: *Acetabulum* (originalmente um vaso greco-romano para colocar vinagre e outros temperos).

Bursa, bursae, lat., gr. βύρςα, bolsa; ex.: Bursa articular (bolsa junto às articulações dos Vertebrados).

C[21]

c., ca., abreviatura para o lat. *circa*, cerca de, em torno de; termo hoje utilizado para datas; ex.: Berengario da Carpi, Giacomo (c. 1460-c. 1530).

C^1/c^1, C_1/c_1, abreviaturas para *dentes caninos* superiores/inferiores (¹/1), definitivos (C/C) e decíduos (c/c).

C1, abreviatura para a vértebra *Atlas*, gr. Ἄτλας, Titã Atlas da Mitologia Grega; nome da primeira vértebra cervical, o Atlas faz parte do complexo Atlas-Áxis, como encontrado em muitos Vertebrados "primitivos"; complexo este onde os diferentes centros de ossificação estão apenas articulados, não fusionados entre si, diferentemente do que ocorre com Mamíferos e Aves. Nestes dois grupos, Atlas/Áxis são dois ossos independentes e complexos. O Atlas é formado por um arco anterior em cuja face interna há uma faceta articular para o processo odontoide do Áxis, e um arco posterior, o arco neural. O Atlas não tem um corpo, porque seu corpo está fazendo parte do processo odontoide do Áxis.

C2, abreviatura para a vértebra *Áxis*, segunda vértebra cervical; lat. *axis*, eixo, gr. ἄξων, *axon*; o Áxis faz parte do complexo Atlas-Áxis, como encontrado em muitos Vertebrados "primitivos"; complexo este onde os diferentes centros de ossificação estão apenas articulados, não fusionados entre si, diferentemente de Mamíferos e Aves. Nestes dois grupos, Atlas/Áxis são dois ossos independentes e complexos. O Áxis se diferencia das demais vértebras cervicais principalmente pela presença do processo odontoide, que se articula com a face interna do arco anterior do Atlas, e é formado pelo fusionamento dos pleurocentros do Atlas e Áxis, bem como pelo intercentro do Áxis.

C3-C7 (Anatomia, Mamíferos, Aves, região cervical, coluna vertebral), abreviaturas para as vértebras da região cervical (C3, terceira vértebra cervical, C7 sétima vértebra cervical). Nas vértebras cervicais (também em Aves), é característico o forame no processo transverso, para a passagem da artéria vertebral. Nos Répteis, seu homólogo é o canal vértebro-arterial.

Caballus, lat., cavalo, em gr. ἵππος, *hippos*; ex.: *Equus caballus*.

---

[21] A língua grega não tem as letras "c" e "q"; para o som correspondente utiliza-se a letra *kappa*, "k".

Cainos, gr. καινός, novo; ex.: Cenozoico (*cainos* + ζῷον, *zoion*, animal, vida animal, "vida nova", vida de um tipo moderno). O Cenozoico contrasta com o Mesozoico, o Período Geológico da "vida intermediária"; bem como com o Paleozoico, o Período Geológico da "vida antiga".

Calamus, base tubular oca de uma pena de ave; *Calamus* é também um gênero de planta.

Calcâneo (pés), lat. *calcaneum*, calcanhar; em Galeno, gr. πτέρνα, *pterna* (Galenus, 1535; tradução e comentários em Singer, 1952). Calcâneo é um dos dois tarsais proximais do pé e onde se situa a tuberosidade calcanear, por meio do qual o corpo apoia o peso sobre o solo, nos animais plantígrados; além de dar fixação ao Tendão de Aquiles. Ele se articula proximalmente com o astrágalo e distalmente com o cuboide. Também chamado de *os calcis*. Ver Astrágalo.

Calcificação, lat. *calx*, calcário + vb. *facere*, fazer; ex.: Calcificação de cartilagem. Calcificação deve ser distinguida de ossificação.

Calcitonina, lat. *calcium* + *tonus*, esticamento, estiramento; hormônio da tireoide (células C), que eleva a concentração de cálcio no sangue.

Cálculo, lat. *calculus*, de *calx*, pedra + suf. dim. *-ulus*, "pequena pedra"; termo utilizado para concreções patológicas formadas na via biliar e no aparelho urinário. O termo "cálculo" é também utilizado para a placa bacteriana dentária, quando calcificada. Todos estes cálculos podem ser preservados como fósseis. Mas os cálculos dentários são muitas vezes perdidos nos fósseis e no material arqueológico devido a uma preparação descuidada, ou seu desconhecimento.

Calere, calor, lat., calor; ex.: Calor corporal; Calorias.

Cálice, gr. κάλυξ, *kalux*, taça; utilizado para estruturas em forma de cálice, como os cálices renais.

Calvária (Celsus), lat. *calvarium(a)*, crânio(s), de *calvus*, careca; nome utilizado para o teto craniano, principalmente humano.

Calx, calcis, lat., rocha, pedra, gr. χάλιξ, *chalix*, pedra, calcário; ex.: Cálculo urinário; Cálculo dentário.

Camera, lat., cofre, câmera; ex.: Câmera fotográfica.

Campus, lat., campo, ao nível do solo; ex.: Fauna campestre.

Canais de Havers. Ver Sistema de Havers.

Canais Semicirculares (Anatomia, Vertebrados, crânio, orelha interna), lat. *cannalis*, gr. κάννα, *kanna*, caniço, junco + lat. *semi*, meio, metade + *circularis*, circular; órgão da orelha interna, que contém concreções calcárias e células pilosas para detectar os movimentos da cabeça, nos seus diferentes planos (momento angular). Os canais são em número de três, em diferentes planos, exceto em alguns Vertebrados "primitivos".

Canais de Volkmann (histologia óssea), lat. *cannalis*, gr. κάννα, *kanna*, caniço, junco + Alfred Volkmann; no osso compacto, referem-se a canais microscópicos que unem os centros dos *osteons* (Sistema de Havers) e por onde passam os diminutos vasos e nervos.

Canal, canais, lat. *cannalis*, gr. κάννα, *kanna*, caniço, junco. Estrutura óssea caracterizada como um conduto cilíndrico fechado, quando atravessa um ou mais ossos e dá passagem a vasos e/ou nervos; ex.: Canal óptico; Canais da dentina.

Canal do Alisfenoide ou Esfenoide (Anatomia, Mamíferos, crânio), lat. *cannalis*, gr. κάννα, *kanna*, caniço, junco + lat. *ala*, asa + gr. ςφήν, *sphen*, cunha + suf. εἶδος, *eidos*, forma. Este é o canal do Osso esfenoide nos Mamíferos, nos quais estes (e por vezes também os pterigoides) estão fusionados entre si. Por este canal passa um ramo da artéria carótida externa; principalmente em Mamíferos Carnivora.

Canal Buco-Hipofiseal (Anatomia, Mamíferos, crânio), lat. *cannalis*, de *canna*, gr. κάννα, *kanna*, caniço, junco + lat. *bucca*, boca + gr. ὑπό, *hypo-*, sob, debaixo + φύσις, *physis*, origem, crescimento. Remanescente da bolsa de Rathke, que é a evaginação do teto da faringe que dá origem à porção glandular da hipófise (adeno-hipófise). Em muitos crânios de Mamíferos, pode-se encontrar um pequeno orifício sob o Osso basisfenoide, debaixo da sela túrcica, que é o resquício deste canal.

Canal Central, lat. *cannalis*, de *canna*, gr. κάννα, *kanna*, caniço, junco + lat. *centrum*; um diminuto canal no centro da medula espinal, que é revestido pelo epêndima e preenchido pelo líquido cérebro-espinal.

Canal do Hipoglosso ou Forame do Hipoglosso (Anatomia, Vertebrados, crânio), lat. *cannalis*, de *canna*, gr. κάννα, *kanna*, caniço, junco + gr.

ὑπό, *hypo-*, sob, debaixo + lat. *glossa*, língua; situa-se na face interna do forame magno, no Osso occipital e dá passagem ao nervo hipoglosso (n. XII). Também chamado de forame condilar anterior, por situar-se logo anterior ao côndilo occipital.

Canal Mandibular (Vertebrados), lat. *cannalis*, de *canna*, gr. κάννα, *kanna*, caniço, junco + lat. *mandibula*; canal no corpo do Osso dentário, por onde passa o nervo mandibular (n. V3).

Canal de Meckel (Vertebrados), lat. *cannalis*, de *canna* gr. κάννα, *kanna*, caniço, junco + Johann F. Meckel, o Jovem, quem primeiro descreveu este canal. Refere-se a um canal (sulco ou fossa, dependendo da classe do Vertebrado) na face medial na mandíbula, onde se situa a Cartilagem de Meckel.

Canal Medular (Anatomia, Mamíferos, Aves, coluna vertebral), lat. *cannalis*, de *canna*, gr. κάννα, *kanna*, caniço, junco + lat. *medulla*, medula. Canal do corpo dos ossos longos, onde se situa a medula óssea e o tecido hematopoiético.

Canal Óptico (Mamíferos), lat. *cannalis*, gr. κάννα, *kanna*, caniço, junco + *opticus*, relacionado à visão, gr. ὀπτικός, *optikos*, *da* visão. Canal que atravessa o Osso orbitosfenoide (ou a asa menor do esfenoide, quando os Ossos esfenoidais estão fusionados entre si) e por onde passa o nervo óptico (n. II) e a artéria oftálmica.

Canal Vidiano ou **Pterigoide (Vertebrados)**, lat. *cannalis*, gr. κάννα, *kanna*, caniço, junco + Guido Guidi (ou Vidius; século XVI) + *pteryon*, asa + εἶδος, *eidos*, forma; refere-se a um canal situado logo anteriormente ao forame lacerado e que se estende até a fossa pterigopalatina, por onde passa o ramo palatino do nervo facial (n. VII) e a artéria carótida interna.

Canaliculus, canaliculi, lat. *cannalis*, gr. κάννα, *kanna*, junco, caniço + suf. dim. lat. *-ulus*, pequeno(s) canal(is); ex.: Canalículos biliares.

Caniniformes (Anatomia, Vertebrados, dentes), lat. *canis*, cão + *forma*; dente em forma de canino, encontrado em Mamíferos não Carnivora (e.g., algumas preguiças) e em outros Vertebrados.

Caninos (Celsus, Anatomia, Mamíferos, dentes), lat. *canis*, cão; um dos tipos de dentes dos Mamíferos. Sua fórmula é C1/c1 em cada quadrante (superior/inferior e direito/esquerdo); e se situam entre os dentes incisivos e os pré-molares. O número "1" é sempre representado com a letra "C", embora nunca existam dois dentes caninos. Em outros animais, dentes semelhantes são chamados de caniniformes (ex., algumas preguiças).

Canis, lat., cão; ex.: *Canis lupus* (lobo).

Canthos (Galeno), gr. κανθός, "canto do olho", que se situa nas extremidades das cavidades orbitais, entre o olho e as pálpebras. Ver Galenus (1535; trad. e comentários em Singer, 1952).

-ção, suf. lat. *-tione*, indicando ação ou efeito; ex.: Dissecção.

Caper, **capri**, lat., bode (caprino macho); ex.: Capridae.

Capilar, lat. *capillus*, pelo, cabelo, do lat. *capitis pilus*, pelos da cabeça; ex.: Bulbo capilar.

Capillus, lat., cabelo do couro cabeludo; ex.: Vasos capilares (com diâmetro semelhante ao de um cabelo).

Capitis pilus, lat., pelos da cabeça, cabelo.

Capítulo, lat. *capitulum* ou *capitellum* é parte da tróclea (articulação distal) do úmero, onde se articula a cabeça do rádio; e é também o nome da extremidade das costelas que se articula com o corpo vertebral (pleuro-centro e/ou intercentro).

Capitulum ou **capitellum**, lat., capítulo, de *caput*, cabeça + suf. dim. *-ulum*; pequena cabeça; ex.: Capítulo (do úmero, rádio, costelas).

Capreolus, lat., cabra selvagem; gênero de cervídeos do Velho Mundo.

Capsa, **capsula (Vertebrados)**, lat., caixa, lat. *capsa* + suf. dim. *-ula*, pequena caixa; ex.: Cápsula articular.

Caput, **capit-**, **-cipit- (Celsus)**, raiz, pref./suf. lat., cabeça; ex.: *Caput* de ossos longos (úmero, fêmur); Capítulo ("pequena cabeça", úmero, rádio, costelas).

Caquexia (Aristóteles, Mamíferos), gr. κακός, *kakos*, mau + ἕξις, *hexis*, estado, condição, hábito; "mau estado"; do vb. gr. ἔχω, *echo*, eu permaneço (vb. permanecer), eu estou (vb. estar) em condição; "estar em má condição física". Caquexia é encontrada em Mamíferos e no Homem com doenças terminais.

Caraboi. Ver *Karaboi.*

Carbo, carbonis, lat., carvão; ex.: Carbonização (um tipo de fossilização).

Carcer, carcerare, lat., prender, encarcerar; ex.: Hérnia Encarcerada.

Carcharodonta, karcharodonta (**Aristóteles**), gr. καρχαροδοντα, de καρχαρ, *charchar*, agudo, cortante, referente aos dentes de tubarões + ὀδόντος, *odontos*, dente; "dentes como os dos tubarões". Nas traduções das obras de Aristóteles encontramos várias vezes a tradução de *carcharodonta* como "dentes serrilhados". Quando diz respeito aos *Sarkophaga* ("comedores de carne", os atuais Carnivora), o termo se refere aos dentes carniceiros. Ver *Sarkophaga.*

Carcinos, karkinos (**Aristóteles**), gr. καρκίνος, nome dado ao grupo dos caranguejos; ex.: Carcinologia (*carcinos* + λόγος, *logos*, estudo, estudo dos Caranguejos).

Cardiacus, lat., gr. καρδιακός, *cardiakos*, cardíaco; o termo "coração" provém do lat. *cor, cordis.*

Cardinalis, lat., essencial, principal, cardinal, eixo, dobradiça + suf. formador de adj. *-alis*; do que algo depende, importante, principal; ex.: Veias cardinais do embrião.

Carena, lat. *carina*, quilha de barco; ex.: Carena do esterno das Aves.

Carides. Ver *Karides.*

Caries, lat., apodrecimento; ex.: Cárie dentária.

Carina, lat., quilha, carena; ex.: Carena esternal.

Cariótipo, gr. κάρυον, núcleo, noz + *typos*, marca, tipo. Constituição cromossômica de uma célula.

Carne, lat. *caro, carnis*; em gr. ςάρξ, ςαρκός, *sarx, sarkos*; também κρέας, *kreas* (como em pâncreas: *pan-*, tudo, todo + *kreas*, carne, "todo carne"). Embora hoje se pense em músculo quando se fala em "carne", os termos correspondentes em latim e grego têm o sentido de músculo + pele + gordura subcutânea. Os Antigos Gregos também chamavam de *sarkos* e de *kreas* a parte principal dos órgãos, o que hoje chamamos de parênquima. Por exemplo, os rins têm cavidades (pelve renal) e parênquima (*sarkos, kreas*); enquanto que o pâncreas não têm cavidades, pelo que ele é chamado de "*pan-*, todo + *kreas*, carne", i.e., "todo carne". *Sarx*, diferentemente de *kreas*, parece se referir ao homem apenas, e não incluir nem vísceras, nem gordura (Daremberg, 1865).

Carneus, adj. lat., carnoso.

Carniceiros (Anatomia, Mamíferos, dentes), dentes com lâminas que cortam como uma tesoura, típicos de Mamíferos Carnivora. Estes dentes são o P4/ (pré-molar 4 superior) e o m/1 (molar 1 inferior). Nos textos de Aristóteles tais dentes são traduzidos como "serrilhados", o que eles em geral não são.

Caro, carnis, lat., carne (músculo + pele + tecido celular subcutâneo); em gr. çάρξ, çαρκός, *sarx, sarkos*; ex.: Carnivora (os *Sarkophaga*, os "comedores de carne" de Aristóteles).

***Caroein, karoein* (Homero, Aristóteles)**, vb. gr. καροειν, enviar alguém para o sono, entorpecer. A origem do termo "carótida" provém do fenômeno de, se alguém tiver o pescoço comprimido à altura da Artéria carótida, ele poderá desmaiar; fenômeno já descrito por Homero e Aristóteles. Ver Artéria carótida.

Carpófago (Aristóteles), gr. καρπός, *carpos*, fruto + φαγος, *phagos*, comedor, glutão; animal comedor de carpo, i.e., de frutos, o mesmo que frugívoro.

Carpometacarpo (Aves, asas), ossos do carpo e metacarpo fusionados.

***Carpos* (1; Galeno)**, gr. κάρπος, *karpos*, punho, carpo, ossos do carpo; ex.: Carpo dos Vertebrados (ossos do punho).

***Carpos* (2; Homero)**, gr. καρπός, *karpos*, carpo dos frutos; ex.: Animais carpófagos (comedores de frutos).

Cartilagem (Aristóteles, Celsus), lat. *cartilago*, em gr. χόνδρος, χονδρῶδες, grão, grânulo; tecido flexível encontrado nas superfícies articulares bem como em estruturas que necessitam de flexibilidade, como o nariz e as orelhas externas; cartilagem que forma o endoesqueleto dos Peixes Condrictes; um dos três tipos de tecido conjuntivo.

Cartilagem Calcificada, lat. *cartilago*, cartilagem + gr. χάλιξ, *chalix, calx-, calc-*, pedra, calcário; cartilagem com revestimento de placas calcificadas, no esqueleto dos Condrictes. Também nos ossos endocondrais, a cartilagem que primeiro se forma depois calcifica e morre e é substituída progressivamente pelo tecido ósseo. Ver Ham e Cormack (1987).

Cartilagem Hialina, lat. *cartilago*, cartilagem + gr. ὕαλος, *hyalos*, vidro; cartilagem que reveste os ossos nas diartroses. Também presente em outras estruturas, como o nariz e a Orelha externa.

Cartilagem de Meckel, lat. *cartilago*, cartilagem + Johann F. Meckel. Barra de cartilagem que se forma do primeiro arco branquial, o arco mandibular. Na porção proximal, ela dá origem a ossículos (martelo e bigorna) da Orelha média. A mandíbula se ossifica conforme o tecido membranoso (lâminas alveolares) e as cartilagens secundárias (condilar, coronoide e sinfiseal), não relacionadas à Cartilagem de Meckel.

Cartilagem Palato-Quadrado, lat. *cartilago*, cartilagem + *palatim*, palato + *quadratus*, quadrado; cartilagem em Peixes "primitivos" e que constitui o "maxilar superior" destes animais. Considera-se que seja derivada do arco branquial mandibular. Não confundir com o Osso quadrado-jugal.

Carúncula, lat. *caruncula*, de *caro*, carne + suf. dim. *-ula*, pequena massa carnosa.

Cata, kata-, pref. gr. κατά, para baixo, para fora, contra; ex.: Catabólitos. Prefixo muito utilizado por Aristóteles e outros em suas descrições anatômicas.

Catabolismo, gr. κατά, *kata-* para baixo, para fora, contra + βουλιμία, *boulimia*, fome de boi; de βοῦς, *bous*, boi + λιμός, *limos*, fome. Fase metabólica em que há degradação das macromoléculas nutritivas por parte do organismo, com liberação de energia e posterior eliminação dos resíduos.

Categoria, Categoriae (**Aristóteles**), lat., gr. κατηγορία, pl. κατηγορίαι, categoria(s). Na biologia é aquilo sobre o que se predica algo (o sujeito ou a substância), uma quantidade, qualidade, tempo, posição, relação etc.; os quais são tipos de *Categorias* em Aristóteles e hoje, na biologia, são tipos de caracteres (relativos à quantidade, qualidade, tempo, posição etc., dentro do organismo). O termo grego *kategoria* originalmente significava "acusação" e é um deverbal de κατηγορίεν, *kategorien*, "falar contra alguém", "acusar"; do pref. *kata-*, para baixo, para fora, contra + vb.

αγορεύειν, *agoreuein*, declamar, falar abertamente em público, na ágora[22]. Ver as diferentes Categorias de Aristóteles (Qualidade, Quantidade, Posição, Postura, Tempo, Relação etc.).

Catena, lat., cadeia; ex.: Cadeia triossicular da Orelha média.

Catharos, katharos, gr. καθαρός, puro, limpo (água).

Catharsin, catharsis (Platão), gr. κάθαρσιν, purificação, limpeza, catarse.

Cattus, lat., gato; ex: *Felis catus* (gato doméstico). O nome e o animal foram introduzidos na Europa pelos Romanos, a partir do Egito. Antes dos gatos, eles utilizavam furões no controle dos ratos.

Cauda, lat., cauda; ex.: Região caudal da Coluna vertebral.

Caudal. Ver Termos de Referência Anatômicos (TRA).

Causa. Ver Teoria das Quatro Causas.

Cava, lat. *cavus*, *cavum*, oco; ex.: Veia cava.

Caveola, caveolae, lat. *cavus* + suf. dim. *-ola*, *-olae*; cavidade; pequena(s) cavidade(s).

Cavernosus, adj. lat., de *cavus*, cavidade; algo que contém espaços vazios em seu interior; ex.: Corpos cavernosos.

Cavidade, do lat. *cavum*; quase todas as assim chamadas "cavidades corporais" (craniana, torácica, abdominal, articular etc.) são, na realidade, *cavidades virtuais*, pois estão repletas por vísceras ou líquidos corporais; incluindo as cavidades articulares.

Cavidade Craniana (Vertebrados), lat. *cavum*, cavidade + *cranium*, crânio. Cavidade virtual dentro do crânio e que contém o Cérebro, as meninges e os vasos correspondentes. Verdadeiras cavidades; aliás, as do tórax e do abdômen só existem quando as vísceras são retiradas. Uma real cavidade (cheia de ar) é a da Orelha média (*Cavum tympanicum*).

Cavidade Epitimpânica ou *Cavum epitympanicum* **(Anatomia, Mamíferos, crânio)**, lat., *cavus*, oco, cavidade, antro + pref. gr. ἐπί, *epi-*, sobre +

---

[22] Gr. ἀγορά, do vb. ἀγείρω, reunir, é um lugar de reunião pública de qualquer tipo; aparece já em Homero (ver Smith, 1842).

lat. *tympanum*, tímpano; cavidade ou recesso, dorsal à cavidade timpânica, geralmente situada dentro dos Ossos pétreo ou esquamosal.

Cavidade Glenoide. Ver Fossa glenoide.

Cavidade Hipotimpânica ou ***Cavum hypotympanicum* (Anatomia, Mamíferos, crânio)**, lat., *cavus*, oco, cavidade, antro + pref. gr. ὑπό, *hypo*, debaixo, sob + *tympanum*, tímpano; cavidade da Orelha média situada ventralmente à Cavidade timpânica.

Cavidade Peritoneal (Vertebrados), lat. *cavum*, cavidade + *peritoneum*; em Aves e Mamíferos as vísceras abdominais são separadas das vísceras torácicas por um septo muscular, o diafragma. Estômago e intestinos, além de fígado e baço, são órgãos intraperitoneais, enquanto que rins, glândulas suprarrenais, pâncreas e duodeno são órgãos retroperitoneais. O peritônio parietal, que reveste a parede do abdômen internamente, bem como os rins/suprarrenais/pâncreas/duodeno anteriormente, se reflete sobre os vasos que se dirigem às vísceras ocas, formando seu mesentério. O peritônio também se reflete sobre as demais vísceras, revestindo-as externamente e originando sua serosa ou cápsula.

Cavidade Pleural (Vertebrados), lat. *cavus*, oco, cavidade, antro + gr. *pleura*, lado, costela, coração, pulmões e estruturas do mediastino estão situadas dentro da cavidade pleural, revestida internamente pela pleura parietal; a qual se reflete sobre as estruturas torácicas, formando a pleura visceral dos pulmões e o pericárdio.

Cavidade Timpânica (Anatomia, Mamíferos, crânio), lat., *cavus*, oco, cavidade, antro + *tympanum*, tímpano; cavidade da Orelha média onde se situam os Ossículos auditivos (martelo, bigorna e estribo). Em Répteis, Aves e Anfíbios a cavidade timpânica abriga apenas um ossículo, a columela.

***Cavum epiptericum* (Anatomia, Vertebrados, crânio)**, lat., *cavus*, oco, cavidade, antro + pref. gr. ἐπί, *epi-*, sobre + πτερόν, *pteron*, asa; uma cavidade primitivamente extracraniana, que na evolução dos Craniata foi incluída dentro da cavidade craniana, sendo fechada lateralmente pelo Osso alisfenoide nos Mamíferos.

Cavus, lat., oco, cavidade, antro; ex.: Cavidade epitimpânica.

Ceboi; ver *Keboi*.

Cecum (Anatomia, Vertebrados, tubo digestivo), lat., cego; cavidade intestinal em forma de bolsa; primeira parte do intestino grosso nos Vertebrados. O ceco pilórico dos Peixes Teleósteos é encontrado principalmente em grupos predadores, como nos Characiformes. Sua função é a de auxiliar na digestão de lipídios e proteínas e na absorção de lipídios, aminoácidos e carboidratos. Funções estas em parte já referidas por Aristóteles.

Cedere, vb. lat., ceder, render-se.

Cefalotórax (Invertebrados), gr. κεφαλή, *kephale*, cabeça + θώραξ, *thorax*, tórax; estrutura dos animais que têm a cabeça e o tórax unidos formando um todo, como nos Crustáceos. Este é um dos caracteres que distinguem os Crustáceos dos *Entoma*, para Aristóteles, pois estes últimos têm cabeça e tórax independentes.

Celare, vb. lat., esconder; ex.: Cela.

Celer, celerare, vb. lat., acelerar; ex.: Célere.

Celíaco, adj. derivado do gr. κοιλία, *koilia*, cavidade, de *koilos*, vazio, em lat. *coelia*. Aristóteles chamou diferentes partes do tubo digestivo de *koilia*. O termo também deu origem ao nome de várias estruturas, como Artéria celíaca e Tronco celíaco ("artéria e tronco arterial dos intestinos").

Celoma, gr. κοιλία, *koilia*, cavidade, de *koilos*, vazio, em lat. *coelia*, cavidade, abdômen; o celoma simples do embrião origina os sacos pleural, pericárdico e peritoneal do corpo.

CELSUS, AULUS CORNELIUS (25 a.C.- 50 d.C.). Considerado como um enciclopedista, Celsus pode ter sido também médico. Sua obra *De Medicina* é um dos melhores registros que temos da Escola Médica da Alexandria, Egito. Ver Herófilo e Erasístrato.

Célula, lat. *cella*, uma pequena sala ou cela; em gr. κύτος, κύτους, *kytos*, *kytous*, jarro, vaso, célula. Do gr. *kytos* provém citologia.

Cemento, lat. *caementum*, de *opus caementicium*, o nome do concreto romano. Ele era constituído de pedregulho, areia, cal e cinza vulcânica. Em biologia, cemento (com "e" e não "i") se refere a um tecido semelhante ao osso, que reveste as raízes dos dentes e que os fixa aos ossos, através da membrana periodôntica. Em dentes complexos como os de roedores, cavalos e bois, o cemento é uma das camadas das dobras dos dentes, com o esmalte e a dentina.

Cenozoico. Ver Era Cenozoica.

Censere, vb. lat., acessar.

Centríolo, gr. κέντρον, *kentron*, centro + suf. dim. lat. *-olus*; diminuta organela citoplasmática relacionada à mitose.

Centro, lat. *centrum*, nome dado a várias estruturas ósseas; como o corpo das vértebras, formado nos Tetrápodes "primitivos" por porções distintas, um intercentro (IC) e dois pleurocentros (PC). Com a evolução em direção aos Répteis, aos Mamíferos e às Aves, o IC foi progressivamente sendo reduzido/perdido, ao mesmo tempo que os PC aumentam em tamanho, até formarem todo o corpo vertebral. Os IC permanecem apenas no complexo Atlas-Áxis e na formato de uma pequena cunha intervertebral ventral em uns poucos Vertebrados "primitivos", como *Sphenodon*. Ver Centros de ossificação.

Centros de Ossificação (Vertebrados/Craniata). O corpo dos ossos endocondrais (preformados em cartilagem) inicia sua formação pela cartilagem primordial, a qual posteriormente é calcificada, morre e é paulatinamente substituída por tecido ósseo. O corpo do osso cresce em diâmetro por meio do endósteo e do periósteo, que revestem interna e externamente os ossos, respectivamente. As extremidades dos ossos endocondrais apresentam epífises, bem como seus processos, que servem para a fixação dos músculos e ligamentos. Quanto maior a importância dos músculos e tendões que se originam ou fixam nestes processos, assim também tanto maior serão as respectivas epífises. Ver Epífise, Diáfise, Metáfise e *Physis*.

***Cephale*, *kephale* (Homero, Aristóteles, Rufus de Efésos)**, gr. κεφαλή, cabeça; ex.: Cefalópode (*kephale* + πούς, *pous*, pé); na Antiguidade, *cephale* por vezes significava crânio.

-ceps*, *-cipes, suf. lat. relacionado a *caput*, cabeça; ex.: Músculo bíceps (músculo com duas "cabeças", i.e., duas origens).

Cera, lat., cera; ex.: Cerúmen (secreção sebácea que se forma no Conduto auditivo externo).

Ceramos, keramos, gr. argila; ex.: Cerâmica.

Ceras, ceratos, gr. κέρας, κέρατος, corno; ex.: *Triceratops* (τρεῖς, τρία, *treis, tria*, três + *keratos* + ὄψ, *ops*, olho, face, rostro; dinossauro com "três cornos no rostro").

Cerebellum (Anatomia, Vertebrados, Sistema Nervoso Central), lat., *cerebrum* + suf. dim. *-ellum*, pequeno Cérebro; ex.: Fossa cerebelar.

Cerebrum, cerebri (Anatomia, Vertebrados, Sistema Nervoso Central), lat., Cérebro; ex.: Tronco cerebral.

Ceterus, cetera, lat., outro(s); ex.: *Et cetera* (e outros).

Cernere, vb. lat., separar, peneirar; ex.: Discernimento.

Cervix, cervicem, lat., colo, região cervical; ex.: Região cervical da Coluna vertebral; *Cervix uteri* (colo do útero).

Cetáceos (Aristóteles), lat. *cetus*, gr. κῆτος, *ketos*; o termo foi primeiro utilizado por Homero (*Ilíada* e *Odisseia*) para "monstros marinhos" ou grandes animais do mar, inclusive baleias. Aristóteles distingue *Kete*, os atuais Cetáceos (baleias e golfinhos), dos demais *Enaima* (animais com sangue vermelho), embora reconheça que os primeiros também têm pelos, mamas e que são vivíparos, como os *Zootoka* (Tetrápodes Vivíparos) e o Homem.

Chaite, gr. χαίτη, cabelo longo, a crina de um cavalo ou a juba de um leão.

Chauliodontas (Aristóteles, Heródoto), gr. χαυλιόδοντας, animal que tem dentes ou presas proeminentes; o pref. *chauli-* é de significado desconhecido + ὀδόντος, *odontos*, dente. Em Heródoto (2, 68), "ὀδόντες χαυλιόδοντες" refere-se aos dentes do crocodilo; enquanto que "τετράπουν χαυλιόδοντας φαῖνον" (Heródoto 2, 71) se refere aos dentes do hipopótamo (ver Liddell; Scott, 1953), significando "tetrápode com dentes/presas evidentes". No *Historia Animalium* (IV, 8; 533a15), Aristóteles utiliza o termo *chauliodontas* para se referir a grandes dentes como os da toupeira. Como este animal não tem verdadeiras presas, o termo neles deve referir-se aos incisivos muito proeminentes.

Cheilos (Homero), gr. χείλος, bordas de um vaso e de uma fossa, lábios.

Cheir, cheiros (Homero, Rufus de Efésos); gr. χείρ, χειρός; mão, membro superior; em Homero, mão aparece como χείρ ἀρχή (Malgaigne, 1842); ex.: Chiroptera (*cheiros* + πτέρυξ, *pteryx*, asa,"mão em asa").

Cheires (Rufus de Efésos), gr. χεῖρες, termo para *braço*.

Cheiropterigium (Anatomia, Tetrápodes, membros), lat., gr. χείρ, χειρός, *cheir, cheiros*, mão + πτερύγιον, dim. de πτέρυξ, *pteryx*, asa, nadadeira; "pequena asa/nadadeira". Refere-se ao conjunto dos ossos de cada mão ou pé; ex.: Queiropterígio.

Chelone, gr. χελώνη, tartaruga; ex.: Chelonia.

Chemeia, gr. χημεία, arte de fazer uma liga metálica; derivado de χύμα, *chyma*, fluído; e χυμός, *chymos*, suco (de onde veio o nome do quimo intestinal). Todos estes termos são deverbais do gr. χέω, *cheo*, eu|derramo (vb. derramar); ex.: Química.

Chersaiois (Homero), gr. χερϛαίοις, de χέρϛος, *chersos*, "terra seca" (continente), termo já presente em Homero. O contrário de Θᾰλᾰϛϛῐος, *Thalassios* ou Θᾰλᾰττῐος, *Thalattios*, Mar.

Chi, letra grega χῖ, minúsc. χ, maiúsc. X. Translitera-se como "ch" (e pronuncia-se como o "ch" em alemão); ex.: gr. Χίαϛμα, *chiasma*.

Chiasmus, lat., gr. χίαϛμα, *chiasma*, cruzamento, entrecruzamento; do vb. χιάζω, *chiazo*, "eu marco com a letra X". Ver Quiasma óptico.

Chilin, chilioi, gr. χιλίη, χίλιοι, mil; ex.: Quilo.

Chitonchorioeides (Rufus de Efésos), gr. χιτὼνχοριοειδής, nome dado ao *plexo coroide* do Cérebro.

Chloros, gr. χλωρός, verde ou verde-amarelado; ex.: Clorofila.

Chole (Rufus de Efésos), gr. χολή, termo para a *"bile negra"*; ex.: Colédoco (*chole* + gr. δοχείο, *docheio*, receptáculo; ducto que leva a bile desde a vesícula biliar até o duodeno).

Cholekystis, gr. χοληκύϛτις, vesícula biliar; de χολή, bile, fel + κύϛτις, bexiga; ex.: Colecistite (*cholekystis* + suf. *-ite*, inflamação).

Choloepus, gr. χολος, *cholos*, coxo + πούς, *pous*, pé, "pés coxos". Uma das preguiças arborícolas Sul-Americanas. A outra é *Bradypus* (adj. gr. βραδύς, lento + πούς, *pous*, pé, "pés lentos").

Cholades (Homero), gr. χολάδες, semelhante a *egkata*, vísceras, intestinos.

Chondros, chondrodes (Aristóteles, Anatomia), gr. χόνδρος, χονδρῶδες, grão, grânulo, sêmola de trigo, cartilagem; ex.: Chondrictes. Aristóteles diz que a parte posterior do pênis e o colo do útero são formados de "cartilagem". Então, em alguns casos, o sentido do termo χόνδρος pode ser mais amplo do que o atual, significando também algo "fibroso". *Chondros*, originalmente, significava "sêmola de trigo". O termo *chondros* com o sentido de cartilagem é muito posterior e é aparentemente devido ao fato de que a cartilagem tem um aspecto "semelhante" ao da sêmola de trigo quando esta está molhada. Cartilagem é um tecido flexível encontrado nas superfícies articulares bem como em estruturas que necessitam de maior flexibilidade, como o nariz e as orelhas externas; cartilagem também forma o endoesqueleto dos Peixes Condrictes; e é um dos três tipos de tecido conjuntivo.

Chorda tympani, ramo do Nervo facial (n. VII) que passa através da Orelha média e se relaciona à sensação de gosto nos dois terços anteriores da língua; além de fornecer fibras nervosas para as glândulas salivares submandibulares e sublinguais.

Chorde, gr. χορδή, corda; ex.: Notocorda (gr. νότος, *notos*, para trás, para o sul). A Notocorda é a estrutura que *induz* a formação da Coluna vertebral.

Chroma, gr. χρῶμα, cor; ex.: Cromossoma (*chroma* + ςῶμα, *soma*, corpo).

Chronos (Hesíodo), gr. χρόνος, tempo; deus grego do tempo (Hesíodo, 1995; *Theogonia*; Cronos é o pai de Zeus); ex.: Cronologia (*chronos* + λόγος, *logos*, estudo).

Chros (Homero), gr. χρώς, pele e epiderme.

Chrysos, chryseos, gr. χρυςός, χρύςεος, ouro, dourado; ex.: *Chrysochloridea* (Afrosoricida, grupo de Mamíferos Africanos; Toupeira dourada).

Chymon (Rufus de Efésos), gr. χυμον, termo para *suco digestivo*; de onde proveio o termo *quimo*. Ver Quimo.

Cíclope (Homero), gr. κύκλωψ, pl. κύκλωπες, *kyklops, kyklopes*, de *kyklos*, círculo, roda, anel + ὀψ, *ops*, face, olho; literalmente "olho redondo". Seres míticos que teriam possuído um olho único e mediano. Este mito pode ter tido origem em: a- uma anomalia chamada *ciclopia*, malformação gravíssima do Sistema Nervoso Central, que inclui ciclopia e microcefalia; ou b- crânios de elefantes anões fósseis, que viveram em Creta e na Magna Grécia, durante o Pleistoceno. Porque a enorme narina dos elefantes se situa recuadamente quase no topo do crânio, ela foi interpretada como uma órbita mediana. Os cíclopes míticos eram *gigantes*, de modo que a hipótese mais provável para a origem do mito está nos crânios de elefantes fósseis anões.

-cidium, suf. lat. indicando o ato de matar ou chacinar; ex.: Bactericida; Fungicida.

CIE, abreviatura para Corpo Intervertebral Embrionário. Ver também AF, CV, DIV, LCT e NP.

Ciência, lat. *scientia*; em gr. *episteme*. Os termos *episteme* e seus derivados são frequentemente traduzidos por "ciência" e "conhecimento científico" (*Science* e *scientific knowledge* em inglês) nas obras de Aristóteles. Mas este significado não existe neste autor, e seu termo *episteme* tem o sentido de *conhecimento* ou *compreensão*. Hoje ciência é um sistema de hipóteses/ teorias sendo constantemente testadas e reformuladas (ver Popper, 1972, 1981). Ver *Scientia*; e Ferigolo (2015, 2021).

Cifose, gr. κυφός, curvado, corcunda; curvatura convexa posteriormente, normal na coluna torácica. Na cifose patológica há uma acentuação da cifose normal da região torácica. Igualmente há uma lordose normal e uma patológica das regiões cervical e lombar da Coluna vertebral.

Ciliar, adj. lat. *ciliaris*, algo relacionado aos cílios.

Cilium (-ia), lat., cílio(s), pálpebra(s); também se aplica às projeções pilosas das células epiteliais.

Cimento. Ver Cemento.

Cinctus, lat., cintura, cinturão, cinto, bolsa (presa no cinto); do vb. *cingere*, rodear, prender; em gr. ζώνη, *zone*; ex.: Cintura pélvica.

Cíngulo, lat. *cingulum*, cintura, do vb. *cingere*, envolver, circundar; ex.: Cíngulo dos dentes de Mamíferos. Cíngulo é também uma faixa ou cordão usado em vestes litúrgicas, próximo à cintura.

Cingulum, cingula, lat., cintura(s), do vb. *cingere*, envolver, circundar; ex.: Cíngulo dos dentes de Mamíferos.

Cinodontes (Vertebrados, Terápsidas), gr. κύων, *kyon*, cão + ὀδούς, ὀδόντος, *odous, odontos*; "dentes de cão"; são Vertebrados/Craniata que surgiram no fim do Permiano superior e que já apresentavam muitos caracteres semelhantes aos dos Mamíferos atuais (diferenciação dentária, palato secundário, aumento do volume cerebral etc.). Nas classificações modernas, os Mamíferos são considerados Cinodontes muito derivados.

Cingere, cinctus, vb. lat., cingir, envolver; ex.: *Dasypus novemcinctus* (tatu sul-americano com nove faixas móveis na carapaça).

Cinis, cineris, lat., cinza.

Cintura, lat. *cinctura*, cinto, cintura; ex.: Cintura pélvica.

Cintura Escapular, lat. *cinctura*, cinto, cintura + *scapula*, "lâmina do ombro"; nome antigo: omoplata (gr. ὦμος, *omos*, ombro + πλάτη, *plate*, lâmina, algo chato ou largo); nos Mamíferos esta cintura é constituída por escápula + clavícula; enquanto que em outros Vertebrados podem estar presentes outros ossos: coracoides (pré e pós-coracoide), cleitro, interclavícula etc. O esterno não faz parte da cintura. A cintura escapular nos Tetrápodes não se articula diretamente com a Coluna vertebral, exceto em alguns Pterossauros que possuem o Osso notarium.

Cintura Pélvica (Vesalius), lat. *cinctura*, cinto, cintura + lat. cient. *pelvis*, lat. antigo *peluis*, bacia para lavar-se; gr. πυελος, *pyelos*, pelve, gr. πήληξ, *pelex*, helmo, capacete. ossos do tronco aos quais se articula o membro posterior dos Tetrápodes; e o inferior no Homem. Estes ossos incluem o ílio, o ísquio e o púbis. O Osso ílio se articula ao sacro, para formar a pelve óssea. Em alguns grupos, o Osso ílio está fusionado ao sacro, e/ou aos outros ossos da cintura pélvica (e.g., Xenarthras, Aves, Pterossauros e alguns Dinossauros), originando um sinsacro. Em gr. ὀςφύς, ὀςφύος, *osphys, osphyos*, pelve óssea; de *isophyes*, "simétrico". Segundo Aristóteles, a *osphys*, pelve óssea, serve como uma espécie de *cinto* para o abdômen. O termo *osphys* era utilizado para referir-se também à área reprodutiva do corpo (que se situa na pelve menor em muitas fêmeas).

Circulus, circus, lat., anel, círculo.

Circum, lat., ao redor; ex.: Ossos circum-orbitais (supraorbital, pós-orbital, jugal, lacrimal etc.).

Cirrus, lat., tentáculo, ondulação, franja.

Cistis, *kistis* (**Homero**), gr. κύςτις, bexiga; ex.: Ducto cístico (da vesícula biliar). Homero se refere a *cistis* quando de um ferimento nas nádegas, "saindo pela frente", atravessando a bexiga (Daremberg, 1865). Isto parece supor um conhecimento cirúrgico, ou de necrópsia. De tais passagens, infere-se que Homero era médico-cirurgião.

Citare, vb. lat., chamar, começar; ex.: Citação.

Citocromo, gr. κύτος, κύτους, *kytos*, *kytous*, jarro, vaso, célula + χρῶμα, *chroma*, cor; são proteínas usualmente ligadas a uma membrana e que contêm grupos *heme*, e podem ser encontrados no interior das mitocôndrias e no retículo endoplasmático.

Citologia, gr. κύτος, κύτους, *kytos*, *kytous*, jarro, vaso, célula + λόγος, *logos*, estudo; estudo das células e de suas organelas.

Citoplasma, gr. κύτος, κύτους, *kytos*, *kytous*, jarro, vaso, célula + πλάςμα, algo formado; principal parte da célula, com o núcleo e a membrana plasmática.

Citoquímica, gr. κύτος, κύτους, *kytos*, *kytous*, jarro, vaso, célula + χημεία, arte de fazer uma liga metálica, química; refere-se à aplicação de reagentes químicos específicos a uma secção histológica ou a um esfregaço celular ou a uma secção delgada para microscopia eletrônica, a fim de revelar a localização citoplasmática (topografia) de substâncias naturais.

Citotrofoblasto, gr. κύτος, κύτους, *kytos*, *kytous*, jarro, vaso, célula + τροφή, τροφός, *trophe*, *trophos*, crescer, alimentar + βλαςτός, *blastos*, germe; camada interna do trofoblasto embrionário.

Clados, gr. κλάδος, ramo, galho; ex.: Cladística; Cladogênese.

Cladogênese, gr. κλάδος, ramo, galho + lat. *genesis*, gênese. Refere-se a uma teoria evolutiva segundo a qual uma espécie evoluiria por dicotomia, dando assim origem a duas diferentes espécies. Contrário de anagênese ou evolução filética.

Clarare, vb. lat., clarear; ex.: Esclarecer.

Clarus, lat., claro.

Clastos, gr. κλαςτός, quebrado, do vb. gr. κλάω, *klao*, eu quebro (vb. quebrar); ex.: Osteoclasto (*osteon*, osso + *clastos*; célula que promove a reabsorção óssea).

Claudere, vb. lat., fechar.

Claudius Galenus. Ver Galeno.

Clavícula (Hipócrates, Aristóteles, Galeno), lat. *clavicula*, de *clavis*, chave + suf. dim. *-ula*, "pequena chave"; gr. κλείς, *kleis*, chave; ex.: Interclavícula (não confundir com fúrcula).

Clavis, lat., gr. κλείς, *kleis*, chave; ex.: Clavícula (pequena chave); Interclavícula.

Cleiein, kleiein, vb. gr. κλείειν, fechar, chavear; deste verbo derivou o nome κλείς, *kleis*, chave, o qual por sua vez originou o termo lat. *clavicula*, *clavis*, chave e clavícula, de *clavis* + suf. dim. *-ula*, pequena chave; ex.: Interclavícula.

Cleithron, kleithron, gr. κλεῖθρον, barra, chave; ex.: Cleitron (osso da cintura escapular de alguns vertebrados "inferiores").

***Cleitorida* (Rufus de Efésos)**, gr. κλειτορίδα, nome dado ao *clitóris*.

Clinare, vb. lat., reclinar (cama); ex.: Apófises clinoides (da sela túrcica).

Cline, gr. κλίνη, cama; ex.: Processos clinoides (da sela túrcica do crânio). A sela túrcica de muitos Mamíferos têm, na sua margem anterior e no *dorsum sellae*, duas pequenas projeções, chamadas de processos clinoides.

Clitóris, gr. κλείς, em lat. *clavis*, chave; talvez relacionado ao fato de que os lábios menores circundarem o clitóris; também gr. κλειτορίδα; ou do vb. gr. *kleitoriazein*, tocar lascivamente.

Cloaca, lat., esgoto, ralo, dreno, escoamento; do vb. *cluere*, limpar; talvez relacionado ao vb. gr. κλύξειν, *kluzein*, lavar. Cloaca é a porção terminal do tubo digestivo e do aparelho gênito-urinário ao mesmo tempo, na maioria dos Vertebrados (Peixes Condrictes, Anfíbios, Répteis, Aves e Mamíferos Monotremados). Muitos Invertebrados também têm uma estrutura com função semelhante, chamada de cloaca. Aristóteles, o primeiro autor a se referir à cloaca a chama de "abertura para o resíduo", que existe nos

Enaima que "não têm bexiga urinária". Portanto, nos *Enaima*, a referência a que determinado animal não tem bexiga urinária significa que ele tem uma cloaca.

Clonis, gr. κλόνις, sacro; *clonis* deu origem ao termo lat. *clunis*, nádegas.

Cneme, kneme, cnemis, knemis (Homero, Rufus de Efésos, Galeno), gr. κνημη, κνημίς, perna, canela, tíbia; em lat. *tibia* é um tipo de flauta dos Romanos, feita com o Osso tíbia de Aves; sinônimo de gr. ςκέλος, ςκέλεος, perna seca, múmia, membro inferior; ex.: Crista cnemial (crista anterior da tíbia).

Cnidos, lat., gr. κνίδος, *knidos*, urticante; ex.: Cnidaria (Porifera). *Knidos* era também o nome de uma cidade da Antiga Cária, Anatólia (Ásia Menor).

Co-, pref. lat., junto, com; ex.: Coespecífico (da mesma espécie; *co-* + *species* + *-ficus*, suf. lat. formador de adj.); Cogenérico (do mesmo gênero; *co-* + *genus* + *-icos*, suf. lat., gr. -ικός, *-ikos*, formador de adj; de, pertencente a ou relativo a).

Coana, gr. χοάνη, *choane*, funil; refere-se à narina interna, que nos Vertebrados/Craniata "inferiores" se abre na boca. Em muitos Tetrápodes, a coana se abre junto à Nasofaringe (e.g., Mamíferos, Cinodontes, Crocodilos e Quelônios).

Cóccix (Galeno), gr. κόκκυχ, cuco (ave); devido à suposta semelhança do cóccix humano com o bico de um cuco.

Cóclea. Ver *Cochlos*.

Cochlos, kochlos (Aristóteles), gr. κόχλος, espiral, concha em espiral (Gastrópodes); ex.: Cóclea (parte da Orelha interna em forma de espiral); em Aristóteles, κοχλίας, *kochlias* é também o nome dos Gastrópodes. Aristóteles foi quem primeiro se referiu à cóclea da Orelha interna (ver Ferigolo, 2016, 2021, 2023).

Coelia, koelia, koilos (Aristóteles, Anatomia), lat., gr. κοιλία, *koilia*, cavidade, de *koilos*, vazio. O termo lat. *coelia* deu origem a vários termos, como Artéria celíaca e Tronco celíaco (artéria e tronco arterial dos intestinos).

Cognato, lat. *co-*, junto + *gnato*, nascido; refere-se a palavras que têm uma origem comum; como o vb. gr. ἄγειν, *agein*, agir e o vb. lat. *agere*, agir.

Coinos, koinos, gr. κοινός, comum, geral.

Colágeno, gr. κόλλα, *kolla*, cola + vb. γεννάω, *gennao*, eu produzo (vb. produzir), eu gero (vb. gerar); componente proteico fibroso de quase todos os tecidos conectivos; seu aquecimento produz gelatina.

Colateral, lat. *con*, junto + *lateralis*, ao lado; estruturas que se encontram do mesmo lado (do corpo); ex.: Ramo colateral de um axônio; Ramo colateral de um vaso sanguíneo.

Colecistocinina ou **colecistoquinina**, gr. χολή, bile, fel + lat. *cystos*, bexiga, cisto + gr. κίνησις, movimento, mudança, do vb. gr. κινέω, eu movo (vb. mover); este é um hormônio intestinal que estimula a vesícula biliar para a eliminação da bile, bem como estimula a atividade pancreática exócrina, importante à digestão de lipídios e proteínas.

Colere, vb. lat., cultivar.

Collis, lat., colina.

Collum, lat., colo, pescoço; ex.: Colo do útero. Termo hoje utilizado também para formar nomes de táxons; ex.: *Rhinocricus collaris* (um Milípede).

Coloide, gr. κόλλα, *kolla*, cola + εἶδος, *eidos*, forma; algo com a consistência gelatinosa, como a albumina, a gelatina, a cola e o amido; tais substâncias incluem macromoléculas com características físicas particulares, como a de difundir lentamente na água, e geralmente não cristalizar.

Cólon, gr. κοιλία, κοῖλος, vazio, cavidade; em lat. *coelia*, refere-se ao intestino grosso.

Color, lat., cor; termo hoje utilizado para formar nomes de táxons; ex.: *Puma concolor* (onça parda, antes chamada de *Felis concolor*).

COLUMBUS, MATTEO REALDO (1516-1559). Cirurgião e anatomista italiano que estudou com Vesalius em Pádua. Columbus foi professor de Anatomia em Roma e descobriu, entre outras coisas, a circulação pulmonar, e a função do cristalino do olho.

Columna, lat., pilar, coluna; ex.: Coluna vertebral.

Coluna vertebral, lat. *Columna vertebralis*. Principal parte do esqueleto axial pós-craniano. Aristóteles utiliza o termo *rhachis* para Coluna vertebral e o termo *spondylos* para vértebra. Ele também utiliza *rhachis* para se referir ao lado dorsal do braço hectocotilar dos Cefalópodes (e.g., *Historia Animalium* IV, 1; 524a1-5); de *spondylos* derivam vários nomes de doenças, chamadas Espondilopatias; enquanto que de *rhachis* derivam alguns procedimentos médicos, como Raquianestesia. A coluna é formada por uma longa série de vértebras e está diferenciada em distintas porções, dependendo do grupo taxonômico. Nos Mamíferos a diferenciação é em cinco regiões (com exceções): 1- cervical, 2- torácica, 3- lombar, 4- sacral e 5- caudal. As caudais podem fusionar entre si em alguns grupos, originando ossos que têm nomes próprios; são eles: cóccix (nos Mamíferos, em geral com três/quatro vértebras); uróstilo (gr. οὐρά, *oura*, cauda + ςτίζω, *stizo*, coluna; últimas vértebras caudais, fusionadas nos Anura); pigóstilo, últimas vértebras caudais, fusionadas nas Aves e Dinossauros. Nos Répteis muitas vezes o número de vértebras pré-sacrais (vértebras entre o crânio e o sacro) é típico e diagnóstico. Nos Peixes a diferenciação se dá apenas nas vértebras caudais distais, sendo as demais muito semelhantes entre si. Não confundir pigóstilo (de Aves e Dinossauros) e uróstilo (de Anuros) com pigídio, o último segmento caudal do exosqueleto de Artrópodes (e.g., Trilobitas).

com-, pref lat., junto, com; ex.: Comer (do vb. lat. *comedere*, que provém do pref. lat. *com-*, com, junto + vb. *edere*, comer, logo, comer com alguém). Ver *Comedere*.

Comedere, vb. lat., comer, do vb. *edere*, comer, pref. lat. *com-*, com + vb. *edere*, comer; segundo o costume dos Romanos, comer era algo a se fazer junto a outras pessoas, não sozinho.

Conarium, lat. *conus*, cone; o mesmo que glândula pineal.

Concha (1; Mamíferos), lat. *concha*, nome dado a parte da *pinna* da Orelha externa.

Concha (2; Mamíferos), lat. *concha*, nome utilizado para os Ossos turbinais da cavidade nasal (nasoturbinais, maxiloturbinais e etmoturbinais) dos Mamíferos.

Concoctionem, lat., o mesmo que *digestionem*, digestão; em gr. πέψη, *pepse* (de onde vem o termo Dispepsia). Em inglês existe a palavra "concoction", também significando digestão. Ver Digestão.

Condensador, lat. *com-*, com + vb. de*nsare*, tornar denso, espesso; refere-se à lente de um microscópio para focalizar a luz no espécime que está sendo examinado.

Côndilo (Galeno), lat. *condylus,* gr. κόνδυλος, *kondylos*; junta, articulação. Galeno utilizou o termo *condylos* com um sentido algo mais amplo do que hoje. Todavia, na maior parte das vezes, ele se refere às extremidades arredondadas e articulares dos ossos longos; ex.: Côndilos femorais (que formam a extremidade distal do fêmur). Κόνδυλος é também uma medida da Antiguidade, equivalendo, na Grécia Antiga, a 4 *dactyloi* (1 *dactylos*, 1 dedo = 19,3 mm).

Côndilo Occipital (Anatomia, Tetrápodes, crânio, Galeno), lat. *condylus,* gr. κόνδυλος, *kondylos*; junta, articulação; processos semilunares ou arredondados no Osso occipital ou nos Exoccipitais e que se articulam ao Atlas. Esta articulação permite principalmente o movimento dorsoventral e de rotação da cabeça. Nos Répteis o côndilo é único, mas não mais simples. O côndilo único, além de ter as porções laterais situadas nos exoccipitais (como nos Mamíferos), tem uma porção mediana formada pelo basioccipital. Anatomicamente o que ocorre é que, nos Mamíferos (e Cinodontes e Anfíbios modernos), os côndilos são duplos porque o limite posterior do basisfenoide não chega até o forame magno. Portanto, o côndilo occipital único é, na realidade, mais complexo do que os côndilos duplos dos Mamíferos.

Condire, lat., condimentar (alimento).

Condroblasto, gr. χόνδρος, χονδρῶδες, grão, grânulo, sêmola de trigo, cartilagem + βλαστός, *blastos*, germe; célula cartilaginosa imatura.

Condrócito, gr. χόνδρος, χονδρῶδες, grão, grânulo, sêmola de trigo, cartilagem + κύτος, κύτους, *kytos*, *kytous*, jarro, vaso, célula; célula cartilaginosa madura.

Condrocrânio (Anatomia, Vertebrados, crânio), gr. χόνδρος, *chondros*, cartilagem + *cranium*, crânio, logo, crânio cartilaginoso; refere-se ao crânio pré-formado em cartilagem (que inclui os Ossos etmoide, esfenoide, occipital e pétreo); portanto exclui os ossos de origem dérmica, como os do teto craniano (frontal, parietal, esquamosal etc.) e do rostro (pré-maxila, maxila, nasal etc.).

Cone, lat. *conus,* cone; ex.: porção terminal de um dendrito de um neurônio sensorial na retina e que é responsável pela percepção das cores.

-cone (Anatomia, Mamíferos, dentes), lat. *conus*, cone; sufixo utilizado para formar o nome das cúspides da coroa dos dentes superiores, como protocone, paracone e metacone. Ver -cônido.

-cônido (Anatomia, Mamíferos, dentes), lat. *conus*, cone + *-idus*, suf. lat. formador de adj; sufixo utilizado para criar o nome das cúspides da coroa dos dentes inferiores; como protocônido, paracônido e metacônido. Ver -cone.

Conjuntiva, lat. *con*, com + vb. *jungere*, juntar; membrana mucosa que une a pálpebra e o Globo ocular.

Conos, konos, conicos, konicos, gr. κῶνος, κωνικός, cone, cônico; ex.: Cones e Bastonetes (da Retina do olho).

Contra, lat., contra, oposto a; ex.: Contralateral (*contra + latera*, flancos + *-alis*, suf. lat. indicando "pertencente a").

Conus, lat., cone; utilizado para formar o nome de cúspides dentárias, e outras estruturas cônicas; ex.: Paracone. Ver -cônido.

Convergência (Teorias Evolutivas), refere-se a estruturas anatômicas semelhantes em dois animais ou plantas distintas, não por relação filogenética, mas por influência do meio ambiente (resposta ao meio); ex.: Forma corporal dos Tubarões, Ictiossauros e Golfinhos. Ver Paralelismo.

Copia, lat., cheio; ex.: Copioso.

Copros, kopros, gr. κόπρος, fezes; ex.: Coprólito (*copros + lithos*, pedra; fezes fósseis); Coprofagia (*copros + φαγος, phagos*, glutão; hábito de comer fezes de muitos animais; e do Homem em casos patológicos).

Copula, lat., o que une, o que junta; ex.: Cópula.

Cor, cordis, lat., coração; ex.: Cordiforme. Observe que o termo coronário deriva do lat. *corona*, coroa, não do lat. *cor*, coração. Assim, "artéria coronária" não significa "artéria do coração", mas sim "artéria que envolve (o coração) como uma coroa". Com o mesmo sentido temos "sutura coronária", que assim é chamada porque se situa na cabeça, na altura onde é colocada a coroa dos reis e rainhas.

Coração, lat. *cor, cordis*; porção principal do aparelho cárdio-vascular dos Vertebrados/Craniata. O coração é uma dupla bomba, cada uma formada por um átrio e um ventrículo nos Mamíferos. Nas Aves o coração tem também quatro câmaras; enquanto que nos Peixes, apenas duas; e nos Anfíbios e na maioria dos Répteis, três. Aristóteles (e até Galeno) considera que o coração do Homem tem três câmaras. Um grande número de anatomistas da Antiguidade considerou que o coração era formado por duas câmaras; ou três (Átrio/Ventrículo Direito X Átrio Esquerdo X Ventrículo Esquerdo) câmaras. Homero coloca a alma irascível e a razão no coração, como o fazem muitos médicos e filósofos da Antiguidade, enquanto que a alma concupiscente é por ele colocada no fígado (Daremberg, 1865).

Coracoide, gr. κόραξ, κόρακος, corvo + εἶδος, *eidos*, forma; forma de bico do corvo; osso da cintura escapular; não confundir com Processo e Osso coronoide da mandíbula.

Corax, coracos, korax, koracos, gr. κόραξ, κόρακος, corvo; ex.: Osso coracoide (*coracos* + εἶδος, *eidos*, forma; forma de bico do corvo; osso da cintura escapular).

Cordoalha, lat. *chorda*, gr. χορδή, χορδῆς, *chorde, chordes*, intestino, salsicha, corda feita de intestino, corda de fibra vegetal. Aristóteles utiliza os termos gr. νευρῶν, νευρα, *neuron, neura* para muitos tendões, bem como para o que hoje chamamos de cordoalha das válvulas cardíacas. São tendões que impedem o prolapso das válvulas.

Córion ou **Cório (Anatomia, Mamíferos, Répteis e Aves)**, refere-se a uma membrana extra-embrionária que forma a parede externa do blastocisto em Répteis, Aves e Mamíferos. Não existe em Peixes e Anfíbios.

Córnea, lat. *corneus*, córneo; camada externa da porção anterior do olho.

Corneum, corneus, lat., córneo; camada externa da epiderme; o mesmo que estrato córneo.

Cornificação, lat. *corneus*, córneo; transformação das células epiteliais escamosas em material córneo. Ver Queratina.

Cornu, lat., corno; ex.: Tecido córneo (formado por queratina; também encontrado nas escamas córneas dos Vertebrados); do lat. *cornu* provém o nome dos cornos dos bovídeos.

Corona, lat., coroa, vb. lat. *coronare*, coroar; ex.: Sutura coronária (do crânio); Artérias coronárias. A sutura tem este nome pois é sobre ela que é colocada a coroa de reis e rainhas; e as artérias, porque elas abraçam o coração como uma coroa.

Coronare, vb. lat., coroar; ex.: Artérias coronárias (artérias que circundam o coração como uma coroa).

Corone **(Galeno)**, gr. κορῶνη, gancho, bico de corvo, bico recurvado; ex.: Processo coronoide do Osso dentário (em Mamíferos); Osso coronoide da mandíbula dos demais Tetrápodes.

Corpo Basal, lat. *corpus*, corpo + gr. βάςις, *basis*, base; refere-se à raiz de cada pelo, nos Mamíferos.

Corpora quadrigemina, lat. *corpus*, corpo + *quadri*, quatro + *geminus*, gêmeo, literalmente corpos tetrageminados (quatro massas ovais geminadas no teto do mesencéfalo, os colículos superiores e inferiores; que são centros reflexos do movimento dos olhos e respostas auditivas).

Corpus, corpora, lat., corpo(s); ex.: Corpo vertebral; Corpo de um osso longo.

Corpus albicans, pl. *corpora albicantia*, lat. *corpus*, corpo + *albicans*, esbranquiçado; refere-se ao corpo lúteo do ovário, quando está degenerando.

Corpus cavernosum, pl. *corpora cavernosa*, lat. *corpus*, corpo + *caverna*, uma cavidade, corpo(s) cavernoso(s); duas estruturas eréteis do pênis; onde também se situa o corpo esponjoso; e se estendem desde a região do Osso púbis até a cabeça do pênis, onde eles se unem. Estas estruturas são formadas de um tecido esponjoso com trabéculas e espaços irregulares que se enchem de sangue durante a ereção. No clitóris existem estruturas homólogas.

Corpus luteum **(Graaf)**, lat. *corpus* + *luteum*, amarelo; principal órgão endócrino que resta do folículo ovariano após a ovulação.

Corpus spongiosum, lat. *corpus* + *spongiosa*, esponjoso; refere-se à porção erétil e esponjosa do pênis e que envolve a uretra.

Corpúsculo, lat. *corpusculum*, de *corpus* + suf. dim. *-ulus*, pequeno corpo; ex.: Corpúsculo de Pacchioni.

Cortex, corticis, lat., córtex, casca; ex.: Cortical (ossos); Córtex (árvores).

Córtex estriado, lat. *cortex, corticis*, córtex, casca + *striatus*, com estrias; porção visual do córtex cerebral.

CORTI, ALFONSO (1822-1888). Anatomista italiano e que descobriu, entre outras coisas, o Órgão de Corti (ou órgão espiral dos Mamíferos, que é parte da cóclea da Orelha interna).

Cosmos, lat., do gr. Κόσμος, *Kosmos*, Cosmos, Universo, ordem; ex.: Cosmologia.

Costa, lat., costela; ex.: Arcabouço costal.

Costelas (Anatomia, Vertebrados, caixa torácica), lat. *costa*, costela; estes são ossos endocondrais e que se formam nos miosseptos (septos fibrosos entre os feixes musculares). Há costelas dorsais e ventrais em alguns Peixes. Nos Mamíferos as costelas *verdadeiras* se articulam anteriormente com o Esterno; e as falsas se articulam apenas entre si. A relação das costelas com as vértebras determina sua função nos Mamíferos e nas Aves. Nestes, na região cervical, as costelas são diminutas e fusionam-se com os Processos transversos; na torácica, elas são de tamanho normal e se articulam às respectivas vértebras; na lombar, as costelas são também pequenas e fusionam-se com os Processos transversos; as costelas sacrais verdadeiras são grandes e fusionam-se com as vértebras, gerando as asas do sacro; e são estas asas que se articulam ao Osso Ílio; as vértebras caudais não têm costelas e podem fusionar-se entre si, formando o Uróstilo nos Anuros; o Cóccix nos Mamíferos; e o Pigóstilo nas Aves e nos Dinossauros.

Costelas Holocefálicas ou **Holocéfalas (Vertebrados não Mamíferos)**, são as costelas que têm apenas uma cabeça e uma articulação e não duas (cabeça e tuberosidade). Em alguns casos, as articulações não estão reduzidas a uma, mas estão unidas (neste caso, o processo com faceta articular dupla na vértebra se chama sinapófise, gr. *syn-*, junto + *apophysis*, processo, apófise).

Cotilédone. Ver *Cotyledone*.

Cotovelo; em gr. ἀγχών, *anchon* (Homero); Aristóteles e Hipócrates chamam o cotovelo de "dobra do braço".

Cotyle, cotylos **(Homero, Galeno)**, gr. κοτύλη, κότυλος, taça para vinho ou rituais, um tipo de *kantharos*; ex.: Cavidade cotilar; utiliza-se para cavidades articulares como o acetábulo da pelve; e cótilo e cavidade cotilar da Coluna vertebral dos Dinossauros.

Cotyledone **(Hipócrates, Aristóteles)**, gr. κοτυληδών, cotilédone, de κοτύλη, taça; estrutura que une a placenta ao útero; termo de Hipócrates e Aristóteles e ainda hoje utilizado. As plantas também têm estruturas chamadas de cotilédones (Monocotiledôneas, Dicotiledôneas).

Coxa, lat., originalmente significava "articulação do quadril" ou "osso do quadril"; hoje coxa refere-se à porção proximal da perna, onde se situa o Fêmur. Isto mostra que a origem do termo se relaciona à pelve, e não à coxa. Assim, o termo "coxa" pode causar confusão; por exemplo, "articulação coxofemoral", em que "coxo-" se refere à pelve, e não à coxa.

Coxal. Ver Coxa.

Cradin, cardin, kradin, kardin **(Homero)**, gr. κραδίν καρδίν; sentido psicológico de sentimento, coragem, energia; coração, mente, centro da vida espiritual e do pensamento, alma, parte interna ou central de alguma coisa. A forma metatética *cradin* tem por vezes o sentido anatômico, mas geralmente também o sentido psicológico (Daremberg, 1865).

Cranion **(Homero, Galeno, Anatomia, Vertebrados, crânio)**, gr. κρανίον, em lat. *cranium*, crânio, esqueleto da cabeça. Em Homero *kranion* é utilizado apenas para o cavalo; em relação ao homem, como em Hipócrates, ele usa "osso da cabeça" ou "os ossos" (Daremberg, 1965). Na Antiguidade o termo gr. *kephale* (cabeça) era também utilizado com o sentido de crânio, ex.: Sincrânio.

Craniostilia (Anatomia, Mamíferos, suspensão crânio-mandibular), lat. *cranium*, gr. κρανίον, crânio + lat. *stylus*, coluna; este é um tipo de articulação crânio-mandibular em que a mandíbula é articulada diretamente ao Osso esquamosal.

Crassus, lat., espesso; termo utilizado para formar nomes de táxons; ex.: *Thermocyclops crassus* (Copépode; alguns copépodes podem ser parasitas de Vertebrados).

Creare, vb. lat., fazer, construir; ex.: Criacionismo.

Credere, vb. lat., acreditar, confiar; ex.: Créditos de uma obra.

Cremaster (Galeno, músculo), gr. κρεμαστήρ, *kremaster*, suspender; músculos que suspendem os testículos dentro do saco escrotal.

Crescere, vb. lat., crescer; ex.: Crescimento.

Creta, lat., calcário, argila; ex.: Período Cretáceo (lat. *creta*, giz, argila + suf. lat. *-ceus*, indicando proveniência). O nome da Ilha de Creta, Grécia, talvez provenha de Κρυς, *Krys*, um herói de origem pré-grega.

Cretáceo. Ver Período Cretáceo.

Cribra, lat., peneira; ex.: Lâmina cribriforme ou crivosa do Osso etmoide.

Cribrare, vb. lat., peneirar; ex.: *Cribra orbitalia*.

Cribriforme, lat. *cribrum*, peneira + *forma*, forma; lâmina horizontal do Osso etmoide, por onde passam os filamentos do Nervo olfativo (n. I), que penetra da Cavidade nasal (mucosa nasal) para dentro da Cavidade craniana para chegar ao Bulbo olfativo.

Crikos, krikos, gr. κρίκος, anel; ex.: Cartilagem cricoide.

Crinein, krinein, vb. gr. κρίνειν, julgar, separar.

Crispus, lat., ondulado; ex.: Cabelo crespo.

Crista, lat., termo hoje utilizado em anatomia para acidentes em dentes e ossos, caracterizados como elevações estreitas e longas; ex.: Crista sagital; Crista lambdoide.

Crista ampullaris, lat. *crista*, crista + *ampulla*, pequena ampola; componente sensorial dos Canais semicirculares.

Crista Cnemial (Anatomia, Tetrápodes, Tíbia), lat. *crista*, crista + gr. κνημίς, *knemis*, perna, canela; crista anterior, na extremidade proximal da Tíbia. Nesta crista, nos Mamíferos, há um Processo cnemial.

Crista deltopeitoral (Anatomia, Tetrápodes, Úmero), lat. *crista*, crista + gr. δέλτα, *delta* + lat. *pectoris*, peito. Crista longitudinal na porção proximal/média do Úmero, onde se fixam os Músculos adutores nos Répteis ou o Músculo deltopeitoral nos Mamíferos.

Crista Interfenestral (Anatomia, Répteis, crânio), lat. *crista*, crista + *inter-*, entre + *fenestra*, janela; é uma crista óssea que divide a Orelha interna. A parte anterior inclui a *Fenestra ovalis*, que alguns consideram como homóloga do recesso da *Scala vestibuli* dos Mamíferos. A posterior seria homóloga ao recesso da *Scala tympani* dos Mamíferos.

Crista Lambdoide (Rufus de Efésos, Galeno, Anatomia, Mamíferos, crânio), lat., crista + gr. λάμδα, letra *lambda* + εἶδος, *eidos*, forma; crista situada na sutura entre os Ossos parietais e occipital; servindo à fixação da musculatura do pescoço e que dá suporte à cabeça. Em Répteis também inclui os Ossos esquamosais e tabulares. O mesmo que crista nucal dorsal.

Crista Occipital Externa e Interna (Anatomia, Mamíferos, crânio), lat. *crista*, crista + *occiput*, nuca; a externa é uma crista vertical, que se estende da crista nucal dorsal até a margem dorsal do Forame magno, externamente. A crista occipital interna é semelhante à primeira, mas situa-se na face interna do Osso occipital.

Crista Nucal dorsal (Anatomia, Mamíferos, crânio), o mesmo que crista lambdoide.

Crista Parassagital (Anatomia, Mamíferos, crânio), lat. *crista* + *sagitta*, seta, flecha; crista craniana paramediana, paralela à crista sagital e que, como esta, pode servir de fixação para a origem de parte do Músculo temporal.

Crista Sagital (Anatomia, Mamíferos, crânio), lat. *crista* + *sagitta*, seta, flecha; crista craniana mediana, resultado do fusionamento dos Ossos parietais entre si, servindo de fixação para a origem de parte do Músculo temporal. Ela pode continuar-se sobre os Ossos frontais/parietais como Crista fronto-parietal; e, posteriormente, continua-se pela Crista lambdoide.

Crista Zigomática (Rufus de Efésos, Galeno, Anatomia, Mamíferos, crânio), lat. *crista* + gr. ζεῦγος, *zeugos*, canga, par; crista que é um prolongamento da margem dorsal do Arco zigomático em sentido posterior, situada sobre a porção escamosa do Osso temporal.

Critare, vb. lat., do vb. *quiritare*, gritar, lamentar-se.

Crocodeilos, krokodeilos **(Heródoto, Aristóteles)**, gr. κροκόδειλος, crocodilo. *Crocodeilos* pode derivar de κρόκη, *kroke*, seixo, pedregulho + διλός, *dilos*, lagarto ou δρῖλος, *drilos*, verme, talvez em referência ao movimento de serpentear, comum aos vermes e a muitos Répteis. O termo grego se refere tanto a lagarto quanto a crocodilo; mas pode inicialmente ter sido aplicado a pequenos Répteis, como as lagartixas. O nome também poderia ser uma alusão ao aspecto externo dos osteodermos sob a pele do crocodilo, os quais podem lembrar seixos. Finalmente, *krokodeilos* significaria algo como "lagarto dos seixos", seixos estes que são comuns nas margens de muitos rios e lagos, onde os crocodilos habitam.

Crocodilo. Ver *Crocodeilos.*

Cromafins (células), gr. χρῶμα, *chroma*, cor + lat. *affinis*, com afinidade para algo; células que se coram com sais de cromo. São células neuroendócrinas da medula da suprarrenal e de gânglios do Sistema Nervoso Simpático.

Cromatina, gr. χρῶμα, *chroma*, cor; material do núcleo celular que se colore fortemente com corantes básicos.

Cromatóforo, gr. χρῶμα, *chroma*, cor + vb. gr. φέρω, *phero*, eu porto (vb. portar), eu carrego (vb. carregar); células contendo pigmentos.

Cromófilos, gr. χρῶμα, *chroma*, cor + φιλεῖν, *philein*, amar; refere-se às células ou grânulos que tomam facilmente os corantes.

Cromófobos, adj, do gr. χρῶμα, *chroma*, cor + φόβος, medo; células ou grânulos que não tomam facilmente nenhum corante celular.

Cromossoma, χρῶμα, *chroma*, cor + ςῶμα, *soma*, corpo; estrutura das células que apresenta um arranjo linear de DNA condensado, além de proteínas associadas e que contêm o material genético.

Crossos, gr. κροςςός, margem, borda; ex.: Crossopterígios (*crossos* + *pterygion*, pequena asa ou nadadeira).

Crus, crura, lat., perna(s); ex.: Músculo quadrado crural.

Crustáceos, lat. moderno *crustaceus*, literalmente "com concha ou crosta"; do lat. *crusta*, crosta, concha dura. Os Crustáceos só foram separados definitivamente dos Insetos por Lamarck. Em Aristóteles os Crustáceos são chamados de *Malakostraka* (gr. μαλακός, *malakos*, mole + όςτρακον, *ostrakon*, concha, i.e., "concha mole"). Para ele, os Crustáceos se distinguiriam dos *Entoma* principalmente pelo fato de terem 1- a cabeça e o tórax unidos (e não separados como nos *Entoma*) e pelo 2- diferente número de apêndices locomotores.

Cryos, kryos, gr. κρύός, frio, gelo; ex.: Criogenia.

Cryptein, kryptein, κρύπτειν, esconder; ex.: Criptorquidia (condição em que os testículos não descem para o saco escrotal).

Cryptos, kryptos, gr. κρυπτός, esconder; ex.: Espécies crípticas (espécies que não se distinguem morfologicamente e podem viver em um nicho semelhante; como certas Aves de espécies crípticas, vivendo em diferentes alturas de uma mesma árvore).

Ctenos, gr. κτενός, pente; ex.: Escama ctenoide (*ctenos* + εἶδος, *eidos*, forma; escama de Peixes que têm margem denteada, como um pente).

Cubare, cub-, vb. lat., deitar-se, vb. *cubo*, eu me deito; ex.: Incubação.

Cúbito (1), lat. *cubìtus*, antebraço; cotovelo; deitado; medida da Antiguidade que se estendia da extremidade posterior do cotovelo (olécrano) até a ponta do dedo médio. Esta medida variava de acordo com o país. Na Antiga Grécia, equivalia a 24 *dactyloi* (24 dedos, 46,3 cm; 1 *dactylos*, 1 dedo, 19,3 mm), enquanto que o cúbito egípcio media 27 *dactyloi* (54 cm).

Cúbito (2; Tetrápodes, antebraços), lat. *cubìtus*, antebraço; cotovelo; deitado; antigo nome da Ulna; e medida romana da Antiguidade, correspondendo da extremidade do cotovelo até a ponta do dedo médio.

Cuboide (Galeno, Anatomia, Mamíferos, pés), gr. κύβος, cubo, quadrado, dado (jogo) + εἶδος, *eidos*, forma; osso do pé, situado no Homem distalmente ao Calcâneo, lateralmente ao Cuneiforme lateral e proximalmente aos Metatarsais IV e V.

Cubos, gr. κύβος, cubo, quadrado, dado (jogo); ex.: Osso cuboide (*cubos* + εἶδος, *eidos*, forma; osso do pé dos Mamíferos, lateral ao Terceiro cuneiforme, distal ao Calcâneo; e proximal aos Metatarsais IV e V).

-culum, -culus, suf. lat. dim; ex.: Utrículo (parte da Orelha interna dos Vertebrados).

Cum, co-, pref. lat., junto, com; ex.: Coevolução; Coespecífico.

Cumulus oophorus, lat. *cumulus*, um pequeno monte + gr. ᾠόν, *oon*, ovo + vb. φέρω, *phero*, eu porto (vb. portar), eu carrego (vb. carregar); a parte da parede do folículo ovariano, que envolve o óvulo.

Cuneus, lat., cunha; ex.: Osso cuneiforme (*cuneus* + *forma*; osso do pé dos Mamíferos); Lobo cerebral cuneus.

Cupula, lat. *cupa*, copo, taça + suf. dim. *-ula*, pequeno copo/taça; massa gelatinosa formando uma cobertura sobre a *Crista ampullaris*; uma cúpula no ápice do Ducto coclear.

Cura, lat., cuidado; ex.: Curador (de coleções ou exposições).

Curare, vb. lat., ter cuidado com; ex.: Curador.

Curare, termo de origem caribenha; compostos orgânicos venenosos paralisantes, retirados de plantas e utilizados para caçar, sendo colocados em pontas de flecha.

Currere, vb. lat., correr; ex.: Nervo laríngeo recorrente.

Cursorial, lat. *cursorius*, do vb. lat. *currere*, correr; relacionado a correr ou a ter membros adaptados para correr; ex: *Cursorius* (gênero de Aves pernaltas da África e sul da Ásia).

Curvus, lat., dobrado, em forma de gancho; ex.: Estrutura encurvada.

-cus, -ica, -icum, suf. lat. indicando "semelhante a", "pertencente a"; do suf. gr. -ικός, formador de adj., pertencente a, derivado de; ex.: Vasos esofágicos (rel. ou pertencente ao esôfago); Torácico (rel. ou pertencente ao tórax).

Cúspides (Anatomia, Mamíferos, dentes), lat. *cuspis*, lança, ponta, pontiagudo; principais acidentes da coroa dos dentes; como protocone, paracone e metacone (dentes superiores); e protocônido, paracônido e metacônido (dentes inferiores).

Cuspis, cuspidis, lat., lança, ponta, pontiagudo; ex.: Cúspides dentárias (principais acidentes dos dentes dos Mamíferos).

Cutâneo, lat. *cutis*, pele; ex.: Tecido celular subcutâneo.

Cutícula, lat. *cutis*, pele + suf. dim. *-ula*, pequena pele; ex.: Cutícula das unhas.

Cutis, lat., pele; ex.: Cutícula (*cutis* + *-ula*, suf. dim.).

CUVIER, GEORGES LÉOPOLD CHRÉTIEN FRÉDÉRIC DAGOBERT (Barão de; 1769-1832). Considerado como o fundador da moderna Anatomia Comparada. O criador da Anatomia Comparada em geral foi Aristóteles. Cuvier demonstrou que, com base em um Astrágalo, pode-se determinar que tipo de dente aquele Mamífero possuía e vice-versa. Cuvier é também considerado como o fundador da Moderna Paleontologia de Vertebrados.

CV, abreviatura para *corpo vertebral*.

Cyanos*, *kyanos, gr. azul-esverdeado; ex.: Cianofícias.

Cybos*, *kybos, gr. κύβος, cubo; ex.: Osso cuboide (osso do pé).

Cyclos*, *kyklos, κύκλος, círculo, roda, anel; ex.: Ciclóstomos (Peixes Agnatas).

Cylindein*, *kylindein, vb. gr. κυλίνδειν, enrolar; ex.: Cilindros hialinos (no exame comum de urina; normais até dois por campo).

***Cynodontia* (Terápsidas)**, gr. κυνο, *kyno*, cão + ὀδούς, ὀδόντος, *odous*, *odontos*, dente, *do* dente; nome do grupo mais derivado dos Terápsidas (e que deu *origem* aos Mamíferos ou se transformou em Mamíferos).

Cyon*, *cynos, gr. κύων, κύνος, cão; ex.: Cynodontia (*cynos*- + *odontos*, dente; grupo de Terápsidas que se considera hoje como tendo dado origem, ou se transformado nos Mamíferos).

Cystis, gr. κύςτις, bexiga, bolsa; ex.: Canal cístico (da Vesícula biliar).

Cytos*, *kytos, gr. κύτος, κύτους, jarro, vaso, célula; ex.: Citologia (estudo das células); Citoplasma.

D

D, abreviatura para *Osso dentário*.

***Dactylos*, *dactyloi*, *dactylo-* (Homero, Aristóteles, Rufus de Efésos, Tetrápodes, dedos)**, gr. δάκτυλος, δάκτυλοι, dedo(s); também é uma medida da Antiguidade, equivalendo na Grécia Antiga a 19,3 mm; ex.: Animais polidáctilos (gr. πολυς, *polys*, muitos + *dactyloi*, dedos; muitos dedos).

d.C. = abreviatura para depois de Cristo; equivale a A.D., lat. *anno domini* (Ano do Senhor).

dC1, dc1 (Anatomia, Mamíferos, dentes), abreviatura para dentes *caninos decíduos*, superiores (dC1) e inferiores (dc1). A nomenclatura dos caninos segue o padrão de todos os dentes de Mamíferos, com sua respectiva numeração. Como só há um canino em cada quadrante, ele é representado sempre com o número 1.

***De-*, pref. lat., abaixo de, a partir de, sem, longe de; ex.: Descendência; Decomposição.

***Debere*, vb. lat., dever; ex.: Débito ventricular cardíaco (refere-se ao volume sanguíneo bombeado pelo Ventrículo esquerdo a cada minuto; ou seja, a frequência ventricular vezes o volume sistólico).

***Deca*, *deka*, vb. lat. δέκα, dez; ex.: Decaedro.

***Decidua basalis* (Anatomia, Mamíferos, útero)**, lat. *deciduus*, algo que cai, do vb. lat. *decidere*, cair de + *basis*, base; refere-se à parte materna da placenta.

Decíduo (Anatomia, Mamíferos, dentes), lat. *deciduus*, do pref. *de-*, abaixo de, a partir de, sem, longe de + vb. *cadere*, cair; portanto, algo que cai; ex.: Dentes decíduos ("dentes de leite"). Termo também utilizado para outros organismos, como florestas decíduas (nas quais as árvores perdem as folhas sazonalmente).

Decúbito, do vb. lat. *decumbere*, deitar-se; posição com o corpo deitado; vb. lat. *cubare*, deitar-se; ex.: Decúbito dorsal (ou supino; estar deitado de costas); Decúbito ventral (ou prono; estar deitado sobre o abdômen);

Decúbito lateral (direito/esquerdo; estar deitado sobre um dos lados do corpo).

Defendere, vb. lat., defender; ex.: Defesas (como presas, cornos e chifres).

Deferens, lat., levando embora ou para baixo; ex.: *Ductus deferens*.

Definição (Aristóteles), lat. *definitio, definitionis*; em gr. ὁρος, ὁριςμός, *horos, horismos*. A definição indica a *essência* de algo. Só as espécies indicam a essência, não os indivíduos enquanto indivíduos. Definição é aquilo que é dito sobre a espécie do objeto/animal em questão; e é definida por meio de seu gênero (grupo maior a que ela pertence, com outras espécies semelhantes), ao que se acrescentam suas diferenças (as quais distinguem uma espécie das demais espécies de um mesmo gênero). Assim, ave pode ser definida como "Bípede ovíparo", em que Bípede é o gênero, sendo "ovíparo" sua Diferença Específica (em relação ao Homem, único outro animal Bípede em Aristóteles, além das Aves). O mesmo ocorre com "Tetrápodes Vivíparos" (contrapostos aos Tetrápodes Ovíparos, que são os Anfíbios + Répteis, exceto Serpentes, as quais são Ápodes).

Deinos, gr. δεινός, terrível; ex.: Dinossauro (*deinos* + gr. ςαῦρος, *sauros*, lagarto; lagarto ou réptil terrível).

Deire **(Homero, Rufus de Efésos)**, gr. δειρή, termo para *garganta*, pescoço; por vezes como sinônimo de *auchen*, em Homero (Daremberg, 1865).

Delere, vb. lat., deletar, apagar; ex.: Deleção/Deletação de arquivos.

Delphys **(Aristóteles)**, gr. δελφύς, um dos nomes que Aristóteles utiliza para Útero; com ὑςτέρας, *hysteras* e κοιλία, *koilia* (de κοῖλος, oco). Ele chama o Colo uterino de μέτρα, *metra*. Nos *Enaima* (Vertebrados/Craniata), ele chama o Útero principalmente de *hysteras* e *delphys*, enquanto que nos *Anaima* (Invertebrados) ele o chama de *koilia*; ex.: Didelfídeos (Mamíferos Marsupiais).

Delta, letra grega δέλτα, minúsc. δ, maiúsc. Δ. Translitera-se como "d"; ex.: Delta de um rio.

Demein, vb. gr. δέμειν, construir.

Demos **(1) (Homero)**, gr. δημός, *demos*, o mesmo que gr. κνίςςη, *knisse*, gordura, graxa.

GLOSSÁRIO ETIMOLÓGICO DE VERTEBRADOS: ORIGEM GREGA E LATINA DOS TERMOS

Demos (2), gr. δῆμος, povo; ex.: Demografia.

Dendrito, gr. δένδρον, árvore; prolongamento dos neurônios que são especializados na recepção de estímulos.

Dendron, gr. δένδρον, árvore; ex.: Dendrologia (*dendros* + λόγος, *logos*, estudo); Dendrito (*dendros* + suf. gr. *-ites*, pertencente a).

Dens, dentis (Celsus), lat., dente; em gr. ὀδούς, ὀδόντος, *odous, odontos*; ex.: Dentina; Dentição; Dentário.

Densus, lat., espesso, denso; ex.: Densidade óssea.

Denteons, lat. *dens, dentis*, dente; estrutura histológica da osteodentina, encontrada nas escamas de Peixes paleozoicos e em dentes de Mamíferos (Gliptodontes/Xenarthra e Tubulidentados). Os *denteons* são semelhantes aos *osteons* do tecido ósseo, mas contêm túbulos, como todas as dentinas. Ver Osteons.

Dentes (Aristóteles, Vertebrados), lat. *dens, dentis*; este termo é usualmente aplicado aos Vertebrados/Craniata e são estruturas de origem dérmica, que servem para a alimentação, o ataque e a defesa. Muitos autores, inclusive Aristóteles, utilizam o termo "dente" para estruturas análogas no aparelho bucal dos Invertebrados. Os dentes dos Vertebrados/Craniata são formados por uma camada principal de dentina (geralmente ortodentina; ver Ferigolo, 1985), uma camada externa de esmalte (Mamíferos) ou Enameloide (outros Vertebrados) e uma camada de cemento nas raízes ou também nas coroas (Mamíferos). Ver Dentições, Fórmula dentária, Dentículos e Ameloblasto.

Dentes Caninos (Mamíferos e Terápsidas), lat. *dens, dentis*, dente + *canis*, cão. Chamam-se dentes caninos àqueles que se situam entre os incisivos mesialmente e os pré-molares distalmente. Seu nome provém do lat. *canis*, cão, devido aos caninos serem proeminentes nestes animais, embora eles sejam muito maiores em ursos e felinos. Sua abreviatura é dC1/, dC/1 (caninos decíduos, respectivamente superiores e inferiores) e C1/, C/1 (caninos permanentes, respectivamente superiores e inferiores). Os dentes caninos sempre são escritos com o número 1, embora nunca haja um segundo canino (apenas mais de um caniniforme em alguns Tetrápodos). Ver Fórmula dentária, Mesial e Distal.

Dentes Carniceiros (Anatomia, Mamíferos, Carnivora, dentes), lat. *dens, dentis + caro, carnis*, carne; dentes com lâminas que cortam como uma tesoura, típicos de Mamíferos Carnivora. Estes dentes são o P4/ (pré-molar 4 superior) e o m/1 (molar 1 inferior). Nas traduções dos textos de Aristóteles, tais dentes aparecem como dentes "serrilhados"; o que, na realidade, não acontece nos dentes carniceiros. Estes dentes dos Carnivora (felídeos, canídeos, ursídeos, hienídeos) servem para os animais cortarem carne e ossos. Os animais que mastigam e engolem ossos são chamados de ossífagos (ou ossífragos). Ver Fórmula dentária.

Dentes Extranumerários ou Supranumerários (Vertebrados), lat. *dens, dentis*, dente + *extra- + numerus*. Chama-se assim aos dentes anômalos acima do número normal, algo muito comum em Mamíferos. Existem raros casos, até mesmo no Homem, de molares de uma "terceira dentição". É mais comum a anomalia da falta do que o excesso de dentes nos Mamíferos. Os dentes supranumerários mais frequentes são os incisivos. Os dentes que mais frequentemente faltam são os M3 superiores e inferiores.

Dentes Faringianos (Peixes), lat. *dens, dentis*, dente + gr. φάρυγξ, φαρυγγος, *pharynx, pharyngos*, garganta. Estes dentes são encontrados em ossos da faringe de alguns Peixes. Sua forma segue o padrão do grupo.

Dentes Incisivos (Mamíferos), lat. *dens, dentis*, dente + *incisivus*. Chama-se assim aos dentes mais anteriores dos Mamíferos, os quais variam em número de dois a cinco por cada quadrante. Os superiores estão todos na pré-maxila; e os inferiores, todos no dentário. Sua forma segue o padrão do grupo, embora em geral sejam dentes espatulados ou quase cônicos. Ver Fórmula dentária.

Dentes Mandibulares (Vertebrados), lat. *dens, dentis + mandibula*. Nos Mamíferos os dentes mandibulares se situam apenas no Osso dentário (único osso da mandíbula em todos os Mamíferos recentes; nos Mesozoicos há ossos pós-dentários); em outros Vertebrados/Craniata, os dentes podem estar também situados em outros ossos, além do dentário. Sua forma segue o padrão do grupo. Ver Fórmula dentária.

Dentes Maxilares (Vertebrados), lat. *dens, dentis + maxilla*. Chama-se assim aos dentes que têm seus alvéolos no Osso maxila. Nos Mamíferos eles são todos pré-molares e molares. O alvéolo do canino superior pode situar-se entre a pré-maxila e a maxila. Sua forma segue o padrão do grupo. Ver Fórmula dentária.

GLOSSÁRIO ETIMOLÓGICO DE VERTEBRADOS: ORIGEM GREGA E LATINA DOS TERMOS

Dentes Molares (Mamíferos), lat. *dens, dentis* + vb. *molere*, moer. Chamam--se dentes molares aos dentes definitivos da primeira dentição, mas que não são substituídos. Como são dentes da primeira dentição, em muitos grupos eles são semelhantes aos pré-molares decíduos (primeira dentição), e não aos pré-molares definitivos (segunda dentição). Sua forma segue o padrão do grupo, mas em geral são mais complexos do que os pré-molares. Sua forma e seu número (Fórmula dentária) são típicos para o grupo (Ordem/Família/Gênero). Apenas os Marsupiais têm quatro molares. Rarissimamente pode haver quatro molares nos Mamíferos Placentários. A falta de um dos molares (geralmente o M3) é muito mais comum do que um dente extranumerário. Na falta, em um Mamífero que usualmente tem três molares, é necessário determinar se isto não se deveu a alguma patologia dentária. As anomalias por falta são frequentemente bilaterais e podem fazer com que os quatro M3 estejam faltando, de modo que a falta de apenas um dos M3 é provavelmente de natureza patológica (lesão ou abscesso periapical, associado ou não a periodontite). Ver Fórmula dentária.

Dentes Molariformes (Mamíferos), lat. *dens, dentis* + vb. *molere*, moer + *forma*. Chamam-se assim aos dentes dos Mamíferos, quando estes não estão diferenciados em incisivos, caninos, pré-molares e molares. Em alguns destes casos, eles são em maior número do que o padrão dos Mamíferos em geral. Sua forma segue o padrão do grupo ou são muito simplificados; ex.: Xenartras, Cetáceos.

Dentes Palatais (Vertebrados/Craniata "inferiores"), lat. *dens, dentis* + *palatum*, palato. Chamam-se assim aos dentes que se situam em ossos do palato. Eles podem estar em praticamente todos os ossos, incluindo o vômer, o palatino, o pterigoide e o ectopterigoide. Sua forma segue o padrão do grupo.

Dentes Palatinos (Vertebrados), lat. *dens, dentis*, dente + *palatum*, palato. Chamam-se assim àqueles dentes que se situam no Processo palatal dos Ossos palatinos. Sua forma segue o padrão do grupo.

Dentes Pós-Caninos (Terápsidas), lat. *dens, dentis*, dente + *post-* + *canis*. Chamam-se assim aos dentes que se situam posteriormente aos caninos, nos Répteis Mamaliformes. Eles são assim chamados porque, diferentemente dos Mamíferos, em que os dentes posteriores aos caninos são diferenciados em pré-molares e molares, nos Terápsidas não cinodontes eles são muito semelhantes entre si. Nos Cinodontes os pós-caninos podem ser muito diferentes, formando até cinco séries distintas (ver Hopson, 1971).

Dentes Pré-Maxilares (Vertebrados), lat. *dens, dentis*, dente + *pre-*, pré- + *maxilla*, maxila. Chamam-se assim àqueles dentes que têm seus alvéolos situados no Osso pré-maxila. Nos Mamíferos eles são todos incisivos. O alvéolo do canino superior geralmente se situa entre a pré-maxila e a maxila. Os demais dentes pré-maxilares são todos incisivos, e bastante semelhantes. Sua forma segue o padrão do grupo. Ver Fórmula dentária.

Dentes Pré-Molares (PM, Mamíferos), lat. *dens, dentis*, dente + *pre-* + vb. *molere*, moer. Chamam-se assim aos dentes situados entre o canino e o primeiro molar. Os superiores situam-se todos na maxila; e os inferiores, todos no dentário. Seu número é típico para o grupo. Sua forma segue o padrão do grupo, mas em geral são menos complexos do que os molares. Ver Fórmula dentária.

Dentes Vomerianos (Peixes, Anfíbios e Répteis), lat. *dens, dentis*, dente + *vomeris*, arado, relha do arado (que é a forma do Osso vômer). Chamam-se assim aos dentes que têm seus alvéolos no Osso vômer do palato de Tetrápodes. Sua forma segue o padrão do grupo. Não existem em Mamíferos/Aves.

Dentição decídua (Anatomia, Mamíferos, "dentição de leite"), lat. *dens, dentis*, dente + *deciduus*, o que cai; dá-se este nome à primeira dentição dos Mamíferos, dentes estes que são depois substituídos pelos dentes definitivos; exceto pelos molares, que, embora sejam permanentes, sofrem erupção geralmente após a substituição de todos os dentes da dentição decídua. Estes dentes têm dois tipos de abreviatura; uma delas é dI1-5 e di1-5, dC1, dc1 e dPM1-4, dpm1-4; e a outra é (com barra, superiores/inferiores) dI1-5/, dI/1-5, dC1/, dC/1, dPM1-4/ e dPM/1-4. Apenas os Marsupiais têm quatro molares; os Placentários têm no máximo três molares. Ver Fórmula dentária.

Dentição definitiva ou **Permanente (Mamíferos)**, lat. *dens, dentis*; dá-se este nome à segunda dentição dos Mamíferos, a qual substitui os dentes decíduos ("de leite"); com os molares, que, no entanto, são da primeira dentição mas sofrem erupção geralmente após a substituição de todos os dentes decíduos. Os dentes definitivos podem ter dois tipos de abreviatura; uma delas é I1-5, I1-5, C1, C1, PM1-4, PM1-4 e M1-4 e M1-4; e a outra é (com barra, superiores/inferiores) I1-5/ e I/1-5, C1/ e C/1, PM1-4/ e PM/1-4 e M1-4/ e M/1-4. Apenas os Marsupiais têm quatro molares. A falta de um dos molares (geralmente o M3) é muito mais comum do que um dente extranumerário nos Placentários. Na falta, em um Mamífero que usualmente tem três molares, é necessário determinar se isto não se deve a alguma patologia dentária. As anomalias por falta são frequentemente bilaterais e podem fazer com que os quatro M3 estejam faltando. A falta de apenas um dos M3 é provavelmente de natureza patológica (alterações pós-fratura, lesão periapical, abscesso, periodontite etc.). Ver Fórmula dentária.

Dentições (Anatomia, Vertebrados, Mamíferos), lat. *dens, dentis*; este termo se refere a quantas vezes os dentes são substituídos no seu conjunto. Em muitos Vertebrados/Craniata (Peixes a Répteis), os dentes são substituídos continuamente ao longo da vida. Nos Mamíferos há apenas duas dentições incompletas. A primeira inclui os incisivos, caninos e pré-molares decíduos ("de leite") e os molares. A segunda inclui apenas os incisivos, caninos e pré-molares permanentes. Os molares, embora sejam definitivos, pertencem à primeira dentição; daí a grande semelhança entre eles e os pré-molares decíduos em muitos Mamíferos. Veja Fórmula dentária.

Dentículos (Anatomia, Invertebrados, Vertebrados), lat. *dens, dentis* + suf. dim. *-ulus*, pequeno. Referem-se às delicadas projeções da carapaça e aparelho bucal de Invertebrados. Também utilizado hoje para a serrilha dos dentes dos Vertebrados/Craniata, como Dinossauros e Cinodontes. Aristóteles chama os dentículos dos Invertebrados simplesmente de dentes.

Dentina (Anatomia, Vertebrados, dentes), lat. *dens, dentis*; um dos tecidos dentários, também presente em escamas de Peixes. Há muitos tipos; por exemplo, a ortodentina, que é a mais "primitiva" de todas as dentinas, já que está presente na maioria dos Vertebrados. Outros tipos de dentina são osteodentina e vasodentina (ver Ferigolo, 1985), presentes principalmente em Peixes paleozoicos.

***Derma, dermatos* (Homero, Rufus de Efésos)**, gr. δέρμα, δέρματος, *pele*; em Homero, pele no sentido vulgar, bem como no técnico (Daremberg, 1865); ex.: Dermatologia; Epiderme; Ossos dérmicos.

Dermatóglifo (impressão digital), gr. δέρμα, δέρματος, *derma, dermatos*, pele, *da* pele + γλύφειν, γλύφειν, *glyphein*, escavar; refere-se às impressões deixadas pelas cristas da epiderme dos dedos e que são utilizadas na identificação criminal.

Dérmico, adj. ref. à derme, gr. δέρμα, *derma*, pele; ex.: Ossículos dérmicos; Osteodermas ou Osteodermos.

Dermocrânio (Anatomia, Vertebrados, crânio), gr. δέρμα, *derma*, pele + κρανίον, *kranion*; chama-se assim à parte do crânio que é formada de ossos dérmicos, ou seja, pré-formados em tecido conjuntivo, e não de cartilagem. São eles os ossos da face (nasal, pré-maxila, septo-maxila, maxila e mandíbula) e do teto craniano (frontal, parietal, esquamosal, supraoccipital dérmico e interparietal). São também ossos dérmicos, a Escápula e a Clavícula. Ver Neurocrânio (formado por ossos endocondrais).

Dermoptera (Aristóteles), gr. δερμοπτερα, de δερμα, *derma*, pele + πτερόν, *pteron*, asa, "asa formada de pele", o grupo dos morcegos em Aristóteles. Hoje, Dermoptera com Primatas e Plesiadapiformes formam a Superordem dos Primatomorpha; portanto sem relação alguma com os atuais morcegos.

Dere (Homero), gr. δέρn, pescoço.

Dertron (Homero), gr. δέρτρον, epíplon, omento.

Descamação, pref. lat. *de-*, abaixo de, a partir de, sem, longe de + *squama*, escama, perda de escamas ou de células da pele de qualquer epitélio.

Desmossoma, gr. *desmos*, cola, corda de âncora + ςῶμα, *soma*, corpo; ponte intercelular, uma junção celular formada por duas porções, uma na membrana de uma das células e a outra na membrana da célula adjacente. São duas placas circulares de proteínas especiais, chamadas de placoglobinas e desmoplaquinas.

Detrusor (músculo), vb. lat. *detrudo*, expelir, músculo liso da parede da bexiga urinária, e que expele a urina ao se contrair.

Devertere, lat., virar de lado; ex.: Divertículo.

Descendere, vb. lat., descender; ex.: Descendência.

Desmos, gr. δεςμός, ligar, unir; ex.: Sindesmose (pref. gr. ςυν-, *syn-*, junto, com + *desmos*) um tipo de articulação, onde os ossos são unidos por tecido fibroso). Não confundir com sinostose (pref. gr. ςυν-, *syn-*, junto, com + ὀςτέον, *osteon*, osso + suf. gr. -ωςις, *-osis*, condição especial, doença ou acréscimo), que é o processo das suturas cranianas fechadas (após fusionamento).

Deuteros, gr. δεύτερος, segundo, secundário, em segundo lugar, segunda vez; ex.: Deuterostomia (*deuteros* + ςτόμα, *stoma*, boca).

Deverbal, pref. lat. *de-*, proveniência, descendência, separação + *verbum*, verbo, palavra; refere-se às palavras derivadas de um verbo, como nomes, adjetivos etc. Considera-se hoje que as palavras provêm dos verbos, pois são estes que *indicam a ação* a que se refere o nome (e.g., trabalhador deriva do vb. *trabalhar*).

Dexter-, dextra-, dextro-, lat., direito, lado direito; ex.: Dextrose (*dexter* + suf. gr. -ωςις, *-osis*, condição especial, doença, ação).

Dextrógira, lat. *dexter-, dextra-, dextro-*, lado direito; ex.: Substância dextrógira (aquela que faz girar o plano da luz polarizada para a direita; o contrário de substância sinistrógira/levógira).

Di-, pref. lat., dois, gr. δι-; ex.: Difiodontia (refere-se às duas dentições incompletas dos Mamíferos).

dI, di (Anatomia, Mamíferos, dentes), abreviatura para dentes *incisivos decíduos*, superiores (dI1-5 ou dI1-5/) e inferiores (di1-5 ou dI/1-5).

Dia-, pref. gr. διά, *dia*, através de, separado de, entre; ex.: Diáfise; Diafragma; Diâmetro. Preposição muito utilizada por Aristóteles em suas descrições anatômicas, em particular nos vasos sanguíneos.

Diáfise, pref. gr. διά, *dia*, através de + φύςις, *physis*, natureza, origem, crescimento. A diáfise é a porção situada entre as metáfises, durante o crescimento, ou seja, é o corpo do osso. Como diz o nome, a diáfise está entre as *physes*, portanto só existe em ossos em crescimento, no que diz respeito aos Mamíferos; e também em Lagartos e Esfenodontídeos, os únicos Répteis atuais que têm epífises ósseas. Nos Mamíferos que pararam de crescer, deve-se utilizar o termo "corpo" (do osso), e não "diáfise". Em Répteis os termos "epífise", "metáfise" e "diáfise" são adequados para toda a vida, porque as epífises permanecem cartilaginosas e os ossos crescem quase toda a vida. Ver Epífise, Metáfise e *Physis*.

Diafragma (Homero, Aristóteles, Rufus de Efésos, Galeno), lat. *diaphragma*, divisão, barreira; do vb. gr. *diaphrassein*, cercar; pref. gr. διά, *dia-*, através de + vb. gr. φράςςω, *phrasso*, eu cerco (vb. cercar, fazer uma cerca, separar). Em Homero, *phrenes*. Aristóteles utiliza, para se referir ao diafragma, os termos *diazoma* (διάζομα) e *phrenes* (φρήνες), ou ainda *hypozoma* (ὑποζομα). O último também utilizado em Invertebrados como os Insetos, em que corresponde ao septo entre o tórax e o abdômen. Nos Tetrápodes, o diafragma existe nos Mamíferos e possivelmente também existiu nos Cinodontes. As Aves têm um diafragma incompleto; e os crocodilídeos têm um septo membranoso semelhante ao diafragma dos Mamíferos e que se fixa ao fígado, funcionando de maneira semelhante (quando o diafragma desce com a inspiração, ele age como uma espécie de pistão, que descendo dentro do tórax, força os pulmões a se inflarem).

Diapedese, gr. *dia*, através + vb. πηδάω, *pedao*, eu pulo; passagem normal de células sanguíneas, principalmente leucócitos, através do endotélio dos vasos sanguíneos.

Diaphora, diaphorai **(Aristóteles)**, gr. διάφορα, pl. διάφοραι; lat. *differentia, differentiae*. Na biologia, *diaphora* se refere à Diferença Específica entre cada uma das espécies do mesmo gênero. Aristóteles chama de ειδοποιός διαφορά, *eidopoios diaphora*; ou seja, precisamente Diferença Específica. Ver Ferigolo (2015, 2016, 2021, 2023).

Diapófise (Coluna vertebral), pref. gr. διά, *dia*, através de + pref. gr. ἀπό-, *apo-*, de, a partir de + φύσις, *physis*, origem, crescimento, Natureza; pequeno processo com faceta articular, situada sobre o Processo transverso das vértebras e que se articula com a tuberosidade da costela (a cabeça da costela se articula com o corpo vertebral, pleurocentro e/ou intercentro).

Diartrose (Galeno, Anatomia, Vertebrados, tipo de articulação), pref. gr. διά, *dia*, através de + ἄρθρον, *arthron*, articulação; nome aplicado às articulações móveis e com líquido sinovial; ex.: Joelho; Cotovelo; Ombro etc.

Diastema (Mamíferos), do vb. gr. διάςταναι, *diastanai*, ficar afastado/separado; nos Mamíferos refere-se a um hiato entre os dentes, geralmente entre os incisivos e a série pré-molar.

Diazoma **(Aristóteles, Anatomia)**, gr. διάζομα, diafragma ou septo em Aristóteles. Ver *phrenes* (φρήνες) e *hypozoma* (ὑποζομα). Ver Ferigolo (2015, 2016, 2021).

Dicere, vb. lat., dizer; ex.: Predição (pref. *pre-*, anterior + *dicere*, vb. dizer) das teorias.

Dichalou ou *Dischides* **(Aristóteles, Mamíferos, dedos)**, gr. διχάλου, de διχάλα, bifurcação, forquilha; animais com pés bifurcados; δισχιδής, dividido em dois; um dos grupos dos *Zootoka* de Aristóteles; e que corresponde aos atuais Artiodáctilos com dois dedos, como os bovídeos e cervídeos. *Dichalou* e *Dischides* se contrapõem a *Monychon*, os animais com pés com um casco (um dedo, "pés não divididos"), os Equídeos. Ver Ferigolo (2015, 2016, 2021).

Didactilia (Aristóteles, Aves, dedos), gr. δι-, dois + δάκτυλος, *dactylos*, dedo; um padrão digital das Aves, no qual só existem os dedos III e IV, ambos dirigidos para a frente. Ver Anisodactilia, Tridactilia e Pamprodactilia.

Didaskein, vb. gr. διδάςκειν, ensinar; ex.: Didática.

Didonai, gr. διδόναι, dar, doar.

Didymoi **(Rufus de Efésos)**, gr. δίδυμοι, termo para os *testículos*; de *didymoi* veio também o nome do epidídimo (pref. *epi-* + *didimoi*; literalmente "sobre o testículo").

Diferenciação, lat. *differentia(ae)* + suf. lat. *-atio*, *-ação*; processo embriológico e histológico pelo qual diferentes tecidos e órgãos se formam durante a ontogenia, com base em tecidos relativamente indiferenciados.

Differentia, differentiae **(Aristóteles)**, lat., diferença(s); em gr. διάφορα, pl. διάφοραι, *diaphora*, pl. *diaphorai*; na Biologia de Aristóteles, o mesmo que Diferença Específica, ou seja, as diferenças entre as espécies de animais de um mesmo gênero. Estes termos de Aristóteles foram traduzidos na Idade Média por *differentia* e *differentae*. Raramente o termo aparece também aplicado com o sentido de diferença entre gêneros (talvez por uma corrupção do texto). Ver Ferigolo (2015, 2016, 2021).

Difiodontia (Anatomia, Mamíferos, dentes), pref. gr. διφυής, *diphyes*, dois, duas vezes + ὀδούς, ὀδόντος, *odous, odontos*, dente; diz-se da dupla dentição deste grupo, embora a segunda dentição seja incompleta. Os molares, ainda que fazendo parte da dentição permanente, são parte da primeira dentição (pré-molares decíduos e molares têm formato muito semelhante).

Digestão, lat. *digestionem*, em gr. πέψη, *pepse*, digestão. De *pepse* vêm termos como dispepsia (má digestão). Ver Metabole.

Digitígrado (Mamíferos, mãos, pés), lat. *digitus*, dedo; diz-se dos animais que se apoiam nos dedos para locomover-se, como os cães e os gatos.

Digitus (mãos, pés), lat., dedo; ex.: Digitígrado.

dim., abreviatura para o lat. *diminutivus*, diminutivo.

Dinossauro, gr. δεινός, *deinos* + ςαῦρος, *sauros*, réptil, lagarto; lagarto ou réptil terrível.

DIOCLES DE CARISTO ou DIOCLES MEDICUS (c. 375-295 a.C.). Médico e Anatomista considerado como tendo escrito uma obra sobre anatomia animal e também talvez tenha sido o primeiro a usar o termo *Anatomia*. Também a ele, entre outras coisas, é atribuída a distinção entre veias e artérias. Para ele, os nervos seriam os "canais das sensações". Todavia, para a maioria dos autores, o primeiro a distinguir os nervos dos tendões foi Rufus de Efésos (século I).

DIÓGENES DE APOLÔNIA (século V a.C.). Nascido em Apolônia, Creta ou Frígia, Diógenes é mais conhecido como filósofo e também como o último pré-socrático. Aristóteles cita seus textos sobre Anatomia vascular humana (*Historia Animalium* III, 2), texto que é o mais preciso e detalhado da Antiguidade. Na Filosofia, Diógenes é mais conhecido por sua *Cosmogonia*. Por basear sua metafísica em evidências da Anatomia, ele por vezes é considerado um dos primeiros empiristas (veja Empiricismo). Sua principal obra biológica é *Peri Physeos* (*Sobre a natureza*). Tudo que nos resta dele provém desta última obra, como a descrição dos vasos sanguíneos, citada por Aristóteles.

Dios, gr. Διός, genit. singular de Ζεύς, *Zeus*, principal deus do Olimpo; e pai dos deuses e dos homens. *Zeus* corresponde ao *Júpiter* dos Romanos.

Diplo-, pref. lat., duas vezes; ex.: Diploide; Díploe (tecido ósseo esponjoso entre as duas tábuas do crânio).

Díploe (Hipócrates, Rufus de Efésos, Oríbase), gr. διπλόη, dobra; tecido ósseo trabecular situado entre as duas tábuas dos ossos do teto do crânio, preenchido por tecido hematopoiético (formador de sangue). Termo já presente em Hipócrates (1886; VC1, 27), Oríbase (1851-1873; 46.9.4) e Rufus de Efésos (1889, *Onomasticon*, 135). Ver também Liddell e Scott (1953).

Diploide, gr. διπλόος, *diploos*, duplo, δῖς, *dis*, duas vezes +ῖ-πλόος, dobra + εἶδος, *-eidos*, forma; células germinativas contendo um conjunto duplo de cromossomas. Ver Haploide.

Diplos-, pref. gr. διπλός, duplo; ex.: Díploe.

Diplospondilia (Peixes, Coluna vertebral), lat. *diplo-*, dois, duplo + gr. ϛπόνδυλος, *spondylos*, vértebra; diz-se da Coluna vertebral que tem dois centros em cada corpo vertebral, como em alguns tubarões.

Dipoun (Aristóteles, Pés), pref. gr. δι-, *di-*, dois + πουν, *poun*, "dois pés". Por vezes aparece como *"zoion dipoun"*, animais com dois pés, os Bípedes. Os animais que caminham com dois pés são o Homem e as Aves. Não confundir com *Dischides*, animais com dois dedos ou dedos divididos.

Dis, gr. δίς, duas vezes; ex.: *Dischides* (animais com "pés divididos", i.e., com dois dedos, os Ruminantes).

Dis-, pref. lat. com o sentido de separação; ex.: Dissecção (*dis-* + vb. lat. *sectio*, eu secciono; vb. seccionar).

Discernere, vb. lat., discernir; ex.: Discernimento.

Dischides ou **Dichalou (Aristóteles, Mamíferos, pés, mãos)**, gr. διϛχιδής, "dividido em dois", significando "animal com mãos/pés divididos"; διχάλου, bifurcação, forquilha. Ver Ferigolo (2015, 2016, 2021).

Disco intervertebral (Anatomia, Mamíferos, Coluna vertebral, DIV), estrutura que se situa entre duas vértebras e que é constituída pela lâmina cartilaginosa terminal (LCT; aposta às faces anterior/posterior dos corpos Vertebrais), o ânulo fibroso (AF) e o núcleo pulposo (NP). Os demais Vertebrados/Craniata não têm DIV. Alguns Répteis, como os Crocodilos, têm meniscos intervertebrais.

Dissecção, dissecar, pref. lat. *dis-*, separar + *sectio*, secção, do vb. *seccare*, cortar, seccionar; ex.: Dissecção anatômica.

Distal (1; TRA), do inglês *distal*, refere-se a algo que se situa mais para a extremidade, em relação a outra estrutura (que é proximal), de modo que é um termo relacional. Também se diz de algo mais afastado do eixo ou do centro do corpo. Assim, o braço é distal em relação à cintura escapular, o antebraço é distal em relação ao braço e a mão é distal em relação à cintura escapular, ao braço e ao antebraço.

Distal (2, TRA), do inglês *distal*. Passando-se um plano sagital pela arcada dentária e retificando-se a série dentária, distal em relação aos dentes refere-se à face interproximal que está voltada para o lado do ramo da mandíbula; enquanto que mesial se refere à face interproximal dos dentes que está voltada para a linha média. Ver Mesial e Medial.

Dithyra (Aristóteles), gr. δι-, *di-*, dois, duas + θύρα, *thyra*, porta, duas portas; nome dado aos Moluscos Bivalves.

DIV (Mamíferos), abreviatura para *disco intervertebral.*

Divertículo, lat. *diverticulum*, do vb. *devertere*, virar de lado. Um saco cego na parede dos órgãos, principalmente do tubo digestivo. Os mais conhecidos são os divertículos do intestino grosso, que podem levar a uma Diverticulite, uma doença que, se não tratada, em alguns casos leva à morte. Os sintomas são semelhantes aos da Apendicite, com a diferença de que se situam no lado esquerdo do abdômen; porque os divertículos se desenvolvem principalmente no lado esquerdo do cólon. São também relativamente comuns divertículos faringo-esofágicos, detectados em exame contrastado de esôfago.

DNA, abreviatura para *ácido desoxirribonucleico*; o qual é o material hereditário fundamental em todos os organismos; **Replicagem do DNA** é o processo de produzir duas ou mais cópias da molécula de DNA; **Sequenciamento de DNA** é o processo que permite determinar a ordem exata dos nucleotídeos dentro da molécula de DNA.

Docere, vb. lat., ensinar, instruir, mostrar; ex.: Docente.

Docheio, gr. δοχείο, receptáculo; ex.: Colédoco (χολή, *chole*, bile + *docheio*; ducto biliar que desemboca no duodeno).

Documento, lat. *documentum*, exemplo, prova, lição.

Dodeka, gr. δώδεκα, doze; ex.: Dodecadáctilo (gr. δοδεκαδάκτυλον, "doze dedos", extensão do duodeno e de onde provém seu nome em grego).

Dodekadaktylon (Herófilo de Alexandria, Galeno), gr. δοδεκαδάκτυλον, literalmente "doze dedos". Segundo Galeno (Galenus, 1535; tradução e comentários em Singer, 1952), nome dado por Herófilo de Alexandria ao duodeno, a primeira porção do intestino delgado.

Dokein, vb. gr. δοκεῖν, parecer, aparecer.

Dolere, lat., doer; ex.: Dolorido.

Dolicocefalia, gr. δολιχός, longo + κέφαλος, *kephalos*, cabeça; cabeça longa; em comparação com a largura, como acontece com o Homem de

Neanderthal (*Homo sapiens neanderthalensis*). O contrário de braquicefalia (cabeça curta e larga, como no *Homo sapiens sapiens*).

Dominus, lat., mestre, de *domus*, casa; ex.: Espécie predominante.

Domus, lat., casa; ex.: Domicílio.

Dormire, lat., dormir; ex.: Adormecer; Dormideira.

Dorsal (TRA), lat. *dorsum*, lado voltado para as costas; nos Vertebrados/ Craniata, dorsal é sempre o lado da Coluna vertebral e da Notocorda.

Dorso Selar (Anatomia, Vertebrados, crânio), lat. *dorsum selaris*, refere-se ao dorso da *Sella turcica* ou Fossa pituitária, onde se situa a glândula hipófise (ou pituitária), no basisfenoide ou esfenoide (nos Mamíferos, em que todos os Ossos esfenoidais estão fusionados entre si e também por vezes aos Ossos Pterigoides, como no Homem).

***Dorsum* (TRA)**, lat., costas, dorso; ex.: Região dorsal; "dorsal" sempre se refere ao lado da Coluna vertebral/Notocorda, sem importar a posição do animal.

dPM, dpm (Anatomia, Mamíferos, dentes), abreviaturas para os dentes pré-molares decíduos, superiores (dPM1-4/ ou dPM1-4) e inferiores (dpm/1-4 ou dPM1-4).

Dramein, vb. gr. δραμεῖν, correr.

Drassesthai, vb. gr. δράσςεϛθαι, agarrar.

Drys*, *dryos, gr. δρῦς, δρυός, árvore; ex.: *Dryopithecus*.

Duas*, *duo-, pref. gr. δυάς, δύο, duas, dois; em lat. *dualis, duo*; ex.: Dualidade de sexo.

Dubius, lat., duvidoso, dúbio; ex: Termo dúbio.

Ducere, vb. lat., conduzir; ex.: Conduto Auditivo Externo.

Ducto, vb. lat., eu levo (vb. levar), eu conduzo (vb. conduzir); ex.: Ducto colédoco.

Ductus*, *ductulus, lat. *ductus*, ducto + suf. dim. *-ulus*, um pequeno ducto; ex.: Ducto colédoco; Ducto salivar; Dúctulos prostáticos.

Ductus arteriosus, lat. *ductus*, ducto + *arteria*, artéria; refere-se a um ducto arterial fetal que conecta a Artéria Pulmonar Esquerda com a Aorta Descendente; também chamada de Ducto de Botallo e de Ducto de Arantius.

Ductus cochlearis **(Orelha interna)**, lat. *ductus*, ducto + *cochlearis*, coclear; o ducto coclear da *scala media* do labirinto membranoso da Orelha interna.

Ductus epididymis **(aparelho urogenital)**, lat. *ductus*, ducto + *epididymis, do* epidídimo; que é a principal porção do epidídimo.

Ductus deferens **(aparelho urogenital)**, lat. *ductus*, ducto + *deferens*, deferente; levando para fora, como o esperma a ser ejaculado; refere-se a um ducto que se estende do epidídimo até a uretra prostática.

Ductus venosus, lat. *ductus*, ducto + *venosus*, venoso; ducto venoso, continuação da Veia umbilical fetal, que atravessa o fígado e vai até a Veia cava Inferior.

Dulcis, lat., doce; ex.: Animal dulceaquícola.

Duodeno (Herófilo, intestino), lat. medieval, *duodenum digitorium*, "doze dedos". O nome aparece originalmente em Herófilo de Alexandria (c. 353-280 a.C.), como *dodekadaktylon*, literalmente "doze dedos". Também está no *Canon* de Avicena (1973). O termo latino é atribuído a Gerard de Cremona (c. 1187 d.C.).

Dura-máter, lat. *durus*, duro + *mater*, mãe; membrana meníngea que reveste o Cérebro e a Medula Espinal. É a mais externa das três meninges e fica em contato com os ossos (Crânio e vértebras). As outras duas são a pia-máter e a aracnoide.

Durus, lat., duro; ex.: Dureza dos tecidos dentários.

Dynamis **(Hipócrates, Platão, Aristóteles)**, gr. δύναμις, potencialidade, capacidade; *dynamis* é um antigo termo para o que depois veio a se chamar "elementos", na Filosofia Grega Antiga. *Dynamis* já aparece no *Corpus Hippocraticum* e no *Timeu* de Platão. O significado original parece ter sido o de "forte substância de um caráter particular" (A. L. Peck, em Aristotle, 1955, p. 30-31). Ver Potencialidade e Atualidade.

Dys-, pref. gr. δυς-, relacionado a mal, doença; ex.: Dispepsia (gr. δυς- + πέψη, *pepse*, cozimento, digestão); Disenteria.

E

EBNER, VICTOR (RITTER VON ROSENSTEIN; 1842-1925). Histologista de Insbruck e Viena, em homenagem a quem foram nomeados as Glândulas de Ebner (glândulas serosas linguais), as Fibrilas de Ebner (fibrilas na dentina e no cemento dos dentes) e o Retículo de Ebner (rede de células nos túbulos seminíferos).

Ec-, pref. gr. ἐκ-, de dentro para fora; ex.: Ecfise (*ek-* + φύςις, *physis*, um processo ósseo projetando-se "para fora"); termo de Galeno para "epífises" do crânio no Homem (Galenus, 1535; trad. e comentários em Singer, 1952). Hoje se sabe que o crânio tem vários processos, mas nenhuma "epífise" com o mesmo sentido daquelas dos ossos longos.

Echinos **(Aristóteles, classificação)**, gr. εχῖνος, literalmente "espinho"; nome utilizado por Aristóteles para se referir ao 1- ouriço do mar ('εχίνος θάλαςςας, *echinos thalassas*; equinodermos incluídos nos *Ostrakoderma*), ao 2- "porco espinho" (ouriço terrestre; *Erinaceus europaeus*), bem como ao 3- *omaso* (uma das câmaras gástricas) dos ruminantes; ex.: Echinodermata. Ver Ferigolo (2016).

Eco-, pref. gr. derivado gr. οῖκος, *oikos*, casa; ex.: Ecologia.

Ecologia, gr. οῖκος, *oikos*, casa + λόγος, *logos*, do vb. λέγω, *lego*, eu digo (vb. dizer), eu falo (vb. falar), eu estudo (vb. estudar); é a análise científica das interações dos organismos entre si e destes com seu meio ambiente. É uma área interdisciplinar que inclui diversas subáreas, como Biologia, Geografia e Geologia. A principal subárea da Ecologia é a Epidemiologia (Begon *et al.*, 2005). **Alguns termos relacionados à Ecologia: Biomassa** é a quantidade de matéria orgânica disponível em um organismo; **Comunidade Ecológica** ou **Biota** ou **Biocenose** refere-se à totalidade dos organismos viventes em um mesmo Ecossistema e que interagem entre si; portanto não apenas ao conjunto de indivíduos; **Ecofisiologia** é uma área da ecologia que estuda a adaptação fisiológica de um organismo a determinadas condições do ambiente; **Ecossistema** é a interação dos organismos entre si e com o mundo inorgânico em um determinado ambiente físico; **Ecótipo** ou **Ecoespécie** refere-se à variedade genética geográfica, população ou raça em uma espécie adaptada a condições ambientais específicas; **Eficiência Ecológica** refere-se à eficiência na qual a energia é transferida de um nível trófico para o outro; é determinada pela combinação da eficiência, relativa às fontes de aquisição e assimilação no Ecossistema; **Nicho Ecológico** é a posição ou papel que uma espécie tem em um ambiente; o que inclui suas necessitades nutricionais, de abrigo e reprodução; mas inclui também os fatores abióticos do meio; **"Nicho Vazio ou Nicho Vago" (NV)**, não existe nenhum NV, pois, quando surge uma nova espécie, esta, por assim dizer, "escolhe" seu nicho entre as inúmeras possibilidades que lhe *oferece* o meio ambiente (ver Ferigolo, 1999); **Organismos Autotróficos** ou **Organismos Produtores** são os organismos que produzem compostos orgânicos complexos (carboidratos, proteínas, gorduras) com base em substâncias simples do meio, usualmente utilizando energia da luz (por fotossíntese) ou por quimiossíntese. Eles são os *Produtores* em uma cadeia alimentar, plantas em terra e algas na água; **Organismos Heterotróficos** são os que são incapazes de produzir compostos orgânicos complexos com base em substâncias simples do meio, e que se alimentam dos *Organismos Autotróficos*; **Pirâmide Ecológica, Pirâmide Trófica, Pirâmide de Energia** ou **Pirâmide Alimentar** é uma representação gráfica destinada a mostrar a Biomassa ou a Bioprodutividade de cada Nível Trófico; **Sucessão Ecológica** refere-se ao que ocorre em uma Comunidade Ecológica ao longo do tempo.

Écrina (glândula), pref. gr. ἐκ, sentido de dentro para fora + vb. κρίνειν, separar. A glândula sudorípara écrina é aquela cujo canal se abre diretamente nos poros da pele. São pequenas e distribuídas por quase toda a superfície corporal.

Ectal (faceta articular), pref. gr. ἐκτός, fora, para fora; refere-se a estruturas voltadas para o lado externo ou lateral; ex.: Faceta ectal do astrágalo.

Ectepicôndilo (Úmero), pref. gr. ἐκτός, fora, para fora + ἐπί, *-epi-* sobre + κόνδυλος, *condylos*, côndilo; processo situado na margem lateral distal do Úmero; e ao qual se fixam músculos extensores do antebraço. Junto ao ectepicôndilo ficam o forame/sulco/canal ectepicondilar. Ver Entepicôndilo.

Ectoderma, pref. gr. ἐκ, sentido de movimento para fora + δέρμα, *derma*, pele; camada celular externa do embrião e que dá origem ao SNC, à pele, às glândulas da pele etc.

Ectópico, pref. gr. ἐκ, sentido de movimento para fora ou do interior para fora + *topos*, lugar; refere-se ao que tem uma posição anormal; oposto de entópico; ex.: Ossos ectópicos (como o osso cardíaco, em alguns Mamíferos como o cavalo).

Ectopterigoide (Anatomia, Vertebrados, crânio /Palato), pref. gr. ἐκτός, *ectos*, fora, para fora + πτέρυξ, *pteryx*, asa + εἶδος, *eidos*, forma; osso palatal, localizado lateralmente ao pterigoide e à maxila póstero-lateralmente, em Vertebrados "inferiores" e algumas Aves. Este osso não existe nos Mamíferos.

Ectos, pref. gr. ἐκτός, fora, para fora; ex.: Osso ectotimpâmico (ou simplesmente timpânico); Osso ectopterigoide (osso situado "para fora", lateral ao pterigoide; ausente em Mamíferos).

Edema, gr. οἴδημα, *oidema*, do vb. οἰδέω, *oideo*, eu torno inchado; inchaço, entumescimento; acúmulo de líquido no tecido extracelular.

Edere, vb. lat., comer; ex.: Edível (do vb. *edere* provém o vb. *comedere*, composto pelo pref. lat. *com-*, com + vb. *edere*, comer; logo *"comer com alguém"*; porque, segundo o costume dos Romanos, comer era algo a se fazer com outras pessoas, não sozinho).

EDINGER, LUDWIG (1855-1918). Anatomista e neurologista de Frankfurt, que era também um exímio violinista; descreveu, entre outras coisas, o núcleo de Edinger-Westphal, o núcleo oculomotor.

Eferente, lat. *ex*, para fora + vb. *ferre*, carregar; refere-se principalmente aos nervos eferentes que são os nervos motores, que levam estímulos para a periferia, com base no Sistema Nervoso Central (SNC); também se aplica aos vasos sanguíneos, nos quais os eferentes são os que levam o CO_2 e os catabólitos de volta ao coração; o contrário de aferente; ex.: Nervos motores são eferentes em relação ao SNC.

E.C., abreviatura para *Era Cristã*.

e.g., abreviatura para *exempli gratia* (por exemplo).

Egito, ver *Aigyptos*.

Ego, lat., gr. ἐγώ, *ego*, eu; ex.: Egocentrismo.

EHRLICH, PAUL (1854-1915). Patologista e bacteriologista alemão que ficou famoso pelo seu trabalho em imunologia, hematologia e quimioterapia. Considerado o pai da quimioterapia. Recebeu o Prêmio Nobel de Fisiologia ou Medicina de 1908.

Eide, eidos **(Aristóteles)**, gr. ἔιδη, εἶδος, forma(s); muito utilizado hoje como suf. em biologia, para expressar "forma de", gênero; ex.: Osso esfenoide (gr. ςφήν, *sphen*, cunha + -*eidos*, forma; osso em forma de cunha); Osso pterigoide (gr. πτέρυξ, *pteryx*, asa + *eidos*, forma; osso em forma de asa).

Eidopoios diaphora **(Aristóteles)**, gr. ειδοποιός διαφορά, Diferença Específica; em lat. *differentia*, pl. *differentiae*. É a Diferença Específica entre cada uma das espécies do mesmo gênero. Ειδοποιός deriva do vb. gr. ειδοποιώ, *edopoio*, eu especifico (vb. especificar), eu distingo (vb. distinguir). Usualmente, diz-se que o termo em Aristóteles é *diaphora*, diferença, mas a rigor a expressão que ele utiliza é *eidopoios diaphora*, ou seja, Diferença Específica, precisamente como hoje em biologia.

Eilipous **(Homero, Hesíodo)**, gr. εἰλιπους, vb. εἴλω, eu enrolo (vb. enrolar) + πους, *pous*, pé. Refere-se ao movimento elipsoide do membro posterior das vacas quando amamentando; termo utilizado pela primeira vez por Homero (*Ilíada* e *Odisseia*) e por Hesíodo (*Teogonia*). Ver Bodson (2005), que escreveu um notável trabalho sobre este tema.

Einai, vb. gr. εἶναι, verbo ser.

Eis, pref. gr. εἰς, sentido de entrar, ir para dentro. Muito utilizado por Aristóteles e outros em suas descrições anatômicas, em particular dos vasos sanguíneos.

Eisagoge, gr. εἰςἄγωγή, pref. εἰς, *eis*, para dentro + ἀγωγή, *agoge*, educação; tem o sentido de introdução a determinado tema; utilizado no título de livros em latim, principalmente na Idade Média e no Renascimento; ex.: *Isagogae breves* [Berengario Da Carpi, 1523; *Breves introduções* (em anatomia)].

Eixo axial do corpo (Anatomia, TRA), eixo longitudinal que se estende do crânio à cauda dos animais de simetria bilateral. Esta expressão é redundante, já que tanto *eixo* quanto *axial* derivam do lat. *axis*. Mas é utilizada porque há outros eixos teóricos que podem ser traçados: eixo transversal e eixo dorsoventral.

Eixo longitudinal do corpo (Anatomia, TRA), eixo que se estende do crânio à cauda dos animais de simetria bilateral.

Eixo transversal do corpo (Anatomia, TRA), lat. *axis + transversus*, transversal; qualquer eixo que se situe sobre um plano transversal, em animais de simetria bilateral.

Eixos corporais (Anatomia, TRA), lat. *axis + corporis, do* corpo; refere-se aos eixos teóricos traçados sobre os diferentes planos que seccionam o corpo.

Ek, pref. gr. ἐκ, sentido de movimento para fora ou do interior para fora; pref. muito utilizado por Aristóteles e outros em suas descrições anatômicas; ex.: Ecfise (termo utilizado por Galenus, 1535; trad. em Singer, 1952) para se referir a "epífises do crânio").

Ekphyseis, ecphyseis **(Galeno, Anatomia)**, gr. ἐκφύςεις, "crescimento para fora"; Galeno utiliza o termo para o que ele considera serem "epífises", no crânio do Homem (ver Galenus, 1535; trad. e comentários em Singer, 1952).

-ela, suf. lat. formador de diminutivos; ex.: Columela (*columna*, coluna + *-ela*; ossículo da Orelha média das Aves, Répteis e Anfíbios; e em parte homólogo ao Estribo dos Mamíferos).

Elastina, gr. ελαςτικό, *elastiko*, impulso; proteína componente das fibras elásticas amarelas do tecido elástico.

Elektron, gr. cλεκτρον, âmbar. Eléctron ou elétron é o 1- nome de uma partícula subatômica; 2- nome de uma liga natural de ouro e prata (com resquícios de outros metais); e 3- nome de uma moeda da Grécia Antiga feita com esta liga. A relação do âmbar com a eletricidade está em sua condutividade.

Elephas, elephantos **(Aristóteles, Classificação)**, gr. ἐλέφας, ἐλέφαντος, elefante; do grego micênico. De acordo com Liddell e Scott (1953), o marfim proveniente da "Líbia" (i.e., África) já era conhecido pelos Gregos bem antes do próprio elefante, de modo que, inicialmente, o termo *elephas* se referia apenas ao marfim, e não ao animal. Homero, Hesíodo e Píndaro falam apenas do marfim; enquanto que Heródoto, aparentemente, já conhecia o elefante pelo nome. Também é possível que o animal só tenha vindo a ser conhecido pelos gregos durante as expedições de Alexandre, o Grande, na Ásia.

Elika **(Rufus de Efésos, Anatomia)**, gr. ἕλικα, nome utilizado para a periferia da Orelha externa (*pinna*).

Elipsado. Ver *Elleipsis*.

Elleipsis **(Aristóteles, Biomecânica)**, gr. ἔλλειψις, menos, falta. Este termo é importante em Aristóteles, porque se refere ao "mais ou menos"; i.e., à diferença entre os caracteres a nível específico. O termo também deu origem a "elipsar" e "elipsado", a figura de linguagem que se refere a uma palavra que está faltando ou está subentendida no texto. Também muito utilizado em artes em geral, bem como no cinema. Na biologia de Aristóteles, o verbo frequentemente está elipsado. Ver *Hyperoche*; e Mais ou menos.

-ellus, -ella, -ulus, suf. lat. formadores de diminutivos; ex.: Columela (lat. *columna* + suf. dim. *-ella*, ossículo da Orelha média de Anfíbios, Répteis e Aves; em parte homólogo do Estribo dos Mamíferos). No lat. vulgar, o latim que o povo falava, muitas vezes a terminação *-ulus* era trocada simplesmente por *-us*; ex.: "*Masclus*" em vez de *masculus*; *rivus* por "*rius*", que originou o termo "rio" em português.

Emaciação (Aristóteles, Anatomia), lat. *macies*, atrofia; lat. *macier*, magro, pobre; magreza, delgadez, emagrecimento extremo, geralmente relacionado a doença terminal ou fome. Aristóteles sugere que se emagreça[23] ao máximo os animais (Vertebrados) antes de sacrificá-los para estudar seus vasos superficiais. Neste caso os animais devem ser estrangulados, não degolados.

Embolos, gr. ἔμβολος, rolha, cavilha, cunha, algo inserido; algo bloqueando a luz de um vaso sanguíneo; ex.: Embolia.

Embrião (Homero, Embriologia), gr. ἔμβρυον, *embryon*, filhote de ovelha ou de cabra; feto, fruto do útero antes do nascimento; do vb. βρυειν, *bryein*, crescer, inchar; ex.: Embriologia.

Embriologia (Homero), do lat. medieval *embryo*, do gr. ἔμβρυον, *embryon*, de ἔμβρῠος, *embryos*, crescendo; de ἐν, *en*, em +†βρύω, *bryo*, inchar, crescer + λογία, de *logos*, estudo, estudo do embrião, seu desenvolvimento e das estruturas acessórias. A primeira obra de Embriologia é o *De Generatione*

---

[23] Este procedimento deve ter derivado da observação dos vasos superficiais em pessoas com doenças terminais (emaciadas).

Animalium (*Sobre a geração dos animais,* GA), de Aristóteles, embora ele trate também do embrião no *Historia Animalium,* uma obra anterior ao GA.

Embolômero (Anatomia, Anfíbio, Coluna vertebral), tipo vertebral de Anfíbios "primitivos", no qual as partes chamadas de intercentro e pleurocentro têm aproximadamente o mesmo tamanho; ex.: Embolomeri (Reptiliomorpha). Ver Intercentro e Pleurocentro.

Embryon **(Homero, Embriologia),** gr. ἔμβρυον, *embryon,* pl. ἔμβρυα, *embrya,* filhote de ovelha ou de cabra; de ἔμβρῠος, *embryos,* crescendo; de ἐν, *en,* em +ʼβρύω, *bryo,* vb. inchar, vb. crescer; ex.: Embriologia.

Emein, vb. gr. ἐμεῖν, vomitar; ex.: Antiemético (medicamento).

Empeiria, gr. ἐμπειρία, experiência, prática; principalmente referente à prática sem teoria. Como o conhecimento de um mestre de obras, que sabe construir, mas em princípio não conheceria a teoria (i.e., não teria conhecimentos de engenharia). Galeno diz que o médico deve ser também um filósofo, no sentido de *saber as causas* das doenças, não apenas como tratá-las (*O melhor médico é também um filósofo;* ver Galenus, 1854).

Emphysema, lat. moderno, gr. ἐν, *en-,* em, com, dentro + vb. gr. φυςειν, *physein,* inflar; condição patológica com distensão de um tecido por um gás; ex.: Enfisema pulmonar.

Empirismo (Aristóteles), gr. ἐμπειρία, *empeiria,* experiência, prática. Chama-se assim a uma escola epistemológica que defende que o conhecimento provém das experiências por meio dos sentidos. Ou seja, o conhecimento deve ser baseado nas *coisas do Mundo,* exatamente como defendia Aristóteles, e não pelas *Ideias,* como entendia Platão. Todas as teorias/hipóteses devem ser testadas com base nas observações empíricas. O precursor desta escola, embora nem sempre reconhecido como tal, foi Aristóteles, para quem a experiência era mais importante do que a teoria (ver Ferigolo, 2016, 2021, 2023).

En-, pref. gr. ἐν, em, com, dentro. Utilizado por Aristóteles em suas descrições anatômicas para dar o sentido de algo que está dentro de outra coisa ou um animal *com* algo; ex.: *Enaima* (animais *com* sangue vermelho).

Enaima **ou** *Enhaima* **(Aristóteles, Vertebrados/Craniata, classificação),** gr. ἔναιμα, ἐν-, *en-,* em, com + αἷμα, *haima,* sangue, com sangue; traduzido para o lat. como *Sanguinea.* Mas o sentido de ambos os termos é o de "animais *com sangue vermelho*". O termo *enaima* já aparece em Hipócrates, Heródoto e mesmo em Homero. Neste último, *enaima* aparece quando ele fala em "ferimentos *com sangue*".

Enaimon, enhaimon (Aristóteles, classificação), gr. ἔναιμον, termo utilizado por Aristóteles para se referir a "vísceras com sangue" (e.g., *De Generatione Animalium* I, 6; 718a10).

Enameloide (Histologia, dentes), inglês *enamel*, alemão *schmelzen* + εἶδος, *eidos*, forma; um tecido encontrado em escamas e dentes de Peixes, principalmente paleozoicos. O Enameloide é um tecido semelhante ao esmalte, mas tem túbulos semelhantes aos encontrados nas dentinas.

Enartrose ou articulação esferoide (Galeno, Anatomia, tipo de articulação), gr. ἐν-, *en-*, em, com + ἄρθρα, ἄρθρον, *arthra, arthron*, articulação + suf. gr. -ωςις, *-osis*, condição especial, doença, ação; gr. ςφαῖρα, *sphaira*, esfera, globo, bola + εἶδος, *eidos*, forma; articulação tipo côndilo/cavidade condilar, como a articulação coxofemoral e a articulação escápulo-umeral. Este tipo de articulação permite o movimento da porção distal do membro em vários eixos, como em um movimento quase circular ou cônico (como no braço).

Encéfalo (Homero, Anatomia, Vertebrados, Sistema Nervoso Central), gr. ἐνκέφαλος, ἐν-, *en-*, em, dentro + κέφαλος, *kephalos*, cabeça, literalmente "dentro da cabeça"; ex.: Encefalização.

Encephalos, enkephalos (Homero, Aristóteles, Anatomia, Vertebrados, Sistema Nervoso Central), gr. ἐγκέφαλος[24], encéfalo; pref. gr. ἐν, *en-*, dentro + κέφαλος, *kephalos*, cabeça; literalmente "dentro da cabeça"; ex.: Cavidade encefálica.

Endina (Homero, Anatomia), gr. ἔνδινα, do pref. gr. ἔνδον, ἔνδο-, interior, interno, sentido semelhante ao de *splanchnon*, entranhas torácicas (pulmões) ou abdominais (intestinos).

Endocárdio (Anatomia, Vertebrados), pref. gr. ἔνδον, ἐνδο-, *endon, endo-*, interior, interno + καρδία, *kardia*, coração; refere-se à túnica/serosa que reveste internamente o coração.

---

[24] Em grego, antes de *kappa* (k), o *gamma* (γ) tem som de "n" e deve ser transliterado como tal.

Endocrânio (Anatomia, Vertebrados, crânio), pref. gr. ἔνδον, *endon-*, dentro + lat. *cranium*, crânio, porção basal do crânio, formada por ossos endocondrais (etmoide, esfenoide, pétreo e occipital); o mesmo que condrocrânio.

Endócrino, pref. gr. ἔνδον, ἐνδο-, *endon, endo-*, interior, interno + vb. gr. κρίνειν, *krinein*, julgar, separar; formação de secreções internas, liberadas dentro da corrente sanguínea/linfática.

Endoderma ou **Endoderme (Embriologia)**, pref. gr. ἔνδον, ἐνδο-, *endon, endo-*, interior, interno + δέρμα, *derma*, pele; camada interna do embrião, que dá origem ao sistema digestivo, fígado, glândulas e parte do aparelho urinário.

Endoesqueleto ou **Endosqueleto (Anatomia, Vertebrados)**, pref. gr. ἔνδον, ἐνδο-, *endon, endo-*, interior, interno + ςκέλος, ςκέλεος, *skelos, skeleos*, perna seca, múmia, membro inferior; refere-se ao esqueleto dos Vertebrados. Contrário de exoesqueleto/exosqueleto. A maioria dos Invertebrados tem um exoesqueleto (exceto os Equinodermos, que têm um endosqueleto).

Endolinfa (Anatomia), pref. gr. ἔνδον, ἐνδο-, *endon, endo-*, interior, interno + lat. *lympha*, líquido claro, água; fluído dentro do labirinto linfático da orelha interna.

Endométrio (Anatomia), pref. gr. ἔνδον, ἐνδο-, *endon, endo-*, interior, interno + μήτρα, *metra*, útero; mucosa que reveste internamente o útero.

Endomísio (Anatomia), pref. gr. ἔνδον, ἐνδο-, *endon, endo-*, interior, interno + μῦς, *mys*, músculo; tecido conectivo que dá suporte a cada uma das células musculares, dentro de um fascículo muscular.

Endon, endo-, pref. gr. ἔνδον, ἐνδο-, interior, interno; ex.: Osso endocondral (i.e., pré-formado em cartilagem).

Endoneuro (Anatomia), pref. gr. ἔνδον, ἐνδο-, *endon, endo-*, interior, interno + νευρών, *neuron*, tendão; tecido conjuntivo que dá suporte a cada fibra nervosa, dentro de um fascículo nervoso periférico.

Endoplasma (Histologia), pref. gr. ἔνδον, ἐνδο-, *endon, endo-*, interior, interno + πλάςμα, algo formado, formação; porção central e mais fluída do citoplasma.

Endoplasmático (retículo) ou **Ergastoplasma (Histologia)**, pref. gr. ἔνδον, ἐνδο-, *endon, endo-*, interior, interno + πλάσμα, algo formado, formação + lat. *reticulum*, dim. de *rete*, rede; uma diminuta rede de túbulos e vesículas interconectados e que se comunicam com a carioteca.

Endósteo (Anatomia), pref. gr. ἔνδον, ἐνδο-, *endon, endo-*, interior, interno + ὀςτέον, *osteon*, osso; epitélio ou membrana vascular que reveste a cavidade medular de um osso.

Endotélio (Anatomia), pref. gr. ἔνδον, ἐνδο-, *endon, endo-*, interior, interno + gr. θῆλῦς, *thelys*, (masculino), θήλειᾰ (feminino), θῆλῦ (neutro), *thelys, theleia, thely*, mulher, fêmea, em lat. *femina*; nome especial do epitélio que reveste internamente os linfáticos e os vasos sanguíneos.

Endotendíneo (Anatomia), pref. gr. ἔνδον, ἐνδο-, *endon, endo-*, interior, interno + lat. *tendo*, tendão; tecido conectivo dentro de um tendão.

Energeia **(Aristóteles)**, gr. ενέργεια, atualidade, trabalho, atividade; em lat. *actualitas*. Ver *Dynamis* e *Entelecheia*.

Enfisema, lat. moderno *emphysema*, gr. ἐν, *en-*, em, com, dentro + vb. gr. φυςειν, *physein*, inflar; condição patológica com distensão de um tecido por um gas; ex.: Enfisema pulmonar.

Enkata **(Homero, Anatomia)**, gr. ἔγκατα, vísceras; semelhante a ἔνδινα e *splanchnon*, entranhas, torácicas (pulmões) ou abdominais (intestinos).

-ensis, suf. lat. indicando procedência; muito utilizado em taxonomia; ex.: *Guaibasaurus candelariensis* (dinossauro procedente do município de Candelária/RS, Brasil).

Entelecheia **(Aristóteles)**, gr. ἐντελέχεια (ἐντελής, *enteles*, completo, completamente desenvolvido + vb. ἔχειν, *echein*, ter poder ou esperança, virtude etc.), realização plena de uma potencialidade; em lat. *actualitas*, atualidade; ex.: Enteléquia.

Entepicôndilo (Anatomia, Úmero), pref. gr. ἔνδον, *endon-*, dentro + ἐπί, *-epi* + κόνδυλος, *condylos*, côndilo; processo situado na margem medial do Úmero distal; mas que está voltado posteriormente nos Répteis; e serve de inserção de origem dos músculos flexores da mão. Junto ao entepicôndilo, situa-se o forame/sulco/canal entepicondilar. Ver Ectepicôndilo.

Entérico (Anatomia), gr. ἔντερον, intestino, de ou relacionado ao intestino; ex.: Mesentério.

Enteron **(Homero, Anatomia)**, gr. ἔντερον, ἔντερα, *entera*, corda(s) de tripa de ovelha, entranhas abdominais (Daremberg, 1865). *Splanchnon* tem o sentido de entranhas (torácicas e abdominais).

Entocuneiforme (Anatomia, Mamíferos, pés), pref. gr. ἔνδον, *endon-*, dentro + lat. *cuneus*, cunha, o mesmo que cuneiforme medial; que no Homem se articula proximalmente com o escafoide, medialmente com o mesocuneiforme e distalmente com os metatarsais I e II.

Entoma **(Aristóteles, Classificação)**, gr. ἔντομα, ἐν-, *en-* com + τομα, *toma*, partes; em lat. *insecta* (*in*, com + *secta*, partes); ex.: Entomologia. Os *Entoma* de Aristóteles incluem não apenas os atuais Insetos, mas também outros grupos, como aranhas, escorpiões e miriápodes. Ademais, Lineu incluía entre os Insetos os Crustáceos, que Aristóteles já havia separado em um grupo à parte (os *Malakostraka*). Os *Entoma* se distinguem dos Crustáceos, porque têm três segmentos corporais (cabeça, tórax e abdômen), enquanto que os *Malakostraka* têm apenas dois, o cefalotórax e o abdômen. Além disto, os primeiros têm sempre três pares de pernas (no tórax); enquanto que os últimos, sempre mais de três pares, mais frequentemente cinco.

Entópico (Anatomia), pref. gr. ἐν, em, com, dentro + *topos*, lugar; refere-se àquilo que está no lugar certo; o contrário de ectópico (ex.: Osso ectópico).

-entus, -enta, -entum, suf. lat. formadores de adj. indicando *cheio de*; ex.: Animal sedento ("cheio de sede").

Enydros **(Aristóteles, Classificação)**, gr. ενυδρος, pref. ἐν-, *en-*, em, com + ὑδρο, *hydro*, água, "dentro d'água", aquático; ex.: *Enydris* (lontra, *Lutra lutra*) de Aristóteles.

Enystron **(Aristóteles, Anatomia)**, gr. ἤνυστρον, que corresponde ao lat. *abomasum*, o abomaso, uma das câmaras do estômago dos Ruminantes.

Enzima, pref. gr. ἐν, *en-*, em, com, dentro + ζύμη, *zyme*, fermento, levedura; ex.: Complexo enzimático.

Eos-, pref. lat., início, alvorecer, primeiro, em gr. ἠώς, *eos*, início; ex.: *Eohippus* (*eos-* + *hippos*, cavalo, "primeiro cavalo").

Eosina. Ver Hematoxilina-Eosina.

Eosinófilo (Citologia), eosina + gr. φιλεῖν, *philein*, amar; um tipo de célula sanguínea com grânulos citoplasmáticos que se coram da cor rosa.

Epallakta **(Aristóteles, Anatomia)**, vb. gr. επαλλάττει, entrelaçar, encaixar; corresponde aos *Zootoka* Carnivora; termo de Aristóteles com o sentido de "dentes que se "encaixam"; como no leão e no cão; diferentemente dos *Zootoka* Ungulados (e.g., cavalo e boi), cujos dentes "não se encaixam" (*Anepallakta*). Os "dentes que se encaixam" são os dentes carniceiros dos Carnivora, que cortam os alimentos como tesouras. Muitas vezes o termo é traduzido para "dentes serrilhados", mas os dentes carniceiros em geral não são serrilhados. Estes Mamíferos com dentes carniceiros, estão no grupo dos *Sarkophaga* (e.g., *Historia Animalium* II, 1; 501a15) em Aristóteles. Conforme o nome diz, os *Sarkophaga* (gr. ςάρξ, *sarx*, carne + ἔφαγον, ῖephagon, eu como; vb. comer) seriam os "comedores de carne", ou seja, os atuais Carnivora[25]. O nome *Karcharodonta*, por outro lado, refere-se apenas aos animais que têm dentes cortantes semelhantes aos dos tubarões.

Epêndima (Anatomia), pref. gr. ἐπί, sobre, acima + ἔνδυμα, *endyma*, revestimento; as células ependimárias se originam no revestimento interno do tubo neural do embrião e são elas que revestem as cavidades do Sistema Nervoso Central, principalmente o interior dos ventrículos, bem como o canal central da Medula Espinal.

Ephebaion **(Rufus de Efésos, Anatomia)**, gr. ἐφήβαιον, nome utilizado para o Osso púbis.

Epi, ep-, pref. gr. ἐπί, sobre, acima; ex.: Epífise (literalmente "sobre a *physis*"). Prefixo muito utilizado por Aristóteles e outros em suas descrições anatômicas.

Epicardium **(Anatomia)**, pref. gr. ἐπί, *epi-*, sobre + καρδία, *kardia*, *coração*; camada externa do coração, formada de tecido conectivo (*túnica adventitia*) e do mesotélio da serosa do pericárdio visceral.

Epiderme (Anatomia), pref. gr. ἐπί, *epi-*, sobre + δέρμα, *derma*, pele; camada superficial da pele.

---

[25] No *Historia Animalium* (II, 1; 501a15; Aristotle, 1965, p. 96), Aristóteles se refere a apenas alguns felinos e cães, de modo que ele não estava pensando em todo o grupo que hoje chamamos de Carnivora.

GLOSSÁRIO ETIMOLÓGICO DE VERTEBRADOS: ORIGEM GREGA E LATINA DOS TERMOS

Epidídimo (Anatomia), pref. gr. ἐπί, *epi-*, sobre + δίδυμοι, *didymoi*, duas dobras, duplo, sobre o testículo; um órgão póstero-superior do testículo; um ducto através do qual os espermatoides passam no processo de maturação.

Epidural (Anatomia), pref. gr. ἐπί, *epi-*, sobre + lat. *duralis*, algo endurecido; ex.: Espaço epidural (espaço externo à duramáter na Medula Espinal).

Epífise (Hipócrates, Galeno, Anatomia), gr. ἐπίφύςις, *epiphysis*, gr. ἐπί, *epi-*, sobre + φύςις, *physis*, Natureza, origem, crescimento; o termo aparece em Hipócrates, com um sentido de processo ou projeção óssea. Galeno (1535) também utiliza o termo, exceto para o crânio, em que os processos são chamados de *ecphyses* (*ecfises*; ver Singer, 1952; tradução comentada de Galenus, 1535). Vesalius (1453) considerava as epífises como ossos independentes, e não como parte de outros ossos. Nos Mamíferos e em alguns raros Répteis (Lagartos e Esfenodontídeos), os ossos endocondrais crescem em comprimento/extensão por meio das *physes* e epífises ósseas. As epífises são assim chamadas porque estão assentadas sobre as *physes*, as cartilagens de crescimento, que as separam das diáfises (corpo do osso). Nos demais Répteis e nas Aves em geral, as epífises são sempre cartilaginosas, e não ósseas. Nos Mamíferos, o termo "epífise" só deve ser utilizado para ossos em crescimento, onde ainda existe uma *physis* (o mesmo vale para os termos "diáfise" e "metáfise"). Em Répteis tais termos podem ser utilizados nos indivíduos juvenis e em adultos, porque as epífises permanecem cartilaginosas e os ossos crescem em comprimento por quase toda a vida. As epífises e os centros de ossificação em Mamíferos são da máxima importância, porquanto, por meio deles, pode-se saber a idade óssea de um indivíduo[26]. Em todos os Mamíferos, é possível desenvolver tabelas como as que existem para o Homem. Ver Diáfise, Metáfise e *Physis*.

Epigastrion **(Rufus de Efésos, Anatomia)**, gr. ἐπιγάςτριον, nome utilizado para a *área sobre o estômago*; ex.: Epigástrio.

Epiglossis **(Rufus de Efésos, Galeno, Anatomia)**, gr. ἐπιγλωςςίς, nome utilizado para a *epiglote*.

---

[26] Por exemplo, se uma criança parece pequena para sua idade, o médico pode solicitar uma radiografia de suas mãos. Os centros de ossificação, seu tamanho e quando eles fusionam com a parte principal do osso são dados bem conhecidos para humanos (tabelas). Assim, pode-se descobrir que tal criança, apesar de ter 10 anos de idade cronológica, tem apenas 8 anos de idade óssea. O que pode dever-se a um problema endócrino, metabólico ou à desnutrição.

Epiglote (Anatomia), pref. gr. ἐπί, *epi-*, sobre + γλωττίς, *glottis*, garganta, laringe; estrutura foliar na porção superior da laringe, posterior à base da língua.

Epigonatis **(Rufus de Efésos, Galeno, Anatomia)**, gr. ἐπιγονατίς, ἐπί, *epi-* + γόνατο, *gonato*, joelho, "sobre o joelho"; nome utilizado para a *patela*.

Epigounides **(Rufus de Efésos, Anatomia)**, gr. ἐπιγουνίδες, nome utilizado para o *Músculo Reto Femoral*. Ver *Epigonatis*.

Epimísio (Anatomia), lat. *epimysium*, sobre o músculo; do pref. gr. ἐπί, *epi-*, sobre + μῦς, *mys* + músculo; tecido conjuntivo revestindo vários fascículos musculares; o mesmo que fáscia muscular. Ver Endomísio e Perimísio.

Epineuro (Anatomia), pref. gr. ἐπί, *epi-*, sobre + gr. νευρῶν, *neuron*, tendão; tecido conectivo revestindo externamente os nervos periféricos.

Epiphysis, epiphyses **(Hipócrates, Anatomia)**, pref. gr. ἐπί, *epi-*, sobre + φύςις, *physis*, natureza, crescimento; epífise, extremidades de ossos longos/chatos/irregulares em desenvolvimento. Epífise é também o nome da glândula pineal, a *epiphysis cerebri*.

Epiphysis cerebri **(Anatomia)**, pref. gr. ἐπί, *epi-*, sobre + φύςις, *physis*, origem, crescimento + lat. *cerebri*, do Cérebro; o mesmo que glândula pineal.

Epíplon (Rufus de Efésos, Galeno, Anatomia), gr. ἐπίπλοον, *epiploon*; o mesmo que omento; uma dobra dupla de peritônio, e que recobre as vísceras abdominais (omento maior). Em Homero, o termo é *dertron*.

Epipódio, epipodial, epipodialia (Anatomia), pref. gr. ἐπί, *epi-*, sobre + ποδός, *podos*, *do* pé, sobre ou acima dos "pés"; refere-se aos ossos do antebraço (Rádio e Ulna) ou da perna (Tíbia e Fíbula). O mesmo que Zeugopódio.

Epipúbico. Ver Osso epipúbico.

Epischinion **(Homero, Anatomia)**, gr. ἐπιςχύνιον, rugas da fronte.

Episeion **(Rufus de Efésos, Anatomia)**, gr. ἐπίςειον, nome utilizado para a *região pubiana*.

Episteme **(Aristóteles)**, gr. ἐπιςτήμη; em lat. *scientia*, conhecimento ou compreensão. O termo latino *scientia* foi criado na Idade Média para traduzir *episteme*, de Aristóteles. Nenhum dos dois (*episteme, scientia*), no entanto, significa ciência ou conhecimento científico, sentidos que não existem em Aristóteles.

Epistrofeu (Anatomia), lat. *epistrophe*, gr. ἐπιςτροφή, retorno, volta; o mesmo que Áxis (C2). Talvez a aplicação do termo ao osso (C2) se relacione ao seu papel na rotação da cabeça.

Epitélio (Anatomia), pref. gr. ἐπί, *epi-*, sobre + θῆλῦς, θήλειᾰ, θῆλῦ, *thelys, theleia, thely*, mulher, fêmea; tecido formado por células justapostas com escassa matriz intercelular e que reveste superfícies expostas, bem como cavidades e ductos.

Epitelioides (Histologia), pref. gr. ἐπί, *epi-*, sobre + θῆλῦς, θήλειᾰ, θῆλῦ, *thelys, theleia, thely*, mulher, fêmea; tecido formado por células justapostas com escassa matriz intercelular e que reveste superfícies expostas, bem como cavidades e ductos + gr. εἶδος, *eidos*, forma de; células semelhantes às de um epitélio; ex.: Células justaglomerulares em uma arteríola aferente nos rins.

***Eponychium* (Anatomia)**, pref. gr. ἐπί, sobre, acima + ὄνυξ, *onyx*, unha; estrutura córnea (*stratum corneum*) de dobra de pele, revestindo a raiz da unha; cutícula da unha.

Épsilon, letra grega ἐψιλον, minúsc. ε, maiúsc. E. Translitera-se como "e" (pronúncia de um "e" breve).

Equinodermos (Aristóteles; *Anaima, Ostrakoderma*, Classificação), gr. εχῖνος, *echinos*, espinho, ouriço + δέρμα, *derma*, pele. O grupo dos ouriços, estrelas e pepinos do mar.

Equus, lat., cavalo, em gr. ἵππος, *hippos*, cavalo (ex.: *hippos potamos*, cavalo-do-rio); ex.: *Equus*, Equidae. Distinguir do lat. *aequus*, igual (ex. equivalência).

Era, lat. *aera, aerae*, era(s), época.

Era Cenozoica (tempo geológico), lat. *aera, aerae*, era(s) + gr. καινός, *kainos*, novo, a era Presente, entre 0 e 65 milhões de anos antes do Presente. Cenozoico significa "era dos *animais* modernos", mas tem um sentido mais amplo, o de *vida moderna* (portanto animais e plantas modernos). Inclui o Paleoceno (entre 65 e 55 milhões de anos antes do Presente), Eoceno (entre 55 e 36 milhões de anos antes do Presente), Oligoceno (entre 35 e

23 milhões de anos antes do Presente), Mioceno (entre 23 e 5,3 milhões de anos antes do Presente), Plioceno (entre 5 e 3 ou 2 milhões de anos antes do Presente), Pleistoceno (entre 2 ou 3 milhões até 11 mil anos antes do Presente) e Holoceno ou Recente (de 11 mil anos até hoje). Os três primeiros são chamados em conjunto de Paleógeno; e os quatro últimos, de Neógeno. O termo Terciário, hoje relativo a desuso, inclui todos os períodos cenozoicos, menos Pleistoceno e Holoceno.

Era Mesozoica (tempo geológico), lat. *aera, aerae*, era(s) + gr. μέςος, *mesos*, meio, no meio, intermédio + ζῷον, *zoion*, animal, vida animal; refere-se ao Período Geológico da "vida intermediária" (no sentido evolutivo); i.e., nem "vida antiga" (vida do Paleozoico), nem "vida nova" (vida do Cenozoico). Apesar de o nome se referir à vida animal (*zoion*), as Eras dizem respeito à *vida em geral* (animais + plantas). O Mesozoico inclui o Triássico (entre 245 e 202 milhões de anos antes do Presente), o Jurássico (entre 202 e 146 milhões de anos antes do Presente), e o Cretáceo (entre 146 e 65 milhões de anos antes do Presente).

Era Paleozoica (tempo geológico), lat. *aera, aerae*, era(s) + gr. παλαιός, *palaios*, velho, antigo + ζῷον, *zoion*, animal, vida animal; "Período Geológico da vida animal antiga", em contraste com Mesozoico e Cenozoico (respectivamente (Período Geológico de) "vida animal média" e "vida animal nova" (moderna). Paleozoico, como Mesozoico e Cenozoico, embora pareça se referir a período da "vida animal" (suf. -zoico), diz respeito, na realidade, a todos os organismos (animais e plantas). O Paleozoico inclui o Cambriano (542 a 488 milhões de anos antes do Presente), o Ordoviciano (488 a 440 milhões de anos antes do Presente), o Siluriano (entre 440 a 410 milhões de anos antes do Presente), o Devoniano (410 e 360 milhões de anos antes do Presente), o Carbonífero (entre 360 e 290 milhões de anos antes do Presente), e o Permiano (entre 290 a 245 milhões de anos antes do Presente).

ERASÍSTRATO DE QUIOS (304/310-250 a.C.). Com Herófilo, esse médico e anatomista grego criou a Escola Médica de Alexandria (Egito). Nela, era praticada a dissecção humana ou até vivisecção humana. Menos famoso do que Herófilo, Erasístrato é considerado como tendo feito certas descobertas anatômicas e fisiológicas, a exemplos dos ventrículos cerebrais (já referidos por Aristóteles) e do interior do cerebelo, bem como das válvulas cardíacas (talvez a tricúspide). São supostas contribuições de Erasístrato com Herófilo: a- distinção entre veias e artérias (atribuído por outros a Rufus de Efésos, do século I d.C.); mas rejeitaram a teoria cardiocêntrica de Aristóteles; b- descrição e nomeação do duodeno (primeira parte do intestino delgado), como *dodekadaktylon*, i.e., "doze dedos" (de extensão); c- átrios como parte do coração (até Vesalius, os anatomistas consideravam os átrios parte das Veias Cavas e Veias Pulmonares, e não do coração; que seria, assim, formado apenas por dois ventrículos); d- descobrimento da Medula Espinal e seus nervos; e- talvez a descoberta de alguns nervos cranianos (vários já descritos por Aristóteles como "condutos"); f- descrição das glândulas salivares; g- descrição acurada do fígado; h- primeira descrição do pâncreas; i- descrição detalhada do aparelho reprodutivo; e j- descrição das diferentes partes do olho.

Erector, vb. lat., eretor, elevador, que eleva, levantador; ex.: *Arrector pili* (músculos que elevam os pelos e dão à pele um aspecto eriçado).

Ergon, gr. ἔργον, trabalho, produto; ex.: Ergonomia.

Eritroblasto (Citologia), gr. ἐρυθρός, *erythros*, vermelho + βλαςτός, *blastos*, germe; estágio precoce no desenvolvimento de um eritrócito.

Eritrócito (Citologia), gr. ἐρυθρός, vermelho + gr. κύτος, κύτους, *kytos*, *kytous*, jarro, vaso, célula; célula sanguínea vermelha (sem núcleo).

Eritropoiese, gr. ἐρυθρός, vermelho + ποίησις, deverbal de ποιέω, *poieo*, eu faço; processo de produção de eritrócitos na medula óssea, fígado etc.

Eros, gr. ἔρως, amor sexual. *Eros* é também o deus do Amor dos Gregos.

Errare, vb. lat., errar; ex.: Forma aberrante.

Erythros, gr. ἐρυθρός, vermelho; ex.: Eritrócito (célula vermelha do sangue).

Escama (Anatomia), lat. *squama*, escama; estruturas de revestimento de muitos Vertebrados; pode ser óssea e com tecido enameloide, como nos Peixes em geral ou córnea, como nos Répteis, Aves (pernas) e Mamíferos (pernas) em geral. Os osteodermas, e os ossos do teto craniano, de origem dérmica, supostamente se originaram de escamas ósseas. Ver Osteodermas.

Escama Cicloide (Anatomia, Peixes Teleósteos), lat. *squama*, escama + gr. κύκλος, *cyclos*, círculo + εἶδος, *eidos*, forma. Elas são finas, formadas por tecido ósseo e revestidas externamente por uma camada de epiderme, o que dá ao peixe um aspecto limoso. As escamas podem indicar a idade do peixe, pelo crescimento concêntrico, como os anéis das árvores e as linhas de crescimento das conchas de Moluscos; ex.: Teleósteos.

Escama Córnea (Anatomia, Répteis, Aves, Mamíferos), lat. *squama*, escama + *cornu*, corno, formado por queratina. Presente em Répteis, Aves e Mamíferos (nestes dois últimos, principalmente nos membros).

Escama Cosmoide (Anatomia, Peixes Sarcopterígios), lat. *squama*, escama + gr. κοςμας, *kosmas*, arranjado, ordenado + εἶδος, *eidos*, forma. Estas escamas são semelhantes às escamas placoides, e considera-se que talvez tenham derivado do fusionamento delas. Elas têm duas camadas internas de tecido ósseo, uma camada de cosmina (tecido semelhante à dentina) e uma camada externa de enameloide.

Escama Ctenoide (Anatomia, Peixes Teleósteos), lat. *squama*, escama + gr. κτείς, *kteis*, pente + εἶδος, *eidos*, forma. Este é considerado como sendo o mais derivado tipo de escama de Peixes. São semelhantes às escamas cicloides (portanto com anéis de crescimento concêntricos), exceto que nelas há projeções como os dentes de um pente, em sua borda posterior (livre). Não confundir com *kteis*, *região pubiana* (Rufus de Efésos).

Escama Elasmoide (Anatomia, Peixes), lat. *squama*, escama + gr. έλασμα, *elasma*, lâmina de metal + εἶδος, *eidos*, forma. Escamas ósseas finas e flexíveis da imensa maioria dos Peixes atuais.

Escama Ganoide (Anatomia, Peixes Ganoides), lat. *squama*, escama + gr. γάνος, *ganos*, brilho, esmalte + εἶδος, *eidos*, forma. É caracterizada pela presença de uma camada externa de ganoina, um tecido semelhante ao esmalte, sobre uma camada óssea; ex.: *Polypterus* e muitos Peixes do Paleozoico.

Escama Placoide (Anatomia, Peixes Condrictes), lat. *squama*, escama + gr. πλάξ, πλακός, *plax*, *plakos*, placa + εἶδος, *eidos*, forma. Este é considerado o tipo mais primitivo de escama de peixe. Como nos dentes dos tubarões, estas escamas têm uma camada externa de enameloide, uma intermédia de dentina e uma porção interna que é uma cavidade pulpar, igual à dos dentes. Destas escamas, supõe-se terem derivado os dentes dos Vertebrados. Nos Condrictes a estrutura histológica das escamas e dos dentes é praticamente a mesma.

Escamoso, adj. lat. *squama*, pedra de pavimentação, escama; refere-se a um epitélio com células planas/chatas.

Escansorial, lat. *scansorius*, do vb. *scandere*, trepar, subir; refere-se ao hábito dos animais que sobem nas árvores (animais arborícolas); ex.: Ordem Scandentia ("esquilos" arborícolas).

Escápula (Vesalius, Anatomia, cintura escapular), lat. tardio, *scapula*, lâmina do ombro; nome antigo: omoplata (gr. ὦμος, *omos*, ombro + πλάτη, *plate*, lâmina, algo chato ou largo).

ESCULÁPIO ou ASCLÉPIO. Deus da Medicina, na mitologia greco-romana. No mito, ele seria filho de Apolo com a mortal Corônis. Teria nascido por cesariana e sido criado por um centauro, o qual teria ensinado a ele a arte da cura e da caça. Dominava a arte da cura pelas ervas e pela cirurgia; até mesmo ressuscitando os mortos (razão pela qual Zeus o teria morto com um raio).

Esfera, lat. *sphera*, gr. ςφαῖρα, *sphaira*, esfera, globo, bola; ex.: Esfera amilar.

Esfíncter (Anatomia), gr. ςφιγκτήρ, faixa, músculo contrátil, do vb. ςφίγγω, *sphingo*, eu amarro (vb. amarrar) apertado; ex.: Esfíncter gastroesofágico.

Esmalte (Histologia), francês antigo *esmail*, em alemão *schmelzen*; latim medieval *smaltum*; tecido mais duro do corpo dos Vertebrados e que reveste externamente os dentes dos Mamíferos. O esmalte e o Enameloide têm muito pouca matéria orgânica, razão pela qual o material mais abundante preservado de Vertebrados fósseis são os dentes. Ver Enameloide.

Esmegma, gr. ςμήγμα, *smigma*, sebo; substância pastosa que pode existir entre o prepúcio e a glande do pênis, bem como no clitóris.

Eso, gr. ἔςω, dentro, para dentro; ex.: Escritos esotéricos (como "s"; são os escritos destinados aos iniciados ou aos "pertencentes à escola" (como os escritos de Aristóteles); já os escritos chamados exotéricos (com "x"; pref. *exo-*, para fora) são os destinados ao público em geral (como os escritos de Platão).

Esôfago (Aristóteles, Anatomia), lat. cient. *oesophagus*, gr. οἰςοφάγος, "garganta", do vb. οἴςω, *oiso*, eu carrego (vb. carregar) + ἔφαγον, *ephagon*, eu como (vb. comer); logo "eu como e carrego". Ver Estômago e *Stomachon*.

esp., abreviatura para *espécie*.

Espécie (Aristóteles, Classificação), lat. *species*; em gr. εἶδος, *eidos*, espécie, forma. A espécie faz parte da definição, com o gênero, em Aristóteles. A rigor, Aristóteles se refere a *diferenças específicas*, as diferenças nas quais a espécie em questão difere de todas as demais espécies do mesmo gênero. Ver Gênero.

Espermatogênese, gr. ςπέρμα, *sperma*, semente + γένεςις, *genesis*, origem, gênese, em lat. *generare*, gerar; processo pelo qual o esperma matura.

Espícula, lat. *spiculum*, dardo, estrutura em forma de agulha; ex.: Espículas do osso esponjoso.

Espinha da Escápula (Anatomia, Mamíferos), lat. *spina*, projeção pontiaguda + lat. tardio *scapula*, lâmina do ombro; crista longa e alta que divide a face externa/dorsal da escápula em fossas supra- e infraespinhosa, as quais dão inserção à musculatura de mesmo nome.

Espinho, lat. *spina*, projeção pontiaguda. Aristóteles utiliza o termo gr. *akanthos*, "espinho", em relação aos *Enaima*, com mais de um sentido; como em "espinho de peixe" e "vértebras espinhosas". Hoje, em Anatomia esqueletal, encontramos o termo principalmente em "Processo espinhoso"[27] (dos arcos neural e hemal das vértebras). De "espinho" talvez tenha se originado o nome "espinha", utilizado antigamente para a Coluna vertebral. No Homem e em muitos Vertebrados, os Processos espinhosos são visíveis ou palpáveis sob a pele, os quais poderiam parecer "espinhos".

Esplancnocrânio (Anatomia, Vertebrados/Craniata), gr. ςπλάγχνον, *splanchnon*, víscera + *cranium*, crânio, é a parte do crânio que tem origem nos arcos branquiais ou viscerais preformados em cartilagem, como o aparelho maxilo-mandibular e o arco hioide.

Esponjosa, gr. ςπογγιά, *spongia*, uma esponja; ex.: *Corpus spongiosum*.

Esqueleto (Anatomia, Vertebrados, Invertebrados), gr. ςκέλος, ςκέλεος, seco, perna seca, múmia, membro inferior; em relação aos Vertebrados é o conjunto de ossos, cartilagens e dentes do corpo; em relação aos Invertebrados se refere ao seu exosqueleto, que pode ser calcário ou quitinoso.

Essência, lat. *essentia*, em gr. τὸ τί ἦν εἶναι, *to ti en einai*; em Aristóteles a essência é dada pela definição, por meio do gênero e da espécie. Por exem-

---

[27] "Neural spine" em inglês; e "épine neurale" e "apophyse épineuse" em francês.

plo, a essência do Homem é ser um *Animal* (Gênero) *Racional* (Diferença Específica). O termo tem outras definições em outros contextos.

Estado ou **Condição (uma das Categorias de Aristóteles)**, vb. gr. ἔχειν, *echein*, ter, possuir inf. do vb. ἔχω, *echo*, eu tenho; eu possuo, eu seguro. Na biologia, estado ou condição é o que é dito da Substância Primária em relação ao seu estado ou sua condição; como em "o cavalo *está doente*" (condição de saúde).

Estase, gr. ςτάςις, *stasis*, estase; ex.: Estasigênese (período de Estase Evolutiva, na Teoria do Equilíbrio Pontuado; ver Gould, 2002).

Estatocisto (Anatomia), gr. ςτατος, *statos*, o que fica em pé, parado + κγςτις, *cystis*, cístico; é um órgão de equilíbrio de alguns Invertebrados aquáticos (Cnidários, Equinodermos, Crustáceos, Bivalves e Cefalópodes), dentro do qual estão os estatólitos ou estatocônias.

Estatocônia (Anatomia), gr. ςτατος, *statos*, o que fica em pé, parado + κονία, *konia*, pó; pequenos cristais de carbonato de cálcio, localizados no sáculo e utrículo da Orelha interna; sob a ação da aceleração em linha reta eles estimulam as células ciliares. Nos Mamíferos são cristais de calcita ($CaCO_3$). O termo é também utilizado para Invertebrados. O mesmo que otocônia e otólito.

Estelar, adj. lat. *stella*, estrela, forma de estrela; ex.: Retículo estelar (órgão de esmalte).

Estereospondilia (Anatomia, Coluna vertebral), adj. gr. ςτερεός, *stereos*, sólido, duro, imóvel, robusto, vigoroso + ςπόνδυλος, *spondylos*, vértebra; refere-se às vértebras nas quais o corpo é formado apenas pelo intercentro. O pleurocentro pode ser cartilaginoso.

Esterno (Galeno, Anatomia), lat. *sternum*; osso da caixa torácica, ao qual se articulam anteriormente algumas costelas; suas porções são manúbrio, corpo (formado por várias esternebras) e Processo ou Apófise xifoide.

Esteroides, adj. gr. ςτερεός, *stereos*, sólido, duro, imóvel, robusto, vigoroso + εἶδος, *eidos*, forma; ex.: Corticosteroides (hormônios corticais da glândula suprarrenal).

Estilopódio (Anatomia, Tetrápodes, perna), lat. *stylopodium, stylus, stylum*, coluna, pilar; em gr. ςτῦλος, *stylos*, haste que na Antiguidade era utilizada para escrever + ποδός, *podos*, do pé; "coluna da perna/pé"; o termo se aplica apenas aos ossos proximais dos membros dos Vertebrados; ou seja, ao Úmero do braço e ao Fêmur da coxa. Nome também dado a uma estrutura na base do estilo das plantas. Ver Acropódio e Zeugopódio.

Estilos ou **Cúspides Estilares (Anatomia, Mamíferos, dentes)**, lat. *stylus*, *stylum*, coluna + *cuspis*, lança, ponta; cúspides que se situam no cíngulo dos dentes dos Mamíferos; e nos molariformes dos cinodontes.

Estômago (Homero, Aristóteles, Anatomia), lat. *stomachus*, gr. ςτόμαχος. Em Homero, o termo tem o sentido original de garganta, esôfago. Em Aristóteles, em algumas passagens, o termo para estômago é ςτόμαχος, *stomachos*; mas em outras passagens, principalmente em se referindo a Invertebrados, o mesmo termo parece significar esôfago. Como *stomachos* deriva do gr. ςτόμα, *stoma*, boca, pareceria lógico que *stomachos* fosse a parte do tubo digestivo que se segue à boca. Ver Nota de Rodapé de A. L. Peck, em *Historia Animalium* (I, 16; 495b20; Aristotle, 1965, p. 62-63).

Estrutura, lat. *structura*, arranjo, ordem, do vb. *struere*, empilhar, colocar junto, construir. Talvez relacionado ao gr. ςτρώμα, lat. *stroma*, matriz, leito; tecido conectivo de sustentação do parênquima (tecido funcional).

Et, abreviatura para *Osso etmoide*.

Eta, letra grega ήτα, minúsc. η, maiúsc. H. Translitera-se como "e" (som de "é" longo).

-eta, suf. dim. lat.; ex.: Faceta articular.

et al., lat. abreviatura para *et alii*, significando *e outros autores*.

etc., lat. abreviatura para *et cetera*, significando *e outras coisas*.

Ethein, ethos, gr. ἐθεῖν, ἦθος, costume, hábito; ex.: Etologia; Ética.

Ethika (Aristóteles), gr. ἠθικά, Ética; ex.: *Ethika Nikomacheia* (Ηθικά Νικομάχεια), de Aristóteles; talvez a principal obra de Ética até os dias de hoje.

Ethmos, gr. ἠθμός, peneira; ex.: Osso etmoide (assim chamado em função da lâmina crivosa/cribiforme do osso; com base na cavidade nasal, pelos seus crivos/orifícios passam as ramificações do Nervo Olfatório (n. I), para chegar ao Bulbo Olfatório).

Ethnos, gr. ἔθνος, raça, nação, tribo; ex.: Etnia.

Ethos, gr. ἦθος, hábito, costume; ex.: Etologia.

Etimologia, gr. ἐτυμολογία, *etymologia*, de ἔτυμον, *etymon*, "sentido verdadeiro" + λόγος, *logos*, do vb. λέγω, *lego*, eu digo (vb. dizer), eu falo (vb. falar), eu estudo (vb. estudar). Etimologia refere-se ao *estudo da origem e da história das palavras*; portanto incluindo a mudança de seus significados ao longo do tempo. Uma obra famosa referente à etimologia é o *Crátilo* de Platão (Plato, 1926). Lá encontramos que Sócrates entende que *um nome é adequado a uma coisa, se ele a descrever*. Um bom exemplo é o termo ἄνθρωπος, *anthropos*, significando Homem. Segundo Sócrates, o termo provém de ἀναθρῶν ἃ ὄπωπε (*anathron ha opope*), "aquele que reflete sobre o que vê" (*Crátilo*, 399c; Ver Sedley, 2013). Esta interpretação se aproxima da definição de Homem por Aristóteles, para quem ele é o Ζῷον λογικόν, *Zoion logikon*, o *Animal racional* ou o animal que raciocina. Esta definição de Homem que nos dá Aristóteles *descreve* o mesmo, dizendo que ele é um *animal* (seu gênero) cuja *diferença* com os demais animais é o fato de ele *raciocinar*. Aristóteles e Platão, como outros, acreditavam que apenas o Homem pensaria; mas hoje sabemos que isto não é verdade. Alguma forma de pensamento existe pelo menos em todos os Vertebrados.

Etiologia, gr. αἴτιον, αἰτία, *aition, aitia*, causa(s) + λόγος, *logos*, estudo; em lat. *causa*, razão, origem; refere-se a origem ou causas das doenças.

Etmoide. Ver Osso etmoide.

Etor (Homero), gr. ἦτορ, tem o mesmo significado de *kradin*, coração, a víscera ou no sentido psicológico.

-etum, -tus, suf. lat. indicativo de lugar; ex.: Arboretum (um jardim botânico dedicado às árvores).

Etymos, gr. ἔτυμος, verdade; ex.: Etimologia.

Eu-, gr. εὖ, verdadeiro, bom, novo; ex.: Eucariotas.

Eucariotas, gr. εὖ, *eu-*, verdadeiro, bom, novo + κάρυον, *karyon*, núcleo; refere-se aos animais cujas células têm um núcleo envolto em uma membrana e contendo várias organelas.

Euploidia, gr. εὖ, *eu-*, verdadeiro, bom, novo + ἁπλόος, *haploos*, simples, único + εἶδος, *eidos*, forma; refere-se às células cujos núcleos têm um número completo de conjuntos haploides, além do conjunto diploide básico.

Eurys, gr. εὐρύς, largo; ex.: Euriápsida (grupo de Répteis fósseis; *eurys* + ἀψίς, *apsis*, arco; "arco temporal largo").

EUSTACHIO, BARTOLOMEO (1513/1524-1574). Anatomista e médico de Roma e do Papa; entre inúmeras outras coisas, investigou o ducto torácico (*vena alba magna*), a cóclea, a laringe e a tuba de Eustáquio (auditiva).

Evaginação, lat. *evaginatio*, pref. gr. ἐκ-, de dentro para fora + lat. *vagina*, bainha; refere-se a uma projeção para fora da membrana celular, assim formando pseudópodes. O contrário de invaginação; ex.: Microvilosidades dos intestinos (que aumentam muito a superfície interna dos intestinos e servem para a absorção dos alimentos).

Ex, abreviatura para *Osso exoccipital.*

ex-, exo-, pref. lat., para fora, gr. ἐξω-; ex.: Exoesqueleto.

Exanguinea (Aristóteles), lat. *ex-*, sem + *sanguis*, sangue, sem sangue; em gr. ἄναιμα, *Anaima*, traduzido na Idade Média como *Exanguinea*. O significado preciso é "animais sem sangue vermelho". Corresponde aos atuais Invertebrados. Embora Aristóteles os chamasse de *Anaima*, ele não considerava que estes animais realmente não tivessem sangue algum. Segundo ele, os *Anaima* teriam um *líquido análogo ao sangue vermelho*, no seu lugar e com as mesmas funções.

Excêntrico, pref. gr. ἐκ, sentido de movimento para fora ou do interior para fora + *kentron*, centro, algo fora do centro.

Exo-, pref. gr. ἔξω, do lado de fora; em lat. *exo-*; ex.: Fenestra exonaria (narina externa nos Répteis).

Exoccipital. Ver Osso exoccipital.

Exócrina (Anatomia, glândula), pref. lat. *ex-*, *exo-*, para fora, gr. ἐξω- + vb. κρίνειν, *krinein*, julgar, separar; glândulas de secreção externa. Oposto de Endócrina.

Exosqueleto (Anatomia, Invertebrados), pref. lat. *ex-*, *exo-*, para fora, gr. ἐξω- + *skeleton*, esqueleto, gr. ςκέλος, ςκέλεος, perna seca, membro inferior, múmia; refere-se à maioria do esqueleto dos Invertebrados (como Insetos, Crustáceos, Moluscos etc.). Contrário de endosqueleto, que é o esqueleto interno dos Vertebrados e de alguns Invertebrados, como os Equinodermata.

Extensão, do vb. lat. *extendere*, estender; movimento de uma estrutura que estava em posição normal ou flexionada; ex.: Extensão da Coluna vertebral (movimento em direção dorsal/posterior), Extensão dos membros (movimento contrário ao de flexão).

Exterus **(Anatomia)**, lat., externo; ex.: Lado externo (TRA).

Extra, lat., de fora, estranho; ex.: Dentes extranumerários.

Extremus, lat., extremo, no limite; ex.: Extremidades (membros).

F

F, abreviatura para *Osso frontal.*

f., abreviatura para *feminino.*

f., ff., abreviaturas para o lat. *folium*, folhas, páginas (f.); e páginas ou parágrafos seguintes (ff.); ex.: "500f." indica pág. 500 e 501; enquanto que 500ff. indica a pág. 500 e as seguintes.

FABRICIUS DE AQUAPENDENTE, HIERONYMUS (1533/1537-1619). Anatomista de Pádua, que estudou com Falópio, tendo sido professor de William Harvey; e que, entre outras coisas, descreveu as válvulas das veias e a bolsa de Fabricius nas Aves.

Face (Anatomia), lat., *facies*, face, superfície; termo hoje utilizado em anatomia principalmente para faces de ossos, articulações (facetas articulares) e dentes.

Face Distal (Anatomia, TRA, Vertebrados, dentes), lat. *facies*, face + inglês *distal*. Face distal de um dente canino é a face interproximal voltada para o primeiro pré-molar. Face mesial é a face interproximal voltada para o segundo incisivo. O mesmo para os demais dentes das arcadas dentárias. Ver Face interproximal.

Face Interproximal ou **Interdental (Anatomia, TRA, Vertebrados, dentes)**, lat. *facies*, face + *lingua*, língua; refere-se à face ou à margem dos dentes que é voltada para cada um dos dentes adjacentes. Por exemplo, cada dente canino tem uma face voltada para um incisivo lateral e outra para o primeiro pré-molar nos Mamíferos. Estas faces interproximais são o local de maior incidência de cáries, devido à retenção de resíduos alimentares.

Face Labial (Anatomia, TRA, Vertebrados, dentes), lat. *facies*, face + *labrum*, lábio; refere-se à face dos dentes que está voltada para os lábios, mesmo nos Vertebrados que não têm verdadeiros lábios; esta face pode também ser chamada de vestibular, pois está voltada para o vestíbulo ("entrada") da boca. Contrário de face lingual.

Face Lingual (Anatomia, TRA, Vertebrados, dentes), lat. *facies*, face + *lingua*, língua; refere-se à face dos dentes que está voltada para a língua. Contrário de face labial.

Face Mesial (Anatomia, TRA, Vertebrados, dentes), lat. *facies*, face + gr. μέςος, *mesos*, no meio. Por exemplo, face mesial de um dente canino é a face interproximal voltada para o segundo incisivo. Sua face distal é a face interproximal voltada para o primeiro pré-molar. O mesmo para os demais dentes das arcadas dentárias.

Face Oclusal (Anatomia, TRA, Vertebrados, dentes), lat. *facies*, face + *occlusalis*, oclusal, que oclui; face de cada dente superior/inferior que entra em contato com o dente oposto, inferior/superior.

Face Vestibular (Anatomia, TRA, Vertebrados, dentes), lat. *facies*, face + *vestibulum*, entrada, vestíbulo; refere-se à face dos dentes que está voltada para os lábios ou o vestíbulo bucal, mesmo naqueles que não têm verdadeiros lábios/vestíbulo. Portanto, todos os Vertebrados têm uma face vestibular nos dentes, mesmo nos animais que não têm um espaço entre os dentes e as bochechas/lábios.

Facere, -fic-, fact, -fect-, vb. lat., fazer.

Faces dos Dentes (Anatomia, TRA, Vertebrados), lat. *facies*, face + ὀδούς, ὀδόντος, *odous, odontos*, dente, *do* dente; refere-se às diferentes faces dos dentes, principalmente em Mamíferos. São elas as faces oclusal, labial e lingual, mesial e distal (as duas últimas sendo faces interproximais).

Faceta, do lat. *facies*, face + suf. dim. *-eta*, pequena, pequena face; ex.: Faceta articular.

Faceta Articular (Anatomia, Vertebrados, ossos, articulações), do lat. *facies*, face, pequena face + suf. dim. *-eta*, pequena face + *artus*, articulação. Refere-se às superfícies ósseas revestidas por cartilagem hialina, onde os ossos se tocam; ex.: Facetas das zigapófises do arco neural das vértebras; Facetas articulares entre os ossos das mãos e pés.

Facies, lat., face; ex.: Nervo facial.

Fac-simile, lat., fazer igual; refere-se a uma cópia geralmente de livro antigo, igual ao original, feita por meio mecânico. É uma cópia exata da edição original, incluindo não apenas o texto como figuras, escalas, diagramação etc. Os meios podem ser fotografia, xerografia, escaneamento etc.

Fagócitos (Citologia), vb. gr. φαγεῖν, *phagein*, comer + κύτος, κύτους, *kytos, kytous*, jarro, vaso, célula; células encarregadas da fagocitose.

Fagocitose, vb. gr. φαγεῖν, *phagein*, comer + κύτος, κύτους, *kytos, kytous*, jarro, vaso, célula + suf. -ωςις, -*osis*, condição especial, doença, ação; processo de ingestão e destruição de qualquer partícula incluindo bactérias e tecidos necrosados, por células ameboides, os fagócitos; e que têm como principal função a proteção contra as infecções.

Falanges (Galeno, Anatomia, Vertebrados), gr. φάλαγξ, *phalanx*, falange; ex.: Falanges dos dedos de mãos e pés. O nome se deve ao fato de que as falanges distais de muitos vertebrados têm a forma de uma cunha, semelhante às falanges dos exércitos greco-romanos.

Falciforme, lat. *falx*, foice + *forma*, forma; ex.: Ligamento falciforme.

FALLOPIUS, GABRIELE (1523-1563). Anatomista e botânico italiano que descreveu, entre outras coisas, a orelha interna, o osso etmoide, o ducto lacrimal, bem como a placenta e a trompa uterina (trompa de Fallópio).

Falx, falcis, lat., foice; ex.: Processo falciforme (do Osso occipital); Anemia falciforme.

Fânero (Anatomia, Vertebrados), gr. φανερός, *phaneros*, aparente, visível. Em Anatomia se refere aos apêndices da pele, como pelos, escamas, penas, cornos, unhas, garras, cascos etc. Muitos termos também derivam modernamente de φανερός, entre eles Fanerozoico (Período Geológico, quando "a vida é evidente") e Fanerógamas (plantas com flores; porque elas têm "gametas evidentes", visíveis).

Fármacos, gr. φάρμακον, *farmacon*, droga, medicamento, fármaco, substâncias que têm propriedades medicinais, também chamadas de substâncias farmacêuticas.

Farmacologia, gr. φάρμακον, *pharmacon*, droga, medicamento, fármaco + λογία, de -λόγος, *logos*, palavra, discurso, estudo; área da Medicina/Farmácia que estuda a ação das substâncias químicas nos órgãos e sistemas orgânicos.

Fascia, fasciae, lat., uma banda, bandagem; membrana fibrosa que reveste e dá suporte aos músculos; ex.: Fáscia muscular.

Fasciculata, adj. do lat. *fasciculus*, de *fascis*, feixe + suf. dim. -*ulus*, um pequeno feixe; ex.: Zona fasciculata (zona média do córtex adrenal).

Fascículo, lat. *fasciculus*, de *fascis*, feixe + suf. dim. -*ulus*, um pequeno feixe, por exemplo um fascículo de músculos ou de nervos.

Fascis, lat., feixe, pacote; ex.: Fáscia (fina camada de tecido conjuntivo que reveste os músculos).

Fe, abreviatura para o osso *fêmur*.

Feles, felis, lat., gato; ex.: *Felis catus*.

Felix, felicis, lat., feliz; ex.: Felicidade.

Femina, lat., mulher, fêmea; ex.: Caracteres femininos.

Femor, femoris (**Anatomia, Tetrápodes, coxa**), lat., coxa; ex.: Articulação coxofemoral.

Fêmur (Anatomia, Tetrápodes, coxa), lat., *femor, femoris*, coxa; osso da coxa, que se articula proximalmente com o acetábulo da pelve e distalmente com a patela e a tíbia. Nos Insetos há também subdivisões homônimas das patas, chamadas de fêmur, coxa, tíbia etc.; não homólogas das partes com os mesmos nomes, nos Vertebrados.

Fenda Esfenoidal (Anatomia, Mamíferos, crânio), situada entre os Ossos orbitosfenoide e alisfenoide; ou, quando os Ossos esfenoides estão todos fusionados (como no homem), a fenda entre as asas maior e menor do Osso esfenoide; a qual dá passagem aos Nervos Oculomotor (n. III), Troclear (n. IV), Oftálmico (n. V1), Abducente (n. VI) e à Veia Oftálmica Superior. Também chamada de fissura esfenoidal ou fissura orbital superior.

Fendere, fens-, vb. lat., atacar, bater, chocar, partir; ex.: Fenda esfenoidal; Defesas (vb. lat. *defendere*).

Fenestra (**Anatomia**), lat., janela; abertura maior do que um forame, entre dois ou mais ossos, por onde geralmente passam nervos e vasos sanguíneos; ex.: Fenestra obturadora; Fenestras oval e redonda (da orelha interna).

Fenestra Antorbital ou Anteorbital (Anatomia, Dinossauros e Aves), lat. *fenestra*, janela + pref. *ante-*, anterior + *orbis*, anel, órbita; uma fenestra craniana localizada anteriormente à órbita, típica de Arcossauros e Aves.

Fenestra Coclear (Anatomia, Vertebrados, crânio, Orelha interna), lat. *fenestra*, janela + gr. κοχλίας, *cochlias*, espiral, caracol; o mesmo que Fenestra redonda.

Fenestra Exonaria (Anatomia, Vertebrados, crânio), lat. *fenestra*, janela + pref. lat. *exo-*, para fora, externo + *naris*, nariz, narina externa; o mesmo que narina externa; termo não utilizado para Mamíferos.

Fenestra Interpterigoide ou Vacuidade Interpterigoide (Tetrápodes "primitivos", crânio), lat. *fenestra*, janela + pref. lat. *-inter* + gr. πτέρυξ, *pteryx*, asa. Janela na base do crânio, situada entre os Ossos pterigoides; ex.: Mesossaurídeos.

Fenestra Mandibular, lat. *fenestra*, janela + *mandibula*; Fenestra no dentário dos Arcossauros, onde se fixam músculos mastigatórios.

Fenestra Obturadora ou Forame Obturador (Anatomia, Tetrápodes, cintura pélvica), lat. *fenestra*, janela + vb. *obturare*, obstruir; janela situada entre os Ossos ílio, púbis e ísquio; e por onde passam vasos e nervos.

***Fenestra ovalis* ou Fenestra Oval (Anatomia, Mamíferos, crânio, Orelha interna),** lat. *fenestra*, janela + *ovalis*, oval; janela onde se posiciona a base do estribo (Mamíferos) ou da columela (Anfíbios, Répteis e Aves) para transmitir as vibrações do som, do tímpano para dentro da orelha interna.

***Fenestra pseudorotunda* (Anatomia, Répteis, crânio, Orelha interna),** lat. *fenestra*, janela + ψεῦδος, *pseudos*, falso + *rotundum*, redondo; fenestra homóloga ou análoga à fenestra *rotunda* dos Mamíferos.

***Fenestra rotunda* ou Fenestra Redonda (Anatomia, Mamíferos, crânio, Orelha interna),** lat. *fenestra*, janela + *rotundum*, redondo; Fenestra da orelha interna e que compensa a pressão dentro desta, ocasionada pela vibração do estribo; fenestra homóloga ou análoga à fenestra *pseudorotunda* dos Répteis.

Fenestra Temporal ou Fossa Temporal (Anatomia, Vertebrados, crânio), lat. *fenestra*, janela + *temporis*, *do* tempo; abertura na face lateral do crânio, para dar passagem ao músculo temporal, que vai se fixar na mandíbula. Nos Mamíferos, chamada mais comumente de fossa temporal.

Fenestra Tireoide (Répteis Lepidosauria, cintura pélvica), lat. *fenestra*, janela + gr. θυρεός, *thyreos*, escudo + εἶδος, *eidos*, forma; uma fenestra na cintura pélvica, situada entre os Ossos púbis e ísquio e característica dos Répteis Lepidosauria.

Fenestra vestibulae ou Fenestra Vestibular (Anatomia, Mamíferos, crânio, orelha interna), lat. *fenestra*, janela + *vestibulum*, vestíbulo, entrada; o mesmo que fenestra oval.

Fero-, -foro, pref. e suf., do vb. gr. φέρω, *phero*, eu carrego (vb. carregar), vb. inf. φέρειν, *pherein*, portar, carregar; em lat., suf. *-fer, -fera, -ferum*, indicando "estar carregando"; ex.: Feromônios (*phero-* + *hormon*, do vb. gr. ὁρμάω, *hormao*, eu estimulo).

Feromônio ou Feromona, vb. gr. φέρω, *phero*, eu carrego (vb. carregar), vb. inf. φέρειν, *pherein*, portar, carregar; em lat. suf. *-fer, -fera, -ferum*, indicando "estar carregando" + vb. gr. ὁρμάω, *hormao*, eu estimulo; substâncias químicas que promovem reações específicas relacionadas ao sexo, entre indivíduos dos dois sexos da mesma espécie animal.

Ferox, ferocis, lat., feroz, termo hoje utilizado para formar nome de táxons; ex.: *Titanosuchus ferox* (Therapsida Titanocephalia); *Ticinosuchus ferox* (Arcossauro basal europeu).

Ferre, vb. lat., portar, carregar; ex.: Feromônio (ou feromona; substâncias químicas que promovem reações específicas relacionadas ao sexo, entre indivíduos de uma mesma espécie).

Ferrum, lat., ferro; ex.: Sulfato ferroso.

Fervere, vb. lat., ferver; ex.: Fervura.

Fetere, vb. lat., feder; ex.: Odor fétido.

-fex, -ficis, suf. lat. relacionado ao vb. *facio*, eu faço (vb. fazer); indica alguém ou aquilo que faz algo; ex.: Orifício (lat. *orificium*, literalmente "fazendo uma boca ou abertura"; do lat. *os, oris*, boca + vb. lat. *facere*, fazer).

Fi, abreviatura para *Osso fíbula*.

Fibra, fibrilla (Homero, Aristóteles, Vesalius, Anatomia), lat., *fibra*, filamento; em gr. ἴνές, *ines* (Homero) + suf. dim. *-illa*. Em Homero possivelmente significando tendão ou nervo. Aristóteles se refere a "fibras" como parte do sangue; o que deve corresponder ao que chamamos hoje de *fibrina* do sangue. Sem tais "fibras", diz Aristóteles, o sangue não mais coagula. Este também fala em "fibras" nos Invertebrados (*Anaima*), que parecem corresponder aos pequenos vasos sanguíneos destes animais. Ver Ferigolo (2023).

Fibrila, lat. *fibra*, fibra + suf. dim. *-illa*, pequena fibra; ex.: Fibrila do colágeno.

Fibroblasto (Citologia), lat. *fibra*, fibra + gr. βλαςτός, *blastos*, germe; célula formadora de tecido fibroso.

Fibrocartilagem (Anatomia), lat., *fibra*, fibra, filamento + *cartilago*, cartilagem; cartilagem dos discos intervertebrais (DIV) e das sínfises[28] (mandibular e pubiana), que incluem, além da cartilagem, tecido fibroso com colágeno.

Fibrócito (Citologia), lat. *fibra*, fibra, filamento + gr. κύτος, κύτους, *kytos*, *kytous*, jarro, vaso, célula; uma forma madura de fibroblasto.

Fíbula (Vesalius, Anatomia, Tetrápodes, pernas), lat. *fibula*, agulha; um dos ossos da perna, lateral à tíbia (que é medial). O nome antigo "perônio" (e.g., Galenus, 1535; trad. e comentários em Singer, 1952) deriva do gr. περόνη, περόνις, *peroneo*, *peronis*. *Fibula* e *perone* originalmente eram os nomes de um broche (uma espécie de "alfinete de segurança") que servia para prender a túnica dos Romanos (o *pallium*); e dos Gregos (a *clâmide*, χλαμῦς). Fíbula era também um dispositivo ("alfinete de segurança") que os cirurgiões Romanos utilizavam para unir os lábios de uma incisão cirúrgica.

-ficatio, suf. lat. indicando o resultado de uma ação (-ficação); ex.: Ossificação.

Ficus, lat., figo; ex.: *Ficus* (gênero de planta).

-ficus, -fica, -ficum, suf. lat. formador de adj; distinguir do gênero *Ficus*; ex.: Específico.

Fides, lat., fé, confiança, do vb. *fidere*, confiar.

Filiforme (Anatomia), lat. *filum*, fio, cordão + *forma*, forma; algo com forma de fio ou de cabelo; ex.: Papilas filiformes da língua.

Filius, lat., filho; ex.: Filiação.

---

[28] As sínfises, além de serem nomes de duas articulações específicas, são um tipo de articulação, desde o tempo de Galeno (Galenus, 1535; tradução e comentários em Singer, 1952).

Filum, lat., fio; não confundir com o gr. φῦλον, *phylon*, de onde derivou o termo lat. *phylum*, tribo, raça; ex.: Filamento.

Fimbria (Anatomia), lat., franja; ex.: Fímbria ovariana (na tuba uterina).

Findere, vb. lat., dividir, partir; de onde provém *fissus*; ex.: Fissura esfenoidal.

Fingere, vb. lat., tocar, formar, manipular, fabricar.

Fini, finis, lat., fim; em gr. τέλος, *telos*, fim, propósito, resultado; ex.: Causa Final.

Firmus, vb. lat. *firmare*, firmar.

Fissipedes, lat. *fissipes, fissus*, dividido + *pes, pedis*, pé, do pé, pé dividido. São as Aves com "pés divididos", em Aristóteles; ou seja, Aves com pés sem membrana interdigital.

Fissipedia, lat. *fissipes, fissus*, dividido + *pes, pedis*, pé, do pé, pé dividido. São os atuais Carnivora exceto Pinnipedia.

Fissura (Anatomia), lat., fenda, do vb. *findere*, abrir, fender, separar; uma abertura geralmente entre dois ou mais ossos; também utilizado em Medicina, com relação a certos tipos de fratura óssea (e.g., Fissura tibial); ex.: Fissura ou Fenda esfenoidal.

Fissura Esfenoidal (Anatomia, Mamíferos, crânio), lat. vb. *findere*, abrir, fender; o mesmo que fenda esfenoidal (no Osso esfenoide ou entre os Ossos orbitosfenoide e alisfenoide); ou, nos Mamíferos com tais ossos fusionados, entre as asas maior e menor do esfenoide, como no homem). Também chamada, no homem, de fissura orbital ou fissura orbital superior.

Fissura de Glaser (Anatomia, Vertebrados, crânio), lat., fissura, fenda, do vb. *findere*, abrir, fender + Johann Heinrich Glaser; o mesmo que Fissura petrotimpânica ou Fissura petroescamosa, situada entre as porções escamosa e pétrea do Osso temporal. Para uma revisão dos termos anatômicos desta região, ver Mudry (2015).

Fissura Orbital Inferior (Anatomia, Homem, crânio), lat., fissura, fenda + *orbis*, círculo + *inferus*, inferior. Uma fenda entre os Ossos esfenoide e maxila, por onde passa, no homem, o Nervo Maxilar (n. V2; segundo ramo do Nervo Trigêmeo (n. V).

Fissura Orbital Superior (Anatomia, Homem, crânio), lat., fissura, fenda + *orbis*, círculo + *superus*, superior. Corresponde à Fenda ou à Fissura esfenoidal dos Mamíferos em geral, entre os Ossos orbitosfenoide e alisfenoide. Nos Mamíferos em que o Osso esfenoide forma parte da parede posterior da órbita, como no homem, pode haver também uma Fissura orbital inferior.

Fistula, lat., fístula, tubo oco; uma comunicação anormal entre duas estruturas ou duas partes do corpo; ou uma abertura para o exterior em um abcesso; ex.: Fístula branquial (anomalia congênita que pode aparecer em Tetrápodes, inclusive no homem, e que é uma evidência do parentesco filogenético deles com os Peixes; ver figura de fístula branquial em Moore, 1975).

Fixare, vb. lat., de *figere* fixar, firmar; ex.: Fixação muscular/tendinosa (*fixação* de um músculo, refere-se ao lugar onde o músculo faz a ação; enquanto que a *origem* de um músculo, ao local proximal e que é uma área fixa); uma pessoa não poderia caminhar, se o fêmur (região de fixação de músculos vindos da pelve) não se movesse contra uma área fixa de origem, a pelve.

fl. ou **flor.**, abreviatura para vb. lat. *floruit*, de *floreo, florere*, florescer e significando "floresceu"; utilizado para indicar período de tempo (ano, século etc.) aproximado em que determinado autor viveu, quando não se tem datas de nascimento e de morte precisas; ex.: Polibo ou Polibus (fl. c. 400 a.C.).

Flaccus, lat., flácido; ex.: Músculo flácido.

Flare, flatus, vb. lat., explodir; ex.: Osso insuflado (pneumatizado; como os Ossos frontal e maxila dos Mamíferos, refere-se aos seios paranasais ou seios da face; em outros grandes Mamíferos, pode haver seios paranasais em todo o teto e toda a base craniana; considera-se que reduzam o peso dos respectivos ossos; muitos destes Mamíferos são de hábito anfíbio, como a *Macrauchenia*).

Flavum, flavus, lat., amarelo; em biologia os termos são aplicados a estruturas que contêm muito tecido elástico (amarelado); ex.: *Ligamentum flavum* (ligamento amarelo) da Coluna vertebral.

Fleps, flebos (**Homero, Aristóteles, Anatomia**), gr. φλέψ, φλεβός, *phleps, phlebos*, vaso sanguíneo, usualmente traduzido como "veia"; em lat. *vena, venula*. Em Aristóteles, *phlebos* deve ser entendido como vaso sanguíneo, já que, ao seu tempo, as verdadeiras veias não haviam sido ainda perfeitamente distinguidas das artérias. Algumas das grandes artérias, todavia, já eram identificadas por Aristóteles, como no caso da artéria aorta, a qual não era chamada de *phleps*.

Flectere, vb. lat., dobrar, fletir, de onde deriva *flexus*; ex.: Flexão do antebraço/perna; Flexão da Coluna vertebral.

Flecto, vb. lat., eu dobro (vb. dobrar), eu flexiono (vb. flexionar), eu curvo (vb. curvar); ex.: Músculos flexores (dos membros).

Flegma, gr. φλέγμα, *phegma*, inflamação, humor, secreção mucosa; é secretada pelas mucosas dos Mamíferos e, no caso do aparelho respiratório, é eliminada por meio da tosse.

Flexão (Biomecânica), vb. lat. *flexionare*, flexionar; movimento de uma estrutura que estava em posição normal ou estendida; ex.: Flexão da Coluna vertebral (movimento em direção ventral/anterior, o contrário de extensão, o movimento em direção dorsal/posterior).

Fligere, vb. lat., atacar, atingir, bater; ex.: Infligir (lat. *infligere*).

Floccus, flocculus (**Anatomia**), lat., tufo de algodão; ex.: Flóculo cerebelar (um dos lobos do cerebelo, Sistema Nervoso Central; o qual frequentemente deixa uma fossa no rochedo do pétreo, próximo ao Conduto auditivo interno).

Flos, floris, flor-, lat., flor; ex.: Floração.

Fluere, vb. lat., fluir, de onde provém *fluxus*; ex.: Afluentes do Rio Amazonas.

Flux-, lat., fluxo; ex.: Fluxo sanguíneo.

Fodere, vb. lat., cavar, escavar, de onde provém *fossus*; ex.: Fóssil; Fossilização.

Foenum, lat., feno, forragem; ex.: Feno.

Folium, folia, lat., folha; ex.: Folha do Córtex Cerebelar.

Folliculus (**Anatomia**), lat., de *follis*, bolsa, saco + suf. dim. *-ulus*; ex.: Folículo piloso.

Fons, fontis, lat., fonte; ex.: Fontanela bregmática.

Fontanela (Anatomia, Mamíferos, crânio), lat. *fontana*, feminino de *fontanus*, fonte + suf. dim. *-ela*, pequena fonte; são áreas ainda não ossificadas em recém-nascidos e crianças pequenas; áreas estas situadas no encontro das principais suturas cranianas; servindo para uma maior flexibilidade do crânio, no momento do parto. As duas principais são as fontanelas bregmática e lambdoide. Popularmente conhecidas como "moleiras".

Fontanela Anterior. Ver Fontanela Bregmática.

Fontanela Bregmática ou **Fontanela Frontal** ou **Fontanela Anterior (Anatomia, crânio)**; lat. *fontana*, feminino de *fontanus*, fonte + suf. dim. *-ela*, pequena fonte + gr. βρέγμα, *bregma*, topo da cabeça; lat. *frons, frontis*, fronte, testa; esta fontanela situa-se entre os Ossos frontais e os dois Ossos parietais, sobre o ponto *bregma* (TRA).

Fontanela Esfenoidal (Anatomia, crânio), lat. *fontana*, feminino de *fontanus*, fonte + suf. dim. *-ela*, pequena fonte + ςφήν, *sphen*, cunha + εἶδος, *eidos*, forma. Fontanela situada entre os Ossos esfenoide, frontal, parietal e temporal, na face lateral do crânio.

Fontanela Frontal. Ver Fontanela bregmática, também chamada de Fontanela anterior.

Fontanela Lambdoide (Anatomia, crânio), lat. *fontana*, feminino de *fontanus*, fonte + suf. dim. *-ela*, pequena fonte + gr. λάμβδα, letra *lambda* + εἶδος, *eidos*, forma. Esta fontanela situa-se entre os dois Ossos parietais e o Osso occipital ou supraoccipital, sobre o ponto *lambda* (TRA). Também chamada de Fontanela posterior.

Fontanela Mastoidea (Anatomia, crânio), lat. *fontana*, feminino de *fontanus*, fonte + suf. dim. *-ela*, pequena fonte + lat. *mastos*, mama + εἶδος, *eidos*, forma. Fontanela situada entre o processo mastoide do Osso temporal e os Ossos parietal e occipital, na face lateral do crânio.

Fontanela Posterior. Ver Fontanela Lambdoide.

Forame (Celsus, Anatomia), lat. *foramen, foramina*, do vb. *forare*, perfurar; orifício em um osso ou entre dois ou mais ossos, por onde geralmente passam vasos e/ou nervos ou outras estruturas; ex.: Forame Magno.

Forame Astragalar (Anatomia, Répteis, pés), lat. *foramen*, do vb. *forare*, perfurar + *astragalus*, astrágalo; forame do canal astragalar, situado na superfície proximal do Osso astrágalo; e pelo qual passam nervo e vasos sanguíneos em alguns Répteis.

Forame Condilar (Anatomia, Mamíferos, crânio), lat. *foramen*, do vb. *forare*, perfurar + *condylus*, gr. κόνδυλος, *kondylos*, junta, articulação, côndilo; situado no Osso Occipital, na margem do Forame Magno, por onde emerge do crânio o Nervo Hipoglosso (n. XII). Situa-se no Osso exoccipital nos Tetrápodes nos quais os Ossos occipitais ainda não estão fusionados entre si (e.g., Répteis).

Forame Ectepicondilar (Anatomia, Tetrápodes, úmero), lat. *foramen*, do vb. *forare*, perfurar + pref. gr. ἐκτός, *ectos*, fora, para fora + lat. *condylus*, gr. κόνδυλος, *kondylos*, junta, articulação, côndilo; forame ou canal ou sulco situado na porção látero-distal do úmero, junto ao ectepicôndilo e presente principalmente em Répteis "primitivos". Por ele passam vasos sanguíneos e nervos, relacionados aos músculos extensores do antebraço.

Forame Entepicondilar (Anatomia, Tetrápodes, úmero), lat. *foramen*, do vb. *forare*, perfurar + pref. gr. ἔνδον, ἐνδο-, interior, interno + lat. *condylus*, gr. κόνδυλος, *kondylos*, junta, articulação, côndilo; Forame ou canal ou sulco situado na porção médio-distal do úmero, junto ao entepicôndilo em muitos Répteis e alguns Mamíferos "primitivos" (como alguns Roedores). Por ele passam nervos e vasos relacionados a músculos flexores do antebraço.

Forame Esfenopalatino (Anatomia, Mamíferos, crânio), lat. *foramen*, do vb. *forare*, perfurar + ςφήν, *sphen*, cunha + *palatum*, teto da boca; situado entre os Ossos esfenoide e palatino e que dá passagem aos ramos nasais póstero-superiores do Nervo, Artéria e Veia Nasopalatinos.

Forame Espinhoso (Anatomia, Mamíferos, crânio), lat. *foramen*, do vb. *forare*, perfurar + *spinous*, espinhoso; forame situado no Osso temporal e que dá passagem a Artéria e Veia Meníngeas Médias e geralmente a um ramo do Nervo Mandibular (n. V3).

Forame Estilo-Mastoideu (Anatomia, Mamíferos, crânio), lat. *foramen*, do vb. *forare*, perfurar + *stylus*, coluna + *masto-*, mama + gr. εἶδος, *eidos*, forma; forame do Osso temporal e que dá passagem ao Nervo Facial (n. VII) e à Artéria Estilo-Mastoidea.

GLOSSÁRIO ETIMOLÓGICO DE VERTEBRADOS: ORIGEM GREGA E LATINA DOS TERMOS

Forame Hipoglosso (Anatomia, Mamíferos, crânio). Ver Canal do Nervo Hipoglosso.

Forame Incisivo ou **Fissura Incisiva (Anatomia, Tetrápodes, crânio)**, lat. *foramen*, do vb. *forare*, perfurar + *incisivus*, incisivo; situado na linha média, entre os Ossos pré-maxila e maxila, ele dá passagem ao Nervo Nasopalatino (ramo do n. V2) e ao ramo terminal da Artéria Palatina. No Homem, considera-se que esta fissura esteja situada na maxila, porque a pré-maxila fusiona precocemente à maxila, e estes dois ossos frequentemente são considerados como sendo apenas um.

Forame Infraorbital (Anatomia, Mamíferos, crânio), lat. *foramen*, do vb. *forare*, perfurar + *infra-*, abaixo + *orbis*, anel; situa-se na maxila e dá passagem ao Nervo Infraorbital, ramo do Nervo Maxilar (n. V2), e a Artéria e Veia Infraorbitais.

Forame Jugular (Anatomia, Mamíferos, crânio), lat. *foramen*, do vb. *forare*, perfurar + *jugularis*, jugular; situa-se entre os Ossos temporal e occipital e dá passagem aos Nervos Glossofaríngico (n. IX), Vago (n. X) e Acessório (n. XI), além da Artéria Occipital, os Seios Venosos Pétreo e Sigmoide e Veia Jugular Interna. O mesmo que Forame Lacerado Posterior.

Forame Lacerado Anterior ou **Lacerado Médio** ou **Lacerado (Anatomia, Mamíferos, crânio)**, lat. *foramen*, do vb. *forare*, perfurar + *lacerum*, lacerado + *anterius*, anterior; situado entre o Osso esfenoide, o ápice do Osso pétreo e o Osso basioccipital; e por onde passa a Artéria Carótida Interna e os Nervos Petrosos.

Forame Lacerado Posterior (Anatomia, Mamíferos, crânio). Ver Forame Jugular.

Forame Lacrimal (Anatomia, Vertebrados, crânio), lat. *foramen*, do vb. *forare*, perfurar + *lachryma*, lágrima; abertura proximal do Canal Lacrimal, situado no osso do mesmo nome.

Forame Magno (Aristóteles, Anatomia, Vertebrados, crânio), lat. *foramen*, do vb. *forare*, perfurar + *magnus*, grande; situado no Osso occipital e nos vertebrados "inferiores" entre os Ossos supraoccipital, basioccipital e exoccipitais, dando passagem à porção distal da Medula Oblonga, às Artérias Vertebrais e Espinhais Anterior e Posterior e aos ramos ascendentes do Nervo Acessório (n. XI). Este é o maior forame do esqueleto. Referido pela primeira vez por Aristóteles (Ferigolo, 2016, 2023).

Forame Óptico (Anatomia, Mamíferos, crânio), lat. *foramen*, do vb. *forare*, perfurar + gr. ὀπτικός, ὀπτός, *optikos, optos*, de ou relacionado à visão; situa-se no Osso orbitosfenoide ou na asa menor do esfenoide quando os Ossos esfenoidais estão fusionados (como no homem). Este forame dá passagem ao Nervo Óptico (n. II) e à Artéria Oftálmica.

Forame Oval (Anatomia, Mamíferos, crânio), lat. *foramen*, do vb. *forare*, perfurar + *ovalis*, oval; forame no Osso alisfenoide que dá passagem ao Nervo Mandibular (n. V3; ramo do Nervo Trigêmeo, n. V) e por vezes ao Nervo Petroso Inferior (ramo do n. IX), além de uma Artéria Meníngea Acessória e uma Veia Emissária.

Forame Parietal ou Pineal (Anatomia, Vertebrados, crânio), lat. *foramen*, do vb. *forare*, perfurar + *paries*, parede + *pinealis*, relacionado a pinha, cone de pinha; forame sobre a linha média, situado entre os Ossos parietais e onde se situa o olho pineal de alguns Vertebrados/Craniata "primitivos", inclusive alguns Répteis paleozoicos e mesozoicos. Nos animais modernos, está presente em certos peixes ósseos, tubarões e lampreias; bem como na maioria das salamandras, em sapos, lagartos e no tuatara.

Forame Redondo (Anatomia, Mamíferos, crânio), lat. *foramen*, do vb. *forare*, perfurar + *rotundus*, redondo; forame no Osso alisfenoide, que dá passagem ao Nervo Maxilar (n. V2; ramo do Nervo Trigêmeo, n. V).

Forame Transverso (Anatomia, Mamíferos, Aves, região cervical, Coluna vertebral), lat. *foramen*, do vb. *forare*, perfurar + *transversus*, transverso; forame nas vértebras cervicais de Mamíferos e Aves, formado pelo fusionamento da pequena costela cervical com o processo transverso original da vértebra. Serve para dar passagem à Artéria Vertebral que segue em direção à cavidade craniana; onde direita e esquerda se unem, formando a Artéria Basilar do Cérebro. O conjunto dos forames transversos cervicais de Mamíferos/Aves corresponde ao canal vértebro-arterial (por onde passa a homóloga Artéria Vertebral) dos Répteis, nos quais as costelas cervicais estão articuladas — não fusionadas — aos processos transversos correspondentes.

Forame Vago (Anatomia, Répteis, crânio), lat. *foramen*, do vb. *forare*, perfurar + *vagus*, que vagueia; forame do crânio dos Répteis, considerado análogo ao Forame Jugular dos Mamíferos. Situa-se entre os Ossos exoccipital e opistótico e por ele passam os nervos IX, X e/ou XI, bem como vasos sanguíneos.

Forames da Lâmina Crivosa ou Cribiforme (Anatomia, Mamíferos, crânio), lat. *foramen*, do vb. inf. *forare*, perfurar + *lamina*, lâmina + *crivus*, crivo; orifícios na lâmina horizontal do Osso etmoide, por onde entram os filetes do Nervo Olfatório (n. I) na cavidade craniana, provenientes da cavidade nasal.

Forames Palatinos (Anatomia, Vertebrados, crânio), lat. *foramen*, do vb. *forare*, perfurar + *palatinum*, palatino, céu da boca; situam-se nos processos palatais dos Ossos palatino e maxila e dão passagem aos ramos do Nervo, Artéria e Veia Palatinos.

Forames Vasculares (Anatomia, Vertebrados, esqueleto), lat. *foramen*, do vb. *forare*, perfurar + *vasculum*, pequeno vaso sanguíneo; orifícios que dão passagem a vasos e nervos que irrigam e inervam os ossos. Apresentam-se como pequenos forames que entram obliquamente, principalmente na região "metafisiária" em ossos longos.

Foramina **(Anatomia)**, do vb. lat. *forare*, perfurar, plural de *foramen*.

Forare, vb. lat., perfurar; ex.: Forame.

Forma, lat., forma, em gr. εἶδος, *eidos*; ex.: Formato.

Formica, lat., formiga; ex.: Ácido fórmico.

-formis, suf. lat. formador de adj. indicando "forma de"; ex.: Osso Pisiforme (lat. *pisum*, ervilha, osso em forma de ervilha).

Formula, lat. *forma* + suf. dim. *-ula*, pequena forma, pequena figura; utiliza-se para o número de determinadas estruturas, como dentes e falanges dos dedos. Estas fórmulas são típicas de cada gênero ou espécie, portanto sendo deles diagnósticas; ex.: Fórmula dentária; Fórmula falangeal.

Fórmula Dentária (Anatomia, Mamíferos, dentes), lat. *forma* + suf. dim. *-ula*, pequena forma + *dens*, *dentis*, dente; refere-se ao número de dentes presentes, que nos Mamíferos é constante de acordo com o grupo. Nos Peixes, Anfíbios e Répteis, o número de dentes varia muito, devido à substituição contínua destes. Nos Mamíferos, a fórmula é representada pelo número de dentes e suas letras correspondentes. Por exemplo, os dentes superiores sendo os números superiores na fração. Assim, 4I/ significa que o grupo tem quatro Incisivos superiores; e /4I significa que o grupo tem quatro Incisivos inferiores. As fórmulas podem ser representadas separadamente ou na forma de frações em sequência. Por exemplo, 4I/, 1C/, 3PM/, 3M/; e /4I, /1C, /3PM, /3M; ou ainda 4/4I, 1/1C, 3/3PM, 3/3M. Dentes superiores e inferiores podem também ser representados por letras maiúsculas os superiores (e.g., 3M/) e minúsculas os inferiores (e.g., /3m).

Fórmula Falangeal (Anatomia, Tetrápodes, Bípedes, mãos/pés), lat. *forma* + suf. dim. *-ula*, pequena forma + gr. φάλαγξ, *phalanx*, falange; refere-se ao número de falanges dos dedos das mãos e pés de cada espécie. Estes números podem ser típicos de determinado grupo e são expressos por uma série de números, partindo do dedo medial (dedo I, polegar, hálux). Por exemplo, no homem e na maioria dos Mamíferos, a Fórmula Falangeal é 2-3-3-3-3 (dedos I a V), tanto nas mãos quanto nos pés. Répteis fósseis e a maioria dos atuais têm a fórmula 2-3-4-4-5 (dedos I a V), inclusive Répteis Mamaliformes. Muitos Tetrápodes têm redução ou aumento no número das falanges, como é o caso dos Répteis marinhos fósseis (e.g., Ictiossauros, Mesossauros e Plesiossauros). Isto também acontece com os Cetáceos, cujas nadadeiras peitorais podem ter a fórmula 2-12-8-1-0 (dedos I a V). Quando há um aumento no número de falanges em relação ao padrão básico, chama-se de *hiperfalangia*. E, no caso de redução, chama-se de *hipofalangia*. Logo, os Cetáceos têm ao mesmo tempo hiperfalangia (dedos II e III) e hipofalangia (dedos I, IV e V) em relação ao número-padrão dos Mamíferos em geral.

Fornix, fornicis, lat., fundo, fórnice. O significado original deste termo era o do "quarto de um bordel", logo um local de "fornicação"; ex.: Fórnices vaginais (*fornix vaginae*; anterior, posterior e laterais; situados entre o colo do útero e as respectivas paredes da vagina); Fórnix conjuntival; Fórnix cerebral.

Fortis, lat., forte; também utilizado como nome específico; ex.: *Siniperca fortis* (Perciformes).

***Fossa, fossae* (Anatomia, Vertebrados)**, lat., depressão(ões) ou cavidade(s); ex.: Fossa mandibular (situada na face lateral do dentário), que serve para a inserção de músculos mastigatórios.

Fossa Abdutora (Anatomia, Répteis, mandíbula), lat. *fossa*, depressão + vb. *abduco*, eu levo adiante, de *ab-*, para longe, adiante + vb. *duco*, eu levo (vb. levar); uma abertura ou fenestra na face medial da mandíbula de Répteis, principalmente Arcossauros, e onde se inserem os músculos abdutores da boca (i.e., que abrem a boca).

Fossa Adutora (Répteis, crânio), lat. *fossa*, depressão + vb. *aducto*, levar para perto, de *ad-*, em direção a, próximo a + vb. *duco*, eu levo (vb. levar); uma abertura no palato ósseo e na face medial da mandíbula (e.g., Arcossauros), na qual se fixam os músculos adutores da boca (i.e., que fecham a boca).

Fossa Axilar (Anatomia, Mamíferos, membro anterior, membro superior no Homem), lat., depressão ou fossa da axila.

Fossa Glenoide (Galeno, Anatomia, Vertebrados, crânio), lat. *fossa*, depressão + γλήνη, *glene*, espelho, pupila do olho + εἶδος, *eidos*, forma; fossa da faceta articular da escápula; antigamente nome também utilizado para a fossa mandibular do Osso temporal. A fossa glenoide se assemelha, na forma, a um espelho-de-mão greco-romano.

Fossa incudis **(Anatomia, Mamíferos, crânio)**, lat. *fossa*, depressão + *incus*, bigorna; uma pequena fossa no *tegmen tympani* (do pétreo), dentro da qual se projeta parte da bigorna (*incus*).

Fossa Mandibular (Anatomia, Mamíferos, crânio), lat. *fossa*, depressão + *mandibula*; fossa no Osso temporal, onde se articula o côndilo mandibular.

Fossa Massetérica (Anatomia, Mamíferos, mandíbula), lat. *fossa*, depressão + gr. μαςητήρ, *maseter*, mastigador, do vb. μαςᾶςθαι, *masasthai*, mastigar; fossa na face lateral do ramo do dentário, onde se fixa o músculo masseter (onde ele faz a ação).

Fossa Navicular (1; Anatomia), da uretra; lat. *fossa*, depressão + *navis*, navio, escuna + suf. dim. *-ula*; uma porção final dilatada na uretra peniana.

Fossa Navicular (2; Anatomia), da vagina; lat. *fossa*, depressão + *navis*, navio, escuna + suf. dim. *-ula*; uma fossa no vestíbulo de vagina.

Fossa Olecraniana (Anatomia, Mamíferos, antebraços), lat. *fossa*, depressão + gr. ὠλένη, *olene*, cotovelo, ulna; fossa na face posterior do úmero distal, onde se aloja o olécrano (*olene* + *cranion*, "cabeça do cotovelo") da ulna, quando da hiperextensão (extensão em um grau maior ao da extensão normal) do antebraço.

Fossa ovalis **(Anatomia)**, lat., depressão ou fossa; uma abertura na coxa, através da qual a Veia Safena passa.

Fossa ovalis cordis **(Anatomia)**, lat., depressão ou fossa; resquício embrionário do Forame Oval do coração.

Fossa Temporal ou **Fenestra Temporal (Anatomia, Tetrápodes, crânio)**, lat. *fossa*, depressão + *temporis*, *do* tempo; depressão ou abertura no teto craniano, onde se origina o Músculo temporal. De lá ele se dirige à mandíbula, em que se fixa (onde ele faz a ação).

Fossa Trocantérica ou **Fossa Intertrocantérica (Anatomia, Mamíferos, Fêmur)**, lat. *fossa*, depressão + gr. τροχαντήρ, *trochanter*, vb. τρέχω, eu corro; fossa entre os trocânteres maior e menor do fêmur e que é delimitada pela crista intertrocantérica (onde se fixam principalmente os músculos obturadores).

Fossas Supraespinhosa e **Infraespinhosa (Anatomia, Tetrápodes, cintura escapular)**, lat. *fossa*, depressão + *supra*, *infra*, acima/abaixo + *spina*, espinha; fossas formadas pela divisão da face externa da escápula em duas porções. Elas alojam a musculatura de mesmo nome.

Fotorreceptores, gr. φῶς, φωτός, φωτ-, *phos, photos, phot-*, *da* ou relativo à luz + vb. lat. *recipio*, eu recebo (vb. receber); refere-se às células fotorreceptivas da retina.

Fovea, lat., pequena fossa, depressão ou cova; refere-se a uma depressão. Uma fóvea pode ser articular ou não; ex.: Fóvea costal.

Fóvea Acetabular (Anatomia, Mamíferos, cintura pélvica), lat. *fovea*, fossa, depressão + *acetabulum*, cálice para vinagre dos romanos; fossa onde se origina o ligamento redondo ou ligamento teres (do português antigo *teer*, do vb. lat. *tenere*, segurar, ter) da cabeça do fêmur. Há também outros ligamentos teres, como o ligamento teres hepático.

Fovea centralis, lat., depressão central na retina, ponto de maior acuidade visual.

Fovea costalis **(Anatomia, Vertebrados, Coluna vertebral)**, lat. *fovea*, fossa, depressão + *costa*, costela, fóvea costal; uma fóvea com faceta articular, situada na face lateral do arco neural e do corpo vertebral, para articulação das costelas.

Fovea dentis **(Anatomia, Mamíferos, Coluna vertebral)**, lat. *fovea*, fossa, depressão + *dens, dentis*, dente/*do* dente; uma depressão com uma faceta articular na superfície interna do arco anterior do atlas, para articulação com o processo odontoide do áxis (C2).

Foveola, foveolae (**Anatomia**), lat. *fovea* + suf. dim. *-ola/olae*; uma pequena depressão, utilizada principalmente para referir-se a fossas diminutas; ex.: Fovéola macular (olho).

Fovéola gástrica (**Anatomia**), lat. *fovea* + suf. dim. *-ola*; uma pequena depressão + *gaster*, estômago, barriga, ventre; pequena depressão na qual várias glândulas gástricas se abrem.

Fovéola macular (**Anatomia**), lat. *fovea* + suf. dim. *-ola*; uma pequena depressão + *macula*, mácula; uma fovéola situada na mácula da retina, e preenchida por células tipo cone.

Frenulum (**Anatomia**), lat. *frenum*, freio + suf. dim. *-ulum*, pequeno freio (uma pequena dobra de tegumento ou membrana mucosa a qual limita o movimento de determinado órgão); ex.: *Frenulum linguae* ("pequeno freio da língua").

Fricare, vb. lat., atritar.

Frigere, vb. lat., resfriar.

Frons, frontis (**Anatomia**), lat., fronte; ex.: Fronte (testa).

Frontal. Ver *Osso frontal*.

Frux, fructus, lat., fruto; ex.: Frutificação.

fs., abreviatura para lat. *fac-simile* (fazer igual; refere-se a uma cópia geralmente de livro antigo, igual ao original, por meio mecânico).

Fugere, vb. lat., fugir, escapar; ex.: Teoria dos Refúgios (lat. *refugium*, lugar para onde escapar; pref. lat. *re-*, outra vez, novamente + vb. *fugere*, fugir, escapar).

Fulmen, lat., lampejo, clarão, relâmpago; ex.: Doença fulminante.

Fundare, vb. lat., fundar, de onde provém *fundus*, base, fundo; ex.: Fundo do estômago (situado sob o diafragma, lado esquerdo).

Fundere, vb. lat., derramar, verter.

Fundus, lat., fundo, base; refere-se a uma região de um órgão; ex.: Fundo do útero (porção entre os dois cornos uterinos); Fundo do olho; Fundo do estômago.

Fungiforme, lat. *fungus*, cogumelo + *forma*, forma de cogumelo.

Fungus, lat., fungo; em gr. ϛπόγγος, *spongos*; cogumelo; ex.: Reino Fungi.

Funiculus, funiculi, lat. *funis*, cordão + suf. dim. *-ulus/-uli*, pequena corda; estrutura formada por fibras orientadas longitudinalmente; ex.: *Funiculus spermaticus*.

Fur, furis, lat., ladrão, relacionado a *furtum*, furto; ex.: Furão (Mamífero Mustelídeo).

Furca, lat., garfo, forcado; ex.: Osso fúrcula (osso formado pelo fusionamento entre si das clavículas e presente em Aves e Dinossauros Terópodes).

Fúrcula. Ver Osso fúrcula.

Fusiforme, lat. *fusus*, fuso + *forma*, forma, forma de fuso; ex.: Forma do corpo dos golfinhos e muitos peixes.

G

GA ou **G.A.**, abreviaturas para a obra *De Generatione Animalium*, de Aristóteles, sobre embriologia e desenvolvimento. Esta obra, principalmente, mostra que para Aristóteles a "geração espontânea" era uma exceção, não a regra. Nela, ele diz que *todo animal provém de um animal semelhante.*

Gala (Rufus de Efésos), gr. γάλα, γάλακτος, termo para se referir ao *leite da mama*; ex.: Galactose.

Galaxias, gr. γαλαξίας, algo leitoso; ex.: *Kyklos Galaktikos* (Κύκλος Γαλακτικός; "círculo leitoso", a Galáxia Via Láctea).

GALENO, AELIUS GALENUS ou CLAUDIUS GALENUS (129-c. 200/216 d.C.). Galeno de Pérgamo (atualmente cidade de Pérgama, Turquia) foi um médico, anatomista e filósofo grego que estudou em várias partes do Mundo e depois se fixou em Roma, onde se tornou médico dos gladiadores e médico pessoal de vários Imperadores Romanos. Seguidor da Biologia e da Filosofia de Aristóteles, ele é mais conhecido por suas contribuições a Anatomia, Fisiologia, Patologia e Farmacologia; bem como por suas contribuições à Filosofia, em particular seus comentários sobre as obras de Aristóteles. Sua Anatomia ficou inconteste até o século XVI, quando Vesalius (*De humani corporis fabrica*, Vesalius, 1543) o criticou, dizendo que Galeno teria dissecado um macaco (*Macaca sylvanus*; macaco-de-Gibraltar), e não o Homem. No entanto, o próprio Galeno fala disto, embora diga que as estruturas do macaco "são como as do homem". Há, entretanto, um *problema conceitual* aqui, de que Vesalius talvez não tenha se dado conta. Aristóteles foi quem primeiro falou da *homologia* (chamada por ele de *identidade*; estruturas "idênticas" ou "as mesmas" estruturas) e da *analogia* das estruturas. Para ele, por exemplo, *os rins são a mesma estrutura* ou *uma estrutura idêntica em todos os Enaima* (Vertebrados). Assim, se Galeno estava se valendo do conceito de identidade/homologia de Aristóteles, ele, a rigor, não estava se referindo a que os órgãos dos macacos e do homem seriam "iguais" anatomicamente, mas que eles seriam *o mesmo órgão* no sentido de *homólogos*. Para Galeno, um bom médico tinha de ser também um filósofo (o que é discutido na sua obra *O melhor médico é também um filósofo*; Galenus, 1854), em função de que os médicos, segundo ele, deveriam conhecer as teorias sobre as doenças, não apenas saber curá-las. Uma de suas obras de Anatomia mais interessantes é sobre os ossos (Galenus, 1535; ver também Singer, 1952, que inclui uma tradução comentada do mesmo texto).

Gama, letra grega γάμα, minúsc. γ, maiúsc. Γ. O *gama* tem som de "g" e deve ser transliterado como tal. Nas palavras em que há dois *gamas* juntos, o primeiro tem o som e é transliterado como "n". Por exemplo, γίγγλυμος, *ginglymos*, dobradiça (um tipo de articulação).

Gamba (Anatomia), lat., perna.

Gameta, gr. γαμετή, *gamete*, esposa e γαμέτης, *gametes*, marido; relacionado a γάμος, *gamos*, casamento; hoje o termo se refere a uma célula germinativa masculina (espermatozoa) ou feminina (ovo); a união dos gametas masculino e feminino forma o zigoto.

Gamos, gamein, gametes, gr. γάμος, γαμεῖν, γαμέτης, casamento, vb. casar, bodas; ex.: Gametas.

Gampsonyches (Aristóteles, Classificação, um grupo de Aves), gr. γαμψος, encurvado + ὄνυξ, garra, unha; garras encurvadas; um dos grupos de Aves em Aristóteles (as Aves de rapina).

Gampsos, gr. γαμψος, encurvado; ex.: *Gampsonyches*.

Gânglios nervosos (Anatomia), gr. γαγγλίον, *ganglion*; uma acumulação de corpos de células nervosas, nas raízes dos nervos, portanto situada fora do Cérebro e da Medula Espinal (SNC). O nome é também aplicado às massas intracerebrais de tecido cinza, os núcleos da base do Cérebro (núcleo caudado, núcleo lentiforme, claustrum e corpo amigdaloide). Há ainda outros tipos de gânglios, como os gânglios linfáticos.

Ganoína (Histologia, Peixes Ganoides, escamas), gr. γάνος, *ganos*, brilho, esmalte; tecido dentário semelhante ao esmalte, encontrado em peixes paleozoicos e alguns poucos peixes recentes (e.g., *Polypterus*).

GASSER, JOHANN LUDWIG (1723-1765). Anatomista de Viena que descobriu, entre outras coisas, o gânglio de Gasser [gânglio do Nervo Trigêmio (n. V)]. Alguns autores entendem que quem realmente descreveu este gânglio foi Raimund Hirsch, um discípulo de J. L. Gasser.

Gaster, gastros, gastr- (Homero, Hipócrates, Anatomia), gr. γαςτήρ, cavidade, estômago; Homero utiliza o termo no sentido geral de abdômen, parede do abdômen, ventre; sinônimo de *nedys*. Hipócrates utiliza *gaster* para se referir a duas cavidades cardíacas. Aristóteles chama o estômago de *koilia* (cavidade) e de *stomachos*[29]. Ver *Koilia, Oesophagos* e *Stomachos*; ex.: Anatomia gástrica.

Gasteron (Rufus de Efésos, Anatomia), gr. γαςτήρ, termo para o *estômago*; ex.: Epigástrio (termo moderno: porção superior da face externa do abdômen e que se estende desde o apêndice xifoide do esterno até o umbigo).

Gastrocnemia (Hipócrates, Rufus de Efésos, Anatomia), gr. γαςτροκνημία, termo para os *músculos gastrocnêmios* (lat. *gaster*; barriga da perna).

Gastrólitos, lat. *gaster*, estômago + gr. λίθος, *lithos*, pedra; seixos ou pequenas pedras voluntariamente deglutidas por alguns Vertebrados, para facilitar a digestão ou como lastro para mergulhar. Encontrados principalmente no estômago ou na moela de Aves, Dinossauros e outros répteis (como crocodilos: *Baurusuchus salgadoensis.*). Em Aves, eles têm a função de *auxiliar na digestão*; nos pinipédios (Carnivora), a *função de lastro* para facilitar o mergulho. Supõe-se que, quando se tornam arredondados demais, os gastrólitos podem ser regurgitados. Gastrólitos de Dinossauros herbívoros, no entanto, são normalmente bem desgastados e polidos. Gastrólitos podem fornecer informações sobre a *migração dos animais*, já que algumas rochas são exclusivas de determinadas regiões.

Ge-, geo-, gr. γῆ, γεω, terra; ex.: Geografia (*geo* + gr. γραφή, *graphe*, escrever, desenhar; escrita sobre a Terra).

Geiton, geitonos, gr. γείτων, γείτονος, vizinho.

Gelatina, lat., proteína produzida por hidrólise, com base no colágeno da pele e nos ossos dos animais de corte.

Gelum, lat., frio gélido; ex.: Ambiente gelado.

Genealogia, gr. γενεαλογία, do vb. γίνομαι, *ginomai*, vir a ser, nascer; história de um grupo, para evidenciar a relação dos diferentes membros uns com os outros; pode referir-se a uma família humana ou a algum táxon.

---

[29] Termo que aparece raramente para o esôfago em Aristóteles; mas que pode dever-se a uma corrupção dos textos.

Geneion (Homero, Anatomia), gr. γένειον, termo para o *queixo*; barba aparece como *geneiades* (Daremberg, 1865); sinônimo de *anthereon*.

Gene megista (Aristóteles, Classificação), gr. γένος, γένη, tipo, grupo + μέγιςτα, máximo, "gêneros maiores" dos Grupos Naturais de Aristóteles; ex.: *Animal, Enaima, Anaima*.

Gênero (Sócrates, Platão, Aristóteles, Classificação), lat. *genus*, gr. γένος, *genos*, matéria ou tipo; em Aristóteles, o mesmo que Grupo Natural. Refere-se a um conjunto de espécies que se distinguem apenas pelas diferenças específicas (*differentiae*), ou seja, no "mais ou menos". Cavalo e leão são espécies do gênero *Zootoka*. Acima de espécie, todos os níveis em Aristóteles são gêneros (e.g., *Animal, Enaima, Anaima* e *Zootoka*). Ver Matéria, Forma, Espécie, Grupo Natural.

Genesis, lat., gr. γένεςις, origem, nascimento; relacionado ao vb. γίγνεςθαι, *gignestai*, ser gerado, vir a ser; ex.: Embriogênese.

Genesis kai Phthora (Aristóteles), gr. Γένεςις καὶ Φθορά, nome original do livro *De Generatione et Corruptione* (*Sobre a geração e a corrupção*), de Aristóteles. Nele, Aristóteles discute o *problema do movimento na natureza*, que vinha desde Heráclito e Parmênides, principalmente a geração e a corrupção (morte), e distingue-os de outros tipos de movimento, tais como a alteração, o aumento, a diminuição e a translação. Para tal, ele discute sua Teoria das Quatro Causas e a dos elementos. Ver Teoria das Quatro Causas.

-gênio (Claude Bernard), suf. derivado do francês *-gène*, do lat. *genesis*, significando gerar, produzir; ex.: Glicogênio.

genit., abreviatura para *caso genitivo*, que indica *posse ou relação com*. Por exemplo, não é do nominativo lat. *ager* (*o* campo), mas sim do genitivo lat. *agri-* (*do* campo), que derivam palavras em português como *agricultura* (cultivo *do* campo) e *agrimensura* (medida *do* campo). O mesmo se dá com as demais línguas.

Genitalis, lat., relacionado à geração ou ao nascimento; ex.: Órgãos genitais.

Genos (Aristóteles Classificação), gr. γένος, em lat. *genus*, tipo, raça, gênero; ex.: Genética. O gr. γένος não deve ser confundido com o gr. γένυς, γένυος, mandíbula, boca. Ver Gênero e Matéria.

Genu, geniculum (Anatomia), lat., joelho, pequeno joelho; em gr. γόνατο, *gonato*; ex.: Corpo geniculado (Sistema Nervoso Central).

Genus, gena, genum (Aristóteles, Classificação), lat., gênero, do vb. *gignere*, fazer nascer, fazer surgir; ex.: Gênero; Gênese.

Genys, genyos (Anatomia), gr. γένυς, γένυος, mandíbula, boca; mandíbula também pode ser γνάθος, *gnathos*; ex.: *Leucocarbo melanogenis*. Distinguir o gr. γένυς, γένυος (mandíbula) do lat. *genos* (tipo, raça, gênero).

Geometria, gr. γεωμετρία, de γῆ, *ge*, terra, país + -μετρία, *-metria*, medida; refere-se à parte da matemática que tem por propósito o estudo do espaço e das figuras geométricas deste.

Gephyra, gephyrou, gr. γέφυρα, γεφυρόω, ponte, barragem.

Geração Espontânea (Aristóteles), gr. αὐτόματοςγένεςις, *automatos genesis*; origem de certos seres vivos, não de ovos, vermes ou crias nascidas vivas, mas sim espontaneamente, como *da lama*. Para Aristóteles, isto aconteceria apenas em uns poucos animais, geralmente vermes, alguns Insetos e raros peixes. Esta interpretação está relacionada ao fato de que, em tais animais, *Aristóteles não observou órgãos reprodutores nem cópula*. Deste modo, a geração espontânea seria uma explicação "lógica", não observacional. Todavia, em outras passagens, Aristóteles diz que *todo o animal nasce de um outro semelhante*. O sentido, a rigor, de *"autômatos genesis"* é o de *algo que gera a si mesmo*, ou *movimenta a si mesmo*; de modo que a tradução como "geração espontânea" é apenas uma interpretação. Além disto, contra a afirmação de que ele defenderia a geração espontânea em geral, Aristóteles tem toda uma obra, chamada de *De Generatione Animalium*, que trata sobre embriologia, desde a união do sêmen masculino e feminino, bem como sua participação na formação das crias do sexo masculino ou feminino.

Geranos, geranion, gr. γέρανος, γεράνιον, erguer, içar.

Geras, gr. Γηρας, deus grego do Espírito da Velhice; ex.: Geriatria.

Gerere, gestus, lat., gerar, carregar; ex.: Gestação.

Germen, germinis, lat., broto, botão, rebento; ex.: Germinação.

Gesto, vb. lat., eu carrego, vb. inf. *gestare*, carregar; ex.: Aparelho digestivo.

Geyein, geyesthai, geysis, gr. γεύειν, γεύεςθαι, γεῦςις, gosto, paladar.

Gignesthai (**Aristóteles**), vb. gr. γίγνεϛθαι, "Vir-a-ser", ser gerado.

Gingiva, gingivae (**Anatomia**), lat., gengiva(s); ex.: Tecidos gengivais.

Ginglimoide ou gínglimo (Galeno, Anatomia, um tipo de articulação), gr. γίγγλυμος, *ginglymos*, dobradiça + εἶδος, *eidos*, forma; tipo de articulação na forma de dobradiça, que permite movimento em um só plano; ex.: Articulação úmero-ulnar. Diferentemente desta, a articulação úmero-radial permite tanto o movimento no mesmo plano quanto a rotação do rádio sobre o úmero (rotação do antebraço, como existe no homem).

Glabela (Anatomia), lat. *glaber*, liso, sem pelos; espaço entre as sobrancelhas, frequentemente sem ou com menos pelos.

Glabra (Anatomia), adj. do lat. *glaber*, liso, sem pelos; refere-se à pele sem pelos.

Glacies, lat., gelo; ex.: Temperatura glacial.

Gladius, gladi-, lat., espada romana; em gr. *xiphos* (xifesterno, processo xifoide).

Glândula (Herófilo, Anatomia), lat. *glandula*, de *glans*, pelota, bolota + suf. dim. *-ula*. O termo foi primeiro utilizado por Herófilo para se referir aos linfonodos do mesentério.

Glaux, glaucos (**Aristóteles**), gr. γλαύξ, γλαυκός, em lat. *glaucus*, brilhante, azul-esverdeado, cinza; ex.: *Glaux* (nome que Aristóteles e os atenienses davam à mais famosa moeda da Grécia Antiga, na qual, no anverso, está cunhada a imagem da própria deusa Atena, e no reverso está cunhada a imagem de uma coruja. Esta coruja, hoje identificada como sendo da espécie *Athene noctua*, era o símbolo de Atena, a deusa da Sabedoria.

Glene (**Homero, Anatomia**), gr. γλήνη, espelho; em Homero, possivelmente a porção colorida do olho; *glene* é traduzida também como pupila ou íris dos olhos, "menina dos olhos" (refletida sobre o olho quando observamos o olho de alguém).

Glia, gloia, gr. γλία, γλοία, cola; ex.: Glia ou Neuróglia (tecido não nervoso de suporte dos neurônios do Sistema Nervoso Central).

Glicogênio, gr. γλυκύς, *glykos*, doce + francês *-gène*, produzir; um polissacarídeo formado no fígado, músculos etc.; e que dá origem à glicose quando do processo de hidrólise (glicogenólise).

Glicogenólise, gr. γλυκύς, *glykos*, doce + francês *-gène*, produzir; um polissacarídeo formado no fígado, músculos etc. + gr. λύςις, *lysis*, lise, dissolução; processo que, partindo do glicogênio, por hidrólise origina a glicose.

Glob-, globus, lat., esfera, algo redondo; ex.: Glóbulos vermelhos.

***Glomerulus, glomeruli* (Anatomia)**, lat. *glomus* + suf. dim. *-ulus*, pequena bola; do vb. lat. *glomerare*, rolar, enrolar; ex.: Glomérulo renal.

***Glomus, glomera* (Anatomia)**, lat., bola; um grupo de pequenas artérias, arteríolas, e nervos; ex.: Glomus carotídeo (situado na bifurcação da Artéria Carótida Comum).

***Glossa* (Homero, Anatomia)**, gr. γλῶςςα, língua; tem também os demais sentidos como utilizados hoje para língua; ex.: Nervo Glossofaríngeo (n. IX); Nervo Hipoglosso (n. XII).

***Glotta* (Anatomia)**, gr. γλῶττα, língua.

***Glottis* (Anatomia)**, gr., laringe; a glote é o espaço entre as cordas vocais.

***Gloutoi, gloutos* (Homero, Rufus de Efésos, Anatomia)**, gr. γλουτοι, γλουτός, nádegas; termo para os *músculos glúteos*.

Gluten, glutinis, lat., cola; ex.: Glúten.

Glycos, glyco-, gr. γλυκός, doce; ex.: Glicose; Glicogênio.

Glyphein, glyphe, glyptos, vb. gr. γλύφειν, γλυφή, γλυπτός, esculpir.

G.M.T., abreviatura para *Greenwich Meridian Time* (hora do meridiano de Greenwich).

***Gnathion* (Anatomia, TRA)**, gr. γνάθος, *gnathos*, "mandíbula"; ponto mais ventral da mandíbula, na linha média, utilizado em craniometria; ex.: Gnatostomados.

***Gnathoi* (Rufus de Efésos, Anatomia)**, gr. γνάθοι, termo para mandíbulas; ex.: Agnatha.

***Gnathos, gnathou* (Anatomia)**, gr. γνάθος, γνάθου, face, bochecha, queixo. "Mandíbula" com o sentido de aparelho maxilo-mandibular (ap. m.-m.); ou seja, referindo-se ao conjunto dos ossos nos quais se situam os alvéolos dos dentes (pré-maxila + maxila + dentário, nos Mamíferos) e os respectivos dentes. Este radical grego é utilizado extensamente em biologia; ex.:

Gnathostomados; Agnatha (Peixes paleozoicos ainda sem o ap. m.-m.). Não confundir o termo gr. γνάθος, *gnathos*, com o termo lat. *gnatos*, nascido.

***Gnathmos* (Homero)**, gr. γνάθος, γνάθου, face, bochecha, queixo, Mandíbula, "maxilas".

***Gnatos, natos*,** lat., nascido; produzido, gerado; ex.: *Centum annos gnatos* (nascido há cem anos). Distinguir o lat. *gnatos* do gr. γνάθος, *gnathos*, mandíbula.

Gnatostomados (Classificação), gr. γνάθος, *gnathos* + ςτόμα, abertura, boca; são os Vertebrados com aparelho maxilo-mandibular (ap. m.-m.). Os mais antigos são os Peixes Placodermos do Siluriano-Devoniano.

***Gnosis*,** gr. γνῶςις, conhecimento; ex.: Prognóstico.

***-gnus*,** suf. lat. formador de adj. indicando origem; ex.: Benigno.

GOETHE, JOHANN WOLFGANG VON (1749-1832). Poeta e biólogo alemão; que publicou sobre o assim chamado "Osso de Goethe" (pré-maxila) e a Teoria Vertebral do crânio. Segundo esta teoria, a parte posterior do crânio (paleocrânio) teria se originado do fusionamento de algumas vértebras. Posteriormente teriam surgido as porções mais anteriores (neocrânio). Um dos problemas desta teoria é que não existe nenhum Vertebrado (mesmo fóssil) apenas com o suposto paleocrânio. Todavia, a porção posterior do crânio (posteriormente ao Nervo Vago) tem realmente uma origem segmentada, como acontece com a Coluna vertebral (ver Goodrich, 1956, v. 1).

GOLGI, CAMILLO (1844-1926). Histologista italiano que dividiu o Prêmio Nobel de Medicina de 1906 com Ramón y Cajal; e que descreveu, entre outras coisas, o aparelho de Golgi, o corpúsculo de Golgi e as células de Golgi do Sistema Nervoso Central.

***Gomphosis* (Galeno, Anatomia, tipo de articulação)**, gr. γόμφος, cavilha, encaixe + suf. gr. -ωςις, condição especial; ex.: Gonfose (articulação entre as raízes dos dentes e os alvéolos).

Gônadas (Anatomia), gr. γονή, *gone*, semente, filho, do vb. γίγνεςθαι, *gignesthai*, nascer; órgãos com células germinativas (ovário e testículo).

***Gonato* (Galeno, Anatomia)**, gr. γόνατο, termo para *joelho*; ex.: Epigonato ("sobre o joelho", se refere ao Osso patela, antigamente chamado de rótula; ver Galenus (1535; trad. e comentários em Singer, 1952).

Gonfose ou gonfodontia (Anatomia, Répteis, Mamíferos, dentes), gr. γόμφος, *gomphos*, cavilha, encaixe + ὀδόντος, *odontos*, *do* dente; refere-se à articulação entre os dentes e os ossos, por meio dos alvéolos; ex.: Arcossauros em geral; Mamíferos.

Gonu, gonia (Homero, Anatomia), gr. γόνυ, γωνία, joelho, ângulo, canto; Homero se refere muitas vezes ao fato de os guerreiros caírem de joelhos, ou dobrarem os joelhos em batalha; ex.: Goniômetro.

Gonos, gr. γόνος, semente, sêmen; ex.: *Gonococcus*.

gr., abreviatura para *grego*, utilizada para *palavra de origem grega*.

GRAAF, REGNIER DE (1641-1673). Anatomista e médico holandês que descreveu, entre outras coisas, o corpo lúteo ou folículo de Graaf, o folículo ovariano maduro.

Gracilis, lat., grácil; termo hoje utilizado para formar nomes de táxons; bem como para estruturas anatômicas; ex.: *Leptodactylus gracilis* (rã listrada); Músculo gracilis (da coxa).

Grad-, -gred-, gress-, lat. *gradus*, passo, caminhar; ex.: Gradualismo Darwiniano.

Gradi, gressus, vb. lat., dar um passo, caminhar, do que deriva *gradus*, passo; ex.: Gradualismo (parte da Teoria de Darwin segundo a qual as modificações evolutivas vão se dando passo a passo).

Graia (Rufus de Efésos), gr. γραῖα, termo para a *pele abaixo do umbigo*.

Gramma, gr. γράμμα, escrita, qualquer sinal escrito; ex.: Gramática.

Grande Veia (Aristóteles, Anatomia), gr. μεγάλη φλέψ, *megale phleps*; conjunto das duas Veias Cavas, Superior e Inferior, que Aristóteles considerava como sendo uma única veia. Em Hipócrates (Hp. Alim. 31), as mesmas veias são chamadas de φλὲψ κοίλη, *phleps koile*, ou seja, veia oca (vazia). No entanto, na Antiguidade os vasos considerados como cheios de ar e não de sangue eram as artérias; o que era devido ao fato de animais de corte serem mortos por meio da sangria.

Grande Vértebra (Hipócrates, Anatomia, Homem, Coluna vertebral), gr. μέγας ςπόνδυλος, *megas spondylos*. Hipócrates se refere a uma "grande vértebra" na região cervical, talvez a sétima vértebra (C7).

Grandis, lat., grande; termo hoje utilizado para formar nomes de táxons; ex.: *Orthogeomys grandis* (roedor Geomyidae); *Camarasaurus grandis* (Dinossauro Saurópodo).

Granum, lat., grão; ex.: Granulometria (do sedimento).

Graphein, graphikos, vb. gr. γράφειν, γραφικός, escrever, escrita; ex.: Gráfico.

Graphia, gr. γραφία, registro, escrita; ex.: Radiografia.

Gravis, lat., pesado; ex.: Animal graviportal (animal que caminha lentamente, devido ao seu grande peso, como o elefante); Esqueleto graviportal.

Grego, lat. *graecus, da* Grécia; os Antigos Gregos chamavam a si mesmos de Helênicos, os nascidos na Hélade; e não de Gregos, que é como os chamavam os Romanos.

Grego Antigo. Língua da Antiga Grécia e do Mundo antigo, do século IX a.C. até o século VI d.C. É usualmente dividido em três períodos, o Grego Arcaico (séc. IX a VI a.C.), o Grego Clássico (séc. V a IV a.C.) e o Grego Helênico (séc. III a.C. a VI d.C.). Mas, ainda anterior a estes temos, o Grego Micênico, do segundo milênio a.C. O Antigo Grego era a língua de Homero e Hesíodo (séc. VIII a.C.), dos filósofos, historiadores e outros escritores, até a Antiguidade Clássica. Esta língua contribuiu, até mesmo por meio do latim, com inúmeras palavras para as Línguas Modernas. Na Antiguidade, a Língua Grega era escrita sem espaço entre as palavras e sem os acentos e espíritos[30], os quais foram introduzidos pelos gramáticos da Biblioteca de Alexandria (séc. III a.C.).

Grego Ático. Este é um dialeto grego antigo e que era falado na Ática, região de Atenas.

Grego Dórico ou **Dório**. Este é um dialeto do Grego Antigo e que era falado na península do Peloponeso, em Creta, Rodes, outras ilhas do Mar

---

[30] Os "espíritos" (aspirado e não aspirado) tinham o propósito de facilitar a leitura e a pronúncia, mas não implicavam em diferenças no significado das palavras. Eles são colocados sobre palavras que começam com vogais, ou com a letra "rô" (ρ). O símbolo de não aspirado é representado como uma *vírgula* sobre a vogal ou o "rô". O som aspirado, por sua vez, por uma *vírgula invertida*, com a concavidade para trás, sobre as mesmas letras. Quando a palavra começa com duas vogais, o acento de aspiração é colocado sobre a segunda, não a primeira vogal, como em αἷμα, *haima*, sangue. O som aspirado é o mesmo da pronúncia do "h" em Homer em inglês; e o som não aspirado, como em Oliveira, em português. Em relação à letra "rô", que corresponde ao nosso "r", a aspiração é transliterada como "rh". É por isto que em várias línguas ainda temos a grafia "rh" no começo das palavras, como *Rhodes* em inglês, o que evidencia a origem grega dela. O mesmo se dava com o português antes da Reforma Ortográfica de 1911; como na palavra *rheumatismo*, que deriva do gr.ρευματιςμός (*rheumatismos*) e que originalmente significava humor, ou secreção viscosa.

Egeu, no Épiro, Antiga Macedônia, bem como em cidades litorâneas da Ásia Menor, Sul da Itália e Sicília (Magna Grécia).

Grego Jônico ou **Jônio**. Este é um dialeto do Grego Antigo que se difundiu partindo da Grécia continental, tendo depois se espalhado pelas ilhas do Mar Egeu, aproximadamente no século XI a.C.

Grego Micênico. Esta é a forma mais antiga da Língua Grega. Era falada na Grécia continental e nas ilhas de Creta e Chipre, durante o que se chama de Período Micênico, entre os séculos XVII e XII a.C.

Grex, gregis, lat., manada, rebanho.

Grupo Natural (Aristóteles, Classificação), do italiano *gruppo*, conjunto, reunião + lat. *natura*, Natureza; em Aristóteles, o mesmo que gênero. É baseado em caracteres anatômicos e/ou fisiológicos, nunca com no ambiente, ou nos hábitos.

Grypos, gr. γρυπός, em forma de gancho; ex.: *Gryposaurus monumentensis* (Dinossauro Hadrossaurídeo).

***Guion* (Homero, Anatomia)**, gr. γυῖον, membro em geral, e em especial as articulações, principalmente quando se refere aos tremores dos membros.

Gustus, lat., gosto; ex.: Sentido do gosto.

Gutta, lat., pingo; ex.: Gota.

***Guttur* (Anatomia)**, lat., garganta; ex.: Som gutural.

Gymnos, gr. γυμνός, nu; ex.: Gimnosperma (plantas com sementes nuas, i.e., não protegidas em frutos).

***Gynaikeios kolpos* (Rufus de Efésos, Anatomia)**, gr. γυναικεῖος κόλπος, termo para a *vagina* (ou vagina e útero).

Gyne, gynaik-, gr. γυνή, γυναικ-, mulher, relacionado a mulher; ex.: Ginecologia.

Gyros, gr. γῦρος, anel, círculo; ex.: Girencéfalo (Cérebro de Mamíferos com muitas circunvoluções, como no homem; o contrário de Lisencéfalo, um Cérebro com poucas circunvoluções, como nos tatus e didelfídeos).

***Gyros, gyrinos* (Anfíbios)**, gr. γυρός, γυρῖνος, girino; ex.: Girino.

H

H, abreviatura para *Osso hioide*.

HA, H.A., abreviaturas para a obra de Aristóteles *Historia Animalium*, a primeira sobre zoologia.

Habere, vb. lat., ter, haver.

Habitare, vb. lat., residir, habitar; ex: Habitat.

Haemo, haema, lat., gr. αἷμα, *haima*, sangue: ex.: Hemácia.

Haima (Homero, Anatomia), gr. αἷμα; em lat. *haemo*, sangue; Homero se refere à cor, densidade e temperatura do sangue, bem como ao "jato" do sangue, provavelmente relativo a ferimentos em artérias; bem como a ferimentos "sem sangue", *anaima*; na *Odisseia* "sangue" é também usado com o sentido de raça (Daremberg, 1865); ex.: *Enaima*; *Anaima*.

Haimatites (Teofrasto), gr. αἱματίτης, αἱματίτης gr. αἷμα, *haima*, sangue + λίθος, *lithos*, pedra; pedra de cor vermelho-sangue, a *hematita*.

Hairein, airesthai, vb. gr. αἱρεῖν, αἱρεῖςθαι, escolher, tomar.

Halare, lat., respirar; ex.: Hálito; Inalação (pref. *in-*, para dentro + *halare*; "respirar para dentro"); Exalação (pref. *ex-*, para fora + *halare*, "respirar para fora").

HALLER, ALBRECHT VON (1708-1777). Anatomista, cirurgião, botânico e poeta de Göttingen; que dissecou acima de 400 cadáveres e escreveu sobre bibliografia anatômica. Em sua homenagem, foram nomeados o *ductulus aberrans* de Haller, um divertículo do canal do ducto do epidídimo, a camada de Haller, uma lâmina vascular da coroide, a rede de Haller etc.

Hals, halos, gr. ἅλς, ἁλός, sal; ex.: *Hals ammoniakos* (gr. ἅλς ἀμμωνιακός, sal amoníaco, "sal de Amon"). Este nome se originou do fato de que o lugar onde os egípcios produziam amônia (para a lavagem de roupas), misturando urina de camelo com água do mar, era próximo de um templo dedicado ao deus Amon (ver Barnhart, 2001).

Hálux, lat. *hallux*, dedo maior, primeiro dedo (medial) do pé.

Hamus **(Anatomia, Mamíferos, mão)**, lat., gancho; ex.: Osso hamato.

Haploide, gr. ἁπλοῦς, *haplous*, simples, único + εἶδος, *eidos*, forma; células germinativas contendo um único conjunto de cromossomas; ex.: Organismo haploide. Ver Diploide.

Haplous, haplosis, gr. ἁπλοῦς, ἅπλωσις, simples, único; ex.: Haploide.

Haptein, vb. gr. ἅπτειν, unir, juntar; ex.: Sinapse.

Haurire, vb. lat., puxar, chamar, atrair; ex.: Exaurir.

Hebe **(Rufus de Eésos)**, gr. ἥβη, nome utilizado para os Ossos púbis; Ἥβη, é também o nome da deusa da Juventude, filha de Zeus e Hera.

Hectocotylus **(Aristóteles, Cuvier, Anatomia, Cefalópodes)**, lat. cient. *hecto*, do gr. ἑκατόν, uma centena, muitos + κοτύλη, *kotyle*, taça, copo, cem ventosas. Nome dado por Cuvier, que supôs que este *braço copulador*, encontrado na cavidade paleal de uma fêmea de cefalópode, fosse um novo gênero de *parasita*. Como um braço de cefalópode (mas não dentro da cavidade paleal de uma fêmea), Aristóteles já o havia descrito, referindo ainda que os pescadores já o reconheciam como um braço copulador dos polvos machos. Este braço sofre frequentemente autotomia (amputação) após a cópula, sendo depois regenerado. Sua permanência na fêmea teria por função evitar que outros machos copulem com ela. Ver Autotomia.

Hedesthai, vb. gr. ἥδεςθαι, ser agradável, ser doce; ex.: Hedonismo.

Hegemon, gr. ἡγεμών, conduzir, liderar; ex.: Hegemônico.

Helicotrema (Orelha interna), adj. gr. ἕλιξ, algo torcido ou em espiral + τρῆμα, *trema*, orifício, abertura; refere-se à união entre a *Scala tympani* e a *Scala vestibuli*, no ápice do canal coclear, da orelha interna.

Helios, gr. ἥλιος, sol; ex.: Hélio (elemento químico); Heliocentrismo.

Helix, helikos, gr. ἕλιξ, ἕλικος, algo em espiral; ex.: Concha helicoidal; Dupla Hélice do DNA.

Hellas, gr. Ἑλλάς, Grécia; ex.: Helênicos. O termo Helênico provém de um personagem lendário chamado Heleno, que teria sido filho de Deucalião (com Pirra), o qual, por sua vez, era filho de Prometeu (com Climene).

Helmins, helminthos, gr. ἕλμινς, ἕλμινθος, vermes; ex.: Platelmintos; Nematelmintos.

Hemapófise (Anatomia, Vertebrados, Coluna vertebral), gr. αἷμα, *haima*, sangue + pref. ἀπό-, *apo-*, de, a partir de + φύςις, *physis*, origem, crescimento, natureza; apófise ventral do arco hemal das vértebras, em alguns grupos.

Hematócrito, gr. αἷμα, *haima*, sangue + κρίννω, *krinno*, eu separo (vb. separar), eu distingo (vb. distinguir), eu divido (vb. dividir); refere-se ao volume (%) de eritrócitos após a centrifugação do sangue.

Hematopoiese, gr. αἷμα, *haima*, sangue + vb. inf. ποιειν, fazer algo; produção de elementos celulares sanguíneos na medula óssea e em outros locais.

Hematoxilina-Eosina (Histologia), gr. αἷμα, *haima*, sangue + ξύλον, *xylon*, madeira + *-ina* + pref. lat. *eos-*, gr. ἠώς, *eos*, início, alvorecer. Principal meio de coloração, utilizado para tecidos orgânicos a serem observados sob o microscópio óptico. Com ela, pode-se distinguir as estruturas acidófilas (coradas pela hematoxilina) e as basófilas (coradas pela eosina). A hematoxilina é retirada da casca do pau Campeche (*Haematoxylon campechianum*, uma Fabaceae, árvore da América Central) e que colore os núcleos e o retículo endoplasmático rugoso, além dos ácidos nucleicos; enquanto que a eosina é um composto sintético que colore principalmente o citoplasma, o colágeno e outras estruturas básicas.

Hemi-, pref. gr. ἡμι-, meio, a metade; ex.: *Hemisus*, gr. ἥμιςυς, metade, hemimandíbula (cada lado da mandíbula; nos Mamíferos formada apenas por dois Ossos dentários).

HENLE, FREIDRICH GUSTAV JACOB (1809-1885). Anatomista de Zurique, Heidelberg e Göttingen; e que descobriu, entre outras coisas, a alça de Henle dos rins.

Hepar, hepatos (Homero, Anatomia), gr. ἧπαρ, ἥπατος, fígado; Homero fala também da túnica branca do fígado, que Daremberg (1865) crê tratar-se da serosa do fígado (cápsula hepática); e que é ligada ao diafragma pelo ligamento hepático; ex.: Hepático; Heparina.

Hepatócito (Citologia), gr. ἧπαρ, *hepar*, fígado + κύτος, κύτους, *kytos, kytous*, jarro, vaso, célula; célula do parênquima hepático.

HERÁCLITO DE EFÉSOS (c. 535-c. 475 a.C.) foi um filósofo pré-socrático cuja principal teoria era a de que *as coisas do Mundo estão em constante mudança*; e esta seria a essência do Universo ("não se pode entrar duas vezes no mesmo rio", dizia ele). Sua Filosofia contrasta com a de Parmênides de Eleia (c. 530-460 a.C.), para quem as aparências do Mundo são simplesmente isto, *aparências*; porque *todas as coisas são perfeitas e não se modificam*. Aristóteles deu uma solução para este problema (o movimento da natureza), por meio de sua Teoria do Ato e Potência: *as coisas são algo hoje, mas têm um potencial de se tornarem outras coisas no futuro*; ex: Uma semente tem o potencial de vir a ser uma árvore (que dá frutos, sementes etc.); Um ovo tem o potencial de vir a ser uma ave (que põe ovos etc.).

Herba, lat., grama; ex.: Herbário.

Heres, heredes, lat., herdeiro; ex.: Hereditariedade.

Hermeneutikos, gr. ἑρμηνευτικός; ex.: Hermenêutica (escola filosófica que trata da Teoria da Interpretação).

HERÓFILO de ALEXANDRIA ou HERÓFILO da CALCEDÔNIA (c. 353-280 a.C.). Com Erasístrato, fundou a escola médica da antiga cidade de Alexandria. Na escola, praticava-se dissecção e talvez até mesmo vivisecção humana. Atribuem-se a Herófilo várias descobertas anatômicas, com Erasístrato: a- distinção entre veias e artérias, estas com paredes mais espessas; mas rejeitaram a teoria cardiocêntrica de Aristóteles; b- descrição e nomeação do duodeno (primeira parte do intestino delgado), como *dodekadaktylon*, i.e., "doze dedos" (de extensão); c- os átrios como parte do coração; d- o descobrimento da Medula Espinal e seus nervos; e- talvez a descoberta de alguns nervos cranianos[31]; f- descrição das glândulas salivares; g- descrição acurada do fígado; h- primeira descrição do pâncreas; i- descrição detalhada do aparelho reprodutivo; e j- descrição das diferentes partes do olho. Alguns sugerem que Herófilo teria descoberto as meninges, os ventrículos do Cérebro e a separação do Cérebro do Cerebelo (já descrito por Aristóteles; ver Ferigolo, 2021, 2023).

Heros, gr. ἥρως, herói; ex.: Heroísmo.

Herpo, herpein, vb. gr. ἕρπω, ἕρπειν, eu rastejo, rastejar; ex.: Herpetologia (estudo dos Anfíbios e Répteis).

---

[31] Vários deles já descritos por Aristóteles (ver Ferigolo, 2016, 2021).

GLOSSÁRIO ETIMOLÓGICO DE VERTEBRADOS: ORIGEM GREGA E LATINA DOS TERMOS

Heterocerca (Anatomia, Peixes, cauda), gr. ἕτερος, outro, diferente + κερκος, *kerkos*, cauda; diz-se da nadadeira caudal dos Peixes como os Tubarões, com o lobo dorsal maior do que o lobo ventral. Alguns a chamam de cauda epicerca (em contraposição à condição hipocerca).

Heterocronia, gr. ἕτερος, outro, diferente + χρόνος, *chronos*, tempo; processos de desenvolvimento através dos quais o tempo de crescimento está modificado (retardado, alongado, acelerado, postergado ou antecipado), quando se comparam as ontogenias do descendente e do ancestral; na realidade, o que se chama normalmente de "processos" são apenas padrões reconhecidos, porque os processos são, no fundo, genéticos. Ver Pedomorfose, Peramorfose, Neotenia, Progênese, Pós-Deslocamento, Hipermorfose, Aceleração e Pré-Deslocamento; ver Gould (1977); McNamara (1986, 1988); McKinney e McNamara (1991).

Heterodactilia (Anatomia, Aves, dedos), gr. ἕτερος, outro, diferente + δάκτυλος, *dactylos*, dedo; condição em Aves nas quais os dedos I e II estão invertidos; i.e., eles estão dirigidos para trás enquanto que os dedos III e IV estão dirigidos para a frente.

Heterodontia (Anatomia, Vertebrados, dentes), gr. ἕτερος, outro, diferente + ὀδούς, ὀδόντος, *odous*, *odontos*, dente, *do* dente; diz-se da condição em que o animal tem mais de um tipo de dente, como nos Mamíferos, nos Cinodontes e em alguns Dinossauros. Peixes, Anfíbios e Répteis em geral são considerados homodontes, porque todos os dentes são muito semelhantes; o mesmo valendo para as Aves fósseis com dentes (e.g., *Archaeopteryx*).

Heteromeria (Aristóteles), gr. ἕτερος, *heteros*, outro, diferente + μόρια, *moria*, partes; partes heterômeras são aquelas que, quando divididas, dão origem a partes distintas da parte original. São também chamadas de partes completas; ex.: Cabeça, Braços, Pernas. O contrário de partes homômeras ou homeômeras (osso, músculo etc.), que, quando divididas, dão origem a partes semelhantes à inicial (osso/partes de osso etc.).

Heteros, gr. ἕτερος, *heteros*, outro, diferente; ex.: Heterodontia (animais que têm vários tipos de dentes, como incisivos, caninos e molares; principalmente Mamíferos e Cinodontes).

Heterotermia (Terápsidas e Mamíferos, Dinossauros e Aves, termorregulação), gr. ἕτερος, *heteros*, outro, diferente + θέρμη, *therme*, calor; diz-se de animal cuja temperatura corporal varia conforme o ambiente (Peixes, Anfíbios e Répteis). Diferente da homeotermia, em que os animais têm temperatura constante, independentemente do ambiente (Mamíferos e Aves, e provavelmente Cinodontes e Dinossauros).

Heuristein, heureca, heurema, vb. gr. εὑρίσκειν, εὕρηκα, εὕρημα, achar, encontrar; ex.: Heurística.

Hialino(a), adj. gr. ὕαλος, *hyalos*, vidro, translucente, cristalino; ex.: Cartilagem hialina (da superfície articular das diartroses).

Hialoide, adj. gr. ὕαλος, *hyalos*, vidro, translucente, cristalino + εἶδος, *eidos*, forma; ex.: Membrana hialoide posterior (olho).

Hiare, vb. lat. espaçar, dar um espaço; ex.: Hiato diafragmático.

Hiatus, lat., hiato, do vb. lat. *hiare*, espaçar, dar um espaço; ex.: Hiato diafragmático.

Hibernus, lat., inverno; ex.: Hibernação.

Híbrido, gr. ὕβριδης, *hybrides*, lat. *hybrida*; tinha originalmente o sentido de o "filho de uma mulher perdida", em função de que o "cruzamento" entre pessoas que não "deveriam" se relacionar era considerado como ultrajante. Hoje o termo se aplica a crias de animais ou plantas de espécies distintas, com ou sem prole fértil. Como é o caso do "ligre" resultado do cruzamento entre um leão e uma tigresa.

Hidátide, lat. *hydatis*, vesícula cheia de água, gr. ὕδωρ, ὑδρο-, água; ex.: Hidátide de Morgagni (resquício do Canal de Müller, com forma ovoide e que se encontra na cabeça do epidídimo e no ovário).

Hidatidose, lat. *hydatis*, vesícula cheia de água, gr. ὕδωρ, ὑδρο-, água; a hidatidose cística é uma parasitose causada pelo *Echinococcus granulosus*, e a hidatidose policística por *E. vogelie* e *E. oligarthrus*. Vários mamíferos carnívoros podem ter o parasita em seu intestino. Ao evacuar e serem ingeridos por humanos, seus ovos se desenvolvem e originam doenças que podem ser completamente assintomáticas. As larvas podem se desenvolver em vários órgãos, mas principalmente no fígado e nos pulmões, havendo também uma forma óssea. A doença pode ser letal.

Hidro, gr. ἰδρω, água; ex.: Hidrólise (gr. *hydro-* + λύςις, dissolução, lise, destruição).

Hidros, gr. ἱδρώς, suor; ex.: Hidratação, desidrose.

Hiems, lat., inverno, mau tempo, tempestade.

Hieron, gr. ἱερόν, sagrado; ex.: *Hieron osteon* (ἱερόν ὀςτέον, osso sagrado, sacro).

Hieron osteon (Rufus de Efésos, Galeno, Anatomia, Tetrápodes, Coluna vertebral), gr. ἱερόν ὀςτέον, osso sagrado, o Osso sacro. Também chamado de gr. κλόνις, *clonis*. Segundo Singer (1952), *hieron* poderia significar grande ou forte, e não sagrado.

Hilo. Ver *Hilum*.

Hilum, hilus, hila, lat., uma depressão em uma semente; uma depressão na entrada/saída de um órgão ou glândula (por onde penetram/saem os vasos e nervos); ex.: Hilo renal; Hilo hepático.

Hímen (Vesalius, Anatomia), gr. ὑμήν, membrana; membrana parcialmente fechando a entrada da vagina; também se refere ao deus do Casamento.

Hio, hiatus (Anatomia), lat., hiato, espaço; ex.: Hiato diafragmático (abertura no diafragma, por onde o esôfago passa do tórax ao abdômen).

Hiomandíbula ou Osso Hiomandibular (Anatomia), gr. ὑο-, *hyo-*, Y, de ὑοειδές, *hyoeides*, forma de "Y", elemento mais proximal do arco hioide + *mandibula*; este elemento, em muitos Vertebrados, serve para articular a mandíbula ao crânio, como em muitos tubarões. A hiomandíbula forma parte da columela dos Répteis e das Aves, e do estribo dos Mamíferos.

Hiostilia (Anatomia, tipo de suspensão craniomandibular), gr. ὑο-, *hyo-*, Y, de ὑοειδές, *hyoeides*, forma de "Y" + ςτῦλος, *stylos*, coluna, referente ao Osso hiomandibular; tipo de articulação craniomandibular onde o Osso hiomandibular se situa entre o crânio e a mandíbula; ex.: Muitos peixes.

Hipapófise (Anatomia, Vertebrados, Coluna vertebral), pref. gr. ὑπό, *hypo*, debaixo, sob + pref. gr. ἀπό-, *apo-*, de, a partir de + φύςις, *physis*, origem, crescimento, Natureza; refere-se a uma apófise delicada ou uma delicada quilha na face ventral dos corpos vertebrais de alguns Vertebrados.

Hiper, pref. gr. ὑπέρ, *hyper*, acima, sobre, algo acima, sobre algo; ex.: Hipertônico, Hipercinético (*hyper* + κίνηςις, *kinesis*, movimento, mudança). Muito utilizado por Aristóteles e outros em descrições anatômicas.

Hiperextensão (Biomecânica), pref. gr. ὑπέρ, *hyper*, acima, sobre, algo acima, sobre algo + vb. lat. *extendere*, estender; movimento que vai além da extensão normal; ex.: Hiperextensão da Coluna vertebral (movimento em direção dorsal/posterior, partindo de uma posição neutra ou fletida).

Hiperfalangia (Anatomia, Vertebrados, dedos), pref. gr. ὑπέρ, *hyper*, acima, sobre algo, acima + φάλαγξ, *phalanx*, falange. Cada grupo de Tetrápodes têm um número mais ou menos fixo de falanges nos dedos, o que se chama de *fórmula falangeal*. Muitos Vertebrados têm aumento no número usual das falanges, como é o caso de Répteis marinhos fósseis (ex.: Ictiossauros, Mosassauros, Mesossauros e Plesiossauros). Isto também acontece com os Cetáceos, cujas nadadeiras peitorais podem ter a fórmula 2-12-8-1-0 (dedos I-V). Aos casos em que há um aumento no número de falanges em relação ao padrão básico chama-se hiperfalangia (ver Fedak; Hall, 2004); enquanto que, à redução, hipofalangia. Nos Cetáceos, associado à hiperfalangia/hipofalangia, os demais ossos do membro anterior (nadadeira) podem ser hipoplásicos. Tais ossos não se articulam entre si, sendo separados por uma camada de cartilagem sem diferenciação em articulações. Ver Fórmula falangeal e Hipofalangia.

Hiperflexão (Biomecânica), pref. gr. ὑπέρ, *hyper*, acima, sobre, algo acima, sobre algo + vb. lat. *flexionare*, flexionar; movimento que vai além da flexão normal; ex.: Hiperflexão da Coluna vertebral (movimento em direção ventral/anterior (homem).

Hiperplasia, gr. pref. gr. ὑπέρ, *hyper*, acima, sobre, algo acima, sobre algo + πλάσσειν, *plassein*, formar, moldar; crescimento de um órgão devido ao aumento no *número de células normais*. Ver Hipertrofia.

Hipertrofia, pref. gr. ὑπέρ, *hyper*, acima, sobre, algo acima, sobre algo + τροφός, *trophos*, nutrição, alimento; refere-se ao crescimento exagerado de um órgão ou tecido, devido a um aumento no *tamanho celular*; ex.: Hipertrofia muscular. Ver *Hiperplasia*.

Hipo-, pref. gr. ὑπό, *hypo-*, sob, debaixo, falta de; ex.: Hipófise; Hipoplasia.

Hipocercal (Anatomia, Peixes, cauda), pref. gr. ὑπό, *hypo*, debaixo, sob + κερκος, *kerkos*, cauda; tipo de cauda de peixes em que a notocorda e/ou a coluna vertebral se dirige para o lobo ventral. Nestes casos este lobo da nadadeira é maior do que o dorsal.

HIPÓCRATES DE CÓS (c. 460-c. 370 a.C.). Este foi um dos autores da obra *Corpus Hippocraticum*, que antigamente era atribuída apenas a um autor. Hipócrates foi um médico grego que viveu na época da Grécia Clássica, ou seja, à época de Péricles. Ele é considerado o *Pai da Medicina Ocidental*, mas é equivocado considerá-lo como "pai da Anatomia", porque no *Corpus* não há nenhuma obra dedicada à Anatomia. O maior mérito de Hipócrates foi ter fundado o que se chama hoje de Escola Hipocrática de Medicina, o que foi uma Revolução Científica (ver Kuhn, 1970; mas também Shapin, 1996), porque estabeleceu a medicina como uma disciplina independente das demais, como a física e a filosofia. Não se sabe que partes do *Corpus* são realmente de Hipócrates de Cós.

Hipodermis (Histologia), pref. gr. ὑπό, *hypo-*, sob, debaixo + d*ermis*, pele; tecido conectivo subcutâneo; ex.: Agulha hipodérmica.

Hipofalangia (Anatomia, Tetrápodes, dedos), pref. gr. ὑπό, *hypo-*, sob, debaixo, falta de + φάλαγξ, *phalanx, falange*; cada grupo de Tetrápodes tem um número fixo de falanges nos dedos, o que se chama de *fórmula falangeal*. Muitos Vertebrados têm redução no número das falanges, quando comparado com o padrão dos grandes grupos. Isto acontece com os Cetáceos, cujas nadadeiras peitorais podem ter a fórmula 2-12-8-1-0 (dedos I até V; falanges reduzidas nos dedos I e IV; ausentes no dedo V; hiperfalangia nos dedos II e III).

Hipófise ou Pituitária (Anatomia, Vertebrados), lat. científico *hypophysis*, gr. ὑπό, *hypo-*, sob, debaixo + φύσις, *physis*, natureza, origem; "crescimento abaixo" (do Cérebro); lat. *pituita*, secreção mucosa eliminada pelo nariz. O nome se deve ao fato de a Hipófise parecer pendurada sob o Cérebro. A Hipófise é a glândula endócrina mais importante do corpo, e tem duas partes, a Neuro-Hipófise, de origem nervosa; e a Adeno-Hipófise, de origem glandular, desenvolvida com base na faringe.

Hiponíquio (Anatomia, Vertebrados), lat. *hyponychium*, gr. ὑπό, *hypo-*, sob, debaixo + ὄνυξ, *onyx*, unha, garra; refere-se ao estrato córneo sob a porção livre das unhas ou garras.

Hipoplasia, pref. gr. ὑπό, *hypo-*, sob, debaixo, falta de + πλάσσειν, *plassein*, formar, moldar; redução na massa tecidual ou de um órgão, durante sua formação; ex.: Hipoplasia do esmalte dos dentes (Mamíferos). Esta hipoplasia ocorre principalmente nos incisivos e caninos do Homem. Nos demais Mamíferos, ocorre em dentes que crescem muito rapidamente, como é o caso dos incisivos de muitos roedores. Em fósseis, a hipoplasia de esmalte está presente em quase todos os dentes de *Toxodon*, um Mamífero da Megafauna extinta da América do Sul.

Hipotálamo (Anatomia, Vertebrados), pref. gr. ὑπό, *hypo-*, sob, debaixo, falta de + θάλαμος, *thalamus*, tálamo; debaixo do tálamo. O hipotálamo é a porção do Encéfalo dos Vertebrados que é relativamente pequena, mas cuja função é manter a *homeostase*; ou seja, o equilíbrio das funções de ajustamento do corpo ao meio ambiente, o que ele faz coordenando o Sistema Nervoso Central e o Sistema Endócrino.

Hipótese, lat. tardio *hypothesis*; gr. ὑπόθεσις, pref. ὑπό, *hypo-*, sob, debaixo + θεςις, *thesis*, proposição. Hipótese e teoria podem ter um significado muito semelhante, como em Popper (1980). Elas são uma proposta baseada em algumas evidências para ser aplicada a fatos ainda não conhecidos ou não ocorridos, de modo que elas poderão ser testadas no futuro. Ver Kuhn (1970) e Feyerabend (1993).

Hiposfene e hipantro (Anatomia, Tetrápodes "primitivos", Coluna vertebral), pref. gr. ὑπό, *hypo*, debaixo, sob + ςφήν, *sphen*, cunha + lat. *antrum*, antro, cavidade; processo (hiposfene) e fossa (hipantro), que dão suporte a facetas articulares acessórias no arco neural. Como seu nome indica, elas se situam ventralmente às respectivas zigapófises. Diferentemente, o zigosfene e o zigantro situam-se dorsalmente às respectivas zigapófises.

***Hippopotamos* (Heródoto, Aristóteles)**, lat., gr. ἱπποπόταμος, ἵππος, *hippos*, cavalo + πόταμος, *potamos*, rio, "cavalo do rio".

Hippos, gr. ἵππος, cavalo; ex.: *Eohippus*; *Mesohippus*; *Merychippus*; *Pliohippus* (gêneros de cavalos fósseis).

Hipselodontia (Anatomia, Mamíferos, dentes), ὑψηλός, *hypselos*, alto + ὀδούς, ὀδόντος, *odous, odontos*, dente, "dentes de coroa alta", com crescimento durante toda a vida; ex.: Muitos Roedores (outros têm hipso- ou até braquiodontia). Não confundir com *hipsodontia*, na qual os dentes crescem por boa parte da vida (e.g., Cavalos), mas não toda a vida. Ver Hipsodontia, Mesodontia e Braquiodontia.

Hipsodontia (Anatomia, Mamíferos, dentes), gr. ὕψος, *hypsos-*, alto + ὀδούς, ὀδόντος, *odous, odontos*, dente; "dentes de coroa alta", com crescimento durante boa parte da vida; ex.: Cavalos. Não confundir com *hipselodontia*, na qual os dentes crescem por toda a vida (e.g., Xenarthras e muitos Roedores). Ver Hipselodontia, Mesodontia e Braquiodontia.

Hirsus, hirsutus, lat., cabeludo, peludo; ex.: Hirsutismo.

HIS, WILHELM (O JOVEM; 1863-1934). Anatomista de Basle e Leipzig, Göttingen e Berlim que descobriu, entre outras coisas, o feixe de His, um feixe muscular com funções condutoras elétricas; o qual carrega impulsos provenientes do Nodo Átrio-Ventricular do coração.

HIS, WILHELM (O VELHO; 1831-1904). Anatomista de Basle e Leipzig que descobriu, entre outras coisas, a eminência hipofaringeal, uma elevação mediana no assoalho da faringe primordial.

Hispidus, lat., ouriçado, pelos ouriçados; termo hoje utilizado em taxonomia; ex.: *Tropidurus hispidus* (Iguania, Sauria, Squamata).

Histiócito (Histologia), gr. ἰςτός, tecido (vestimentas) + κύτος, κύτους, *kytos, kytous*, jarro, vaso, célula; um tipo de macrófago.

Histologia, gr. ἰςτός, tecido (vestimentas), vela de um barco + λόγος, *logos*, estudo, conhecimento; histologia refere-se à *anatomia microscópica* dos tecidos orgânicos.

Histoquímica (Histologia), gr. ἰςτός, tecido (vestimentas) + χημεία, arte de fazer uma liga metálica ou química; aplicação de certos reagentes químicos a uma secção histológica para revelar a topografia de certas substâncias nos diferentes tecidos do organismo. Ver Citoquímica.

História (Heródoto), lat., gr. ἰςτορία, *historia*, de ἴςτωρ, *histor*, "aquele que sabe". O termo grego ἰςτορία significaria "aprendizado por meio da investigação"; ou "conhecimento obtido por meio da investigação"; ou ainda uma "narração da investigação de alguém". O sentido mais preciso talvez seja o de um *registro escrito de uma investigação* (ver Liddell; Scott, 1953). Alguns autores, equivocadamente, traduzem o termo grego *historia* como "compilação"; supondo assim, também erroneamente, que a obra *Historia Animalium* (HA) seria apenas uma "compilação de dados". Segundo eles, a interpretação de tais dados estaria no *Pars Animalium*. Na realidade, nesta última obra Aristóteles cria a Fisiologia, enquanto que no HA está criando a Anatomia Comparada. Todos que conhecem as ciências sabem que não é possível apenas "compilar dados"; já que os dados pertencem às diferentes teorias (Kuhn, 1970; Feyerabend, 1993); ou, segundo Popper (1980), os dados devem ser observados já com um problema em mente (ou seja, sob a luz de uma teoria).

***Historia Animalium* (HA, Aristóteles)**, lat., em gr. Τῶν περὶτὰζῷα ἱςτοριῶν, *Ton peritazoia historion*, literalmente "Investigações sobre os animais". Uma das duas principais obras biológicas de Aristóteles. Nesta obra, Aristóteles está criando a Biologia, a Zoologia e a Anatomia Comparada. O sentido do termo ἱςτορια e sua tradução para o latim como *historia* levou a que muitos equivocadamente entendessem que a obra seria apenas uma "compilação de dados" sobre a Natureza. No entanto, o termo *historia*, aqui, tem o sentido de *investigação*, como em Heródoto (1592; *Herodoti Helicarnassei Historia liber IX*). Ver *Historia*.

Histos, histo-, gr. ἱςτός, tecido (vestimentas); ex.: Histologia (*histos* + λόγος, *logos*, estudo). Algumas estruturas corporais podem lembrar um tecido de roupa, como é o caso das meninges.

Hodos, gr. ὁδός, caminho; ex.: Ânodo; Cátodo.

Holocefalia (Anatomia, Vertebrados, costelas), diz-se das costelas que têm apenas uma articulação, e não duas (cabeça e tuberosidade). Em alguns casos, as articulações não estão reduzidas a uma, mas estão unidas (neste caso, o processo com faceta articular dupla, na vértebra, se chama de sinapófise, *syn-*, junto + *apophysis*, processo, apófise).

Holócrinas (Anatomia, Vertebrados, glândulas), gr. ὅλος, *holos*, o todo + vb. κρίννω, *krinno*, eu separo (vb. separar), eu distingo (vb. distinguir), eu divido (vb. dividir); um tipo de secreção na qual células completas formam o produto da secreção; como nas glândulas sebáceas.

Holos, gr. ὅλος, o todo; ex.: Glândula holócrina.

Holospondilia (Anatomia, Vertebrados, Coluna vertebral), gr. ὅλος, o todo + ςπόνδυλος, vértebra, toda a vértebra; refere-se às vértebras nas quais todos os elementos (arco neural, corpo vertebral) estão fusionados entre si, como na maioria dos Vertebrados. Ver Aspidospondilia.

Holostilia (Anatomia, alguns Vertebrados, tipo de suspensão cranio-mandibular), gr. ὅλος, o todo + lat. *stylos*, coluna; suspensão na qual a cartilagem palato-quadrado está fusionada à caixa craniana.

Holótipo, Espécime-Tipo ou **Tipo**, gr. ὅλος, o todo + τύπος, *typos*, tipo, modelo, padrão; lat. *specimen*, exemplo, modelo, espécime; holótipo de uma espécie é um espécime, seja ele material ou sua ilustração, designado quando da descrição, como representando o material no qual a espécie foi baseada.

Homalos, gr. ὁμαλός, normal; ex.: Anomalia (pref. priv., gr. ἀ-, ἀν-, *a-*, *an-*, sem, não + *homalos*, normal; anormal).

Homem, lat. moderno, *homo, hominis*, por vezes significando apenas "humano do sexo masculino".

Homeotermia (Aves e Mamíferos, Cinodontes e Dinossauros, termorregulação), pref. gr. ὅμο-, o mesmo, igual + θέρμη, *therme*, calor; diz-se de animal cuja temperatura corporal não varia conforme o ambiente (Aves e Mamíferos, possivelmente Terápsidas e Dinossauros). Diferente de heterotermia, em que os animais (Peixes, Anfíbios e Répteis) não têm temperatura constante, mas que varia conforme a temperatura do ambiente.

Homero, gr. Ὅμηρος, teria sido um poeta, autor da *Ilíada* e da *Odisseia*. Mas sua existência histórica é colocada em dúvida, tais obras podendo ter sido de dois ou mais autores. O certo é que foram transmitidas oralmente ao longo da Antiguidade, desde o século VIII a.C. Ou mesmo podendo ser da própria época da Guerra de Troia, ca. 1194-1184 a.C. Homero teria nascido em Esmirna, atualmente na Turquia, ou em uma ilha do Mar Egeu, e vivido no século VIII a.C.

Homo-, pref. gr. ὅμο-, o mesmo, igual; o contrário, do pref. gr. ἕτερο-, *hetero-*, diferente, outro; ex.: Homologia; Homoplasia.

Homo, hominis, lat. moderno, Homem, por vezes "humano do sexo masculino"; ex.: *Homo sapiens*.

Homocerca (Anatomia, Peixes, cauda), pref. gr. ὅμο-, o mesmo, igual + κερκος, *kerkos*, cauda; tipo de nadadeira caudal de Peixes, na qual os lobos dorsal e ventral têm mais ou menos o mesmo tamanho; ex.: Teleósteos.

Homodontia (Anatomia, Vertebrados, dentes), pref. gr. ὅμο-, o mesmo, igual + ὀδούς, ὀδόντος, *odous, odontos*, dente; diz-se do caso em que todos os dentes de uma espécie têm aproximadamente a mesma forma, podendo ter ligeiras diferenças de tamanho; ex.: Peixes, Anfíbios e Répteis.

Homoios, gr. ὅμοιος, similar, de ὁμός, *homos*, o mesmo +ῖ-ιος, *-ios*, sufixo formador de adj; ex.: Homeopatia (*homoios* + *pathos*, dor, sofrimento, doença).

Homologia (Aristóteles, Owen), pref. gr. ὅμο-, *homo-*, o mesmo, igual + gr. λόγος, *logos*, estudo; estruturas homólogas são aquelas que têm uma mesma origem embrionária em animais de espécies distintas; termo proposto inicialmente por Owen (1843) e que tem um sentido semelhante[32] ao do termo *Identidade* em Aristóteles. Ver Homoplasia e Owen (1843).

Homologia serial (Owen), pref. gr. ὅμο-, *homo-*, o mesmo, igual + gr. λόγος, *logos*, estudo + lat. *serie*; refere-se às estruturas corporais que se repetem em série, em um mesmo indivíduo; como as vértebras, em particular nos Peixes. Também os ossos do membro anterior em relação ao posterior são homólogos seriais; bem como as nadadeiras peitorais e pélvicas dos Peixes. Estruturas deste tipo, como as vértebras, tendem a sofrer muito mais variação, até mesmo no número, do que as estruturas únicas, não seriadas, como o crânio. Por isto, é muito mais comum encontrar variação no número de vértebras nos Peixes do que nos Mamíferos, cujas diferentes regiões da coluna são distintas e têm geralmente um número mais ou menos constante de vértebras para cada gênero. Ver Owen (1843).

Homômera ou **homeômera (Aristóteles)**, τὰὁμοιομερῆμόρια, *tahomoiomeremoria*, pref. gr. ὅμο-, *homo-*, o mesmo, igual + μόρια, *moria*, partes; refere-se às partes uniformes. São homômeras as partes que, quando divididas, dão origem a partes semelhantes à parte inicial. Assim, "osso" se divide em "partes de osso", músculos se dividem em partes de músculo etc. São também chamadas de partes incompletas; porque elas sozinhas não formam nenhuma estrutura, por exemplo, um braço não é composto só de ossos ou de músculos; mas sim de várias partes heterômeras: ossos, músculos, nervos, vasos etc. Um braço é uma parte completa, mas, ao ser dividido, dá origem a partes distintas.

Homonumon, pref. gr. ὅμο-, *homo-*, o mesmo, igual + νόμος, *nomos*, nome, o mesmo nome, homônimo; ex.: Homonímia (uma estátua de Platão e o filósofo Platão têm o mesmo nome, portanto eles são homônimos).

Homoplasia, gr. ὁμός, *homo-*, o mesmo + πλάςις, *plasis*, moldagem, formação; refere-se a estruturas anatômicas semelhantes, não devido a uma

---

[32] Na realidade, o termo *identidade* de Aristóteles é mais preciso do que o de *homologia* de Owen (1843). Ver Ferigolo (2015, 2021).

relação filogenética próxima, mas devido a paralelismo ou convergência; ex.: A forma corporal semelhante de tubarões e golfinhos (convergência). Ver Homologia, Convergência e Paralelismo.

Homos, gr. ὁμός, ὅμο-, o mesmo, igual; ex.: Homólogo; Homodontia; Cauda homocerca; Homoplasia.

HOOKE, ROBERT (1635-1703). Cientista inglês que descreveu, entre outras coisas, as células da rolha (Teoria Celular), a lei da elasticidade (lei de Hooke), uma teoria sobre o movimento planetário, uma teoria gravitacional, o uso de prismas no microscópio; e criou vários aparelhos, como o barômetro, o higrômetro e o anemômetro.

Hora, gr. ὥρα, qualquer período de tempo, ano, hora, estação do ano etc.; ex.: Horário.

Horismos (Aristóteles), gr. ὁριςμός, definição; termo técnico, em que o sentido corresponde exatamente ao que hoje se chama de definição. A definição de algo fornece sua *essência*, que é constituída pelo seu *Gênero* mais sua *Diferença Específica*; ex.: Homem = *Animal racional* (em que *Animal* é o Gênero e *racional* é a Espécie ou diferença específica em relação às demais espécies do Gênero *Animal*).

Horme, gr. ὁρμή, algo que estimula; ὁρμῶν, *hormon*, do vb. ὁρμάω, *hormao*, eu estimulo (vb. estimular); ex.: Hormônio.

Horos, horizein, gr. ὅρος, ὁρίζειν, limite, limitar, montanha, colina; ex.: Orogenia (*horos* + γένεςις, *genesis*, origem; formação de montanhas).

Hortus, lat., jardim; ex.: Horto botânico (*hortus* + gr. βοτάνη, *botane*, grama, forragem + -*ika*, conhecimento de); Hortaliças.

Hospes, hospitis, lat., anfitrião; ex.: Hospedeiro.

Hostis, lat., inimigo; ex.: Hostil.

Humor, lat., fluído; ex.: Humor aquoso dos olhos.

Humor aquoso, lat. *humor*, líquido, humidade + *aqua*, água; fluído de baixa viscosidade nas câmaras anterior/posterior dos olhos.

Humus, lat., solo, terra, matéria orgânica do solo, resultante da decomposição de seres vivos (ou da sua digestão pelas minhocas); ex.: Ácido húmico.

HUXLEY, THOMAS HENRY (1825-1895). Anatomista e naturalista inglês, conhecido como tendo sido o "buldogue de Darwin", pela defesa das ideias deste último. Mas Huxley não concordava com todas as ideias de Darwin, principalmente o que chamamos hoje de Gradualismo (transição gradual e imperceptível das espécies). Ele se tornou muito famoso pela popularização da ciência, principalmente da Teoria da Evolução Orgânica. Era formado em Medicina e trabalhou como biólogo e paleontólogo. Além de cientista, muito contribuiu para com a cultura, principalmente em relação à literatura e à religião. Ele cunhou o termo Biogênese, teoria segundo a qual todas as células provêm de outras células. Foi secretário e depois presidente da Royal Society (1871-1885). Foi avô do escritor Aldous Huxley e dos cientistas Julian Huxley (primeiro diretor da UNESCO, fundador do WWF for Nature) e Andrew Huxley (Prêmio Nobel de Medicina ou Fisiologia).

Hyalos-, gr. ὕαλος, vidro; ex.: Cartilagem hialina (lat. *cartilago* + gr. *hyalos*); Ácido hialurônico (biopolímero viscoso do líquido sinovial, do humor vítreo e do tecido conjuntivo dos organismos; este ácido é muito importante na constituição das articulações; bem como na pele elástica de indivíduos jovens; com a idade o ácido hialurônico diminui muito e a pele perde sua hidratação e elasticidade, levando ao surgimento das rugas).

Hybris, hybrizo, hybristos, hybriskos, hybrismos, hybrisma, hybristes, gr. ὕβρις, ὑβρίζω, ὕβριστος, ὑβριστικός, ὑβρισμός, ὕβρισμα, ὑβριστής, devassidão; ex.: Hibridismo. O termo gr. ὕβριδης, *hydrides*, de *hybris*, por meio do lat. *hybrida*, tinha como sentido original o "filho de uma perdida", em função de que o "cruzamento" entre pessoas que não "deveriam" se relacionar era considerado um ultraje.

Hydor, hydro-, gr. ὕδωρ, ὑδρο-, água; ex.: Hidrólise (*hydro-* + λύσις, *lysis*, lise, dissolução), Hidroterapia.

Hydros (**Rufus de Efésos**), ἱδρὼς, termo para o *suor*; ex.: Desidrose (formação de vesículas subcutâneas, geralmente nas mãos, de origem endógena ou exógena).

Hygies, hygieia, hygieinos, hygiazein, gr. ὑγιής, ὑγίεια, ὑγιεινός, ὑγιάζειν, saudável, ter saúde; ex.: Indivíduo hígido.

Hygros, hygr-, gr. ὑγρός, úmido, umidade; ex.: Higrômetro; Higroscópio.

Hyle, gr. ὕλη, matéria; ex.: Hilomorfismo. Ver Hilomorfismo, Forma e Matéria.

Hymen-, gr. ὑμήν, membrana; também era o nome do deus grego do Casamento; ex.: Hymenoptera; Hímen.

Hyoeides, hyo- (Rufus de Efésos, Anatomia), gr. ὑοειδής, ὑο-, com a forma da letra grega "Y" (*upsilon*) + εἶδος, *eidos*, forma; termo para o *aparelho hioide*.

Hypene (Rufus de Efésos), gr. ὑπήνη, nome utilizado para o *cavanhaque*.

Hyper-, pref. gr. ὑπέρ, acima, sobre; ex.: Hipertônico; Hipercinético (*hyper* + κίνησις, *kinesis*, movimento, mudança). Prefixo muito utilizado por Aristóteles e outros autores em suas descrições anatômicas.

Hyperone (Homero, Anatomia), gr. ὑπερῴνη, uma parte alta, em Homero, segundo Daremberg (1865), o palato ou teto da boca.

Hyperoche (Aristóteles), gr. ὑπεροχή, superioridade, excelência etc.; em Aristóteles o termo é utilizado com o sentido de "mais" no "mais ou menos", que são as diferenças em grau entre as espécies; *elleipsis* corresponde ao "menos". Diferenças maiores do que no "mais ou menos" são diferenças em nível genérico, não em nível específico. Ver Mais ou menos; Espécie; Gênero; e Ferigolo (2015, 2021).

Hypenetes (Homero), gr. ὑπηνήτης, pubescente; talvez relacionado a algum sinal da puberdade, como os pelos do bigode.

Hyphainein, hyphasma, hyphe, gr. ὑφαίνειν, ὕφασμα, ὑφή, vb. tecer, tecido, filamento, teia de aranha; ex.: Hifa.

Hypnos, hypn-, gr. ὕπνος, sono; ex.: Hipnose.

Hypo-, pref. gr. ὑπό-, debaixo, sob; ex.: Hipoapófise (*hypo* + *apo-*, de, que provém de + *physis*, crescimento, origem, natureza; pequeno processo ósseo com faceta articular em Vertebrados "primitivos"). Prefixo muito utilizado por Aristóteles e outros em descrições anatômicas.

Hypogloutides (Rufus de Efésos, Anatomia), gr. ὑπογλουτίδες, pref. gr. ὑπό-, debaixo, sob + γλουτοι, γλουτός, nádegas, "sob as nádegas", nome utilizado para a *união entre a nádega e a coxa*.

Hypoleimma **(Aristóteles)**, gr. ὑπόλειμμα, ὑπό, *hypo-*, sob, debaixo + *leimma*, remanescente, resíduo. O que se tem traduzido como "resíduo" em Aristóteles, no entanto, não tem nada a ver com o sentido moderno do termo. O termo *hypoleimma* parece antes ter o sentido de "resultado da digestão". É por isto que há em Aristóteles "*hypoleimma* útil" e "*hypoleimma* inútil". O útil seria o material que é aproveitado/absorvido na digestão dos alimentos, depois formando estruturas/órgãos ou secreções, como leite, esperma etc.; e o inútil seria realmente aquilo a ser eliminado, o verdadeiro resíduo, como bile, urina e fezes. Aristóteles parece desconhecer a função da bile.

Hypopion **(Homero)**, gr. ὑπώπιον, região subocular.

Hypotenar **(Homero, Rufus de Efésos, Anatomia)**, gr. ὑπόθεναρ, nome utilizado para a "área abaixo dos dedos", excluindo-se o polegar. Hoje, fala-se em eminência hipotenar, que é a proeminência muscular da palma da mão, junto ao dedo mínimo (dedo V).

Hypozoma **(Aristóteles, Anatomia)**, gr. ὑπόζομα, *hypo-*, sob, debaixo + ςῶμα, soma, corpo; septo, diafragma. Ver *Diazoma* e *Phrenes*.

Hypsi, *hypsistos*, *hypsos*, *hypsou*, *hypsothen*, gr. ὕψι, ὕψιςτος, ὕψος, ὑψοῦ, ὑψόθεν, alto, altura; ex.: Hipsodontia (dentes que crescem durante *boa parte da vida*, como os dos cavalos, cujo crescimento cessa no fim da vida); Hipselodontia (dentes de crescimento *durante toda a vida*, como os dos xenarthras (tatus, preguiças e gliptodontes).

Hys, *hyaina*, gr. ὗς, ὕαινα, porco.

Hystera **(Aristóteles, Anatomia)**, gr. ὑςτέρα, útero; não confundir com *hysteros*, "mais tarde"; Aristóteles também utiliza o termo *delphys* para o útero dos Vertebrados. Para Invertebrados, por outro lado, ele utiliza *koilia*; ex.: Histeria.

Hysterein, *hysteros*, *hysteresis*, *hysterema*, gr. ὑςτερεῖν, ὕςτερος, ὑςτέρηςις, ὑςτέρημα, mais tarde; não confundir com gr. ὑςτέρα, ὑςτέραι, útero(s).

I

I (Anatomia, Mamíferos, dentes), abreviatura para *dente incisivo definitivo* (I^{1-5}; I_{1-5}, em cada quadrante).

i (Anatomia, Mamíferos, dentes), abreviatura para *dente incisivo decíduo*.

-iasis, suf. gr. -ίασις, condição ou presença de; ex.: Midríase; Miíase.

iatros, iastai, vb. gr. ἰατρός, ἰᾶςθαι, médico, curandeiro; de *iatros* vem iatrogênico.

-ibilis, -abilis, suf. lat. indicando qualidades passivas; ex.: *Araucaria mirabilis*; *Ursus Arctos horribilis*.

Ichor, gr. ἰχώρ, soro, serosidade semelhante à que cobre as úlceras.

Ichthyes[33] (Aristóteles, Classificação), gr. Ιχθυες, em lat. *pisces*; ex.: Ictiologia. Em Aristóteles, *Ichthies* subdivide-se em Peixes Cartilaginosos (*Ichthies Selache*) e Peixes Ósseos (*Ichthies Lepidotoi*). Ver Peixes, *Lepidotoi* e *Selache*.

Icteros, icterikos, gr. ἴκτερος, ἰκτερικός, amarelo, amarelado; ex.: Icterícia (pele amarelada, geralmente associada a doenças pancreáticas, hepáticas ou cálculos biliares).

-iculus, suf. dim. lat.; ex.: Canalículo (*canal* + suf. dim. *-iculus*); Ventrículo (lat. *ventriculus*, dim. de *venter*, abdômen, barriga).

ICZN, abreviatura para *International Commission on Zoological Nomenclature*[34].

Idade Antiga. Ver Antiguidade.

Idade Contemporânea. Refere-se a um período da história que começa com o início da Revolução Francesa em 1789 e estende-se até hoje.

Idade Média. Refere-se à *Europa* entre os anos 476 d.C. e 1453 d.C., ou seja, da queda do Império Romano do Ocidente até o início do Renascimento.

---

[33] O símbolo ΙΧΘΥΣ (ICHTHYS) foi adotado pelos cristãos como acrônimo de Ἰηςοῦς Χριςτός, Θεοῦ Υἱός, Σωτήρ (*Iesous Christos, Theou Yios, Soter*; ou seja, "Jesus Cristo, Filho de Deus, Salvador").

[34] Disponível em: http://iczn.org/code. Acesso em: 13 set. 2018.

Idade Moderna (séculos XV até XVIII). Refere-se a um período da história mundial que teve início em 1453, ano da tomada de Constantinopla pelos turcos otomanos (outros autores consideram como seu início a viagem de Vasco da Gama às Índias ou a viagem de Cristóvão Colombo às Américas) e estendo-se até 1789, ano de início da Revolução Francesa.

Idein, idea, gr. ἰδεῖν, ἰδέα, ideia; ex.: Idealismo.

Identidade ou "o mesmo" (Aristóteles), termos que Aristóteles utiliza na biologia, com igual sentido do termo moderno *homologia*. Estruturas idênticas ou a mesma estrutura em dois ou mais animais. Ver Homologia, Analogia e Owen.

Idion, gr. ἴδιον, em lat. *proprius*, o mesmo, o próprio; ex.: Idiopático (refere-se a alguma doença de origem obscura ou desconhecida; mas também não relacionada a outra doença).

Idios, gr. ἴδιος, próprio, particular; ex.: Doença idiopática (ἴδιος + πάθος, *pathos*, dor, sofrimento: refere-se a doença surgida aparentemente de modo espontâneo ou sem causa aparente).

-idus, suf. lat. formador de adj. a partir de verbos; também suf. dim.; ex.: Fétido.

i.e., abreviatura para lat. *id est*, significando *isto é*.

Iejunus (**Anatomia**), lat., jejum, fome; ex.: Jejuno (segunda porção do intestino delgado); nome devido ao fato de ele estar geralmente vazio. As outras porções do intestino delgado dos Mamíferos são: duodeno (primeira porção) e íleo (terceira porção).

-ies, suf. lat. utilizado para formar nomes abstratos; ex.: Species (inglês).

-ifer,[-fer, pref./suf. lat., do vb.*fero*, eu carrego (vb. carregar); ex.: Feromônio.

-ificus, suf. lat. formador de adj. indicando qualidade ou estado; ex.: Prolífico.

-iger, -igera, -igerum, suf. do vb. lat. *gero*, eu gero (vb. gerar), eu carrego (vb. carregar).

Ignia (**Rufus de Efésos, Anatomia**), gr. ἰγνύα, termo para o tendão *ísquio-tibial*.

Ignie (**Homero, Anatomia**), gr. ἰγνύη, fossa poplítea (atrás do joelho).

-ika, gr. -ικά, suf. relacionado a tratamento de, conhecimento de; ex.: Botânica (gr. βοτάνη, *botane*, grama, forragem + *-ika*).

-ikos, -icos, suf. gr. -ικός, formador de adj., pertencente a, derivado de; em lat. *-icus, -ica, -icum*; ex.: Vasos esofágicos; Nervos gástricos.

-ilentus, -ilenta, -ilentum, suf. lat. formador de adj., indicando abundância; ex.: Fruto suculento (cheio de suco).

Íleo (Anatomia), gr. ἰλεός, ειλεός, em lat. *ileum*, íleo, porção distal do intestino delgado. Observe que tanto o nome do Osso ílio quanto o da porção distal do intestino têm a mesma origem, o termo gr. ἰλεός, ειλεός, *eileos*, cólica intestinal. Aqui, como em outros casos, o nome de uma enfermidade (cólica intestinal) passou tanto a nomear uma parte do intestino delgado quanto o osso sobre o qual descansa esta parte do intestino.

Ileos, eileos (**Anatomia**), gr. ἰλεός, ειλεός, em lat. *ileum*, íleo, intestino delgado, cólica intestinal; ex.: Jejuno-Íleo (segunda e terceira porções do intestino delgado).

Ileum, lat., talvez do gr. ἰλεός, ειλεός, *eileos*, cólica intestinal.

Ílio (Anatomia), lat. *ileum*, íleo, gr. ἰλεός, ειλεός, intestino delgado; e um dos ossos da cintura pélvica, antigamente chamado de "osso ilíaco". Observe que tanto o nome do Osso ílio quanto o da porção distal do intestino têm a mesma origem, o termo gr. ἰλεός, ειλεός, *eileos*, que significa cólica intestinal. Aqui, como em outros casos, o nome de uma enfermidade/ sintoma (cólica intestinal) passou tanto a nomear uma parte do intestino delgado quanto o osso sobre o qual descansa o intestino.

-ilis, suf. lat. formador de adj; hoje utilizado para formar nomes de táxons; ex.: *Lacerta agilis*.

Ilium (**Anatomia**), lat., flanco, virilha; ex.: Osso ílio.

-illa, -illum, -illus, suf. dim. lat.; ex.: Fibrila.

Imago, lat., imagem; ex.: Imaginação.

Imunoglobulina, lat. *immunis*, livre, isento + *globulus*, pequena esfera; proteína de uma classe, que é formada por duas cadeias de polipeptídeos e que age como um anticorpo.

In-, pref. lat., em, para dentro de; ex.: Injeção (*in-* + *iacere*, jogar, "jogar para dentro").

-ina, suf. químico; ex.: Vitamina; Amina.

-ina, -inum, suf. lat. indicando posição, origem ou possessão (genitivo); ex.: Dextrina.

Inanitio, inanitionis, lat., ação de esvaziar, estado de estar vazio; ex.: Inanição ("estar vazio de alimentos", falta de alimento).

Incisivos (Anatomia, Mamíferos, dentes), vb. lat. *incidere*, cortar; dentes anteriores utilizados principalmente para a defesa, para morder e para cortar os alimentos.

***Incus* (Vesalius, Anatomia, Mamíferos, Orelha média)**, lat., bigorna, ossículo da cadeia triossicular; ex.: *Fossa incudis* (pequena fossa no *Tegmen tympani* do pétreo, dentro da qual se projeta parte da bigorna, o *incus*).

Indik, adj. gr. Ινδικ, relacionado à Índia; ex.: Oceano Índico.

Indução ou **Método Indutivo (Aristóteles)**, lat. *inductio*, levar alguém a fazer algo, induzir alguém; em gr. ἐπαγωγή, *epagoge*. Método que vai do particular ao universal; ex.: Este cisne é branco, aquele cisne é branco, logo todos os cisnes são brancos (ver Popper, 1980).

***Ines* (Homero, Hipócrates)**, gr. ἶνές, tendão ou nervo em Homero; em Hipócrates *ines* significa fibra (Daremberg, 1865).

inf., abreviatura para *verbo no infinitivo*.

***Inferus, inferioris* (Celsus, TRA)**, lat., inferior; ex.: Vertebrados "inferiores".

Ínfima espécie (Aristóteles, Classificação), lat. *infimus*, superlativo de *inferus*, baixo, inferior; em Aristóteles é a espécie que não pode ser gênero de nada, por exemplo, *Animal racional*. Isto se deve ao fato de que, para Aristóteles, todas as espécies (exceto a ínfima espécie) podem ser consideradas também como gêneros de espécie de um nível inferior. Por exemplo, a espécie Águia do gênero Aves também pode ser considerada como sendo o gênero Águia, que inclui as várias espécies de Águia, como Águia marinha, Águia real etc. Mas, no caso de *Animal racional*, "racional" não pode ser gênero de nenhuma espécie, porque só o Homem é racional.

Necessariamente, para Aristóteles, um gênero deve incluir pelo menos duas espécies distintas.

Infra-, pref. lat., abaixo; ex.: Forame infraorbital (lat. *foramen*, orifício + *infra-* + *orbis*, anel; forâmen situado abaixo da órbita).

Infundibulum, vb. lat. *infundere*, derramar dentro de; rel. a funil; ex.: Infundíbulo da pelve renal.

Iniectus, lat., jogado sobre, p.p. do vb. *inicere*, jogar, inserir; e vb. lat. *iacere*, jogar; ex.: Injeção de espécimes.

Inion (Homero, Galeno, Anatomia, TRA), gr. ἰνίον, nuca, Osso occipital. Modernamente é um ponto dos TRA, que se situa sobre a protuberância occipital externa do crânio humano. O ligamento nucal bem como o Músculo trapézio se fixam sobre ele.

Insecta (Plínio, o Velho, Classificação), lat. *insectum*, segmentado; Insetos. Aparentemente foi Plínio, o Velho, quem traduziu o termo *Entoma* de Aristóteles para o latim como *Insecta*.

Inserção tendinosa, muscular (Anatomia), lat. *in*, em + vb. *serere* + *tendo*, tendão; colocar; local onde os tendões/músculos são fixados. Os músculos têm usualmente duas inserções. Por exemplo, os dos membros têm uma *inserção de origem* (em que o músculo se origina, proximalmente), como na pelve ou coxa, e uma inserção terminal (onde o músculo faz a ação, distalmente), como na perna ou no pé.

Insetos (Plínio, o Velho, Classificação), lat. *insecta*, do vb. *insectare*, *in-*, em + *secare*, cortar; "cortar em pedaços"; em gr. ἔντομα, ἐν-, *en-* com + τομα, *toma*, partes, "com partes". Os *Entoma* de Aristóteles incluem, além dos atuais Insetos, os Aracnídeos, os Escorpiões e os Miriápodes. Lineu, por sua vez, incluiu os Crustáceos nos *Insecta*.

Insula, lat., ilha; ex.: Fauna insular.

Insulina, lat. *insula*, ilha + suf. lat. *-ina, -inum*, indicando posição, origem ou possessão (genitivo); secreção endócrina do pâncreas; hormônio secretado pelas células beta nas ilhotas pancreáticas de Langerhans. O pâncreas também produz importantes enzimas digestivas exócrinas (amilase, lipase e tripsina), lançadas no duodeno através do ducto pancreático.

Integumento (Anatomia), lat. *in*, em, sobre + vb. *tegere*, cobrir; relacionado ao lat. *tegmen*, telhado; um recobrimento; ex.: Epiderme.

Inter-, pref. lat., entre; ex.: Osso interparietal.

Interclavícula (Anatomia, alguns Vertebrados), pref. lat. *inter-*, entre + clavícula; osso frequentemente encontrado entre as clavículas em tetrápodes. Não confundir com Fúrcula que são as clavículas fusionadas entre si, de Aves e Terópodes.

Intercentro (IC, Anatomia, Vertebrados, Coluna vertebral), pref. lat. *inter-*, entre + *centrum*, centro; centro primitivo dos corpos vertebrais, o qual, durante a evolução, é progressivamente substituído pelo pleurocentro (PC). Os IC persistem no complexo Atlas-Áxis e em Vertebrados paleozoicos e mesozoicos. Nos Mamíferos o arco anterior do Atlas, onde se articula o Áxis, é formado pelo intercentro. O único réptil recente com IC, com a forma de uma cunha ventral ao longo da coluna e entre os PC, é o *Sphenodon* (Squamata, Sphenodontidae; ver Ferigolo, 2000, 2009). Há uma certa confusão na literatura entre arco hemal e intercentro. Para alguns autores, o corpo do arco hemal seria o intercentro.

Interno (Anatomia, TRA). Ver Termos de Referência Anatômicos.

Interparietal. Ver *Osso interparietal*.

Intersticial (Anatomia), adj. lat. *interstitium*, situado entre duas outras coisas; ex.: Líquido intersticial (líquido situado no interstício, i.e., entre as células).

Interstício (Anatomia), lat. *inter*, entre + vb. *sisto*, eu coloco (vb. colocar), em gr. ἵστημι, *histemi*, colocar; o espaço em meio às células de um tecido orgânico.

Intestino (Celsus, Anatomia), lat. *intestinum*, de *intus*, dentro. Parte do tubo digestivo; no início da medicina e da anatomia, o termo "intestino" significava algo como "entranhas", as "vísceras dentro do corpo".

Íntima, lat., a mais interna; ex.: Túnica íntima.

Intra-, pref. lat., interior, interno; ex.: Intracraniano.

Invaginação, lat. *invaginare*, *in*, em, para dentro + *vagina*, bainha; refere-se ao processo de "empurrar para dentro", assim criando uma bainha; ex.: Invaginação intestinal. Ver *Evaginação*.

Involução, lat. *in*, em, para dentro + *volvere*, enrolar; mudança com diminuição no tamanho. Termo hoje em desuso.

-io, suf. lat. *-ium*, significando lugar para; ex.: Refúgio (lat. *refugium*, pref. *re-*, de novo + vb. *fugere*, fugir; "lugar para fugir").

-ior, suf. lat. formador de adjetivos expressando graus; ex.: Asa *maior* do Osso Esfenoide do Homem (Osso Alisfenoide nos Mamíferos não humanos).

Iota, letra grega γιῶτα ou ιῶτα, minúsc. ι, maiúsc. I. Translitera-se como "i". Observe que, apesar do nome, a letra corresponde ao "i" em português (e não ao jota, pois esta letra não existe em grego).

Ipsi-, pref. lat., o mesmo; ex.: Ipsilateral (algo do mesmo lado; como ossos ipsilaterais; e.g., todas as Falanges de uma das mãos ou de um dos pés são ipsilaterais).

Iris (Rufus de Efésos, Anatomia), lat., gr. ἴρις, arco íris; nome utilizado para a *membrana colorida ao redor da pupila*, na porção anterior do olho; ex.: Iridescente (que se assemelha à íris em relação às cores).

Is, abreviatura para Osso *Ísquio*.

Ischion (Homero, Anatomia), gr. ἰσχίον, nome utilizado para a *articulação coxofemoral* (significado original); hoje ísquio refere-se a um dos três ossos da cintura pélvica; os outros dois são os Ossos Ílio e Púbis; ex.: Osso Ísquio; Nervo Isquiádico.

-iscus, suf. lat. tardio e medieval, formador de adj; ex.: Menisco (gr. μηνίςκος, *meniskos*, lua crescente; de μήνη, *mene*, lua; μήνη também é a deusa grega dos Meses).

-ismus, -isma, suf. lat., gr. -ιςμός, *ismos*, formador de nomes abstratos, indicando ação, estado, condição; relacionado aos vb. gr. terminados em -ίζειν, *-izein* e -ιςμα, *-isma*; ex.: Gradualismo (lat. *gradus*, passo); Geocentrismo.

Iso-, isos, pref. gr. ἴςος, o mesmo, igual; ex.: Crescimento isométrico (contrário de crescimento alométrico).

Isotrópico, pref. gr. ἴςος, o mesmo, igual + τρόπος, *tropos*, voltar-se, dirigir-se, um movimento, uma virada; o que tem as mesmas propriedades em todas as direções.

Ísquio (Homero, Anatomia), gr. ἰςχίον, *ischion*; o sentido original é o de articulação coxofemoral. Homero se refere a um ferimento no *ischion*, no qual a cavidade foi fraturada e os tendões (ligamentos redondo ou teres) foram rompidos (ver Daremberg, 1865, p. 30). Ver *Osso ísquio*.

-issimo, -issimus, suf. lat. formadores de superlativos; ex.: *Musculus lastissimo dorsi*.

-ista, -istes, suf. lat., gr. -ιςτής, *istes*, indicando especialidade em algo; rel. aos vb. gr. terminados em -ίζω, -*izo*, -άζω [-*azo*, -όζω, -*ozo* ou -ύζω, -*uso*; e relacionado a -αςτής, -*astes*, -οςτής, -*ostes* e -υςτής, -*ustes*; ex.: Dentista; Geneticista.

Istmo, gr. ιςθμός, *isthmos*, uma passagem estreita ou uma ponte de terra.

-ite, suf. lat. -*itis*, indicando inflamação, associada ou não a uma infecção; ex.: Gastrite; Nefrite; Pancreatite; Artrite.

-itis, suf. lat., inflamação; ex.: Artrite; Osteíte.

-ito, -itos, -ita, -itas, suf. lat., gr. -ίτης, [-*ites*, formador de nomes e adj. indicando "pertencente a"; ou referindo-se a rochas e minerais; ex.: Arenito; Siltito; Hermafrodita.

Iugum, lat., jugo, canga, parelha; ex.: Veia Jugular ("veia da canga", "veia do pescoço"; em gr. ςφαγίτιδες, *sphagitides*).

Iungere, vb. lat., juntar, unir; ex.: Junta (antigo nome para articulação).

Iuvenis, lat., juvenil; ex.: Espécime juvenil (não adulto).

Iuxta, lat., junto a, próximo a, justa; ex.: Vaso justarticular.

Izys **(Homero)**, gr. ἰζύς, região lombar ou porção superior da região lombar, acima da pelve. É sobre este lugar onde se coloca o cinto.

J

J (1), abreviatura para *Osso jugal*.

J (2), abreviatura para *Período Jurássico* (tempo geológico).

Jacio, iacio, vb. lat., eu jogo, eu lanço, jogar, lançar; ex.: Ejaculação.

JACOBSON, LUDWIG LEVIN (1783-1843). Médico e anatomista de Copenhague; que identificou, entre outras coisas, o Órgão de Jacobson ou Órgão vomeronasal, situado na fissura palatina (entre os Ossos pré--maxilas e maxilas).

Janua, lat., porta, ex.: Janeiro.

***Jejunus, jejunum* (Galeno, Anatomia)**, lat., jejuno, vazio, jejum; segunda porção do intestino delgado. O nome se deve ao fato de ele geralmente se encontrar vazio. As duas outras partes do intestino delgado são: duodeno (primeira porção) e íleo (terceira porção).

Jogo do osso. Dois tipos de jogos têm sido assim chamados: 1- um da Antiguidade, jogado com *astrágalos de cabras e ovelhas*; que posteriormente veio a originar o jogo de dados; e 2- outro realizado com o Osso fúrcula de Aves (galinha). Ver *Osso Fúrcula*.

Jugal (Anatomia), lat. *iugum, iugi*, jugo(s), canga(s); ex.: Osso Jugal; Veia Jugular (esta veia tem este nome em função de que é sobre o pescoço que se coloca a canga dos bois). Em grego, ςφαγίτιδες, *sphagitides*. Σφαγίτιδες vem do vb. ςφάζω, "eu chacino", possivelmente relacionado ao ato de degolar os animais ou os inimigos cortando os vasos do pescoço.

Jugular (Anatomia), lat. *iugum*, jugo, canga, parelha; ex.: Veia Jugular. Como jugular vem de jugo, canga, "Veia Jugular" significa "veia do pes-coço" (ou veia que fica onde se coloca a canga dos bois; ex.: *Boves cum iugo*, lat. "bois com canga". Em Aristóteles, a Veia Jugular é chamada de gr. ςφαγίτιδες, *sphagitides*; que provém do vb. gr. ςφάζω, "eu chacino", possivelmente relacionado ao ato de degolar os animais ou os inimigos, cortando os vasos do pescoço, principalmente as Veias Jugulares.

Jungus, junctus, vb. lat., unir; ex.: Junta (articulação).

Junior, juvenis, lat. mais jovem; ex.: Indivíduos juvenis (imaturos).

Jurássico. Ver *Período Jurássico.*

K[35]

K, símbolo do Período Cretáceo (tempo geológico), entre ca. 145 e ca. 65 milhões de anos antes do presente. Situa-se entre os Períodos Jurássico e Paleoceno, primeiro período do Paleógeno. Na geologia é marcado pela camada de *iridium* que separa os períodos K-T.

Kachexia, cachexia **(Aristóteles)**, gr. καχεξία, caquexia, mau estado de saúde, extremo grau de magreza; ex.: Estado caquético (Homem, Mamíferos). Aristóteles sugere que, para estudar os vasos sanguíneos (superficiais) dos animais (Tetrápodes Vivíparos), pode-se emagrecê-los ao extremo, quando então os vasos se tornam bem mais visíveis. Esta ideia deve ter resultado de observações médicas sobre pacientes em estado terminal.

Kantharos, gr. Κάνθαρος, taça para vinho e para rituais sagrados. O *kantharos* está relacionado a Dionisos, o deus do Vinho (deus Baco dos Romanos), dos Vegetais e da Fertilidade.

Kapa, letra grega κάπα, minúsc. κ, maiúsc. Κ. Translitera-se como "k"; ex.: Caquexia (gr. καχεξία).

Karaboi, caraboi **(Aristóteles, Classificação)**, gr. Κάραβοι, um dos grupos de Crustáceos de Aristóteles, que inclui as lagostas.

Karcharodonta, carcharodonta **(Aristóteles, Classificação)**, gr. Καρχαροδοντα, gr. καρχαρ, *karchar*, agudo, cortante, referente a tubarão + ὀδούς, *odous*, dente; "dentes cortantes como os dos tubarões". Nas traduções de Aristóteles para o inglês (e.g., D'Arcy Thompson e A. L. Peck), encontramos "dentes serrilhados" referindo-se a tais dentes, agudos e cortantes; mas que correspondem aos dentes carniceiros dos Carnivora (*Sarkophaga*, i.e., os "comedores de carne" de Aristóteles). Muitos dentes de Vertebrados/Craniata podem ser serrilhados, como Peixes, Anfíbios e Répteis.

Kardia, cardia **(Homero, Rufus de Efésos, Anatomia)**, gr. καρδία; em Homero, com o sentido psicológico de sentimento, coragem, energia;

---

[35] Usualmente o "k" grego é transliterado como "c". De onde a origem do "c" inicial de muitas palavras nas línguas neolatinas; como em caquexia (gr. καχεξία).

coração, mente, centro da vida espiritual e do pensamento, alma, parte interna ou central de alguma coisa; em Rufus, significa coração; ex.: Cardíaco; Cárdia (união esofagogástrica, próximo ao coração).

Kare (Homero), gr. κάρη, o mesmo sentido de *kephale*, cabeça.

Kárpos, cárpos[36] (Homero, Rufus de Efésos, Anatomia, Vertebrados, punho), gr. κάρπος, punho; ex.: Ossos do carpo ou carpais. Nome utilizado para o *carpo*. Enquanto que *kárpos* com o significado de fruto, produto, filho, colheita etc. provém do protoindo-europeu **kerp-*, que significava colheita, colher, puxar; por outro lado, *karpós* significando punho provém também do protoindo-europeu, mas da palavra **kʷerp-*, que significava *girar*, e relacionado ao movimento de *girar a mão*. Na realidade, o giro da mão e do antebraço se dão pela rotação do antebraço sobre o úmero, ao nível do cotovelo, principalmente pela rotação da cabeça do rádio sobre o capítulo da tróclea do úmero. Não confundir καρπός, fruto, com κάρπος, punho. Em Homero, sempre na forma de "mão do carpo", segundo Daremberg (1865), o sentido de *kárpos* seria talvez mais amplo, incluindo o que chamamos hoje de carpo + metacarpo.

Karpós, carpós, gr. καρπός, carpo, fruto; ex.: Carpo; Carpologia. *Karpós* se refere aos frutos da terra em geral (colheitas, grãos, uvas etc.), mas também outros "frutos", como os filhos, os lucros etc. Enquanto que *karpós* com o significado de fruto, produto, filho, colheita etc. provém do protoindo--europeu **kerp-*, que significava colheita, colher, puxar; por outro lado, *kárpos* significando punho provém também do protoindo-europeu, mas da palavra **kʷerp-*, que significava *girar*, e relacionado ao movimento de *girar a mão*. Não confundir καρπός, fruto, com κάρπος, punho. Aristóteles se refere aos animais carpófagos, os comedores de frutos (e também aos omnívoros e aos sarcófagos).

Karides, carides (Aristóteles, Classificação), gr. καρίδες, um dos grupos de Crustáceos de Aristóteles, que inclui os Camarões.

Karkinoi, carcinoi (Aristóteles, Classificação), gr. καρκίνοι, um dos grupos de Crustáceos de Aristóteles, que inclui os Caranguejos. *Karkinos* é também um caranguejo gigante da mitologia grega.

---

[36] Normalmente não incluímos acentos (adicionados pelos gramáticos de Alexandria) nas transliterações; todavia, aqui é necessário diferenciar duas palavras com as mesmas letras, mas com acentos e sentidos diferentes: καρπός, fruto, e κάρπος, punho.

Karyon, carion (Anatomia), gr. κάρυον, noz, núcleo; ex.: Eucariotas; Procariotas.

Karyolysis, gr. κάρυον, noz, núcleo + λύςις, *lysis*, dissolução, lise; cariólise refere-se ao desaparecimento do núcleo, quando da morte celular.

Kata, cata, pref. gr. κατά, "para baixo", sob; a partir de, contra, de acordo com, através de, durante; ex.: Catabolismo; *Kataphysin*; *Katamenia*. Prefixo muito utilizado por Aristóteles e outros em descrições anatômicas.

Katakleis (Galeno, Anatomia), gr. κατακλείς, pref. κατά, "para baixo", sob + κλείς, em lat. *clavis*, chave; área subclavicular. Galeno (1535) observa que alguns autores acreditavam que, além da escápula e da clavícula, haveria um terceiro osso no ombro; e que alguns o chamam de *katakleis*, mas outros de *akromion* (*akron*, extremidade + *omos*, ombro). Galeno também usa o termo *katakleis* para a primeira costela, com o sentido de "subclavícula". Ver ainda Liddell e Scott (1953, p. 894).

Katamenia, catamenia (Aristóteles), gr. καταμήνια (pref. κατά, *kata*, para baixo + μήν, *men*, mês, lua), menstruação; em Aristóteles *catamenia* tem o sentido de "sêmen feminino", como era interpretada por ele a menstruação.

Kataphysin, cataphysin (Aristóteles, Galeno), pref. gr. κατά, para baixo, sob + φύςις, *physis*, crescimento, origem, natureza, "de acordo com a Natureza".

Katharsin (Platão, Aristóteles), gr. κάθαρςιν, purificação, limpeza.

Kategoria, categoria (Aristóteles), gr. κατηγορία, pl. κατηγορίαι, categoria(s); em lat. *categoria*. Na biologia, refere-se àquilo sobre o que se predica algo (o sujeito ou a substância), uma quantidade, qualidade, tempo, posição, relação etc.; os quais são tipos de *Categorias* em Aristóteles e hoje, na biologia, são tipos de caracteres (relativos a quantidade, qualidade, tempo, posição etc. de um organismo ou suas partes). O termo grego *kategoria* originalmente significava "acusação" e é um deverbal de κατηγορίεν, *kategorien*, "falar contra alguém", "acusar"; do pref. *kata-*, para baixo, para fora, contra + vb. αγορεύειν, *agoreuein*, declamar, falar abertamente em público, na Ágora (praça de Atenas).

Kaulos (Rufus de Efésos, Anatomia), καυλός, nome dado ao *pênis*.

***Kear, ker* (Homero, Anatomia)**, gr. κέαρ, κῆρ, o mesmo sentido de *kardin* ou *kradin*, coração. *Ker* tem também o sentido de vida.

***Keboi, ceboi* (Aristóteles, Classiificação, Mamíferos)**, gr. κῆβοι; segundo Lones (1912), Aristóteles queria se referir com este nome ao Macaco-de--Gibraltar, único primata da Europa. Portanto nada tendo a ver com *Cebus* do Novo Mundo. Leroi (2014), no entanto, considera que os *Keboi* devem ser a *Macaca mulatta*; sendo então *Pithekoi*, a *Macaca sylvanus*. O terceiro primata a que Aristóteles se refere é Κυνοκέφαλοι, *Kynocephaloi* ("cabeças--de-cão"), os babuínos (talvez *Papio cynocephalus* do Velho Mundo). Hoje *Cynocephalus* é o gênero de um mamífero dermoptera (Primatomorpha).

***Kekryphalos, cecryphalos* (Aristóteles, Anatomia)**, gr. κεκρύφαλος é uma das câmaras do estômago dos Ruminantes, o *reticulum*.

***Keneon* (Homero, Anatomia)**, gr. κενεών, flanco ou região ilíaca; região sobre a qual se coloca o cinto.

***Keneones* (Rufus de Efésos, Anatomia)**, gr. κενεών, flanco ou região ilíaca, nome dado ao *flanco*.

***Knisse* (Homero)**, gr. κνίςςη, gordura, graxa, tanto dos animais quanto do homem; o mesmo que gr. δημός, *demos*. A recomendação de colocar os ossos de Pátroclo (*Ilíada*, 16; Homero, 2009a) entre ou sob duas camadas de gordura indica que os gregos já conheciam, à época, que a gordura conserva as substâncias, impedindo o contato com o ar (como se usa até hoje). Homero também se refere à camada de gordura que envolve os rins, por ele chamados de *nephroi* (Daremberg, 1865).

***Kenos, cenos* (Aristóteles, Anatomia)**, gr. κενός, vazio, oco, perfurado. Aristóteles utiliza este termo para se referir ao Forame Magno, como uma "perfuração" na parte posterior do crânio. Equivocadamente, A. L. Peck, D'Arcy Thompson e outros traduzem este termo como "vazio e/ou oco". Assim, a tradução deles fica: "a porção posterior do crânio é vazia ou oca", quando deveria ser "a parte posterior do crânio é *perfurada* [pelo Forame Magno]". Ver Ferigolo (2023).

Kentrov, centron, gr. κέντρον, centro de um círculo, ferrão; do vb. κεντέω, eu perfuro, perfurar, ferroar; em lat. *centrum*; ex.: Centro vertebral.

***Kephalos, cephalos* (Homero, Aristóteles, Rufus de Efésos, Anatomia)**, gr. κέφαλος, cabeça; ex.: Cefalópode (*kephale* + πούς, *pous*, pé, "pés na cabeça"). Na Antiguidade o termo *kephale* era também utilizado com o sentido de crânio. Sinônimo em Homero: κάρη, *kare*.

***Keraia, keraiai* (1; Aristóteles, Anatomia)**, gr. κεραία, κεραίαι, antena(s); termos utilizados por Aristóteles para as antenas dos *Entoma*.

***Keraiai* (2; Rufus de Efésos, Anatomia)**, gr. κεραῖαι, nome utilizado para os *cornos do útero*.

***Keras, keratos, ceras, ceratos* (Aristóteles, Anatomia)**, gr. κέρας, κέρατος, corno; ex.: *Ceratosaurus* (Dinossauro).

***Keratine* (Anatomia)**, gr. κερατίνη, de κέρας, κέρατος, corno; hoje queratina é o nome da proteina dos pelos, unhas e tecidos córneos; ex.: Queratina.

***Keration* (Anatomia)**, gr. κερατίων, de κέρας, κέρατος, corno; refere-se aos animais com cornos.

***Kerkis, cercis* (Rufus de Efésos, Galeno, Anatomia)**, gr. κερκις, haste cônica, nome dado ao Osso *rádio*; em lat. *radius*.

***Kerkos, cercos* (Anatomia)**, gr. κερκος, cauda; ex.: Cauda hipocercal (cauda de peixe com o lobo ventral maior do que o dorsal).

***Ketos, Kete, Ketode* (Homero, Aristóteles, Classificação, Cetáceos)**, gr. κῆτος, pl. κήτη, κῆτοδε; em lat. *cetus*. *Kete* foi primeiro utilizado por Homero para se referir a "monstros marinhos", grandes Peixes ou grandes animais marinhos, que incluem as baleias. Aristóteles utilizou o termo *Kete* para o que hoje chamamos de Cetáceos (baleias e golfinhos). Eles não foram incluídos nos *Zootoka* (Mamíferos Tetrápodes), porque *Kete* são considerados Ápodes por Aristóteles. *Keto* é também uma deusa primordial do Mar, filha de *Gaia* e *Pontus*, e o nome de uma Oceânide. *Ketos*, ademais, significava abismo. Ver Cetáceos.

***Kineo, cineo*,** vb. gr. κινέω, eu movo (vb. mover); ex.: Cinesiologia. Aristóteles é considerado o fundador da área da cinesiologia, por ter tratado do movimento dos animais; principalmente nas obras de *Incessu Animalium* e *De Moto Animalium*.

***Kinesis, cinesis*,** gr. κίνησις, movimento, mudança, do vb. gr. κινέω, eu movo (vb. mover); ex.: Cinética craniana.

Kirsoeides, kirso, gr. κιρςοειδές, κιρςο, varizes + εἶδος, *eidos*, forma, veias varicosas.

Klados, clados, gr. κλάδος, ramo, galho; ex.: Cladística.

Klastos, clastos, gr. κλαςτός, algo quebrado; do vb. gr. κλάω, *klao*, eu quebro (vb. quebrar); ex.: Osteoclastos (histologia); Clastos (seixos, geologia).

***Kleis, cleis* (Homero, Hipócrates, Aristóteles, Galeno, Anatomia)**, gr. κλείς, em lat. *clavis*, chave; ex.: Clavícula (lat. *clavis*, chave + suf. dim. *-ula*, "pequena chave"). Segundo Daremberg (1865), não se pode saber o que teria vindo antes, o nome do osso, ou o nome da chave, *kleis*. Para ele, é possível também que a clavícula tenha sido utilizada como fechadura/chave.

***Kleitorida* (Rufus de Efésos, Anatomia)**, gr. κλειτορίδα, nome dado ao *clitóris*.

***Kneme, cneme* (Homero, Rufus de Efésos, Galeno, Anatomia)**, gr. κνημη, perna, canela, tíbia; cnemial é um adj. referente à tíbia; ex.: Crista cnemial.

***Knide, cnide* (Aristóteles)**, gr. κνίδη, agulha, gr. κνίδος, *knidos*, urticante; Celenterados ou Cnidários de Aristóteles; ex.: Cnidaria (Porifera). Ver *Akalephe*.

***Kochlos, cochlos* (Aristóteles, Anatomia, Moluscos)**, gr. κόχλος, espiral, concha em espiral (Gastrópode); ex.: Cóclea.

***Koilia, coilia, koilos, coilos* (Aristóteles, Rufus de Efésos, Anatomia)**, gr. κοιλία, κοῖλος, vazio, cavidade; em lat. *coelia*. *Koilia* pode significar qualquer cavidade corporal, como 1- estômago, 2- intestino, 3- cavidade abdominal, 4- câmara, 5- ventrículo, 6- útero (de Invertebrados, inclusive), 7- rúmen e 8- cavidades em ossos. Aristóteles utiliza o termo *koilia* para estômago e intestino. Além de "*koilia* superior", possivelmente significando estômago + intestino delgado; e "*koilia* inferior", talvez significando intestino grosso, ele também denomina *koilia* o útero dos Invertebrados; enquanto que, para o dos Vertebrados, *hystera* e *delphys*. O termo lat. *coelia* deu origem a muitos termos anatômicos modernos, como Artéria Celíaca, Tronco Celíaco ("artéria e tronco arterial dos intestinos") etc. Fora da Biologia, κοῖλος pode referir-se a qualquer cavidade na Terra (ver *Metereologica* II, 349b4; 350b23, 369b2; e Liddell; Scott, 1953); ex.: Vértebra anficélica (pref. gr. *amphi-* + *koilos*).

Koiloma tes hysteras (Rufus de Efésos, Anatomia), gr. κοίλωμα τῆς ὑςτέρας, nome utilizado para as *trompas do útero* (Trompas de Falópio).

Kole, cole (Anatomia), gr. κωλῆ, coxa, presunto suíno.

Kolenes, colenes (Anatomia), gr. κωλῆνες, perna; ossos da perna (tíbia e fíbula).

Koleps (Homero, Anatomia), gr. κώλεψ, fossa poplítea; semelhante ao gr. ἰγνύη, *ignie*.

Kolon, colon (Rufus de Efésos, Anatomia), gr. κόλον, nome dado ao *intestino grosso*; ex.: Cólon transverso.

Kolpos, colpos (Anatomia), gr. κόλπος, útero, vagina, algo oco; ex.: Colposcopia.

Kondylos, condylos (Aristóteles, Galeno, Anatomia), gr. κόνδυλος, junta, articulação, côndilo. Κόνδυλος é também uma medida, equivalendo na Grécia Antiga a 4 *dactyloi* (1 *dactylos*, 1 dedo = 19,3 mm); ex.: Côndilos do fêmur.

Konos, conos (Anatomia), gr. κῶνος, cone; ex.: Cones (células da retina do olho dos Vertebrados), especializadas para ver cores à luz do dia. Os bastonetes são especializados para a visão noturna.

Kopros, copros, gr. κόπρος, fezes; ex.: Coprólito (fezes fósseis); Coprofagia (hábito de alguns animais comerem fezes).

Korax, korakos, corax, coracos (Aristóteles, Classificação), gr. κόραξ, κόρακος, corvo; ex.: Osso coracoide da mandíbula (supostamente com forma semelhante à do bico de um corvo; κόρακος, corvo + εἶδος, *eidos*, forma; forma [de bico] de corvo).

Kore, core (Rufus de Efésos (Anatomia), gr. κόρη, menina, boneca, nome dado à pupila *do olho*. Este nome se deve ao fato de se poder observar o reflexo de uma pessoa (uma menina) sobre a pupila. Esta é a origem da expressão "menina dos olhos", que significa pessoa ou objeto preferido de alguém.

Korse (Homero, Anatomia), gr. κόρςη, região das têmporas (cabelo); sinônimo do gr. κρόταφος, *krotaphos*.

Kosmos, gr. Κόςμος, Cosmos, Universo; ex.: Cosmologia.

Kotyle, cotyle (**Homero, Galeno**), gr. κοτύλη, cótile, cavidade em forma de taça; acetábulo; de onde vêm termos como cótilo, cavidade cotilar etc.; ex.: Cotilédones (do útero).

Kouralion, couralion, gr. κουράλιον, coral; em lat. *corallium*; ex.: Corais.

Kouros (**Homero**), gr. κοῦρος, feto humano.

Kradin, kardin (**Homero, Anatomia**), gr. κραδίν καρδίν; sentido psicológico de sentimento, coragem, energia; coração, mente, centro da vida espiritual e do pensamento, alma, parte interna ou central de alguma coisa. A forma metatética *kradin*, tem por vezes o sentido anatômico, mas geralmente também tem o sentido psicológico (Daremberg, 1865).

Kranion (**Homero, Aristóteles, Rufus de Efésos, Galeno, Anatomia**), gr. κρανίον, *kranion*, crânio, cabeça; em lat. *cranium*. Em Homero, *kranion* é empregado apenas para o cavalo; em relação ao homem ele utiliza "osso da cabeça" ou simplesmente "os ossos", como depois em Hipócrates (Daremberg, 1865). Aristóteles também por vezes chama o crânio de "osso da cabeça".

Kranterai (**Rufus de Efésos, Anatomia**), gr. κραντῆραι, nome utilizado para os *dentes*.

Kreas, creas (**Homero, Aristóteles, Anatomia**), gr. κρέας, carne; ex.: Pâncreas (*pan-*, tudo + *kreas*, carne, "tudo carne"; provavelmente em referência ao parênquima homogêneo, diferentemente dos rins, que, além do parênquima (κρέας), têm cavidades pélvicas que drenam nos ureteres e estes na bexiga urinária). A forma *sarx, sarkos*, se refere apenas ao homem, em Homero (Daremberg, 1865), mas não inclui vísceras nem gordura.

Krikos, cricos, gr. κρίκος, em lat. *cribros, cribrum*, peneira; ex.: Lâmina crivosa do Osso Etmoide.

Krossos, crossos, gr. κροςςός, margem, guarnição, pregueado; ex.: Crossopterígios (Peixes).

Krotaphos (**Homero, Anatomia**), gr. κρόταφος; sinônimo de gr. κόρςη, *korse*, região das têmporas, região temporal. Em francês o antigo nome do Músculo temporal era "muscle crotaphite".

Kteis (**Rufus de Efésos, Anatomia**), gr. κτεις, nome utilizado para a *região pubiana*. Não confunir com *kteís*, pente (ex.: Escama ctenoide).

kVA, abreviatura para *quilovolt/ampere* (utilizado nos regimes de raios X).

***Kyamos* (Rufus de Eféesos, Anatomia)**, gr. κύαμος, nome utilizado para a *mama imatura*.

Kyanos, kyaneos, cyanos, cyaneos, gr. κύανος, κυάνεος, azul; ex.: Cianose; Algas cianofíceas.

***Kybiton, kubiton* (Rufus de Eféesos, Anatomia)**, gr. κύβιτον, nome utilizado para o *cotovelo*; ex.: Cúbito (antigo nome da Ulna). Cúbito é também uma medida da Antiguidade, que se estendia da extremidade do cotovelo até a ponta do dedo médio. O cúbito da Antiga Grécia equivalia a 24 *dactyloi* (24 dedos; 1 *dactylos*, 1 dedo = 19,3 mm), enquanto que o cúbito egípcio media 27 *dactyloi*.

Kybos, cybos, gr. κύβος, cubo; ex.: Osso cuboide.

Kyklos, cyclos, gr. κύκλος, ciclo; ex.: Ciclo menstrual; Ciclo lunar; Escamas cicloides.

Kylindros, cylindros, gr. κυλινδρος, cilindro; ex.: Estruturas cilíndricas.

***Kylon* (Rufus de Eféesos, Anatomia)**, κύλον, nome utilizado para as *pálpebras superiores*.

***Kynas, cynas* (Homero, Aristóteles, Classificação, Mamíferos)**, gr. κύνας; foca-monge do Mediterrâneo. Por vezes κύνας é traduzido como "cão do mar" ou "lobo marinho". O termo aparece primeiro em Homero (*Odisseia*, 12, 90-95), provavelmente se referindo à foca *Monachus monachus* (Carnivora, Pinnipedia, Phocidae). Atualmente este é o pinipédio mais ameaçado de extinção em todo o Mundo.

***Kynodontes, cynodontes* (Rufus de Eféesos, Galeno, Anatomia, Mamíferos, dentes)**, gr. κυνο, *kyno*, cão + ὀδούς, ὀδόντος, *odous, odontos*, dente; nome dos dentes caninos em Rufus e Galenus (1535; trad. e comentários em Singer, 1952). Hoje, Cynodontia é o nome do grupo mais avançado dos Terápsidas, os ancestrais dos Mamíferos.

***Kynokephaloi, cynocephaloi* (Aristóteles, Classificação, Mamíferos)**, gr. κυνοκέφαλοι. Segundo Leroi (2014), Aristóteles utiliza este nome para o babuíno, *Papio cynocephalus*.

Kyon, cyon (Aristóteles, Classificação, Mamíferos), gr. κύων, cão; ex.: Cinodontes ("dentes de cão"; Vertebrados mamaliformes triássicos que deram origem aos Mamíferos).

Kyphos, cyphos, gr. κυφός, curvado, corcunda; ex.: Cifose normal da região torácica da Coluna vertebral.

Kypselis (Rufus de Efésos, Anatomia), gr. κυψελὶς, nome utilizado para a *cera do ouvido*.

Kystin, cystin (Rufus de Efésos, Anatomia), gr. κυςτιν, nome para a *bexiga urinária*; possivelmente derivado gr. κίςτη, *kiste*, cesta, cesta de vime, caixa. Na Antiguidade a bexiga de alguns Mamíferos era utilizada, após curtimento, como recipiente para transportar água ou vinho.

Kystis, cystis (Homero, Anatomia), gr. κυςτις, em lat. *cystis*, bexiga, bolsa; em Homero aparece quando ele se refere a ferimentos, como um que entra pelas nádegas e sai anteriormente, atravessando a bexiga (Daremberg, 1865); ex.: Canal cístico (ducto da vesícula biliar que se une ao ducto hepático comum, formando o colédoco, que leva a bile ao duodeno).

Kytos, kytous, gr. κύτος, κύτους, casco de navio, algo oco, jarro, vaso, célula; ex.: Citologia.

L

L, abreviatura para *Osso lacrimal*.

L1-L5 (Anatomia, Mamíferos, Coluna vertebral), abreviaturas para as vértebras lombares 1 a 5.

Labyrinthos **(Anatomia)**, gr., labirinto; ex.: Labirinto ósseo da Orelha interna; Labirinto renal (massa de túbulos do córtex renal); Labirinto hepático (espaços sinusoidais).

Lacer, vb. lat., rasgar, lacerar; ex.: Laceração.

Lacteais, lat. *lacteus*, *do* leite, vb. lat. *lactare*, sugar, mamar; linfáticos intestinais contendo o quilo, após uma refeição gordurosa.

Lactíferas, lat. *lacteus*, *do* leite + vb. gr. φέρω, *phero*, eu porto (vb. portar), eu levo (vb. levar), eu carrego (vb. carregar); refere-se a estruturas que transportam leite.

Lacuna, lacunae, dim. do lat. *lacus*, lago, pequeno espaço oco; ex.: Lacunas ósseas.

Lagena, lat. *lagynos*, um frasco para servir vinho, de gregos e romanos; em anatomia, o ápice fechado do ducto coclear.

Laimos **(Homero, Anatomia)**, gr. λαιμός, semelhante ao gr. λαυκανίη, garganta, faringe, esôfago.

Lakopeddon **(Rufus de Efésos, Anatomia)**, gr. λακκόπεδον, de *lakko*, bolsa, recipiente + *pedon*, pé; nome utilizado para o *saco escrotal*. Semelhante ao gr. όςχεο, όςχεον.

Lamella(-ae) **(Anatomia)**, dim. do lat. *lamina*, pequeno prato, escama; ex.: Lamelas ósseas.

Lamina(-ae) **(Anatomia)**, lat., lâmina(s) ou camada(s), adj. laminado; ex.: Osso laminar.

Lamina(-ae) propria(-ae) **(Anatomia)**, lat., camada(s) de tecido conjuntivo localizada(s) sob o epitélio.

Lampein, lampas, vb. gr. λάμπειν, brilhar, λαμπάς, tocha, brilho; ex.: Lâmpada.

Lanugo (Homem, Anatomia, pele), do lat. *lana*, lã; refere-se aos pelos curtos, finos e descoloridos que cobrem o corpo do feto e geralmente caem antes do parto, mas que podem persistir e cair após dias ou até semanas depois do parto.

Laparos, laparai (Homero, Aristóteles, Rufus de Efésos, Anatomia), do gr. λαγαρός, oco, intestino; termo para a *cavidade ilíaca*. Deste termo se originou laparoscopia.

Lapis, lapidis, lat., pedra; ex.: Lápide; Lápis.

Largus, lat., grande; ex.: Largura.

Larva, lat., máscara, fantasma, larva; ex.: Fase larval.

lat., abreviatura para *latim*, significando palavra de origem latina.

Latus, lateris (Anatomia), lat., lado; ex.: Lateral (ATR).

Laukanie (Homero, Anatomia), gr. λαυκανίη, garganta, faringe, esôfago; gr. λαιμός, *laimos*.

Lavare, vb. lat., lavar.

Lax (Homero), gr. λάξ, utilizado onde se refere que alguém dá um pontapé em outra pessoa, ou com o sentido de pressionar com o pé; rel. a *pous*, pé, ou parte do pé.

Laxare, vb. lat., deixar frouxo; ex.: Tecido laxo (frouxo).

LCT (Mamíferos, Coluna vertebral), abreviatura para *lâmina cartilaginosa terminal*, que é parte do disco intervertebral (DIV), com o ânulo fibroso (AF) e o núcleo pulposo (NP). A LCT é uma fina lâmina de cartilagem que está fixada a cada face anterior/superior e posterior/inferior dos corpos vertebrais, de C2-C3 para trás/baixo, até a face superior do corpo do Osso sacro. Ver AF, DIV e NP.

Lecitos, lat., gr. λέκιθος, gema do ovo; ex.: Lecitina.

LEEUWENHOEK, ANTON VAN (1632-1723). Microscopista que aperfeiçoou o microscópio e descreveu, entre outras coisas, o espermatozoide, as bactérias, as estrias dos músculos, os canais dentais, os canais ósseos

(Sistema de Havers), os fascículos nervosos etc. Com seu microscópio, abriu-se um novo campo de pesquisa. Ver Sistema de Havers.

Legein, legesthai, vb. gr. λέγειν, λέγεςθαι, falar, dizer; de onde provém *logos*, estudo, escrita; ex.: Biologia (*bios*, vida + *logos*).

Legere, vb. lat., ler; ex.: Legislação.

-legus, suf. lat. formador de adj. relacionados à ideia de coleção.

Leios, gr. λεῖος, liso; ex.: Leiomioma.

Lens, lentis, lat., lentilha; ex.: Formato lenticular.

***Leo* (Aristóteles, Classificação)**, lat., do gr. λέων, *leon*, leão; ex.: *Panthera leo*.

LEONARDO DA VINCI (LEONARDO DI SER PIERO DA VINCI; 1452-1519) é considerado como um polímata, ou seja, um especialista em várias áreas do conhecimento: inventor, engenheiro, matemático, arquiteto, anatomista, pintor, escultor, poeta e músico. Ele é considerado, com Michelangelo Buonaroti, um dos maiores vultos do Renascimento. Em artes plásticas, Da Vinci foi educado no ateliê de Verrocchio, um dos mais renomados pintores florentinos. Embora Leonardo, como é também conhecido, seja considerado principalmente pintor, ele não produziu mais do que 20 pinturas durante toda a sua vida. Mas suas pinturas estão entre as mais importantes do Mundo, como é o caso da *Mona Lisa (Gioconda)* e *A Última Ceia*. Alguns de seus desenhos estão entre os mais importantes de todos os tempos, como é o caso do Homem Vitruviano, e seus desenhos anatômicos. Em termos de Anatomia, considera-se que ele tenha dissecado cerca de 30 corpos humanos, além de muitos animais. Todavia, apenas nas últimas décadas é que Da Vinci tem sido considerado um anatomista e seus desenhos sendo agora estudados tanto do ponto de vista da Anatomia quanto da Fisiologia, e não apenas como obras de arte. Na Fisiologia ele interpretou o funcionamento biomecânico de alguns órgãos, como é o caso do coração *como uma bomba*, bem como o *fluxo sanguíneo através das válvulas cardíacas* (ver Robicsek, 1991 e suas referências).

Lepein, vb. gr. λέπειν, ser escamoso; ex.: Lepidosauria.

***Lepidoeides* (Rufus de Efésos, Galeno, Anatomia)**, gr. λεπίς, λεπίδος, *lepidos*, escama + εἶδος, *eidos*, forma; forma de escama; nome dado por Galeno à sutura parieto-esquamosal (entre o Osso parietal e a porção esquamosa do Osso temporal). Ver Galenus (1535; trad. e comentários em Singer, 1952).

Lepidotoi (Aristóteles, Classificação, Peixes), gr. λεπίς, λεπίδος, *lepidos*, escama. Os *Ichthyes*, Peixes, em Aristóteles, subdividem-se em *Ichthyes Lepidotoi* (Peixes com escamas, Osteíctes) e *Ichthyes Selache* (Condrictes, Peixes Cartilaginosos, que ele acredita não terem escamas).

Lepidotríquia (Anatomia), gr. λεπτός, λεπίς, λεπίδος, *leptos, lepis, lepidos*, fino, delicado, delgado + θρίξ, τριχός, *thrix, trixos*, pelo, filamento; refere-se a escamas modificadas que dão suporte às nadadeiras dos Actinopterygii. São formadas por queratina.

Lepis, lépidos (Anatomia), gr. λεπίς, λεπίδος, escama; ex.: Lepidosauria (grupo dos Lagartos, Esfenodontídeos, Serpentes e respectivos fósseis); *Lepidotoi* (grupo de Aristóteles correspondendo aos Peixes Osteíctes; em contraposição aos *Selache*, os Peixes Condrictes).

Leptomeniges (Anatomia), gr. λεπτός, λεπίς, λεπίδος, *leptos, lepis, lepidos*, fino, delicado, delgado + μῆνιγξ, *meninx*, originalmente uma "pele" ou uma membrana que se formava sobre o vinho velho; leptomeninge é o nome aplicado a pia-máter e aracnoide consideradas juntas; oposto de paquimeninge, que se refere à dura-máter.

Leptos, gr. λεπτός, pequeno, fraco, delicado; ex.: "*Leptolepis diasii*" (peixe fóssil da Chapada do Araripe, Brasil; Cretáceo Inferior), nome anterior de *Santanichthyes diasii*, o Characiforme mais primitivo do Mundo, entre outras coisas, pela presença de um Aparelho Webberiano.

Lepus (Aristóteles, Classificação, Mamíferos), lat., lebre; ex.: Leporidae.

Leucócito (Citologia), gr. λευκός, *leucos*, branco + κύτος, κύτους, *kytos, kytous*, jarro, vaso, célula; célula sanguínea branca.

Leucopoiese, gr. λευκός, *leucos*, branco + vb. inf. ποιειν, fazer algo ou produzir algo; formação de células sanguíneas brancas.

Leucos, leukos, gr. λευκός, branco; sinônimo de ἄσπρος, *aspros*, branco; ex.: Leucócitos (glóbulos brancos).

Leukania (Rufus de Efésos, Anatomia), gr. λευκανία, nome utilizado para *garganta*.

Levare, vb. lat., carregar, elevar; ex.: Elevação.

Levis, lat., leve; termo hoje utilizado para formar nomes de táxons; ex.: *Microtus levis* (Mammalia Rodentia, Cricetidae).

Levógira, pref. lat. *levo-*, esquerdo + *gyrus*, círculo, do gr. γῦρος, *gyros*; giro para a esquerda, o mesmo que sinistrógira; ex.: Substância levógira (aquela que faz girar o plano da luz polarizada para a esquerda; o contrário de substância dextrógira).

Lex, legis, lat., lei, *da* lei; ex.: Leis científicas.

LEYDIG, FRANZ VON (1821-1908). Anatomista de Bonn e fundador da Histologia; descobriu, entre outras coisas, as células intersticiais de Leydig dos testículos.

Liber, libri, lat., livro, livros; em gr. βιβλίον, βιβλία, *biblion, biblia*, livro(s); ex.: Livraria; Biblioteca.

Liberare, vb. lat., libertar, liberar.

Líbia. Nome na Antiguidade utilizado para referir-se à África como um todo. Aristóteles refere que sempre surgiam novidades vindas da "Líbia" (possivelmente os grandes animais como elefantes, hipopótamos, rinocerontes, girafas etc.). Segundo Liddell e Scott (1953), o marfim proveniente da "Líbia" (África) já era conhecido pelos Gregos bem antes do elefante, de modo que o termo *elephas*, na Antiguidade, se referia apenas ao marfim.

Likanos, lichanos (Rufus de Efésos), gr. λιχανός, nome utilizado para o dedo *indicador*.

Ligamentum nuchae (Anatomia), lat. *ligamen*, uma faixa, um ligamento + suf. *-mentum*, denotando um instrumento + árabe *nukha* (introduzido no latim quando das traduções anatômicas dos textos árabes para esta língua). O termo árabe *nukha* significava inicialmente Medula espinal, principalmente Medula oblonga. Depois veio a significar simplesmente nuca, como no francês *nuque*, de acordo com Singer (1959).

Ligare, vb. lat., ligar, juntar; ex.: Ligamentos articulares.

Lignum, lat., lenho; ex.: Lignina.

Limax, limacis, lat., lesma(s).

Limbus, lat., borda, margem; ex.: Limbo da córnea (na junção com a esclerótica), Sistema límbico (Sistema Nervoso Central).

Limen, lat., limiar; ex.: *Limen insulae* (parte medial do ápice da *insula*); *Limen nasi* (crista formando a entrada da cavidade nasal).

Limne, gr. λίμνη, lago; ex.: Limnologia (estudo dos corpos de água doce como lagos e pântanos, principalmente em relação a Biologia, Ecologia, Metereologia e Geologia).

Limos, gr. λιμός, fome; ex.: Anabolismo (pref. gr. ἀνά, de acordo com + βουλιμία, de βοῦς, *bous*, boi + λιμός, *limos*, fome, "fome de boi").

Limpa, lat., água limpa.

Linea, lat., corda, fio, linha; ex.: Linha áspera (crista na face posterior do fêmur, para fixação muscular); *Linea alba* (estrutura fibrosa branca que se estende do apêndice xifoide do esterno até a sínfise pubiana; e que resulta do fusionamento entre si das aponeuroses dos Músculos retos direito e esquerdo).

Linfático (Anatomia), adj. lat. *lympha*, fluído transparente, *lymphaticus*, linfático, adj. relacionado aos vasos linfáticos e aos linfonodos.

Linfócito (Citologia), lat. *lympha* + gr. κύτος, κύτους, *kytos*, *kytous*, jarro, vaso, célula; tipo de célula sanguínea branca.

Linfoide, adj. lat. *lympha* + gr. εἶδος, *eidos*, forma; refere-se aos tecidos linfoides.

Linfonodos (Anatomia), lat. *lympha* + *nodus*, nó; primeiro descritas como "glândulas" linfáticas, são orgãos que filtram a linfa e produzem linfócitos.

Lingua, **linguo-**, lat., língua; ex.: Face lingual dos dentes.

Lingual (Anatomia, TRA, dentes), adj., do lat. *lingua*, língua; em relação aos dentes se refere à face destes voltada para a língua. Contrário de face labial (face dos dentes voltada para os lábios, mesmo nos animais que não tenham verdadeiros lábios; esta face pode ser também chamada de face vestibular, pois está voltada para o vestíbulo da boca).

Linha, lat. *linea*, corda, fio; ex.: Linha Média (TRA).

Linha mediana ou **linha sagital (Anatomia, TRA)**, lat. *linea*, corda, fio + *media, medium*, média, meio; linha que passa sobre o plano mediano ou sagital do corpo; ex.: Linha sagital do crânio. Refere-se a linhas imaginárias utilizadas para traçar os planos corporais dos animais.

Linha paramediana ou **linha parassagital (Anatomia, TRA)**, lat. *linea*, corda, fio + pref. gr. παρά, ao lado, ao longo de, paralelo a + lat. *media, medium*, média, meio; linha paralela à linha sagital; ex.: Crista parassagital do crânio (limite parassagital da inserção de origem do Músculo temporal).

Linquere, lict-, vb. lat., deixar; do qual deriva o lat. *relictus*, abandonado; ex.: Fauna relictual.

Lipos, lipidum, lat., gr. λίπος, *lipos*, graxa, banha, gordura; ex.: Lipídio.

Liquere, lat., fluir; ex.: Liquefação.

Liquor folliculi, lat., fluído do Folículo ovariano.

Lisossoma (Citologia), gr. λύςις, dissolução + ςῶμα, *soma*, corpo; organela que é parte do sistema digestivo intracelular.

Lithoeides (Galeno, Anatomia), gr. λίθος, pedra + εἶδος, *eidos*, forma; forma de pedra; termo para nomear o Osso pétreo.

Lithos, gr. λίθος, pedra; ex.: Coprólito (κόπρος, *copros*, fezes + *lithos*, fezes fósseis); Litosfera (*lithos* + lat. *sphera*, gr. ςφαῖρα, esfera, globo, bola; parte rochosa do globo).

Litteris, lat., letras; ex.: Literatura científica.

Loboi (Anatomia), gr. λοβόι, lobos; ex.: Lobos do pulmão.

Lóbulo (Anatomia), lat. *lobulus*, de *lobus*, lobo + suf. dim. *-ulus*, pequeno lobo; em gr. λοβόι, *loboi*, lobos.

Lóculo, lat. *loculus*, de *locus*, lugar + suf. dim. *-ulus*, pequeno lugar; utilizado para uma pequena cavidade.

Locus, loci, lat., local(is); ex.: *Locus cinereus*.

Locus cinereus (Anatomia), lat. *locus*, lugar + *cinereus*, cinza; uma área pigmentada na porção superior do quarto ventrículo do Cérebro; também chamado de *locus coeruleus* (azul-escuro).

Lofo (Homero, Anatomia, Mamíferos, dentes), gr. λόφος, *lophos*, cume, crista; em Homero, *lophos* tem o sentido de cotovelo; hoje aplicado a uma crista de esmalte ou esmalte e dentina, na superfície oclusal de um dente, como nos Ungulados e Roedores. Ver *Lophos*.

Lofodontia (Anatomia, Mamíferos, dentes), gr. λόφος, *lophos*, crista + ὀδούς, ὀδόντος, *odous, odontos*, dente; dentes com lofos/cristas, como nos ruminantes e cavalos.

-logia, suf. lat., gr. -λογία, estudo de; do vb. λέγω, *lego*, eu digo (vb. dizer), eu falo (vb. falar), eu estudo (vb. estudar); ex.: Biologia; Metereologia.

***Logikon* (Aristóteles, Classificação)**, gr. λογικόν, racional, lógico; Diferença específica do homem, em relação a todos os demais animais; definição binominal de homem: *Zoion logikon* (Animal Racional).

***Logos, logoi* (Aristóteles)**, gr. λόγος, λόγοι, fala(s), estudo(s), opinião(ões), razão(ões); do vb. λέγω, *lego*, eu digo (vb. dizer); ex.: Zoologia, Osteologia, Miologia.

Longirrostro (Anatomia, Vertebrados, crânio), lat. *longus*, longo + *rostrum*, rostro, focinho; Rostro longo, adaptação ao hábito alimentar piscívoro, como em alguns Crocodilos, Fitossauros e Mesossauros.

Longus, lat., longo; ex.: Ossos longos (como fêmur e úmero, tíbia e fíbula, rádio e ulna).

***Lophos* (Homero, Anatomia, Mamíferos, dentes)**, gr. λόφος, cotovelo, crista, crina; em Homero, *lophos* tem o sentido de cotovelo; hoje aplicado a uma crista de esmalte ou esmalte e dentina, na superfície oclusal de um dente, como nos Ungulados e Roedores.

***Lophoura* ou *Lophuri* (Aristóteles, Classificação)**, gr. λοφούροις, *lophourois*, de λόφος, *lophos*, crista, crina + οὐρά, *oura*, cauda; refere-se aos animais de cauda e crina longa e pelo espesso; como o cavalo, burro, asno etc., um dos grupos de *Zootoka* (Mamíferos Tetrápodes) em Aristóteles. O grupo dos cavalos e assemelhados já era distinguido dos demais animais antes de Aristóteles (ver Ferigolo, 2016, 2021, 2023).

Loqui, vb. lat., falar; ex.: Loquaz; Elocução.

Loxodontia (Anatomia, Mamíferos, dentes), gr. λοξός, *loxos*, cruzado, em zigue-zague + ὀδούς, ὀδόντος, *odous, odontos*, dente; referência ao padrão da face oclusal dos dentes molares dos elefantes do gênero *Loxodonta*.

Luere, diluere, vb. lat., lavar, dissolver; ex.: Diluição.

Lugar (uma das Categorias de Aristóteles), lat. *localis*, relacionado a lugar e *locus*, lugar; em gr. ποῦ, *pou*, onde. Na Biologia, é o que é dito da substância em relação ao lugar onde algo está; como em "o cavalo está *na cocheira*" e "o coração está *no tórax*".

Lumbus, lumbaris, lat., lombo, lombar; ex.: Região lombar (da Coluna vertebral).

Lumen, luminis, lat., luz; ex.: Fotoluminescência. Veja *lux, lucis*. Para as diferenças no uso de *lumen, luminis* e *lux, lucis*, veja Lewis e Short (1956).

Luminare, vb. lat., iluminar; ex.: Iluminação.

Luna, lat., lua; ex.: Osso semilunar.

Lupus (Mamíferos), lat., lobo; ex.: *Canis lupus*.

-lus, suf. lat. formador de diminutivos; ex.: Flóculo cerebelar (Sistema Nervoso Central).

LUSCHKA, HUBERT (1820-1875). Anatomista de Tübingen, Alemanha, que descobriu, entre outras coisas, os forames de Luschka, dois foramens laterais do quarto ventrículo, as glândulas de Luschka, o *glomus coccigeum*, a tonsila faríngea etc.

Lutum, luteus, lat., amarelo, açafrão; ex.: *Corpus luteum*.

Lux, lucis, lat., luz; ex.: Translucência. Veja dicionário latino (e.g., Lewis; Short, 1956) para as diferenças no uso de *lumen/luminis* e *lux/lucis*. Ver *lumen/luminis*.

Lympha (Anatomia), lat., água, água fresca, deusa romana da Água Doce; relacionado ao gr. Νύμφη, *Nymphe*, Ninfa, deusa das Fontes; ex.: Linfa; Sistema linfático.

Lysis, gr. λύσις, dissolução; ex.: Lisozima; Análise; Osteólise.

M

M, abreviatura para Osso *malar* (homólogo do Osso jugal dos demais Vertebrados).

M, m (Anatomia, Mamíferos, dentes), abreviatura para dentes *molares superiores* (M1-4; ou M1-4/) e dentes *molares inferiores* (m1-4; ou M/1-4).

m. (Anatomia, Mamíferos, músculos), abreviatura para *músculo*; ex.: m. masseter; m. temporal.

Maceração, vb. lat. *macerare*, tornar macio algo duro, por meio da imersão em um líquido; ex.: Maceração de carcaças de Vertebrados dentro d'água (para a retirada dos tecidos moles e separar o esqueleto).

Macies, lat., atrofia, magreza, pobreza; de *macer*, magro, pobre; ex.: Emaciação.

Macrófago, gr. μακρός, grande + φαγεῖν, comer, logo, glutão; célula do tecido conectivo, derivada de um monócito e que digere partículas estranhas.

Macroscópico, gr. μακρός, grande + ςκοπέω, *skopeo*, eu examino, eu observo; ex.: Anatomia macroscópica.

Macros, gr. μακρός, grande; ex.: Macrófitas.

Macula, maculae, lat., mancha(s), marca(s); ex.: Mácula cribosa; Mácula densa; Mácula lútea; *Macula sacculi*; *Macula utriculi*.

MAGENDIE, FRANÇOIS (1783-1855). Patologista e fisiologista de Paris que, entre outras coisas, descobriu o Forame de Magendie, uma abertura do quarto ventrículo do Cérebro.

Magnus, lat., grande; ex.: Osso magno (mão).

MAIER, RUDOLF (1824-1888). Médico alemão que descobriu, entre outras coisas, o seio de Maier, uma depressão no saco lacrimal, onde se abrem os canalículos da glândula lacrimal.

Major, lat., maior; termo hoje utilizado para formar nomes de táxons; ex.: *Tinamus major* (Aves, Tinamidae).

Malakia (**Aristóteles, Classificação**), gr. μαλάκια, de μαλακός, mole (i.e., animais de corpo mole); nome dado aos Cefalópodes.

Malakostraka (**Aristóteles, Classificação**), gr. μαλακός, *malakos*, mole + όςτρακον, *ostrakon*, pl. όςτρακα, *ostraka*, pedaço(s) de cerâmica com inscrições[37], e "concha mole". Utilizado para os Crustáceos. Para Aristóteles, os Crustáceos se distinguem dos Insetos (*Entoma*) porque estes apresentam três segmentos corporais (cabeça, tórax e abdômen), enquanto que os Crustáceos têm apenas dois, cabeça e tórax, os quais estão fusionados, formando o céfalo-tórax. Insetos também têm somente três partes de pernas (no tórax), enquanto que os Crustáceos, sempre mais de três, mais frequentemente cinco.

Male (**Rufus de Efésos**), gr. μάλη, nome utilizado para a *axila*.

Maléolos (Anatomia, Vertebrados, processos), lat. *malleolus*, de *malleus*, martelo + suf. dim. *-ulus*; pequeno martelo; refere-se aos processos látero-distal da fíbula e médio-distal da tíbia, situados respectivamente lateral e medialmente à tróclea do astrágalo. Este nome estranho, para estruturas do tornozelo se deve a um erro de tradução, uma confusão por Belamio Siculo, tradutor de Galeno (1535), do grego para o latim. A confusão foi entre os termos gregos ςφυρα (tornozelo) e ςφύρα (martelo), assim traduzindo o que Galeno chamou simplesmente de tornozelo por "pequeno martelo" (*malleus* + suf. dim. *–olus*), em português maléolo (literalmente "martelinho"). Ver *Sphyra* (1 e 2) e Ferigolo (2023).

Malleus (**Anatomia, Mamíferos, Orelha média**), lat., martelo; Osso martelo da Orelha média dos Mamíferos, derivado principalmente do Osso articular da mandíbula dos Cinodontes. O martelo, na comparação, se refere àquele que os açougueiros romanos usavam, um *malleus*, para matar o gado. Ver *Maléolos supra*.

MALPIGHI, MARCELLO (1628-1694). Anatomista de Roma e Bolonha, fundador da anatomia microscópica e que descobriu, entre outras coisas, a cápsula de Malpighi, os corpúsculos de Malpighi etc.

---

[37] Estes eram fragmentos de vasos que eram utilizados para escrever mensagens, ou até documentos, por serem mais fáceis de conseguir do que o pergaminho e o papiro.

Mamilar, adj. lat. derivado de *mamma*, mama, seio; semelhante a um pequeno seio; ex.: Corpo mamilar (Cérebro).

Mamma (Anatomia, Mamíferos), lat., mama, seio; ex.: Mamíferos (*mamma* + vb. gr. φέρω, *phero*, eu porto (vb. portar), eu levo (vb. levar), eu carrego (vb. carregar).

Mammilla (Anatomia, Mamíferos), lat., mamilo, de *mamma*, mama, seio; ex.: Mamilar.

Manare, vb. lat., fluir; ex.: Manancial.

Mandíbula (Anatomia, Vertebrados), lat. *mandibula*, do vb. lat. *mandere*, mastigar, masticare, do vb. gr. μαςτιχάω, *mastichao*, eu mastigo, eu atrito os dentes. Porção inferior do aparelho maxilo-mandibular (ap. m.-m.), nos Peixes, Anfíbios e Répteis, formada por vários ossos e nos Mamíferos modernos apenas por dois Ossos dentários. Os Mamíferos mesozoicos ainda tinham os assim chamados ossos pós-dentários, como nos Cinodontes. A mandíbula se ossifica com base no tecido membranoso (lâminas alveolares) e nas cartilagens secundárias (condilar, coronoide e sinfiseal), não relacionadas à Cartilagem de Meckel.

Mania, gr. μανία, mania, loucura, do vb. μαίνεςθαι, enlouquecer.

Manúbrio (Anatomia, Vertebrados, caixa torácica), lat. *manubrium*, de *manus*, mão + *hibrium*, do vb. *habeo*, eu seguro (vb. segurar); supostamente devido à semelhança do manúbrio e das respectivas costelas, com a mão e os dedos. Primeiro segmento do esterno.

Manus (Anatomia), lat., mão ou pata anterior; ex.: Manipulação.

Mare, maris, lat., mar; em gr. θάλαςςα, *thalassa* ou θᾰΧᾰττᾰ, *thalatta*, mar, Mar Mediterrâneo. Contrário de χερςαίοις, *chersaiois*, de χέρςος, *chersos*, terra seca; ex.: Marinho.

Marginalia, lat., marginália são as notas e comentários acrescentados à mão, nas margens de um livro. O termo inclui não apenas escritos, mas também desenhos e floreados. Os copistas dos textos antigos muitas vezes copiavam tais comentários, não como notas, mas como parte dos textos originais, por tê-los considerado importantes para a compreensão. Na Antiguidade e Idade Média, não havia algo que hoje se considera da máxima importância, *a fidelidade com o texto original* do autor.

Marinus, lat., *do* mar, genit., de *mare, maris*, mar; ex.: Animal marinho.

Mas, maris, masculus, masculi, lat., macho, homem; ex.: Sexo masculino.

Maschalon (Aristóteles, Rufus de Efésos, Anatomia, Mamíferos), gr. μαςχαλῶν, termo para a *axila*.

Mastoi (Rufus de Efésos, Anatomia), gr. μαςτοί, termo para *mamas, seios*; ex.: Mastologia; Mastozoologia.

Mastos (Anatomia, Mamíferos), gr. μαςτός, mama, peito de mulher, Músculo peitoral do homem; também μαζός, *mazos*; ex.: Mastozoologia.

Matemática, gr. μάθημα, *mathema*, conhecimento, aprendizado; μαθηματικός, *mathematikos*, literalmente "inclinado a aprender". Esta é a área da ciência que estuda quantidades, medidas, bem como o espaço. Originou-se provavelmente no Egito, Mesopotâmia, Grécia e Índia principalmente. Alguns sugerem que ela seria a relação entre a lógica e a própria vida. Aristóteles aparentemente não se interessou muito pela matemática porque entendia que esta seria apenas uma *linguagem*.

Mater, matris, lat., mãe; ex.: Cuidados maternais.

Matéria, lat. *materia*; em gr. ὕλη, *hyle*; em Aristóteles matéria ou causa material refere-se ao material de que algo é formado, como o bronze ou o mármore de uma estátua.

Matéria branca (Anatomia, SNC), lat. *materia* + germânico *blank*, branco; são as partes do Sistema Nervoso Central onde há muitas fibras mielinizadas; ela se situa na parte periférica da Medula Espinal e na porção central do Cérebro e Cerebelo.

Matéria cinza (Anatomia, SNC), lat. *materia* + *cinis*, cinzento; são as partes do Sistema Nervoso Central onde há relativamente poucas fibras mielinizadas; ela se situa na parte central da Medula Espinal e no córtex cerebral e cerebelar.

Matriz, lat. *matrix*, uma fêmea mantida separada para propósitos de reprodução.

Maturus, lat., maduro; ex.: Animal maduro, Maturação.

Maxila. Ver *Osso maxila*.

Maxilar (Anatomia, Vertebrados, crânio, Rostro, palato), lat. *maxilla*; adj. que se refere ao osso chamado maxila ou a uma parte do aparelho maxilo-mandibular (ap. m.-m.); ex.: Dentes maxilares.

Maxilla **(Anatomia, Vertebrados, crânio)**, lat., Osso maxila. Antigamente, utilizava-se "maxilar superior" para o conjunto dos Ossos "pré-maxila + maxila", e "maxilar inferior" para a mandíbula; o primeiro corresponde ao inglês "upper jaw"; e o segundo, ao "lower jaw".

Maximus, *maximum*, lat., máximo; termo hoje utilizado para formar nomes de táxons; ex.: *Elephas maximus*.

Mazos **(Homero, Anatomia)**, gr. μαζός, mama, mamilo; também gr. μαςτός, *mastos*.

Meato Acústico Externo (Anatomia, Mamíferos, ouvido), situado no Osso temporal e formado pelo Osso ectotimpânico; é a abertura externa do Conduto auditivo externo.

Meato Acústico Interno (Anatomia, Mamíferos, ouvido), situado na face posterior do pétreo (rochedo); dá passagem aos Nervos facial (n. VII) e auditivo (n. VIII), além da Artéria labiríntica.

Meatus **(Anatomia, Vertebrados, crânio)**, lat., entrada; ex.: Meato acústico.

Mechos, *mechane*, *mechanikos*, gr. μῆχος, μηχανή, μηχανικός, mecânico; ex.: Mecanicismo.

Mechri **(Aristóteles)**, prep. gr. μέχρι, com o sentido de "tão longe quanto". Utilizado por Aristóteles em suas descrições anatômicas. Por exemplo, para dizer que um vaso se estende "até (tão longe quanto) a região X".

MECKEL, JOHANN FRIEDRICH (O JOVEM; 1781-1833). Anatomista e cirurgião de Halle que descobriu, entre outras coisas, a cartilagem e o divertículo do íleo que hoje levam seu nome.

MECKEL, JOHANN FRIEDRICH (O VELHO; 1724-1774). Médico e anatomista de Berlim, e que foi avô de Meckel, o Jovem. Fundador de uma dinastia de quatro gerações de anatomistas.

Mecon **(Aristóteles, Anatomia)**, gr. μέκον, o mesmo que *mytis* para Aristóteles. Referia-se ao hepatopâncreas, encontrado em alguns Invertebrados. Ele também existe em uns poucos Peixes, mas Aristóteles não se refere a isto.

Meconium (Aristóteles), gr. μηκώνιον, *mekonion*, gr. *mecon*, papoula; descarga intestinal do recém-nascido; segundo Aristóteles, as mães o consideravam semelhante ao "suco de semente de papoula" (tomado na Antiguidade para combater o calor).

Medea (Homero, Anatomia), gr. μήδεα, órgãos genitais externos; semelhante a *aidoia*.

Medial (Anatomia, TRA), lat. *media*, média, meio; *medial* e o termo *mediano* são frequentemente confundidos. Medial se refere a algo que está *voltado para o lado da linha média/mediana do corpo*; oposto a lateral. Também se pode utilizar para localizar uma estrutura em relação a outra. Por exemplo, o coração é medial aos pulmões, que são laterais ao coração. Mediano é o que se situa sobre a linha mediana ou sagital.

Mediano (Anatomia, TRA), lat. *media*, média, meio; refere-se a uma estrutura ou um órgão que se situa sobre a linha média ou sobre o Plano sagital do corpo. O Cérebro e o Cerebelo são medianos em relação a estruturas lateralizadas. Também assim a boca, a língua, a faringe, a laringe, o esôfago e a traqueia. O coração não é mediano, porque está ligeiramente deslocado para a esquerda. Os órgãos abdominais 1- são pares bilateralmente (e.g., rins), 2- estão apenas de um dos lados (e.g., fígado, baço) ou 3- estão em boa parte da cavidade abdominal (e.g., intestinos).

Mediastinum (Anatomia, tórax), talvez relacionado a um escravo doméstico romano encarregado dos banhos públicos de Roma; hoje se refere ao espaço entre os dois pulmões e o esterno. Diz-se que os órgãos do centro do tórax se encontram no mediastino, como o coração.

Mediastinum cerebri (Anatomia, SNC), "mediastino do Cérebro", um antigo nome utilizado para a *falx cerebri*, a foice cerebral.

Medius (Anatomia, TRA), lat., médio; ex.: Plano mediano (TRA).

Medula (Anatomia, SNC), lat. *medulla*; termo hoje utilizado principalmente para a medula óssea, com o tecido hematopoiético; e para a Medula espinal, continuação do Cérebro. A medula óssea situa-se principalmente nos ossos longos, nos Mamíferos. Na medula está também a maior parte do tecido hematopoiético, formador do sangue. No crânio, este tecido está dentro da díploe, que se situa entre as tábuas interna e externa dos ossos, principalmente os do teto craniano.

Medula Espinal (Anatomia, SNC), lat. *medulla*, talvez de *medios*, no meio + *spina*, espinho. A Medula espinal percorre a Coluna vertebral, dentro do canal medular e é a continuação do Cérebro, ao qual ela leva os estímulos sensoriais de quase todo o corpo; além de conduzir os estímulos motores do Cérebro para os órgãos e membros. Devido à sua consistência e por estar aparentemente "dentro" de ossos, na Antiguidade a Medula Espinal foi considerada como sendo a medula óssea das vértebras; igualmente o Cérebro e o Cerebelo foram considerados como a medula óssea do crânio.

Medula óssea (Anatomia, ossos), lat. *medulla*, talvez de *medios*, no meio + *os, ossis*, osso; a medula que está situada dentro da cavidade medular dos ossos, principalmente ossos longos. Cérebro/Cerebelo e Medula espinal, embora sejam internos, não estão dentro dos ossos, mas são envoltos por eles.

Medulla, medullae **(Anatomia, ossos)**, lat., medula, talvez de *medios*, no meio; ex.: Medula óssea. O termo "medula" é também hoje utilizado para se referir ao parênquima dos órgãos. O sentido é semelhante ao de *kreas*, carne, de Aristóteles, em relação aos órgãos (pâncreas, do pref. gr. παν, *pan*, todos, tudo + κρέας, *kreas*, carne, "tudo carne".

Medulla oblongata **(Anatomia, SNC)**, lat. medula + *oblongus*, muito longo; uma porção alargada da Medula Espinal, quando ela entra no Forame Magno do Osso Occipital; o nome anterior era *medula prolongata* (prolongada).

Medulla spinalis **(Anatomia, SNC)**, lat., Medula Espinal.

Megacariócito (Citologia), gr. μέγας, *megas*, grande + κάρυον, *karyon*, núcleo + κύτος, κύτους, *kytos, kytous*, jarro, vaso, célula; célula gigante da medula óssea com núcleo multilobado e precursor das plaquetas.

Megale koilia **(Anatomia, estômago)**, gr. μέγας, grande + κοιλία, de *koilos*, vazio; "grande cavidade", o rúmen do estômago dos ruminantes. Aristóteles utiliza o termo *koilia* para várias estruturas, inclusive para o útero dos Invertebrados. Ver *Koilia*.

Megale phleps **(Aristóteles, Anatomia, vaso sanguíneo)**, gr. μεγάλη φλέψ, μέγας, *megas*, grande + φλέψ, *phleps*, vaso sanguíneo; Grande Veia, nome dado por Aristóteles ao conjunto das duas Veias Cavas (Superior/Inferior), que ele considerava como sendo apenas uma e que atravessaria a "grande cavidade" cardíaca (possivelmente se referindo ao Átrio + Ventrículo direito; ver Ferigolo, 2016, 2021, 2023).

Megas, megale, gr. μέγας, μεγάλη, grande; ex.: Megásporo.

***Megas dactylos* (Anatomia, dedos)**, gr. μέγας δάκτυλος, dedo grande do pé, hálux.

***Megas spondylos* (Hipócrates, Anatomia, Coluna vertebral)**, gr. μέγας ςπόνδυλος, "grande vértebra". Hipócrates chama assim uma vértebra do pescoço.

Meion, vb. μειόω, eu diminuo (vb. diminuir); ex.: Meiose.

Meiose (Citologia), gr. μεῖον, menos, do vb. μειόω, eu diminuo (vb. diminuir); refere-se a dois fenômenos: a- contração da pupila do olho; b- divisão da célula germinativa (gameta), quando o número de cromossomas passa de diploide a haploide.

MEISSNER, GEORG (1829-1905). Histologista de Basle e fisiologista de Göttingen; que descobriu, entre outras coisas, os corpúsculos de Meissner, corpúsculos sensoriais nas papilas dérmicas da pele glabra; e o plexo submucoso de Meissner do intestino.

Melano, gr. μέλας, μελανο-, escuro, preto; corante marrom intracelular normal, encontrado na pupila, pele etc.; ex.: Melanócito.

Melanócito (Citologia), gr. μέλας, μελανο-, escuro, preto + gr. κύτος, κύτους, *kytos, kytous*, jarro, vaso, célula; melanócitos são células produtoras de melanina, derivadas da crista neural e que se situam na camada basal da epiderme da pele e sentidos, bem como em outros epitélios (vaginal, meninges, ossos e coração). A melanina é um pigmento escuro responsável pela cor da pele.

Melas, melano-, gr. μέλας, μελανο-, escuro, preto; ex.: Melanina.

Meliorare, lat., melhorar, relacionado a *melior*, melhor; ex.: Melhoramento genético.

***Melon* (Galeno, Anatomia)**, gr. μῆλον, maçã, fruto; significando Osso malar no Homem (Osso jugal dos Vertebrados em geral).

Melos **(Homero, Anatomia)**, gr. μέλος, membro de animais (braço ou perna); semelhante a gr. γυῖον, *guion*, membro em geral, inclusive as articulações, principalmente quando se refere aos tremores dos membros.

Membrana, lat., uma espécie de lâmina microscópica que separa uma estrutura de outra; ex.: Membrana celular; Membrana epitelial.

Membrana Basal (Anatomia), lat. *membrana* + gr. βάςις, *basis*, base; esta é uma camada histológica extracelular, ao nível da base do epitélio; visível ao microscópio óptico, após aplicação de certos corantes. É a membrana situada entre o epitélio e o tecido conectivo subcutâneo.

Membrana sinovial, lat. *membrana* + pref. gr. ςυν-, *syn-*, junto, com + lat. *ovum*, ovo; membrana de revestimento de um espaço articular (exceto pelas superfícies articulares, que são revestidas por cartilagem hialina), a qual produz o líquido sinovial, também denominado de sinóvia.

Memor, memoris, lat., atento, grato, que tem boa memória.

Men, gr. μήν, lua, mês, ciclo; ex.: Menarca (μήν + ἀρχή, *arche*, começo, início); em Aristóteles *katamenia*, gr. καταμήνια (pref. κατά, *kata*, para baixo, sob + μήν, *men*, mês, lua; menstruação).

"Menina dos olhos". Esta expressão vem do lat. *pupilla*, e que significa pequena boneca; dim. de *pupa*, menina, boneca; em gr. κόρη, *kore*, menina, donzela. A menina dos olhos provém do fato de que, quando estamos diante de alguém, há um reflexo de uma pessoa à nossa frente, sobre o olho, mais exatamente sobre a pupila. Hoje se refere a algo ou alguém de nossa preferência.

Meninges **(Aristóteles, Anatomia, SNC)**, gr. μήνιγγες, membranas. Originalmente o termo "meninge" se referia a uma "película" que se formava sobre o vinho velho. Aristóteles usou o termo para várias membranas do corpo. Hoje se refere às membranas que revestem o SNC.

Meninx, meningos **(Aristóteles, Erasístratos, Rufus de Efésos, Galeno, Anatomia, SNC)**, gr. μήνιγξ, μήνιγγος, membrana; ex.: Meninges (membranas que revestem o Cérebro). Na Antiguidade o termo *meninx* significava apenas "membrana", e era utilizado não apenas para as meninges do Cérebro. O termo "membrana" é também utilizado por Aristóteles para as membranas do olho e a membrana timpânica (e.g., Aristotle, 1953, p. 506). Hoje se refere às membranas que revestem o SNC.

Meniscos (Anatomia), gr. μηνίςκος, *meniskos*, crescente; cartilagem intra-articular com a forma semilunar; ex.: Joelho dos Mamíferos; Crocodilídeos têm meniscos entre alguns corpos vertebrais. Discos cartilaginosos existem também na articulação temporomandibular e na articulação esterno-clavicular.

Menopausa, gr. μέν, *men*, mês + lat. *pausis*, parada; refere-se à parada do processo menstrual.

Mens, mentis, lat., mente; ex.: Mentalidade.

Mensis, lat., meses, gr. μήν, μήνη, *men*, *mene*; fases da Lua como medida de tempo; ex.: Mensal.

Menstruus, menstrua, menstruum, lat., mensal, do gr. μέν, *men*, mês; relacionado ao que acontece todos os meses; ex.: Menstruação.

Mensurare, vb. lat., medir; ex.: Mensuração.

-mentum, suf. lat. indicando nome de instrumento.

Mergere, vb. lat., imergir, mergulhar; ex.: Emergência. Ver Nagel (1979).

Merócrina (Anatomia, glândula), gr. μέρος, *meros*, parte + vb. gr. κρίνειν, julgar, separar; uma secreção exócrina, na qual uma massa de células permanece intacta durante a secreção.

Meroi, meria **(Homero, Anatomia)**, gr. μηροί, μηρία; Homero utiliza estes termos quando se refere aos membros inferiores dos animais, como nos sacrifícios (Daremberg, 1865).

Meros, gr. μέρος, μέρεος, parte; ex.: Polímero (substância composta de várias partes); Monômero (substância composta de uma parte); Meriologia. O termo *morion* também está no nome da obra de Aristóteles, Περì ζῴων μορίων (*Peri Zoion Morion*), literalmente "Sobre as Partes dos Animais", o *Pars Animalium*.

Meros, merion **(Homero, Anatomia)**, gr. μηρός, μηρίον, coxa (como um todo). Hipócrates não distingue o osso da coxa (o fêmur); mas por vezes se refere ao "osso da coxa", ou o chama de *meros*.

Mesaxonia (Anatomia, Vertebrados, membros, dedos), gr. μέςος, *mesos*, no meio + ἄξων, *axon*, eixo, em lat. *axis*; condição em que o eixo do membro passa pelo dedo III, como nos Perissodáctilos e grupos fósseis como os Desmostylia e alguns dos Meridiungulata Sul-Americanos. Já os Ruminantes, como têm dois dedos (III e IV), têm o que se chama de paraxonia, pois o eixo do membro passa entre os dois dedos.

Mesênquima (Embriologia), pref. gr. μέςος, *mesos*, em lat. *medius*, no meio, intermédio, metade + ἔγχυμα, *enchyma*, conteúdo, volume; células, fibras e fluído derivados da mesoderme do embrião.

Mesentério (Rufus de Efésos, Anatomia), gr. μέςος, *mesos*, no meio + ἔντερον, *enteron*, intestino; "no meio do intestino"; ao observarem-se os intestinos, o mesentério parece estar entre as suas alças; mesentério é uma dobra de peritônio que carrega em seu interior vasos e nervos para as vísceras abdominais, principalmente os intestinos. Ver *Mesenterion*.

Mesenterion **(Rufus de Efésos, Anatomia)**, gr. μεςεντέριον, termo para o *mesentério*; pref. gr. μέςος (masc.), μέςη (fem.), μέςον (neutro), *mesos*, *mese*, *meson*, em lat. *medius*, no meio, intermédio, metade + gr. ἔντερον, *enteron*, intestino; é uma dobra peritoneal que envolve o jejuno e o íleo, sobre os quais se reflete com base na raiz do mesentério, e fixa-se na parede posterior da cavidade abdominal; ex.: Vasos mesentéricos.

Mesial (Anatomia, TRA, dentes), gr. μέςος, *mesos*, no meio; em um dente canino, sua face *mesial* refere-se à face (interdental) que está voltada para o incisivo adjacente; e face *distal* refere-se à face (interdental) que está voltada para o primeiro pré-molar.

Mesocuneiforme (Anatomia, Mamíferos, pés), gr. μέςος, *mesos*, no meio + lat. *cuneus*, cunha; o mesmo que cuneiforme intermédio do tarso; que no Homem se articula proximalmente com o escafoide, lateralmente com o ectocuneiforme, medialmente com o entocuneiforme e distalmente com o metatarsal II.

Mesoderma (Embriologia), pref. gr. μέςος, *mesos*, em lat. *medius*, no meio, intermédio, metade + δέρμα, *derma*, pele; camada celular intermédia do embrião, que origina os tecidos conectivos, a maioria dos músculos, o sistema circulatório, o sistema urogenital etc.

Mesodontia (Anatomia, Mamíferos, dentes), gr. μέςος, *mesos*, no meio + ὀδούς, ὀδόντος, dente; em lat. *dens, dentis*; diz-se dos dentes que são assimétricos línguo-vestibularmente, sendo mais altos bucalmente e mais baixos lingualmente ou vice-versa; ex.: Notoungulados como o gênero *Leontinia*.

Mesomeria (**Rufus de Efésos, Anatomia**), gr. μεςομήρια, termo para a *área entre as coxas.*

Mesophryon (**Rufus de Efésos, Galeno, Anatomia**), gr. μέςος, *mesos,* meio, no meio + ὄφρυον, *ophryon,* supercílio; termo para o espaço entre os dois supercílios (ver Galenus, 1535; trad. e comentários em Singer, 1952).

Mesoplastrão (Anatomia, Quelônios), gr. μέςος, meio, no meio + plastrão; porção mediana do plastrão.

Mesopleuria (**Rufus de Efésos, Anatomia**), gr. μεςοπλεύρια, termo para o espaço entre as costelas, ou seja, o espaço intercostal. Originalmente o termo gr. πλευραί, *pleurai,* se referia a "lados", e depois passou a significar "ossos dos lados", i.e., as costelas (torácicas).

Mesopodium (**Anatomia, Vertebrados**), gr. μέςος, meio, no meio + *pes, pedis,* pé; refere-se aos ossos do carpo ou do tarso em seu conjunto.

Mesos, pref. gr. μέςος (masc.), μέςη (fem.), μέςον (neutro), *mesos, mese, meson,* em lat. *medius,* no meio, intermédio, metade.

Mesossalpinge (Anatomia, aparelho gênito-urinário), pref. gr. μέςος, *mesos,* em lat. *medius,* no meio, intermédio, metade + *salpinx,* salpinge; ligamento largo que contém a tuba uterina.

Mesossauro (Classificação), pref. gr. μέςος (masc.), μέςη (fem.), μέςον (neutro), *mesos, mese, meson,* em lat. *medius,* no meio, intermédio, metade + *sauro,* lagarto, réptil; Pararéptil do Permiano inferior da África e da América do Sul e que foi utilizado como a primeira evidência da Deriva Continental, por ser encontrado em rochas de mares permianos epicontinentais enquanto a África e a América do Sul estavam ainda unidas uma à outra.

Mesovarium (**Anatomia**), pref. gr. μέςος, *mesos,* em lat. *medius,* no meio, intermédio, metade + *ovarium,* meso do ovário; uma dobra peritoneal semelhante ao mesentério dos intestinos.

Mesozoico. Ver Era Mesozoica.

Meta-, pref. gr. μετά, com, além, após, acima; ex.: Metáfise; Metaplasia.

Metabole, gr. μεταβολή, mudança, do vb. *metabollein,* mudar, transformar; pref. gr. μετά-, *meta,* acima, além de + vb. βάλλω, *ballo,* eu jogo; vb. *ballein,* jogar. Ver Digestão; e *Pepse, pepsis.*

***Metamazion* (Homero, Anatomia)**, gr. μεταμάζιον, pref. gr. μετά-, *meta* + μαζός, mama, mamilo; refere-se ao espaço entre as mamas.

Metabolismo, pref. gr. μετά-, *meta-*, com, além, após + βουλιμία, *boulimia*; de βοῦς, *bous*, boi + λιμός, *limos*, fome; "fome de boi". Conjunto de anabolismo + catabolismo. Série de transformações dos alimentos dentro de um organismo, incluindo reações de síntese (anabolismo) e de desassimilação (catabolismo).

Metacarpo (Anatomia, Tetrápodes, metacarpais I a V), gr. μετά, acima, além, ao lado + *carpus*, carpo; refere-se aos ossos da mão (ou pata anterior), situados entre os ossos do carpo e as falanges.

Metáfase, pref. gr. μετά, *meta*, depois, após + φάςις, fase, estágio; fase mitótica quando os centrômeros estão conectados às fibras ornitocóricas provenientes dos centríolos; estágio mitótico após a prófase, quando os cromossomas aparecem e se alinham no plano equatorial.

Metáfise (Anatomia, Vertebrados, ossos longos), pref. gr. μετά, *meta*, acima, além, ao lado + φύςις, *physis*, origem, Natureza, crescimento; refere-se à porção dos ossos endocondrais, que está entre a epífise e a diáfise, inclusive ossos endocondrais chatos (como o ílio) e irregulares (vértebras), os quais, a rigor, não têm uma diáfise/metáfise. Nos Mamíferos, o termo "metáfise" só deve ser utilizado para ossos em crescimento, em que ainda existe uma *physis* (o mesmo vale para os termos "epífise" e "diáfise"). Nos Répteis, o uso dos termos "epífise", "metáfise" e "diáfise" é adequado, porque neles as epífises são geralmente cartilaginosas e os ossos crescem em comprimento quase toda a vida. Ver Epífise, Diáfise e *Physis*.

***Metaphrenon* (Homero, Anatomia)**, gr. μετάφρενον, de μετά, acima, além, ao lado + φρήν, φρήνες, alma, mente, diafragma; zona entre as escápulas.

Metamérico, gr. μετά, acima, além, ao lado + refere-se aos elementos que se repetem em série (membros anteriores + membros posteriores). As vértebras são elementos metaméricos, particularmente nos Peixes, em que quase todas as vértebras são muito semelhantes. Tais estruturas são consideradas como *homólogas seriais* (ver Owen, 1843).

Metaplasia, gr. μετά, *meta-*, com, além, após + πλάςμα, *plasma*, algo formado, formação; transformação de um tipo de tecido em outro.

Metapódio (Anatomia, Tetrápodes, mãos e pés), lat. *metapodium*, gr. μετά, *meta-*, acima, além, ao lado + ποδός, *podos*, do pé. Conjunto dos ossos do metacarpo ou do metatarso.

Metapófise (Anatomia, Mamíferos, Coluna vertebral), pref. gr. μετά, *meta-*, com, além, sobre + pref. gr. απο-, *apo-*, de, a partir de, proveniente de + φύςις, *physis*, origem, crescimento, Natureza. Em alguns Mamíferos, é um pequeno processo (apófise) na porção anterior do arco neural de algumas vértebras. As apófises correspondentes, mas situadas posteriormente, são chamadas de anapófises.

Metatarso (Anatomia, Tetrápodes, pés, metatarsais I a V), gr. μετά, *meta-*, acima, além, ao lado + lat. *tarsus*, tarso; refere-se aos ossos do pé (ou pata posterior), entre o tarso e as falanges.

Metatética (forma), refere-se à inversão de letras nas palavras. Como acontece em grego, em Homero, inclusive; ex.: O termo "coração" aparece sob as formas κραδίν e καρδίν, *kradin* e *kardin*.

Metautostílica (Anatomia, tipo de suspensão craniomandibular), gr. μετά-, *meta-*, acima, além, ao lado + αὐτός, *autos*, próprio + lat. *stylus*, coluna; tipo de suspensão crânio-mandibular típica de Tetrápodes não Mamíferos, na qual a mandíbula se articula pelo Osso Articular ao Osso quadrado do crânio.

Metopon **(Homero, Rufus de Efésos, Galeno, Anatomia)**, gr. μέτωπον, fronte, "entre os olhos"; termo para *fronte*; ver Galenus (1535; trad. e comentários em Singer, 1952); ex.: Sutura metópica.

Metra **(Aristóteles, Rufus de Efésos, Anatomia)**, gr. μήτρα; Aristóteles dá este nome a uma parte do útero; possivelmente seu colo e/ou a vagina. Para útero ele utiliza *hysteras* e *delphys* (Vertebrados/Craniata) e *koilia* (Invertebrados); ex.: Endométrio.

-metria-, pref./suf. gr. -μετρία-, lat. *-metria*, medida; ex.: Osteometria.

Metron, gr. μέτρον, medida, regra, instrumento para medir ou contar; ex.: Termômetro.

Mf (Anatomia, Mamíferos, dentes), abreviatura para dentes *molariformes*; lat. *dens, dentis* + vb. *molere*, moer + *-forma*, forma. Chamam-se assim os dentes dos Mamíferos, quando eles não estão diferenciados em incisivos, caninos, pré-molares e molares. Em alguns destes casos, os molariformes são em maior número do que os dentes normais dos Mamíferos em geral; ex.: Alguns tatus (Xenarthra), Pinipédios e Cetáceos em geral. Sua forma segue o padrão do grupo (Pinipédios) ou são muito simplificados (Xenarthra, Cetáceos). Os demais Vertebrados, com muitas exceções, são homodontes; ou seja, os dentes não são iguais, mas são muito semelhantes. Ver Homodontia.

Microfibrila, gr. μικρός, pequeno + lat. *fibra* + suf. dim. *-illa*; uma subdivisão de uma fibrila.

Micros, gr. μικρός, pequeno; ex.: Micróbi; Microscópio.

Microscópio, gr. μικρός, pequeno + vb. gr. ςκοπέω, *skopeo*, eu observo, eu examino, eu vejo; equipamento utilizado para ver objetos ou organismos muito pequenos que não podem ser vistos a olho nu. Os dois principais tipos de microscópio são o óptico e o eletrônico; ex.: Anatomia microscópica.

Micrótomo, gr. μικρός, pequeno + *tome*, corte, incisão; máquina para cortar secções de tecidos orgânicos, a serem utilizados na microscopia óptica.

Microvilos (Citologia), gr. μικρός, pequeno + lat. *villus*, tufo de pelos; estrutura visível ao microscópio eletrônico, que forma a margem estriada das células epiteliais intestinais.

Mielina, gr. μυελός, *myelos*, medula; bainha de lipoproteína ao redor dos axônios dos nervos.

Mieloide, adj. gr. μυελός, medula + εἶδος, *eidos*, forma; refere-se ao tecido da medula óssea.

Mientérico, ou **mioentérico**, gr. μῦς, *mys*, músculo, rato + ἔντερον, *enteron*, intestino; refere-se à inervação do tubo digestivo, que permite o peristaltismo.

Migrare, vb. lat., migrar, vagar; ex.: Migração; Imigração; Emigração.

Mille, lat., mil; ex.: Milípedes (*mille* + gr. ποδός, *podos, do* pé).

Mimestai, vb. gr. μιμεῖςθαι, repetir; ex.: Mimetizar.

Mimos, gr. μίμος, ator, mímico, do vb. μιμέομαι, imitar; ex.: Mimetismo.

Minare, vb. lat., conduzir, liderar.

Minor, minos, lat., menos, menor; termo hoje utilizado para formar nomes de táxons; ex.: *Eudyptula minor* (pinguim azul).

Miocárdio (Anatomia), gr. μῦς, *mys*, rato, músculo + καρδία, *kardia*, coração; refere-se à musculatura cardíaca.

Miócito (Citologia), gr. μῦς, *mys*, rato, músculo + κύτος, κύτους, *kytos*, *kytous*, jarro, vaso, célula, célula muscular.

Miofibrila (Citologia), gr. μῦς, *mys*, rato, músculo + lat. *fibrilla*, pequena fibra; arranjo intracelular das proteínas contráteis dos miócitos.

Miofilamento (Citologia), gr. μῦς, *mys*, rato, músculo + lat. *filum*, fio; filamento de proteína muscular, formado principalmente de actina e miosina.

Miométrio (Anatomia, útero), gr. μῦς, *mys*, rato, músculo + lat. *metra*, útero. Refere-se à musculatura do útero.

Miscere, vb. lat., misturar; ex.: Miscigenação.

Misein, vb. gr. μιϛεῖν, odiar; ex.: Misoginia.

Miser, lat., infeliz; ex.: Misericórdia; Miserável.

Misticetos (Aristóteles, Classificação, Cetáceos), gr. μυϛτόκῆτος, gr. μῦς, *mys*, rato, músculo + κῆτος, *ketos*, cetáceo; um dos Cetáceos discutidos por Aristóteles, atualmente chamada *Balaenoptera physalus*. Acredita-se que o nome Misticetos tenha vindo de um erro nas primeiras traduções do *Historia Animalium*. No original talvez estivesse escrito ὁ μῦς τὸκῆτος (*ho mus toketos*), ou seja, "a baleia chamada camundongo", o que teria sido erroneamente entendido como ὁ μυϛτικῆτος. Na Antiguidade, de fato as palavras gregas eram escritas sem espaço entre elas, de modo que, para o não especialista, podia ser difícil saber onde acabava uma palavra e onde começava a seguinte; assim dificultando muito a compreensão do texto. A separação das palavras começou com os gramáticos helênicos da Biblioteca de Alexandria (século IV a.C.). Evidentemente que "baleia chamada camundongo" seria algo como uma brincadeira relacionada ao enorme tamanho da baleia. No entanto, uma outra possibilidade, e que parece mais provável, é a de que o termo tenha derivado não de μῦς, camundongo, mas sim de μύϛταξ, bigode + κῆτος, *ketos*, baleia; "baleia de bigode", o que seria uma alusão às suas barbatanas. Ver Rice (1998).

Mitocôndria (Citologia), gr. μίτος, fio, filamento + *chondrion*, grânulo, cartilagem; organela celular de forma variável, por vezes filamentosa, outras vezes granular.

Mitos, gr. μίτος, fio; ex.: Mitocôndria (gr. *mitos* + *chondrion*, dim. de gr. χόνδρος, *chondros*, cartilagem).

Mitose (Citologia), gr. μίτος, fio, filamento + suf. -ωςις, condição especial, doença, ação; é o processo de duplicação ou reprodução celular, em que cada célula eucariota divide seus cromossomos entre duas células menores.

Mitral, adj. relacionado ao lat. *mitra*, turbante, cocar, cachecol; célula mitral refere-se às células do glomérulo olfativo; válvula mitral é a válvula bicúspide atrioventicular.

Mixinas. Ver Lampreias e Mixinas.

mm, abreviatura para *milímetro*.

Mnasthai, mneme, vb. gr. μνᾶςθαι, μνήμη, lembrar-se, recordar-se, memória; ex.: Mnemônico; Amnésia.

Molar, lat. *mola*, moinho (para moer grãos), vb. lat., *molere*; ex.: Dentes molares.

Molares (Anatomia, Mamíferos, dentes), lat. *mola*, moinho (para moer grãos), vb. lat., *molere*; um dos tipos de dentes dos Mamíferos, que serve para triturar os alimentos; situam-se posteriormente aos pré-molares. São em número de zero a quatro (quatro apenas em Marsupiais).

Molécula, lat. científico *molecula*, menor parte de uma substância química; ex.: Peso molecular.

Molere, vb. lat., moer; ex.: Dentes molares.

Mollis, lat. mole, macio; ex.: Palato mole.

MONDINO DE LIUZZI (1270-1326). Foi um dos precursores da Anatomia prática. Sua principal obra é a *Anathomia*, cuja importância está no fato de ter sido utilizada por cerca de três séculos nas escolas de Anatomia da Europa. A obra contém inúmeras figuras, embora pouco detalhadas. Ele foi um seguidor das ideias de Aristóteles (e.g., coração com três câmaras) e Galeno. Berengario da Carpi (ca. 1460-ca. 1530), um outro grande anatomista da Idade Média, escreveu longos comentários sobre a obra de Mondino.

-monia, suf. lat. formador de nomes abstratos, com base em raízes; ex.: Parcimonia (*parcus*, parco + *-monia*).

Monile, lat., fila/fita de contas; ex.: Aspecto moniliforme.

-monium, suf. lat. formador de nomes coletivos, indicando estado ou obrigação legal; ex.: Patrimônio.

Monos, gr. μόνος, um, simples; ex.: *Monychon* (uma unha, um casco, os equídeos em Aristóteles).

Monospondilia (Anatomia, Coluna vertebral), tipo mais comum de coluna, com um único centro por vértebra; geralmente derivado dos pleurocentros.

Monothyra (Aristóteles, Classificação, Moluscos), gr. μόνος, *monos*, um, uma + θύρα, *thyra*, porta, "uma porta"; nome dado aos Moluscos Univalves.

Monotremata (Classificação, Mamíferos), gr. μόνος, *monos*, um, simples + τρῆμα, *trema*, orifício, abertura; grupo de Mamíferos "primitivos", com cloaca, portanto um só orifício para o aparelho gênito-urinário e digestivo; e que incluem o equidna e o ornitorrinco. Os Monotremados têm muitos caracteres de Répteis ou mesmo de Vertebrados ainda mais "primitivos". Por exemplo, no esqueleto: presença de septomaxila (Crânio), costelas cervicais, interclavícula, pré-esterno e meso-esterno (tórax), cleitro, coracoide e epicoracoide (cintura escapular) e Osso epipúbico (cintura pélvica).

MONRO, ALEXANDER (PRIMUS; 1697-1767). Anatomista de Edimburgo que descobriu, entre outras coisas, a bursa de Monro, uma bursa intratendínea do olécrano.

MONRO, ALEXANDER (SECUNDUS; 1733-1817). Anatomista de Edimburgo que sucedeu seu pai (Primus) e descobriu, entre muitas outras coisas, o foramen de Monro, o foramen interventricular (entre o ventrículo lateral e o terceiro ventrículo do Cérebro).

MONRO, ALEXANDER (TERTIUS; 1773-1859). Anatomista de Edimburgo que sucedeu seu pai (Secundus) e descobriu, entre muitas outras coisas, o sulco hipotalâmico de Monro.

Mons, *montis*, lat., montanha; ex.: Ambiente montanhoso.

Monychon (**Aristóteles, Hipócrates, Classificação, Mamíferos**), gr. μώνυχον, μόνος, *monos*, um, simples + ὄνυξ, *onyx*, unha, garra; uma unha/ um casco; *Zootoka* com um dedo (equídeos). Aristóteles os chama também de *Lophoura*, literalmente "animais com cauda/crina longa", quando quer enfatizar estes aspectos. O termo *Monycha*, como também *Amphodonta*, já aparece em Hipócrates.

Mordente (química), vb. lat. *mordere*, morder; uma substância que permite que um corante se fixe aos tecidos.

Mordere, vb. lat., morder; ex.: Mordida.

Morfologia, gr. μορφή, *morphe*, forma + λόγος, *logos*, estudo, conhecimento; inclui a Citologia, a Histologia e a Anatomia.

MORGAGNI, GIOVANNI BATTISTA (1682-1771). Anatomista de Pádua que descobriu, entre muitas outras coisas, o foramen cego da língua, a fossa navicular da uretra etc.

Morion, moria (**Aristóteles, Anatomia**), gr. μορίων, μορία, parte(s); o termo gr. *morion* está no nome original do *Pars Animalium*, Περὶ ζῴων μορίων (*Peri zoion morion*, literalmente "Sobre as Partes dos Animais").

Morphe (**Aristóteles, Anatomia**), gr. μορφή, forma visível; ex.: Morfologia. Traduzido em Ferigolo (2015, 2016, 2021) por "formato" de uma estrutura; por exemplo, formato de asa.

Mors, mortis, mortus, lat., morte; ex.: Mortalidade populacional.

MOUSEION DE ALEXANDRIA (μουςεῖον τῆς Ἀλεξανδρείας), mais precisamente, Museu ou Templo das Musas de Alexandria, ou Instituição das Musas de Alexandria. Trata-se da instituição (museu) à qual pertenceu a famosa *Biblioteca de Alexandria* da Antiguidade. Ele foi ao mesmo tempo uma instituição religiosa e científica, possivelmente fundada pelo general de Alexandre que se tornou o primeiro governante ptolemaico, portanto não egípcio, chamado Ptolomeu I Sóter (século III a.C.). O *Mouseion* compreendia, além da Biblioteca, alguns dos mais importantes estudiosos do Mundo helenístico, principalmente cientistas, astrônomos e médicos. Mas não apenas estes, porque incluía filósofos, músicos e poetas. No *Mouseion* esses intelectuais faziam investigações científicas bem como repassavam seu conhecimento aos alunos de maneira semelhante às modernas universidades e aos museus de pesquisa. Deste modo, ele se tornou um modelo para os modernos museus.

Movere, vb. lat., mover; ex.: Movimento.

Mu, letra grega μυ, minúsc. μ, maiúsc. μ. Translitera-se como "m".

Mucina (Rufus de Efésos), lat. *mucus*, gr. μύξα, *muxa*, termo para o *muco*; mucina é a proteína que forma o muco. Talvez relacionado com gr. μύκης, *mukes*, fungo, cogumelo.

Muco, lat., muco.

Mucoide, lat. *mucus*, gr. μύξα, *muxa*, muco + εἶδος, *eidos*, forma; refere-se a um tipo de tecido conjuntivo contendo muito muco.

***Mucosa, mucosae* (Anatomia)**, lat., membrana(s) mucosa(s); ex.: Serosa(s) das vísceras.

Mucus, lat., gr. μύξα, *muxa*, muco, algo mucoso; ex.: Camada mucosa.

Multíparo, adj. lat. *multus*, muito, muitos + vb. *parire*, carregar criança; refere-se a um animal que pariu várias vezes.

Multipolar (Citologia), adj. lat. *multus*, muito, muitos + *polus*, polo; célula com muitos processos; ex.: Neurônio motor multipolar (com muitos dendritos no corno anterior da Medula Espinal).

Multus, lat., muito, muitos; ex.: Osso multangular maior (ou trapézio, um osso do carpo).

Mulus, lat., mula.

***Muralium osseum* (Anatomia, ossos)**, lat. *murus*, muro, parede + *os*, osso; "parede óssea"; "rede" de osso esponjoso, como encontrado nas "metáfises" dos ossos longos e no interior dos corpos vertebrais.

***Mus* (Classificação, Mamíferos)**, lat., gr. μῦς, rato, camundongo; ex.: *Mus* (gênero de roedores).

Musca, lat., mosca; ex.: Muscidae (uma família de moscas).

Músculo (Anatomia), lat. *musculus*, *mus*, rato, camundongo + pref. lat. dim. *-ulus*, pequeno camundongo, em gr. μῦς, *mys*; rato, camundongo, talvez em função da forma arredondada dos músculos sob a pele, quando se contraem. Este é um tecido mole que promove o movimento do corpo e das vísceras dos animais. A seguir são incluídos apenas os músculos mastigatórios dos Mamíferos.

Músculo Masseter (Anatomia), lat. *musculus* + gr. μαςητήρ, *maseter*, mastigador, do vb. μαςᾶςθαι, *masasthai*, mastigar. Um dos principais músculos mastigatórios, que se origina no Arco zigomático e se fixa na Fossa massetérica, na face lateral do Osso dentário. Ele fecha a boca, com o Músculo temporal.

Músculo Pterigoide (Anatomia), lat. *musculus* + gr. πτέρυξ, *pteryx*, asa + εἶδος, *eidos*, forma; um dos principais músculos mastigatórios, cuja parte principal se origina na face lateral dos Ossos pterigoides (parte do Osso esfenoide) e um feixe menor se origina nos Ossos maxila e palatino. Ele se fixa na face medial do Osso dentário e promove o movimento látero--lateral da mandíbula, durante a mastigação.

Músculo Temporal (Anatomia), lat. *musculus* + *temporis*, do tempo; um dos principais músculos mastigatórios, que se origina na fossa temporal do crânio e se fixa no Processo coronoide do Osso dentário. Ele fecha a boca (com o Músculo masseter), além de retrair a mandíbula.

Museu de Alexandria. Ver *Mouseion de Alexandria*.

Mutare, vb. lat., mudar; ex.: Mutação.

Mx, abreviatura para *Osso maxila*.

***Myelos* (Homero, Rufus de Efésos, Anatomia)**, gr. μυελός; termo para a Medula Espinal e a medula óssea. O termo "medula" inicialmente significava medula óssea, tal qual a medula óssea do crânio, como se considerava ser o Cérebro, na Antiguidade; e a Medula Espinal, que era considerada como medula óssea das vértebras; ex.: Mielina.

***Myes* (Rufus de Efésos, Anatomia)**, gr. μύες, termo para *músculos*.

***Mykteres* (Rufus de Efésos, Anatomia)**, gr. μυκτῆρες, termo para as *narinas*.

***Myle* (Rufus de Efésos, Galeno, Anatomia, dentes)**, gr. μυλε, pedra de moer, relacionado a dente molar. Galeno (1535, trad. e comentários em Singer, 1952) diz que alguns autores chamam o Osso patela de μυλε, *myle*; ex.: Nervo Milo-Hioideo.

Myloi (**Rufus de Efésos, Anatomia**), gr. μύλοι, termo para os dentes *molares*.

Myon, mys (**Homero, Anatomia**), gr. μυών, μῦς, rato, músculo, carne; sentido semelhante a *kreas, creas*; e *sarx, sarkos*. Este último se refere apenas ao homem em Homero, não incluindo vísceras nem gordura; Homero utiliza o termo *mys* em relação a dois músculos que sofrem ferimentos, o deltoide do braço e o gastrocnêmio da panturrilha (Daremberg, 1865). Em uma passagem da *Ilíada*, lê-se que um golpe atinge o músculo da perna onde ele é mais espesso; o que alguns especialistas entendem que seja a panturrilha. Mas, na realidade, a musculatura é mais espessa do corpo é na coxa, não na panturrilha. Os primeiros autores da Antiguidade (Homero, Hipócrates, Ctésias) não distinguiam os diferentes músculos, chamando-os simplesmente de "músculo da perna", "músculo do braço" etc.; ex.: Miologia.

Myrtocheila (**Rufus de Efésos, Anatomia**), gr. μυρτόχειλα, termo para os *lábios maiores* (vagina).

Mys, myes (**Anatomia**), gr. μῦς, μύες, rato, músculo; ex.: *Mystiketos*.

Mystax, mystakes (**Rufus de Efésos, Anatomia**), gr. μύϛαξ, μύϛακες, bigode; ex.: Mystiketos; Misticetos.

Mystiketos (**Aristóteles, Classificação, Cetáceos**), gr. μυϛτοκῆτος; um dos Cetáceos em Aristóteles, a baleia *Balaenoptera physalus*. Em alguns manuscritos do *Historia Animalium*, a expressão aparece como "ὁ μῦϛτòκῆτος". Acredita-se que este nome tenha vindo de um erro nas primeiras traduções das obras de Aristóteles. No original talvez estivesse "ὁ μῦϛ τòκῆτος", *ho mus toketos*, ou seja, "a baleia chamada rato", o que teria sido erroneamente entendido como apenas duas palavras, ὁ μυϛτικῆτος, *o mystiketos*. No entanto, o mais provável é que o termo tenha derivado não de *mys*, camundongo, mas sim de μύϛαξ, *mystax*, bigode + κῆτος, *ketos*, baleia; "baleia de bigode", o que seria uma alusão às suas barbatanas. Ver Rice (1998); ex.: Misticetos.

Mytis (**Aristóteles, Anatomia**), gr. μύτις; o mesmo que *mecon*, para Aristóteles; corresponde ao hepatopâncreas, encontrado em alguns Invertebrados. Este órgão também está presente em alguns Peixes, mas Aristóteles não se refere a isto.

Myrios, myrioi, gr. μυρίος, μύριοι, sem conta, dez mil; ex.: Miriápodes.

Myrmex, myrmec-, gr. μύρμηξ, formiga; ex.: *Myrmecophaga* (Mammalia Xenarthra).

Myxa (Rufus de Efésos), gr. μύξα, termo para o *muco*; ex.: Myxini (grupo de "Peixes" Agnatas; que parecem revestidos por muco).

Myzao, vb. gr. μυζάω, eu sugo, vb. sugar; ex.: Myzopoda (Chiropoda).

N

N, Na (Anatomia), abreviaturas para *Osso nasal*.

N., n. (Anatomia), abreviaturas para *nervo(s)*.

n. I até **n. XII (Anatomia)**, abreviaturas para nervos cranianos; respectivamente nervos olfatório (n. I), óptico (n. II), óculomotor (n. III), coclear (n. IV), trigêmeo (n. V), abducente (n. VI), facial (n. VII), vestíbulo-coclear (n. VIII), glossofaríngeo (n. IX), vago (n. X), acessório (n. XI) e hipoglosso (n. XII). Para descrição, ver cada um dos nervos cranianos.

n. V1, n. V2, n. V3 (Anatomia), abreviaturas para os três ramos do Nervo Trigêmeo (n. V); respectivamente Nervos Oftálmico (V1), Maxilar (V2) e Mandibular (V3).

Nanômetro (nm), gr. νάνος, *nanos*, anão + μέτρον, *metron*, metro; antes conhecido como milimícron, é uma unidade do sistema métrico que corresponde a 1×10^{-9} metro, ou seja, um milionésimo de milímetro (mm); ou um bilionésimo de metro (m). É utilizado para medir comprimentos de onda da luz visível, ultravioleta, infravermelha ou radiação gama (γ).

Narke, gr. νάρκη, sono; gr. ναρκωτικός, "adormecedor"; ex.: Narcótico.

Narrare, lat., dizer; ex.: Narrativa; Narração.

Nasal. Ver *Osso nasal*.

Nasc-, *nat-*, vb. lat. *nascere*, nascer; ex.: Fauna nativa.

Nasion **(TRA)**, lat. *nasus*, nariz; ponto de referência anatômica, situado no ponto mediano da sutura do Osso frontal com os dois Ossos nasais. Ver Osso frontal.

Nasus, nasum, nas- **(Anatomia)**, lat. *nasus*, nariz; ex.: Orifício nasal externo.

Natos, gnatos, lat., nascido, produzido, gerado; ex.: Animal neonato.

Natura, lat., em gr. φύσις, *physis*; ex.: Natureza.

Natureza, lat. *natura*; em gr. φύσις, *physis*: para Aristóteles este termo se refere principalmente às coisas que sofrem mudanças. A Natureza é estudada na *Physica*, em Aristóteles. Coisas naturais têm o movimento dentro delas mesmas, diferentemente das artificiais, que devem ser movidas por um agente externo. Natureza ainda pode referir-se ao tipo de cada coisa (como em "natureza animal").

Naus, gr. ναῦς, navio, barco; ex.: *Nautilos*.

Nautilos, nautikos (Aristóteles, Classificação), gr. ναυτίλος, ναυτικός, de ναῦς, *naus*, navio, barco.

Navicular. Ver *Osso navicular*.

Navis, lat., navio; gr. ναῦς, *naus*; ex.: Osso navicular.

Necrofagia, gr. νεκρός, morte + φαγος, *phagos*, glutão; diz-se dos animais que se alimentam de organismos mortos.

Necrose, gr. νέκρωςις, *nekrosis*, de νεκρός, *necros*, morte + suf. gr. -ωςις, -*osis*, condição especial, doença, ação; refere-se à morte celular ou de um tecido; ex.: Necrose cortical.

Necros, gr. νεκρός, morte; ex.: Animais necrófagos (os quais se alimentam de organismos mortos). Algumas bactérias são necrófagas, i.e., matam o hospedeiro, mas não morrem com ele; continuando a se alimentar da carcassa.

Necrotrofia, gr. νεκρός, morte + τροφός, *trophos*, crescer; microrganismos, geralmente fungos, os quais se alimentam de células mortas do hospedeiro.

Nedys (Homero, Anatomia), gr. νηδύς, sinônimo de *gaster*, estômago.

Nema, nematos, gr. νῆμα, νήματος, cabelo, pelo, filamento; ex.: Filo Nematoda, Nemathelminthes.

Neocórtex (Anatomia, SNC), gr. νέος, em lat. *neos*, novo + *cortex*, casca; o mesmo que *neopallium* (do Cérebro dos Mamíferos). O nome refere-se à última (mais recente evolutivamente) camada do córtex cerebral dos Mamíferos, a qual se originou após o *Paleopallium*.

Neognatia (Anatomia, Aves, crânio, palato), gr. νέος, em lat. *neos-*, novo + γνάθος, *gnathos*, "maxila", tipo de palato de Aves, no qual a articulação basipterigoide foi perdida, mas onde há uma articulação entre os Ossos palatino e pterigoide; enquanto que os Ossos vômeres foram perdidos ou estão reduzidos e não se articulam aos Ossos pterigoides. Ver Paleognatia (Carroll, 1980).

***Neopallium* (Anatomia, SNC)**, gr. νέος, em lat. *neos-*, novo + *pallere*, pálido; o mesmo que Neocórtex (do Cérebro dos Mamíferos). Ver *Paleopallium* e Romer; Parsons (1977).

***Neos*,** gr. νέος, novo; ex.: Neodarwinismo.

***Nephron, nephros* (Homero, Anatomia)**, gr. νεφρός, rim; *nefron*, unidade funcional dos rins. ex.: Nefrologia, Nefroptose.

***Nephroi* (Homero, Rufus de Efésos, Anatomia)**, gr. νεφροί, *rins*. Homero se refere também à gordura ao redor dos rins.

Nervo, lat. *nervus*, tendão, ligamento, nervo, fibra, corda; em gr. νευρών, *neuron*. Em relação ao Sistema Nervoso Central, a aplicação dos termos *neurônio* e *nervo* é relativamente recente. Na Antiguidade, tendão, ligamento e nervo não eram distinguidos entre si, de modo que todos eram chamados de *neuron*, com o sentido de "tendão". Os verdadeiros nervos só foram distinguidos dos tendões por Rufus de Efésos.

Nervo Abducente (Anatomia, n. VI), lat. *nervus*, tendão, ligamento, nervo, em gr. νευρών, *neuron* + pref. lat. *ab-*, para longe de (sentido de afastamento) + vb. *ducere*, levar. Ele emerge do crânio na Fenda esfenoidal com os n. III, IV e V; e inerva o Músculo reto lateral (que rota o olho lateralmente, i.e., ele faz a abdução do olho).

Nervo Acessório (Anatomia, n. XI), lat. *nervus*, tendão, ligamento, nervo, em gr. νευρών, *neuron* + lat. *accessorius*; este nervo emerge do crânio pelo Forame jugular, com os nervos IX e X. Ele inerva os Músculos trapézio e esterno-cleido-mastoideu, músculos que movem a cabeça.

Nervo Ciático (Anatomia). Em Homero, νεῦρα βόιεια (nervos dos bois); lat. *nervus*, tendão, ligamento, nervo, em gr. νευρών, *neuron* + lat. *ischium*, gr. ἰσχίον, *ischion*, termo que se referia originalmente, em Homero, à articulação coxofemoral. Este nervo, também chamado de nervo isquiádico, é o maior do corpo humano e dos Mamíferos, e deriva do plexo sacral (nervos L4-5 até S3). Em Homero ele aparece como "nervo dos bois" (gr. νεῦρα, *neura* + βόιεια, *boieia*), que à época era utilizado como corda do arco (e flecha).

Nervo Facial (Anatomia, n. VII), lat. *nervus*, tendão, ligamento, nervo, em gr. νευρών, *neuron* + lat. *facialis*; este nervo, com o vestíbulo-coclear (n. VIII) penetra no Conduto auditivo interno, no Osso pétreo. O nervo sai pelo Forame estilo-mastoideu, inervando toda a musculatura da expressão facial; também é responsável pelo sabor, nos 2/3 anteriores da língua e pela informação somatossensorial do ouvido.

Nervo Glossofaríngico (Anatomia, n. IX), lat. *nervus*, tendão, ligamento, nervo, em gr. νευρών, *neuron* + λῶςςα, *glossa*, língua + φάρυγξ, φαρυγγος, *pharynx, pharyngos*, garganta. Este nervo emerge do crânio pelo Forame jugular, com os n. X e XI. Ele fornece inervação para a faringe, a parte posterior da língua, e a tonsila palatina; além do sabor no terço posterior da língua, e de controlar os músculos da deglutição.

Nervo Hipoglosso (Anatomia, n. XII), lat. *nervus*, tendão, ligamento, nervo, em gr. νευρών, *neuron* + gr. ὑπό, *hypo-*, sob, debaixo + λῶςςα, *glossa*, língua; este nervo emerge do crânio pelo canal do Nervo hipoglosso, situado no Osso occipital, junto ao Forame magno. Ele inerva todos os músculos da língua.

Nervo Mandibular (Anatomia, n. V3), lat. *nervus*, tendão, ligamento, nervo, em gr. νευρών, *neuron* + adj. lat. *mandibularis*, mandibular; este nervo emerge do crânio pelo Forame oval do Osso esfenoide (ou Osso alisfenoide, nos Mamíferos não humanos). Ele fornece inervação sensorial para a parte inferior da face, e sua parte motora inerva os músculos mastigatórios.

Nervo Maxilar (Anatomia, n. V2), lat. *nervus*, tendão, ligamento, nervo, em gr. νευρών, *neuron* + adj. lat. *maxillaris*, maxilar; este nervo emerge do crânio pelo Forame redondo do Osso esfenoide (ou Osso alisfenoide, nos Mamíferos não humanos). E fornece inervação para a pele da porção média da face.

Nervo Oculomotor (Anatomia, n. IV), lat. *nervus*, tendão, ligamento, nervo, em gr. νευρών, *neuron* + lat. *oculus*, olho + *motoris*, motor; este nervo emerge do crânio na Fenda esfenoidal com os n. III, V e VI. Ele fornece inervação para os músculos extrínsecos do olho e provê inervação sensorial para o olho e a órbita.

Nervo Oftálmico (Anatomia, n. VI), lat. *nervus*, tendão, ligamento, nervo, em gr. νευρών, *neuron* + ὀφθαλμός, olho; este nervo emerge do crânio pela Fenda esfenoidal, com os n. III, V e VI. Todos os seus ramos são sensoriais (Nervos nasociliar, frontal e lacrimal), todos no interior da órbita, além de um ramo meningeu, também sensorial.

Nervo Olfatório (Anatomia, n. I), lat. *nervus*, tendão, ligamento, nervo, em gr. νευρών, *neuron* + lat. *olfactus*, olfato; este nervo emerge do crânio através de filetes nervosos que atravessam a lâmina crivosa do Osso etmoide e terminam no Bulbo olfatório. Suas fibras se iniciam na mucosa nasal, levando ao Cérebro as sensações olfatórias. O sentido do olfato é o mais "primitivo", o que se observa pelo grande desenvolvimento do Rinencéfalo em Mamíferos com um Cérebro mais simples (e.g., Didelfídeos e Dasipodídeos).

Nervo Óptico (Anatomia, n. II), lat. *nervus*, tendão, ligamento, nervo, em gr. νευρών, *neuron* + lat. *opticus*, óptico; este nervo emerge do crânio através do Forame óptico do Osso esfenoide (ou orbitosfenoide, nos mamíferos não humanos) e leva informações visuais ao Cérebro.

Nervo Trigêmeo (Anatomia, n. V), lat. *nervus*, tendão, ligamento, nervo, em gr. νευρών, *neuron* + lat. *trigeminus*, trigêmeo; este nervo emerge do crânio através da Fenda esfenoidal do Osso esfenoide, com os n. III, IV e VI. Ele fornece informação somatossensorial da face e cabeça; e inerva os músculos da mastigação.

Nervo Troclear (Anatomia, n. III), lat. *nervus*, tendão, ligamento, nervo, em gr. νευρών, *neuron* + lat. *trochlearis*, troclear, rel. à tróclea, polia, rel. a correr; este nervo emerge do crânio através da Fenda esfenoidal do Osso esfenoide, com os n. IV, V e VI; sua função está nos movimentos do olho.

Nervo Vago (Anatomia, n. X), lat. *nervus*, tendão, ligamento, nervo, em gr. νευρών, *neuron* + lat. *vagus*, vago, que vagueia; este nervo emerge do crânio através do Forame jugular, com os Nervos glossofaríngeo (n. IX), vago (n. X) e acessório (n. XI). Ele fornece inervação para a laringe e o sistema parassimpático do tórax e abdômen, onde inerva vários órgãos. Entre outras funções do Nervo vago, estão: deglutição, tosse e vômito; vocalização; batimentos cardíacos e movimentos respiratórios; movimento do esôfago, estômago (inclusive secreção gástrica) e intestinos.

Nervo Vestibulococlear (Anatomia, n. VIII), lat. *nervus*, tendão, ligamento, nervo, em gr. νευρῶν, *neuron* + lat. *vestibulum*, vestíbulo + *cochlea*, cóclea; este nervo não emerge do crânio. Com o Nervo facial (n. VII), ele penetra no Conduto auditivo interno, situado no Osso pétreo e inerva os órgãos do equilíbrio e da audição.

Nervus vasi, *nervi vasorum* **(Anatomia)**, lat. *nervus*, gr. νευρῶν, tendão, nervo, corda (feita de ligamentos ou de fibras vegetais) + lat. *vas*, vaso sanguíneo; refere-se aos nervos dos vasos.

Nesos, gr. νῆςος, ilha; ex.: Polinésia (gr. πολύς, *polys-*, muito, muitos + *nesos*, "muitas ilhas").

Nestis **(Rufus de Ephésos, Anatomia)**, gr. νῆςτις, vazio, termo para a parte do intestino delgado hoje chamada de *jejuno* (assim chamado por estar geralmente vazio).

Neura **(Homero, Rufus de Ephésos, Anatomia)**, gr. νεῦρα (pl.); em Homero significa fibras, como fibras dos músculos; em Rufus, termo para os *nervos*.

Neurapófise (Anatomia, Coluna vertebral), nome geralmente utilizado para o Processo espinhoso do Arco neural.

Neurilema ou **neurolema (Anatomia)**, lat. *nervus*, gr. νευρῶν, *neuron*, tendão, ligamento, nervo + λῆμμα, *lemma*, casca; delicada camada externa à bainha de mielina de uma célula de Schwann.

Neurocrânio (Anatomia, Vertebrados/Craniata), lat. *neurocranium*, gr. νευρῶν, *neuron*, tendão, ligamento, nervo + *cranium*, crânio; chama-se assim o conjunto dos ossos cranianos de origem endocondral, i.e., pré-formados em cartilagem. Estes ossos são os da base craniana (etmoide, esfenoide, pétreo e occipital).

Neuróglia. Ver Glia.

Neuron **(Homero, Rufus de Ephésos, Galeno, Histologia)**, gr. νευρῶν, *neuron*, tendão, ligamento, nervo; em lat. *tendo*, tendão, do vb. *tendere*, esticar, estender. Neurônio é termo relativamente recente para designar a principal célula do Sistema Nervoso Central. Na Antiguidade, tendão, ligamento e nervo eram todos chamados de *neuron*, os quais só foram distinguidos anatomicamente por Rufus de Ephésos (século I d.C.). Galeno (século III d.C.) também faz esta distinção (ver Galenus, 1535; trad. e comentários em Singer, 1952). No Papiro *Ebers* (ca. 1550 a.C.), nervos, vasos e tendões são chamados de *metu*, de onde veio o costume dos gregos de chamarem nervos e tendões, ambos, de *neuron*. Ver Tendão.

Neurônio (Homero, Rufus de Efésos, Galeno, Histologia), lat. *nervus*, gr. νευρών, *neuron*, tendão, ligamento, nervo; refere-se às células nervosas e a seus processos; neurônio é termo relativamente recente para designar a principal célula do Sistema Nervoso Central.

Neuroqueratina (Histologia), lat. *nervus*, gr. νευρών, *neuron*, tendão, ligamento, nervo + κέρας, *keras*, corno; proteína que compõe a mielina da bainha dos nervos.

Neurotúbulos (Histologia), lat. *nervus*, gr. νευρών, *neuron*, tendão, ligamento, nervo + lat. *tubus* + suf. dim. *-ulus*; pequeno tubo de diâmetro constante; túbulos proteicos encontrados no axoplasma (citoplasma do axônio).

Neutrófilo (Citologia), lat. *neuter*, neutro + vb. gr. φιλεῖν, *philein*, amar; ausência de afinidade das células pelos corantes ácidos ou básicos; um tipo de leucócito.

Nidus, lat., ninho; ex.: Nidificação.

Niger, lat., preto; ex.: Rio Niger.

nm, abreviatura para nanômetro, gr. νάνος, *nanos*, anão + μέτρον, *metron*, metro; antes conhecido como milimícron.

Nodus, nodulus, lat., nó, pequeno nó; ex.: Linfonodos (sistema linfático).

Noein, vb. gr. νοεῖν, pensar, compreender.

Noesis, gr. νόησις, percepção, compreensão.

Nomas, nomados, gr. νομάς, νομάδος, nômade, pastor, morador da Numídia; ex.: Populações nômades.

Nomen, nominis, lat., nome, gr. νόμος, nome; ex.: *Nomen nudum*.

Nomes dos animais, lat. *nomen*, nome + *anima*, alma. Alguns investigadores sugerem que os nomes dos animais em geral e das Aves em particular representam adjetivos relativos às cores deles, os quais finalmente se tornaram substantivados. Tais palavras seriam de origem indo-europeia, como o caso das palavras francesas *rose* (rosa), *orange* (laranja), *lilas* (lilás) etc. Também se supõe que haja nomes de cores derivadas dos nomes de Aves. O nome latino *aquila*, águia, foi dado em função de sua cor marrom-escuro, tendendo ao preto. Portanto, originalmente o termo "águia" significava cor marrom-escuro.

Nominativo, gr. νόμος, nome; este é um caso gramatical, também chamado de primeiro caso ou caso reto. Refere-se principalmente às palavras que são *sujeito* ou *predicado* do sujeito, como *nomes, adjetivos* e *pronomes pessoais* (eu/me/mim; tu/te/ti; ele/ela(s), o/a(s), lhe(s), si; nós/nos; e vós/vos). Ver Genitivo.

Nomos, -nomia, gr. νόμος, nome e suf. gr., -νομία, rel. a nome; ex.: Taxonomia.

Norma, lat., régua; ex.: Normas cranianas dorsal, ventral e lateral; o mesmo que Vistas cranianas (dorsal, ventral e lateral).

Notarium **(Anatomia, Aves, Pterossauros, Coluna vertebral)**, lat., nota, marca, sinal; conjunto de vértebras fusionadas, ao nível da região da cintura escapular de algumas Aves e alguns Pterossauros (onde pode articular-se com a escápula); o que dá maior rigidez à Coluna vertebral, para contrabalançar o impacto das asas durante o voo.

Noto-, gr. νότος, para trás, para o sul; ex.: Notocorda (notocórdio ou corda dorsal); Notoungulados (Ungulados do Sul).

Notocorda (Anatomia, Coluna vertebral), gr. νότος, *notos*, para trás, para o sul + χορδή, corda. Ou Corda dorsal, uma estrutura embrionária que induz o desenvolvimento da Coluna vertebral. Caráter principal de todos os Cordados (Protocordados e Craniata). Nos Craniata, ela se estende da região da Sela túrcica até a extremidade da cauda. Nos Mamíferos adultos, permanece como Núcleo pulposo (NP) do Disco intervertebral (DIV). Nos Peixes sem Coluna vertebral (Mixinas, Lampreias), a Notocorda cumpre as funções de suporte do corpo, no lugar da Coluna vertebral. Ver Vértebra notocordal.

Noton **(Homero, Rufus de Efésos)**, gr. νῶτον, dorso ou *costas*, entre as escápulas. Em Homero, a porção posterior do tronco, ou das escápulas até o fim da Coluna vertebral; também utilizado como sinônimo de *rhachis* (Daremberg, 1865).

Notos (Homero), gr. νῶτος; sinônimo de *rhachis*, Coluna vertebral.

Novo Latim. Ver Latim Científico.

Novus, lat., novo; termo hoje utilizado para formar nomes de táxons; ex.: *Anomotodon novus* (um tubarão fóssil).

Nox, noctis, lat., noite; ex.: Animais noturnos.

Noxa, noc-, lat., nocivo, dano, injúria; ex.: Insetos nocivos.

NP (Mamíferos), abreviatura para *Núcleo pulposo*, parte do DIV. O NP é um resquício embrionário, de modo que, com a idade, ele matura, condrifica e ossifica. Como o NP tem a função de ser uma espécie de fulcro entre cada duas vértebras contíguas, do C2 (Áxis) para trás/baixo, quando ossifica e reduz em tamanho, o DIV perde muito de sua altura, o que leva à instabilidade intervertebral e, em consequência, às Discopatias (os "bicos de papagaio" são uma consequência da discopatia). Apenas os Mamíferos têm NP e DIV.

Nu, letra grega Νῦ, minúsc. ν, maiúsc. Ν. Translitera-se como "n" e é pronunciada *ni, nu* ou *niú*.

***Nucha* (Anatomia)**, lat., nuca, região occipital; ex.: Musculatura nucal.

***Nucleolus* (Citologia)**, lat., *nucleus*, núcleo + suf. dim. lat. *-olus*; pequeno núcleo.

Nucleotídeos, lat., *nucleus*, núcleo + -ídeo, suf. químico; são compostos muito energéticos, que auxiliam nos processos metabólicos corporais, como as biossínteses. Eles também podem agir como sinais químicos que respondem a hormônios e outras substâncias. São ainda componentes de cofatores enzimáticos e ácidos nucleicos. Eles são formados por três moléculas diferentes no DNA e no RNA: bases nitrogenadas purinas (adenina, guanina) e pirimidinas (citosina, uracila e timina); e um grupo fosfato derivado do ácido fosfórico.

***Nucleus* (Citologia)**, lat., semente, caroço, núcleo, de *nucula*, pequena noz; no Sistema Nervoso Central, também se aplica a um conjunto de neurônios, os Núcleos da base do Cérebro; ex.: Núcleo celular; Nucleotídeos.

Nudus, lat., nu; ex.: Nudibrânquios.

Numerus, lat., número; do gr. νέμω, *nemo*, eu distribuo (vb. distribuir); ex.: Número de dentes.

Nutrio, vb. lat., nutrir; ex.: Vasos nutricionais.

Nux, nucis, lat., noz; ex.: Nuclear.

***Nymphe* (Rufus de Efésos)**, gr. νύμφη, termo para *clitóris*.

O

Ob-, *obs-*, *op-*, lat., contra; ex.: Músculos opositores (lat. *ob-* + *ponere*, vb. colocar).

Obelos, *obeliscos*, lat., do gr. ὀβελός, ὀβελίϛκος, bastão arredondado e longo, galho de árvore; ex.: Obelisco.

O Bem (dos animais, Aristóteles). Na biologia, relaciona-se à teleologia (Fisiologia) de Aristóteles. Os órgãos e suas partes não têm um propósito em si mesmos, mas todos eles têm *uma função dentro do organismo* como um todo, sua reprodução. Então o fim de cada órgão e de cada parte é a *reprodução do organismo*, o que, para Aristóteles, é o *Bem* de cada organismo.

Oc, abreviatura para *Osso occipital*.

Occiput (Anatomia, crânio), lat., nuca, pref. lat. *ob-*, contra + *caput*, cabeça; ex.: Osso occipital.

Ochlos, *ochlou*, gr. ὄχλος, ὄχλου, multidão.

Octopus (Classificação, Cefalópodes), gr. ὀκτώ, oito + πούς, pé; cefalópode com oito "pés" (braços, polvo). O mesmo gênero em Aristóteles é chamado de *Polypous*, significando "muitos pés" (πολυς, *polys*, muitos + *pous*, pés).

Oculus, *oculare* (Anatomia), lat., olho, ocular; ex.: Cavidade ocular (Órbita).

Odontes (Rufus de Efésos, Anatomia), gr. ὀδόντες, termo para os dentes.

Odontoblasto (Histologia), gr. ὀδούς, ὀδόντος, *odous*, *odontos* + βλαϛτός, *blastos*, germe; são células da cavidade pulpar dos dentes e que formam a dentina.

Odor, lat., aroma, cheiro; ex.: Glândulas odoríferas.

Odous, *odontos* (Homero, Galeno, Vertebrados, Anatomia, dentes), gr. ὀδούς, ὀδόντος, dente, *do* dente; em lat. *dens*, *dentis*; ex.: Odontoblasto; Odontoclasto.

Odyne, *gr.* ὀδύνη, dor; ex.: Artrodinia (dor articular).

Oesophagos (**Aristóteles, Anatomia**), gr. οἰςοφάγος, garganta, do vb. οἴςω, *oiso*, eu carrego (vb. carregar) + ἔφαγον, *ephagon*, eu como (vb. comer); lat. científico *oesophagus*; logo "eu como e carrego"; ex.: Esôfago. Para Hipócrates, o esôfago parece começar na base da língua ou na faringe; e estaria ligado a uma abertura chamada de ςτόμαχος, estômago. Em Aristóteles, por vezes o termo "esôfago" aparece no lugar do termo "estômago".

O ESTAGIRITA. Apelido dado a Aristóteles (384-322 a.C.), gr. Ἀριςτοτέλης, por ter nascido em Στάγειρα (Stageira, Estagira), cidade da Antiga Macedônia. Ver Aristóteles.

O FILÓSOFO. Apelido dado a Aristóteles (384-322 a.C.) na Idade Média. Também chamado de O Estagirita. Foi aluno de Platão e mestre de Alexandre, o Grande, além de vários outros cientistas e filósofos da Antiguidade, como Teofrasto, criador da Botânica. Aristóteles foi o criador das seguintes áreas de investigação (principais): Metafísica, Lógica, Filosofia da Ciência, Biologia, Ética, Psicologia, Retórica e Teoria Literária, pelo que pode ser considerado como a pessoa mais influente de todos os tempos. Ver Aristóteles.

-oides, suf. gr. -οειδής, forma; do vb. gr. εἴδω, *eido*, eu vejo (vb. ver); ex.: Osso coronoide (osso em forma de coroa).

Oidos, oidein, oidema, oidematos, gr. οἶδος, οἰδεῖν, οἴδημα, οἴδηματος, inchaço, inchar; ex.: Edema.

Oikos, gr. οἶκος, casa; ex.: Ecologia (estudo das interações dos organismos, plantas, animais etc. com o meio ambiente).

Oinos, gr. οἶνος, vinho; ex.: Enologia.

Oion, oov-, oo-, gr. ᾠόν, ovo; ex.: *Ootoka* (o mesmo que Tetrápodes Ovíparos; que inclui os atuais Anfíbios + Répteis, exceto Ofídios).

Okto, oktas, gr. ὀκτώ, ὀκτάς, oito, oito vezes, lat. *octo*; ex.: *Octopus* (ὀκτώ, oito + πούς, *pous*, pés, oito pés), polvo com oito braços.

Olecranon (**Anatomia, antebraços, Ulna**), gr. ὠλέκρανον, de ὠλένη, *olene*, cotovelo, ulna + κρανίον, *kranion*, crânio, cabeça; "cabeça do cotovelo"; ex.: Processo olecraniano.

Olene (**Homero, Anatomia**), gr. ὠλένη, braço, cotovelo, ulna; ex.: Olécrano.

Oleum, ole-, lat., óleo; ex.: Oleaginoso.

Olhos (Anatomia), lat. *oculus*, olho, gr. ὀψ, ὄψις, *ops, opsis*, olho, face.

Olhos duros (Aristóteles, Anatomia, Invertebrados), lat. *oculus*, olho, gr. ὀψ, ὄψις, *ops, opsis*, olho, face + lat. *durus*, duro, sólido; nome pelo qual Aristóteles chama os olhos dos artrópodes. É interessante pensar como, sem conhecer nenhuma biologia, as pessoas já na Antiguidade sabiam o que são olhos, boca, pés etc. nos diferentes Invertebrados. Algumas estruturas análogas às dos Vertebrados talvez fossem reconhecidas por sua posição semelhante, como os olhos dos artrópodes; ou sua função, como as pernas dos insetos.

***Oligaima* (Aristóteles)**, gr. ὀλίγαιμα, ὀλίγος, *oligos*, pouco + αἷμα, *haima*, sangue; pouco sangue; além de *Enaima* e *Anaima*, Aristóteles por vezes se refere a "animais com pouco sangue" (e.g., *Parva Naturalia, On Respiration*, XIV, 477b10). Mas não é claro que animais seriam estes. Também existem os animais πολύαιμα, *polyaima*, "animais com muito sangue". É possível que ambos (*oligaima, polyaima*) sejam termos espúrios.

Oligodendrócito (Citologia), gr. ὀλίγος, *oligos*, pouco, pequeno + δένδρον, árvore + κύτος, κύτους, *cytos, kytous*, jarro, vaso, célula; este é um tipo de célula glial, que apresenta poucos processos e é responsável por formar as bainhas de mielina no Sistema Nervoso Central.

Oligos, olig-, gr. ὀλίγος, pouco, pequeno; ex.: Oligoceno; Oligodendrócito (células do Sistema Nervoso Central).

Oliva, oliv-, lat., azeitona; ex.: Oliva bulbar (parte do Sistema Nervoso Central).

-olus, -ulus, suf. lat. dim; ex.: Vacúolo (lat. *vacuum*, espaço vazio + *-olus*).

Omasum, lat., barriga; ex.: Omaso (uma das cavidades gástricas dos Ruminantes).

Ombros, gr. ὄμβρος, chuva, tempestade; ex.: Floresta ombrófila.

Ômega, letra gr. ωμέγα, minúsc. ω, maiúsc. Ω. Translitera-se como "o" (som de "ô" fechado).

***Omentum* (Anatomia)**, lat., dobra, pele gordurosa; ex.: Omento maior e menor (o mesmo que Epíplon).

Ômicron, letra gr. ὀμικρον, minúsc. o, maiúsc. O. Translitera-se como "o" (som de "ó" aberto).

Ommatos (Anatomia), gr. ὁράω, ὄμματος, olho; ex.: Omatídeos (unidades que constituem os olhos compostos dos artrópodes, formados por células fotorreceptoras e células de suporte). Estes olhos são chamados por Aristóteles de "olhos duros".

Omnis, omni-, lat., todo, tudo; ex.: Animal omnívoro (que come tanto plantas quanto animais, além de outros itens produzidos por animais, como o mel); ex.: Omnívoro.

Omoplata (Galeno, Rufus de Efésos, Anatomia, cintura escapular), gr. ὠμοπλάτη, *omoplate*, nome antigo da escápula; gr. ὦμος, *omos*, ombro + πλάτη, *plate*, lâmina, algo plano ou largo; literalmente "lâmina do ombro".

Omos, omou (Homero, Aristóteles), gr. ὦμος, ὦμου, espádua, escápula, ombro; em Homero tem o sentido de escápula bem como das porções superior e anterior do ombro (Daremberg, 1865); ex.: Omoplata ("lâmina do ombro"; antigo nome da escápula).

Omphalos (Homero, Rufus de Efésos, Anatomia), gr. ὀμφαλός, termo para o *umbigo*; mas *omphalos* tem também o sentido de centro de algo, como o centro do mar e o centro do escudo (Daremberg, 1865); ex.: Onfalocele (mau fechamento da parede abdominal do feto, ao redor do cordão umbilical, com herniação de vísceras como intestino e fígado).

Oneiros, gr. ὄνειρος, sonho; ex.: Onírico.

Onkoma, gr. ὄγκωμα, massa, volume, tumor; ex.: Oncologia.

Onkos, onkinos, gr. ὄγκος, ὄγκινος, farpa, gancho; ex.: *Oncorhynchus*.

Ontogenia, gr. ὄντος, ὀντότης, ser, existência + γένεσις, *genesis*, origem, gênese, em lat. *generare*, vb. gerar; desenvolvimento, considerado como compreendendo desde os estágios pós-larvais ou pós-fetais, até a idade adulta. Na realidade, mesmo o corpo adulto dos Vertebrados vai se adaptando às novas condições de vida; como é o caso da modificação na orientação das trabéculas dos ossos, na osteoporose ou após fraturas.

Ontos, ontotes, gr. ὄντος, ὀντότης, ser, existência; ex.: Ontogenia.

Onus, oneris, lat., fardo, carga; ex.: Ônus da prova.

Onyma, onoma, gr. ὄνυμα, ὄνομα, nome; ex.: Taxonomia (gr. τάξις, ordem + *onoma*).

Onyx, onycho- (**Aristóteles, Anatomia**), gr. ὄνυξ, ὀνυχο-, unha, casco; ex.: *Gampsonyches* (gr. γαμψος, encurvado + ὄνυξ, *onyx*, unha, garra; Aves de rapina; um dos grupos de Aves em Aristóteles); *Monychon* (os Equídeos).

Oócito (**Citologia**), gr. ῷόν, *oon*, ovo + κύτος, κύτους, *kytos, kytous*, jarro, vaso, casco (navio). É um ovo imaturo, mais precisamente um gametócito feminino, a célula germinativa que é formada no ovário.

Oolemma (**Citologia**), gr. öon, ovo + λῆμμα, *lemma*, casca, bainha; membrana celular de um oócito.

Ootoka (**Aristóteles, Classificação**), gr. Ωοτόκα, de ῷόν, *oon*, ovo + τοκάς, *tokas*, de ou para reprodução; "reprodução por meio de ovos", oviparidade, que se contrapõe a *Zootoka*, "reprodução por meio de animais vivos". Aristóteles dá o nome de *Ootoka* aos Anfíbios com os Répteis (exceto Ofídios), já que ele não os distingue em nível de grandes grupos.

Op, abreviatura para *Osso opistótico*.

Opacus, lat., opaco, sombrio; ex.: Opacidade.

Operculum (**Anatomia, Peixes**), lat., pequena cobertura; ex.: Ossos operculares.

Ophis, opheis (**Aristóteles, Classificação**), gr. οφις, ὄφεις; serpentes ou cobras; ex.: Ofídios.

Ophryon (**Homero, Rufus de Efésos, Galeno, Anatomia, TRA**), gr. ὄφρυον, supercílio (Galenus, 1535; trad. e comentários em Singer, 1952); termo que se refere hoje ao ponto médio das partes moles do supercílio; a crista óssea subjacente ele chama simplesmente de "osso". Como observa Daremberg (1865), os ossos, em Homero, não têm nomes próprios. Ver *Mesophryon*.

Ophthalmos (**Homero, Anatomia**), gr. ὀφθαλμός, olho; também são nomeados por Homero a *glene*, a pupila ou íris do olho, as *blephara*, pálpebras, e o *ophryon*, supercílio; *ophthalmos* se refere ao olho com as pálpebras, ao olho apenas, bem como às partes brilhantes do olho (Daremberg, 1865); ex.: Nervo oftálmico (n. VI).

Opisthen, opisthos, gr. ὄπιςθεν, ὄπιςθος, atrás, para trás; ex.: Opistótico; osso onde se localiza a Orelha interna. Em alguns Vertebrados, ele está fusionado ao Osso proótico, formando o Osso periótico ou pétreo, como nos Mamíferos; em alguns Répteis, por vezes um outro osso, o epiótico, também está fusionado aos outros dois.

Opistocelia (Anatomia, Répteis, Dinossauros, Coluna vertebral), gr. ὄπιςθεν, ὄπιςθος, atrás, para trás + gr. κοιλία, *koilia*, cavidade (derivado de *koilos*, vazio); refere-se a um tipo de vértebra, na qual há uma concavidade na face posterior (*opistos*) e um côndilo (convexidade) na anterior do corpo vertebral. Oposto de Procelia.

***Ops, opsis* (Homero, Rufus de Efésos, Anatomia)**, gr. ὀψ, ὄψις, olho, face; ex.: *Protoceratops* (gr. πρῶτος, *protos-*, anterior + κέρας, *keras*, corno + *ops*; "primeiro com corno na face"; gênero de Dinossauro Ornitísquio).

Optare, vb. lat., optar, escolher; ex.: Opção.

***Opticos, optos, opt-* (Anatomia)**, gr. ὀπτικός, ὀπτός, de ou relacionado à visão; em lat. *opticus*; rel. ao gr. ὀψ, ὄψις, *ops, opsis*, olho, face; ex.: Nervo óptico (n. II).

Optimus, lat., o melhor; termo hoje utilizado para formar nomes de táxons; ex.: *Cordaites optimus* (gimnosperma fóssil).

Opus, lat., obra, trabalho; ex.: Opúsculo (*opus* + suf. lat. dim. *-ulus*; pequeno trabalho).

Or, abreviatura para *Osso orbitosfenoide*.

Ora, lat., costa, margem; ex.: *Ora serrata* (olho).

***Ora serrata* (Anatomia)**, lat. *ora*, costa marinha, extremidade de algo + *serra*, serra; borda anterior entalhada da parte neural da retina.

Orare, vb. lat., rezar, orar; ex.: Orador.

***Orbicularis oculi* (Anatomia, músculo)**, lat. *orbiculus*, pequeno círculo, lat. *orbis*, círculo + suf. lat. formador de adj. *-aris* + *oculi*, *do* olho; músculo orbicular do olho.

***Orbicularis oris* (Anatomia, músculo)**, lat. *orbiculus*, pequeno círculo, lat. *orbis*, círculo + suf. lat. formador de adj. *-aris* + *oris*, *da* boca; músculo orbicular da boca.

Orbis, lat., anel; ex.: Órbita (Crânio).

Órbita (Anatomia), lat. *orbis*, anel; ex.: Forame infraorbital (situado no Osso maxila).

***Orcheis* (Rufus de Efésos, Anatomia)**, gr. ὄρχεις, termo para *testículos*.

***Orchis* (Rufus de Efésos, Anatomia)**, lat., gr. ὀρχις, testículo, tipo de azeitona; em lat. *testis*; ex.: Orquídea[38] (nome dado em função da forma das raízes tuberosas de algumas espécies da orquídea do gênero *Orchis*); Criptorquidia (testículos ocultos).

Ordo, lat., ordem; ex.: Superordem; Infraordem.

Oregein, orektos, vb. gr. ὀρέγειν, ὀρεκτός, atingir, alcançar; ὄρεξις, *orexis*, desejo; ex.: Anorexia.

Organelas (Citologia), gr. ὄργανον, *organon*, órgão, instrumento + -*ela*, suf. lat. formador de diminutivos; pequeno órgão, pequeno instrumento; refere-se a cada um dos componentes intracelulares do citoplasma; ex.: Mitocôndrias.

Órgão, gr. ὄργανον, *organon*, órgão, instrumento; ex.: Organismos.

Órgão do Espermacete (Anatomia, Mamíferos, Cetáceos, Mistice-tos), gr. ὄργανον, órgão, instrumento; uma estrutura cefálica das baleias Cachalotes, homóloga ao Órgão do melão dos Odontocetos, ambos com funções auditivas.

Órgão de Jacobson (Anatomia), gr. ὄργανον, *organon*, órgão, instrumento; órgão com funções quimiorreceptoras, situado no teto da boca, ao nível da Fissura palatina. O mesmo que Órgão vômero-nasal (lat. *vomer*, arado + *nasus*, nariz). Pode ter função na captação de feromônios e, portanto, na reprodução. Algumas poucas pessoas podem apresentar um órgão rudimentar desse tipo.

Órgão do Melão (Anatomia, Mamíferos, Cetáceos Odontocetos), uma estrutura cefálica dos Odontocetos, homóloga ao Órgão de espermacete dos Cachalotes, ambos com funções auditivas.

---

[38] Teofrasto, discípulo de Aristóteles, se refere a supostas aplicações médicas das orquídeas. Por exemplo, que suas raízes tuberosas poderiam ser utilizadas para aumentar a fertilidade. Isto tem assento em um certo tipo de analogia, por meio da qual se infere um determinado efeito (aumento da fertilidade) com base na forma de algo (forma de *testículo*). Esta certamente já era uma crença popular, antes de Teofrasto.

Órgão Vômero-Nasal. Ver Órgão de Jacobson.

ORÍBASE ou ORIBÁSIO (320-403 d.C.; Pérgamo, Grécia ou Lídia). Foi discípulo de Zenão do Chipre, médico e professor de Medicina, conhecido principalmente pela tradução que Caelius Aurelianus fez de sua obra, que se encontra no *Corpus Medicorum Graecorum*. Entre muitas outras coisas, Oríbase apresentou um laço chamado *tetrakyklos plinthios brokhos*, um laço retangular de quatro alças, descrito pelo médico grego Herakles, para tratar fraturas da mandíbula.

Orifício, lat. *orificium*, do lat. *os, oris*, boca + vb. *facere*, fazer; literalmente "fazer uma boca"; ex.: Orifício ósseo.

Origem (Anatomia, músculos, tendões), lat. *origin*; local onde os tendões/músculos se originam ou seus *pontos de origem*; em oposição ao ponto em que eles *exercem a ação*, que é chamado de *ponto de fixação*. Nos membros, a origem é sempre proximal (mais próximo do centro do corpo). Por exemplo, um músculo pode se originar no úmero e se fixar no rádio ou na ulna; ou se originar no antebraço e se fixar na mão.

-oris, -aris, suf. lat. formador de adj., *da* boca; ex.: Músculo orbicular.

Ornare, vb. lat., decorar, ornar; ex.: Carapaça ornamentada.

Ornis, ornithos (Aristóteles, Classificação), gr. ὄρνις, ὄρνιθος, ave, *da* ave. Alguns autores aproximam ὄρνις, do vb. ὄρνυμι, *ornymi*, "eu me coloco em movimento", e do vb. ὄρνυμαι, *ornymai*, eu me levanto, eu salto, eu voo; com o que não concorda Robert (1911). Para este autor, *ornis* teria relação não com voo, pulo etc., mas sim significaria originalmente "águia". Para ele, a evolução semântica do termo "águia" para o termo "ave" lembraria a passagem do latim *passer*, pardal, que veio a dar origem ao termo *pájaro* (pássaro em geral) em espanhol, e "pássaro" em português. Para ele, ainda, o mesmo termo *ornis* fornece um exemplo de "transporte semântico invertido", vindo a significar posteriormente (e ainda hoje) galinha. Em Aristófanes (*As Vespas*, 815) e em Aristóteles (*Historia Animalium*, VI, 560a13), temos a oposição entre ὁ ὄρνις, *ho ornis*, o galo, e ἡ ὄρνις, *he ornis*, a galinha. Para uma discussão sobre os termos *ornis* e semelhantes, ver Robert (1911). O suf. *-ornis* (como também *-pteryx* e *-avis*) é utilizado para criar nomes de gêneros de Aves fósseis; ex.: *Hesperornis*; *Achaeopteryx*; *Proavis*.

Orrhon (Rufus de Efésos, Anatomia), gr. ὄρρον, termo para *períneo*.

Orros (**Rufus de Eféso s, Anatomia**), gr. ὄρρος, nádegas; rel. a οὐρά, cauda.

Ortal (Biomecânica), tipo de movimento mandibular de fechar a boca, no sentido dorsoventral. Ver outros movimentos mandibulares: Palinal, Pró-palinal e Proal.

Orthos, gr. ὀρθός, reto, correto, normal; ex.: Posição ortostática (*orthos* + lat. moderno *staticos*, que causa uma parada), Ortodentina (o tecido mais comum dos dentes dos Vertebrados).

Os brachium (**Aristóteles, Rufus de Eféso s, Anatomia, braço**), lat., em gr. *brachionos*; osso do braço (úmero). Ele se articula proximalmente com a escápula e distalmente com o rádio e a ulna.

Os calcis. Ver *Osso calcâneo*.

Oscheos (**Anatomia**), gr. ὄςχεος, bolsa escrotal. Ver *Orchis*.

Oscillum, lat., oscilação, balanço; ex.: Osciloscópio.

Os clunium. Ver *Osso sacro*.

Os Incae. Ver *Osso inca*.

-osis, suf. gr. -ωςις, condição especial, doença ou acréscimo; ex.: Paquios-tose[39] (*pachys*, espesso + ὀςτέον, *osteon*, osso + *-osis*); ex.: Vértebras e Cos-telas de *Mesosaurus*.

Os latum. Ver *Osso sacro*.

Osmos, gr. ὠςμός, empurrar; ex.: Osmose.

Os, oris (**Anatomia**), lat., boca, *da* boca; abertura, óstio; ex.: *Os uteri* (óstio uterino).

Os, ossa (**Anatomia**), lat., osso; em gr. ὀςτέον, *osteon*; ex.: Tecido ósseo; Ossículo.

Osphys, osphyos (**Aristóteles, Galeno, Anatomia**), gr. ὀςφύς, ὀςφύος, "lombo", pelve óssea; de *isophyes*, "simétrico". *Osphys, aparentemente*, serviria como uma espécie de "cintura para o abdômen". Talvez o que Aristóteles quisesse dizer é que *osphys* serviria de *apoio* para o abdômen,

---

[39] A paquiostose nos animais pode ser condição normal e é observada principalmente em Vertebrados mari-nhos, como Mesossauros (répteis do Permiano), Plesiossauros (Répteis mesozoicos) e peixe-boi (Mamífero Paenungulata).

e não de cintura. O termo *osphys* era utilizado para referir-se também à área reprodutiva do corpo (que na mulher se situa na pelve menor).

Osse (Homero, Anatomia), gr. ὄςςε, olho, ou olho com as pálpebras; sinônimo de *ophthalmos*.

Ossicone (Anatomia, Mamíferos, crânio, par), lat. *os, ossis*, osso + gr. κῶνος, *konos*, em lat. *conus*, cone. Protuberâncias na cabeça das girafas e ocapis machos e seus fósseis; as quais são distintas dos cornos (bovídeos) por não terem revestimento córneo; e dos chifres (cervídeos), por se ossificarem com base na "cartilagem", além de não serem substituídos, nem perderem a pele. Apesar do nome, ossicone se refere à estrutura como um todo, o osso e a pele, não apenas ao núcleo ósseo. Embora esta seja a interpretação usual, é bastante estranho que o ossicone se forme da cartilagem, uma vez que os ossos do teto craniano são sempre dérmicos, e não endocondrais, em todos os Vertebrados. Existem também, nos mesmos animais, centros de ossificação acessórios, que são chamados de "esporões", sobre ou adjacentes aos ossicones.

Ossículo Pterigoideu. Ver *Ossos Wormianos*.

Ossífago ou Ossífrago, lat. *os, ossis*, em gr. ὀςτέον, *osteon* + φαγος, *phagos*, glutão, animais que comem ossos. Os dentes carniceiros dos Carnivora (felídeos, canídeos, ursídeos, hienídeos) permitem quebrar ou cortar os ossos; ex.: Cão; Urso; Leão.

Ossificação (Anatomia), lat. *os, ossis*, em gr. ὀςτέον, *osteon*. Ossificação é o processo em que a cartilagem (ou o tecido fibroso) é reabsorvida e é depositado osso neoformado em seu lugar. Ossificação deve ser distinguida da calcificação nos Condrictes; ex.: Ossificação endocondral.

Osso (Anatomia), lat. *os, ossis*, em gr. ὀςτέον, *osteon*. Os ossos podem ser classificados de acordo com vários critérios, por exemplo: 1- quanto à forma macroscópica (longo, irregular, chato, curto); 2- quanto à estrutura (compacto ou trabecular); e 3- quanto à origem embriológica (endocondral ou dérmico). Aristóteles se refere a mais de um tipo de osso. O que ele chama de osso corresponde provavelmente apenas aos ossos do que hoje chamamos de Mamíferos. Ele diferencia este tipo de osso principalmente daquele dos Peixes Ósseos, para os quais utiliza os nomes "osso de peixe" e "espinho de peixe". Possivelmente esta diferença seja relacionada aos diferentes graus de ossificação dos ossos nos diferentes grupos de Vertebrados.

Osso Alisfenoide (Anatomia, Mamíferos, crânio, par, abreviatura: Al), lat. *os, ossis*, osso, em gr. ὀςτέον, *osteon* + lat. *ala*, asa + gr. ςφήν, *sphen*, cunha + εἶδος, *eidos*, forma; corresponde à asa maior do Osso esfenoide no homem. O Al, nos Mamíferos, usualmente está fusionado a outros, como parte do Osso esfenoide: orbitosfenoide (par), basisfenoide (ímpar) e pterigoide (par). O Osso alisfenoide forma parte da parede lateral do crânio e situa-se posteriormente ao orbitosfenoide e anteriormente ao esquamosal. Neste osso, situam-se, nos Mamíferos, os Forames oval e redondo. Ele forma ainda, nos Mamíferos, a margem posterior da Fenda/Fissura esfenoidal (a margem anterior é constituída pelo Osso orbitosfenoide). Em alguns Mamíferos Carnivora, há no Osso alisfenoide um canal que dá passagem a um ramo da Artéria carótida externa.

Osso Articular (Anatomia, Vertebrados exceto Mamíferos, dentário, mandíbula, par, abreviatura: Ar), lat. *os, ossis*, em gr. ὀςτέον, *osteon* + lat. *artus*, articulação. Osso da mandíbula, principalmente dos Répteis, e que serve à articulação crânio-mandibular, ao articular-se ao Osso quadrado do crânio. A presença dos Ossos articular (Mandíbula) e quadrado (Crânio) caracteriza o animal como um Réptil, já que estes dois ossos passam a formar parte dos ossículos auditivos no grupo dos Mamíferos. Outros caracteres também separam Répteis de Mamíferos, entre eles o tipo de oclusão dentária.

Osso Astrágalo (Homero, Aristóteles, Galeno, Anatomia, Répteis, Aves e Mamíferos, pés, abreviatura: As), lat. *os, ossis*, gr. ὀςτέον, *osteon* + αςτράγαλος. Originalmente o termo αςτράγαλος se referia a uma articulação ou a uma vértebra do pescoço. Na *Odisseia*, astrágalo era o termo utilizado para vértebra ou pequeno osso. Só posteriormente é que o termo veio a nomear um osso do tornozelo, talvez com o sentido original de "articulação", no Homem e em Mamíferos. Nestes, este osso se articula proximalmente com a tíbia e a fíbula, plantarmente com o calcâneo e distalmente com o escafoide. *Astragalus* é hoje também o nome de um gênero de planta medicinal. O nome do osso pode ter vindo de um jogo de ossos chamado de *astragaloi* (astrágalos) pelos gregos, jogado com Ossos astrágalos de ovelhas e cabras. Este jogo veio a originar posteriormente o jogo de dados.

Osso Basioccipital (Anatomia, Vertebrados, crânio, ímpar, abreviatura: Bo), lat. *os, ossis*, osso, gr. ὀςτέον, *osteon* + lat. *basis*, base + *occiput*, nuca. Este osso forma parte da base do crânio e se situa posteriormente ao Osso basisfenoide, constituindo ainda a margem anterior do Forame magno; situando-se medialmente aos Ossos exoccipitais. Nos Mamíferos, ele está fusionado a outros ossos, formando o complexo Osso occipital: um supraoccipital endocondral, um ou dois supraoccipitais dérmicos e dois exoccipitais, além do basioccipital único.

Osso Basisfenoide (Anatomia, Vertebrados, crânio, ímpar, abreviatura: Bs), lat. *os, ossis*, osso, em gr. ὀςτέον, *osteon* + *basis*, base + gr. ςφήν, *sphen*, cunha + εἶδος, *eidos*, forma; osso endocondral situado entre os Ossos alisfenoides direito e esquerdo e anterior ao Osso basioccipital. No Homem ele se constitui no corpo do Osso esfenoide, que resulta do fusionamento do basisfenoide com outros Ossos esfenoidais e com os Ossos pterigoides. No basisfenoide é situada a Sela túrcica que abriga a Hipófise. Esta sela é limitada posteriormente pelo dorso selar, lateralmente pelos Processos clinoides (gr. κλίνη, *kline*, cama) anteriores e posteriores, e anteriormente pelo sulco do Quiasma óptico.

Osso Bigorna (Anatomia, Mamíferos, Orelha média), lat. *os, ossis*, em gr. ὀςτέον, *osteon* + lat. *bicornia* (pl. de *bicornis*), dois cornos; em lat. *incus*, um dos ossículos da Orelha média. Ver Ossos estribo e martelo.

Osso Canhão (Anatomia, Mamíferos, pernas); lat. *os, ossis*, gr. ὀςτέον, *osteon* + κάννα, *kanna*, cana. Osso formado pelo fusionamento de dois ou três metapodiais adjacentes em Mamíferos Ungulados, como bois e cavalos.

Osso Capitato. Ver *Osso magno.*

Osso Chato ou Plano ou Tabular (Anatomia, Vertebrados, tipo de osso quanto à forma; par); lat. *os, ossis*, gr. ὀςτέον, *osteon* + lat. *plattus*, achatado, plano; este tipo de osso é aquele cuja *espessura* é bem menor do que as demais dimensões; ex.: Escápula; Ílio.

Osso Columela (Anatomia, Anfíbios, Répteis, Aves, Orelha média), lat. *os, ossis*, gr. ὀςτέον, *osteon* + lat. *columna* + suf. dim. *ella*; pequena coluna. Formado do Arco hioide, segundo arco branquial. Evolutivamente, a columela provém do Osso hiomandibular, que articula o crânio à Mandíbula (suspensão crânio-mandibular) em muitos Peixes, como os Condrictes.

O hiomandibular originará a columela de Anfíbios, Répteis e Aves e parte do estribo dos Mamíferos.

Osso Compacto (Anatomia, Vertebrados, tipo estrutural de osso), lat. *os, ossis*, em gr. ὀςτέον, *osteon* + lat. *compactus*, compacto; este tipo de osso é aquele encontrado na cortical ou córtex dos ossos.

Osso Complexo ou Composto (Anatomia, Mamíferos, crânio), lat. *os, ossis*, gr. ὀςτέον, *osteon* + lat. *complexus*. Refere-se a ossos formados pelo fusionamento de ossos mais simples em outros Vertebrados; como o a- Osso esfenoide [alisfenoides (2), orbitosfenoides (2), basisfenoide (1) e pterigoides (2); o b- Osso occipital [basioccipital (1), exoccipital (2), supraoccipital (1 ou 2)] e o c- Osso temporal [esquamosal (1), pétreo (1), ectotimpânico (1), entotimpânico (1) e Processo estiloide (1)]. Os Ossos esfenoide e occipital são ímpares (medianos), enquanto que os Ossos temporais são pares (i.e., bilaterais).

Osso Composto (1; Anatomia, Serpentes, mandíbula, par), lat. *os, ossis*, em gr. ὀςτέον, *osteon* + lat. *compositus*, composto, de *com-*, junto + *positus*, colocado. Refere-se a um osso característico deste grupo, derivado do fusionamento de três ossos, o supra-angular, o pré-articular e o articular.

Osso Composto ou Complexo (2; Anatomia, Mamíferos, crânio), lat. *os, ossis*, gr. ὀςτέον, *osteon* + lat. *compositus*, composto, de *com-*, junto + *positus*, colocado. Nome utilizado para os ossos complexos do crânio, como o esfenoide, o occipital e o temporal.

Osso Cortical (Anatomia, Vertebrados, tipo ósseo quanto à localização), lat. *os, ossis*, em gr. ὀςτέον, *osteon* + *cortex*, casca. Este é o tipo de osso que forma a parte externa dos ossos e é constituído de osso compacto. A cortical é mais espessa no corpo dos ossos longos e mais fina nas extremidades destes, bem como nos ossos irregulares e chatos.

Osso Coxal (Anatomia, Mamíferos, cintura pélvica, par), lat. *os, ossis*, gr. ὀςτέον, *osteon* + *coxa*, "articulação do quadril" ou "osso do quadril". Este nome, embora pareça se referir ao osso da coxa (o fêmur), na realidade se refere à cintura pélvica. A confusão pode ter tido origem no fato de que o termo "coxal", primeiro se referia à Articulação coxofemoral. O próprio nome desta articulação já mostra a confusão, pois parece indicar uma articulação da "coxa com o fêmur". A cintura pélvica é formada pelos Ossos ílios (2), ísquios (2) e púbis (2), além do sacro (1).

Osso Cuboide (Anatomia, Mamíferos, pés), lat. *os, ossis*, gr. ὀςτέον, *osteon* + lat. *cubus*, cubo + gr. εἶδος, *eidos*, forma. Este osso, como o nome diz, tem o formato mais ou menos de um cubo. No Homem ele se articula proximalmente com o calcâneo, medialmente com o terceiro cuneiforme, e distalmente com os metatarsais IV e V.

Osso Curto (Anatomia, Vertebrados, tipo de osso quanto à forma), lat. *os, ossis*, gr. ὀςτέον, *osteon* + lat. *curtus*, curto; este é o osso que tem todas as dimensões semelhantes; como os ossos do carpo.

Osso Dérmico ou **Membranoso (Anatomia, Vertebrados, tipo ósseo quanto à origem)**, lat. *os, ossis*, gr. ὀςτέον, *osteon* + δέρμα, *derme*, pele. Este é o tipo de osso que é pré-formado em tecido conjuntivo, não em cartilagem; ex.: Ossos da face e do teto craniano (ou do dermocrânio: Pré-Maxila, Maxila, Nasal, Frontal, Parietal, Esquamosal e Supraoccipital Dérmico), além da Escápula e Clavícula.

Osso Ectópico (Anatomia, Vertebrados, tipo ósseo quanto à sua localização), lat. *os, ossis*, gr. ὀςτέον, *osteon* + gr. ἐκ, ἐξ, *ek, ex-*, fora, para fora + lat. *topos*, lugar; ossos "fora de lugar" (número variável). São ossos formados em locais onde usualmente eles não existem, como o Osso cardíaco, encontrado por vezes em cavalos e assemelhados. São considerados como normais, e não patológicos, pelo que não incluem as ossificações relacionadas a anomalias e doenças, como na Miosite ossificante.

Osso Endocondral (Anatomia, Vertebrados, tipo ósseo quanto à sua origem), lat. *os, ossis*, gr. ὀςτέον, *osteon* + pref. gr. ἔνδον, ἐνδο-, *endon-, endo-*, interior, interno + χόνδρος, *chondros*, cartilagem; este é o tipo de osso que é pré-formado em cartilagem, e não em tecido conjuntivo. Estes ossos são a maioria no esqueleto e incluem os ossos da base craniana (etmoide, esfenoide, pétreo e occipital), os ossos longos, os curtos, os chatos e a maioria dos ossos irregulares.

Osso Epipúbico (Anatomia, Mamíferos, cintura pélvica, par), lat. *os, ossis*, gr. ὀςτέον, *osteon* + ἐπί, *epi-*, sobre, acima + lat. *pubis*, maturidade sexual. Osso que em Marsupiais, Multituberculados, Monotremados e, alguns Placentários basais, dá suporte ao marsúpio e articula-se com o Osso Púbis.

Osso Escafoide (Galeno, Anatomia, Mamíferos, carpo, mãos), lat. *os, ossis*, gr. ὀςτέον, *osteon* + ςκάφη, *skaphe*, barco + εἶδος, *eidos*, forma. Osso do carpo, que no Homem se articula com os ossos, rádio proximalmente, com o semilunar lateralmente, e com o magno, trapézio e trapezoide distalmente.

Osso Esfenoide (Galeno, Anatomia, Mamíferos, crânio, ímpar), lat. *os, ossis*, gr. ὀϛτέον, *osteon* + ϛφήν, *sphen*, cunha + εἶδος, *eidos*, forma. Este é um dos três ossos compostos ou complexos nos Mamíferos (os outros são o temporal e o occipital); e é formado por dois orbitosfenoides (no Homem chamados de asas menores do esfenoide), dois Ossos alisfenoides (no Homem chamados de asas maiores do esfenoide), um basisfenoide e dois pterigoides (parte dos Processos pterigoides no homem). O nome foi dado por Galeno (1535; trad. e comentários em Singer, 1952). O Esfenoide forma boa parte da fossa craniana média. E nele estão situados os Forames ópticos (Osso orbitosfenoide) e os Forames ovais e redondos (Osso alisfenoide); bem como a Fenda esfenoidal (entre os Ossos orbitosfenoide e alisfenoide). Em alguns Mamíferos Carnivora, há ainda neste osso o Canal do alisfenoide, que dá passagem a um ramo da Artéria carótida externa. Chamado de Osso polimorfo por Vesalius (1543).

Osso Esplenial (Anatomia, Vertebrados "inferiores", mandíbula, par), lat. *os, ossis*, gr. ὀϛτέον, *osteon* + lat. *splen*, baço, algo chato, plano; osso dérmico medial da mandíbula dos Peixes até os Répteis. O nome não tem nada a ver com o baço.

Osso Esquamosal (Anatomia, Tetrápodes, crânio, par, abreviatura: Sq), lat. *os, ossis*, gr. ὀϛτέον, *osteon* + lat. *squama*, escama. Este osso forma parte da parede lateral do crânio, situa-se ventro-lateralmente ao Osso Parietal, posterior ao Osso Alisfenoide e anterior ao Osso Supraoccipital. Nos Mamíferos este osso é a porção escamosa do temporal, que é constituído pelos ossos fusionados (de cada lado): esquamosal, pétreo, ectotimpânico, entotimpânico (nem sempre presente) e Processo estiloide (parte do Aparelho hioide). Em alguns raros grupos de Mamíferos, o pétreo não se fusiona ao esquamosal (e.g., alguns Notoungulados).

Osso Esterno (Galeno, Anatomia, Vertebrados, tórax, ímpar, mediano), lat. *os, ossis*, gr. ὀϛτέον, *osteon* + ϛτέρνον, tórax; osso anterior do tórax, onde se articulam as clavículas e as costelas. É formado pelo manúbrio, o corpo (esternebras) e o Processo xifoide.

Osso Estribo (Anatomia, Mamíferos, crânio, par), lat. *os, ossis*, em gr. ὀςτέον, *osteon* + lat. medieval *strepum*, de origem obscura; poderia ser do francês *étrier* ou do inglês, *stypes*, Estribo. Este osso é formado com base no arco hioide, segundo arco branquial e depois, durante a evolução, do hiomandibular, que serve para articular o crânio à Mandíbula (suspensão craniomandibular) em muitos Peixes, como os Condrictes. O hiomandibular dá origem à Columela da Orelha média dos Anfíbios, Répteis e Aves e em parte ao Estribo dos Mamíferos.

Osso Etmoide (Anatomia, Mamíferos, crânio, ímpar, mediano, abreviatura: Et), lat. *os, ossis*, em gr. ὀςτέον, *osteon* + ἠθμός, *ethmos*, peneira + εἶδος, *eidos*, forma. Este osso é constituído pela lâmina mesetmoidal ("osso mesetmoide"), pelos labirintos etmoidais direito/esquerdo (Seios etmoidais) e pela Lâmina crivosa, com o Processo crista galli. Ele forma a parte mediana da fossa craniana anterior, onde se situa o Bulbo olfatório do Sistema Nervoso Central. Pela lâmina crivosa atravessam, para dentro do crânio, em direção ao Bulbo olfatório, os filetes do Nervo olfatório (n. I), que provêm da mucosa da cavidade nasal.

Osso Exoccipital (Anatomia, Vertebrados, crânio, par, abreviatura: Ex), lat. *os, ossis*, em gr. ὀςτέον, *osteon* + lat. *exo-*, para fora, externo + *occiput*, nuca. Nos Mamíferos este osso é parte de um osso complexo, o occipital, composto também por outros ossos: um basioccipital, um supraoccipital endocondral e por vezes um supraoccipital dérmico, além dos dois exoccipitais. O exoccipital forma os Côndilos occcipitais nos Anfíbios e Mamíferos e as porções laterais do "côndilo único" dos Répteis (a porção mediana é constituída pelo basioccipital). Ele forma também parte da margem lateral do Forame Magno. Ver Côndilo occipital.

Osso Falange (Anatomia, Tetrápodes, mãos e pés), lat. *os, ossis*, gr. ὀςτέον, *osteon* + φάλαγξ, *phalanx, falange*. São os ossos dos dedos, e que têm este nome em função de que a Falange distal (ou terceira falange) pode ter a forma de uma cunha, que lembra as Falanges dos Exércitos Grego e Romano.

Osso Fêmur (Anatomia, Vertebrados, coxas, abreviatura: Fe), lat. *os, ossis*, gr. ὀςτέον, *osteon* + *femur*, coxa. Refere-se ao osso da coxa. Não deve ser confundido com o *os coxae*, um nome antigo que se refere à pelve óssea. Ele se articula proximalmente com os ossos da pelve (púbis, Ílio e ísquio), ao nível do acetábulo; anteriormente com a patela e distalmente com a tíbia.

Osso Frontal (Anatomia, Vertebrados, crânio, par, abreviatura: F), lat. *os, ossis*, gr. ὀςτέον, *osteon* + lat. *frons, frontis*, fronte. Este osso é sempre par, embora no Homem seja considerado ímpar, o que se deve ao fato de os dois frontais fusionarem entre si precocemente (o mesmo ocorre entre pré-maxilas e maxilas). Ele se situa anteriormente ao parietal e dorsalmente à maxila. Este osso forma parte da Fossa craniana anterior e contém o Seio frontal[40].

Osso Fúrcula (Anatomia, Aves e Dinossauros Terópodes, cintura escapular, ímpar, mediano), lat. *os, ossis*, gr. ὀςτέον, *osteon* + lat. *furca*, forca, forcado + suf. dim. *-ula*. osso encontrado apenas em Aves e Dinossauros Terópodes. Ele é formado pelo fusionamento das duas Clavículas entre si. Nas Aves é chamado popularmente de "osso da sorte".

Osso Ganchoso. Ver *Osso hamato*.

Osso Hamato (Anatomia, Mamíferos, mãos), lat. *os, ossis*, gr. ὀςτέον, *osteon* + lat. *hamatus*, de *hamus*, gancho. Osso do carpo, no Homem situado entre o semilunar e o piramidal proximalmente, o magno medialmente e os metacarpais IV e V distalmente.

Osso Haversiano ou Sistema de Havers (Anatomia, Vertebrados, tipo estrutural de osso); lat. *os, ossis*, gr. ὀςτέον, *osteon* + Havers; histologia descrita por Clopton Havers; os ossos são constantemente remodelados, além de terem partes reabsorvidas, quando o corpo lança mão do cálcio e do fosfato de que necessita. O osso primeiro depositado pode apresentar osteons primários, que são camadas concêntricas de osso, constituídas ao redor de vasos e nervos (diâmetro: 0,2 mm). Quando reabsorvido, formam-se na superfície externa dos ossos sulcos longitudinais (e.g., ossos longos). Sobre estes sulcos, formam-se depois osteons secundários, que se depositam sobre os primários (que são facilmente reconhecíveis, porque estão incompletos por terem sido parcialmente reabsorvidos). Estão relacionados à taxa metabólica dos Vertebrados e podem também ser utilizados para determinar a idade cronológica de esqueletos humanos pré-históricos (i.e., a idade dos indivíduos). O *osteon* é considerado como a unidade básica do osso compacto. Aparentemente, quem primeiro se referiu aos canais de Havers foi Anton van Leeuwenhoek, que aperfeiçoou o microscópio.

---

[40] Este seio é diferente em cada pessoa, como se fosse uma digital.

Osso Hiomandibular (Anatomia, Peixes), lat. *os, ossis*, gr. ὀςτέον, *osteon* + ὑοειδές, *hyoeides*, forma de "Y" + lat. *mandibula*; constituído com base no Arco hioide, segundo Arco branquial; e serve para articular o crânio à mandíbula (suspensão craniomandibular) em muitos Peixes, como os Condrictes. Durante a evolução dos Vertebrados, o Osso Hiomandibular dará origem ao Osso Columela, da Orelha média dos Anfíbios, Répteis e Aves, bem como à parte do Estribo da Orelha média dos Mamíferos.

Osso Ílio (Anatomia, Tetrápodes, cintura pélvica, par), lat. *os, ossis*, gr. ὀςτέον, *osteon* + *ilium*, significando "abdômen inferior" e lat. *ile*, flanco; gr. εἰλεός, *eileos*, cólica intestinal, do vb. gr. εἰλέω, *eileo*, eu pressiono (vb. pressionar). Este é um dos ossos chatos/planos que formam a cintura pélvica dos tetrápodes, com os Ossos púbis, ísquio e sacro. Este é mais um exemplo do nome de uma doença ou sintoma (*eileos*, cólica intestinal) que veio a se tornar um nome de estrutura (Osso ílio). O nome pode também dever-se ao fato de que o Osso Ílio dá suporte ao intestino (*ileo*). Antigamente chamado de "osso ilíaco". Ver Ossos púbis e ísquio.

Osso Internasal (Anatomia, Mamíferos, crânio, par ou ímpar), lat. *os, ossis*, gr. ὀςτέον, *osteon* + lat. *inter*, entre + *nasus*, nariz. Este é um osso que está presente em alguns raros Mamíferos, como preguiças arborícolas e uns poucos Roedores. Situa-se anterior e entre os Ossos nasais, na forma de uma cunha.

Osso Interparietal (Anatomia, Mamíferos, crânio, par ou ímpar), lat. *os, ossis*, gr. ὀςτέον, *osteon* + lat. *inter*, entre + *paries*, parede. Este osso, que existe em alguns Mamíferos apenas, se situa entre os Ossos parietais e o supraoccipital. Alguns autores sugerem que seja o mesmo que o Osso supraoccipital dérmico.

Osso Irregular (Anatomia, Vertebrados, tipo de osso quanto à forma), lat. *os, ossis*, gr. ὀςτέον, *osteon* + pref. priv. *in-*, sem + *regular*, que não tem regras; este é o tipo de osso que tem forma irregular, não podendo ser incluído em outros tipos de formato de ossos; ex.: Vértebras.

Osso Ísquio (Homero, Galeno, Tetrápodes, Anatomia, cintura pélvica, par), lat. *os, ossis*, gr. ὀςτέον, *osteon* + lat. *ischium*, gr. ἰςχίον, *ischion*, termo que se referia originalmente, em Homero, à articulação coxofemoral. Hoje o ísquio é um dos ossos da cintura pélvica dos Tetrápodes, com os Ossos púbis e ílio, e forma a larga lâmina sobre a qual repousam os intestinos. Ver Ossos púbis e ílio.

GLOSSÁRIO ETIMOLÓGICO DE VERTEBRADOS: ORIGEM GREGA E LATINA DOS TERMOS

Osso Jugal (Anatomia, Tetrápodes, crânio, par, abreviatura: J), lat. *os, ossis*, gr. ὀςτέον, *osteon* + lat. *iugum*, jugo, canga, parelha; em gr. ζεῦγος, *zeugos* ou ζυγόν, *zygon*, canga, par; do vb. gr. ζυγοῦν, *zygoun*, colocar na canga, juntar ("junta de bois"). O Osso jugal corresponde ao antigo Osso zigomático. Ele forma parte do Arco zigomático do crânio, com o Processo zigomático do esquamosal/temporal. Seu nome, relacionado à canga dos bois, deve-se ao fato de ele fazer parte do Arco zigomático, que forma um arco em ambos os lados do crânio, os quais de algum modo lembram uma canga de bois.

Osso Laminar (Anatomia, Vertebrados, tipo estrutural de osso), lat. *os, ossis*, gr. ὀςτέον, *osteon* + lat. *lamina*, folha muito fina. Este é o tipo de osso que é constituído por camadas paralelas ou concêntricas; como as camadas ósseas que formam o Sistema de Havers.

Osso Longo (Anatomia, Tetrápodes, tipo de osso quanto à forma, par), lat. *os, ossis*, gr. ὀςτέον, *osteon* + lat. *longus*, longo, distante. Este é o tipo de osso cujo comprimento é maior do que as demais dimensões; como os ossos do braço, antebraço, coxa e perna.

Osso Magno ou **Capitato (Anatomia, Mamíferos, mãos)**, lat. *os, ossis*, gr. ὀςτέον, *osteon* + lat. *magnum*, grande. Este é um dos ossos carpais, no Homem situado entre o semilunar e o escafoide proximalmente, o hamato lateralmente e os metacarpais III e IV distalmente.

Osso Martelo (Anatomia, Mamíferos, crânio, par), lat. *os, ossis*, gr. ὀςτέον, *osteon* + lat. *malleus*, martelo; um dos ossículos da Orelha média. Ver Ossos bigorna e estribo. Este osso tem uma *cabeça arredondada* e nisto ele se assemelha ao martelo que os antigos açougueiros romanos usavam para matar o gado.

Osso Maxila (Celsus, Anatomia, Vertebrados, crânio, par, abreviatura: Mx), lat. *os, ossis*, gr. ὀςτέον, *osteon* + lat. *maxilla*, dim. de *mala*, osso da bochecha. Este é o principal osso da face e o principal osso que dá suporte aos dentes superiores (alvéolos). Ele se situa posteriormente à pré-maxila e ântero-ventralmente ao frontal. No Homem ele se fusiona precocemente à pré-maxila. O não fusionamento destes ossos origina a Fenda palatal lateral. A maxila forma boa parte do palato e contém o Seio maxilar. O nome do osso é *maxila*, e não "maxilar", que é adjetivo relacionado à maxila (ex.: Processo maxilar, Dentes maxilares etc.).

Osso Mentomeckeliano (Anatomia, Vertebrados, mandíbula), lat. *os, ossis*, gr. ὀςτέον, *osteon* + lat. *mentus* + Johann F. Meckel; osso junto à linha média, ímpar ou par, formado da ossificação da Cartilagem de Meckel, em alguns grupos de Vertebrados. Como anomalia, pode aparecer nos Mamíferos, inclusive no Homem (ver Meckel, 1808).

"Osso Mesetmoide" (Anatomia, Mamíferos, crânio, ímpar), lat. *os, ossis*, gr. ὀςτέον, *osteon* + μέςος, *mesos*, meio, no meio + ἠθμός, *ethmos*, peneira. Este, na realidade, não é um osso em si, mas parte do Osso etmoide, mais precisamente sua lâmina vertical mediana, que separa os dois labirintos etmoidais; e em cuja extremidade anterossuperior se situa o Processo crista galli. Sobre mesetmoide e etmoide, ver Ferigolo (1981).

Osso Narial (Anatomia, Mamíferos, crânio, par), lat. *os, ossis*, gr. ὀςτέον, *osteon* + lat. *nares*, narina. Este osso está presente em apenas alguns Mamíferos, como os dasipodídeos; situa-se na abertura da narina e serve para deslocar uma membrana que a fecha quando o animal escava a terra.

Osso Nasal (Anatomia, Vertebrados, crânio, par, abreviatura: N), lat. *os, ossis*, gr. ὀςτέον, *osteon* + lat. *nasus*, nariz. Este osso forma o teto da cavidade nasal, o teto do Orifício nasal externo e situa-se anteriormente ao Osso frontal, medial e dorsalmente à maxila/pré-maxila.

Osso Navicular[41] ou **Escafoide Tarsal (Anatomia, Mamíferos, pés)**, lat. *os, ossis*, gr. ὀςτέον, *osteon* + lat. *navis*, navio, gr. ναῦς, *naus*, navio, barco. Osso do tarso, no Homem situado entre o astrágalo proximalmente, o cuboide lateralmente e os três cuneiformes distalmente.

Osso Occipital (Galeno, Celsus, Anatomia, Vertebrados, crânio, ímpar, abreviatura: O), lat. *os, ossis*, gr. ὀςτέον, *osteon* + lat. *occiput*, nuca. Este é um dos três ossos compostos ou complexos nos Mamíferos (os outros são o esfenoide e o temporal); e é formado pelos dois exoccipitais, um basioccipital, um supraoccipital endocondral e um supraoccipital dérmico (quando presente), todos fusionados entre si. O Osso occipital constitui 1- a maior parte da face posterior do crânio, bem como 2- parte de sua base; 3- as margens do Forame magno e 4- os Côndilos occipitais nos Mamíferos e muitos Anfíbios. Nos Répteis, que têm côndilo único, a porção intermediária/mediana é formada pelo Osso basioccipital.

---

[41] O cavalo tem um Osso sesamoide nas patas, situado dentro do casco, entre a segunda e a terceira falange, e que é chamado de "Osso navicular". Este osso frequentemente sofre fraturas.

Osso Orbitosfenoide (Anatomia, Mamíferos, crânio, par, abreviatura: Or), lat. *os, ossis*, gr. ὀςτέον, *osteon* + lat. *orbis*, anel + gr. ςφήν, *sphen*, cunha + εἶδος, *eidos*, forma. Nos Mamíferos, este osso usualmente está fusionado a outros, como parte do Osso esfenoide: dois Ossos alisfenoides, um basisfenoide e dois pterigoides, além dos dois orbitosfenoides. Ele forma parte da parede lateral do crânio e se situa anteriormente ao Osso alisfenoide. Nele se situa o Forame óptico. Ele forma ainda a margem anterior da Fenda esfenoidal (a margem posterior é constituída pelo Osso alisfenoide). No Homem o orbitosfenoide é a "asa menor" do Osso esfenoide. Sobre orbitosfenoide e "pré-esfenoide", ver Ferigolo (1981).

Osso Palatino (Anatomia, Vertebrados, crânio), lat. *os, ossis*, gr. ὀςτέον, *osteon* + lat. *Palatium*, Palácio, uma das sete colinas de Roma; gr. Παλάτιον, Παλάτιν, *Palation, Palatin*. Nos Mamíferos, forma o palato ósseo, com os Processos palatais dos Ossos pré-maxila e maxila. Não confundir "palatino" com "palatal", um adj. que se refere ao palato.

Osso Paraesfenoide (Anatomia, Vertebrados "inferiores", crânio, ímpar, mediano, abreviatura: Ps), lat. *os, ossis*, gr. ὀςτέον, *osteon* + lat. pref. gr. παρά, *para-* ao lado + *sphen*, cunha + εἶδος, *eidos*, forma. Osso de Peixes, Anfíbios e Répteis, mas ausente em Mamíferos e que se situa ventralmente ao basisfenoide. Alguns autores consideram o Osso paraesfenoide como homólogo ao vômer dos Mamíferos, mas a posição dos dois ossos e sua forma são muito diferentes.

Osso Parietal (Anatomia, Vertebrados, crânio, par, abreviatura: P ou Pa), lat. *os, ossis*, gr. ὀςτέον, *osteon* + lat. *paries*, parede. Este osso leva este nome porque ele forma boa parte da parede lateral do crânio, principalmente nos Mamíferos. Ele se situa posteriormente ao frontal, dorsalmente ao esquamosal e anteriormente ao supraoccipital (e interparietal, quando presente). É entre os parietais que se situa o Forame parietal (ou pineal) da Glândula pineal.

Osso Patela (Anatomia, Mamíferos, coxas), lat. *os, ossis*, gr. ὀςτέον, *osteon* + lat. *patella*, pequeno prato. Antigamente chamado de rótula. Galeno (1535; trad. e comentários em Singer, 1952) diz que alguns autores chamavam a rótula de *epigonatis* (gr. ἐπί, *epi-* + γόνατο, *gonato*, joelho, "sobre o joelho"), e outros de *myle* (pedra de moer).

Osso Periótico (Anatomia, Répteis, Dinossauros, crânio, par), lat. *os, ossis*, gr. ὀςτέον, *osteon* + pref. gr. περί, ao redor + οὖς, ωτός, *ous, otos*, ouvido; homólogo do Osso pétreo dos Mamíferos. O Osso periótico corresponde aos Ossos proótico e opistótico fusionados. Por vezes também está fusionado a eles um terceiro osso, o epiótico.

Osso Pétreo (Anatomia, Mamíferos, crânio, par, abreviatura: Pe), lat. *os, ossis*, gr. ὀςτέον, *osteon* + lat. *petra*, pedra, rocha. Este osso tem sua maior parte interna limitando as fossas cranianas média e posterior. Em sua face póstero-medial, situa-se o Meato acústico interno, onde penetram os Nervos facial e vestíbulo-coclear (respectivamente n. VII e VIII). O segundo dirige-se à Orelha interna, e, portanto, não sai do crânio. Externamente o Osso pétreo forma o Processo mastoide. Em alguns raros Mamíferos (e.g., Roedores), ele pode fazer parte da parede lateral externa do crânio. Em geral o Pétreo está fusionado a vários outros ossos (esquamosal, ectotimpânico, entotimpânico (nem sempre presente) e o Processo estiloide (parte do Aparelho hioide), formando o Osso temporal, só presente nos Mamíferos. Nos Répteis, no lugar do pétreo, estão os Ossos proótico e opistótico; e em alguns também o Osso epiótico. Em alguns grupos de Mamíferos, o pétreo não fusiona ao esquamosal, mas isto é raro (e.g., alguns Notoungulados). No Homem o pétreo tem duas partes principais, quais sejam, o Rochedo (interno) e o Processo mastoide (externo).

Osso Piramidal (Anatomia, Mamíferos, mãos), lat. *os, ossis*, gr. ὀςτέον, *osteon* + lat. *pyramis*, gr. πυραμίς, *pyramis*, pirâmide. Osso do carpo, no Homem situado entre os Ossos semilunar proximalmente, o pisiforme palmarmente e o hamato distalmente.

Osso Pisiforme (Anatomia, Mamíferos, mãos), lat. *os, ossis*, gr. ὀςτέον, *osteon* + lat. *pisum*, ervilha + -*forma*, "forma de ervilha" (*Pisum sativum*). Osso do carpo, no Homem situado palmarmente ao piramidal.

Osso Plano. Ver *Osso chato*.

Osso Pneumatizado (Anatomia, Mamíferos, tipo de osso quanto à forma), lat. *os, ossis*, gr. ὀςτέον, *osteon* + gr. πνεῦμα, πνεύματος, *pneuma, pneumatos*, respiração, espírito. Este é um tipo de osso de Mamíferos, dentro do qual se desenvolvem seios aéreos, usualmente secundários a divertículos da Cavidade nasal (de modo que tais seios são revestidos de mucosa nasal). Os principais são os Seios frontais, maxilares, esfenoidais e etmoidais (labirinto etmoidal). Alguns Mamíferos de grande porte podem ter grande parte dos ossos cranianos pneumatizada (e.g., *Macrauchenia*; Ordem Litopterna, Ungulados fósseis Sul-Americanos).

Osso Polimorfo (Vesalius, Anatomia, Homem, crânio), nome dado ao Osso esfenoide por Vesalius (1543).

"Osso Pré-Esfenoide" (Anatomia). Embora na literatura se fale de "osso pré-esfenoide", não existe um osso independente dos outros Ossos esfenoidais, na região mediana. Porque o que tem sido chamado de "pré--esfenoide" são os dois Ossos orbitosfenoides fusionados sobre a linha média. Ver Osso orbitosfenoide e Ferigolo (1981).

Osso Pré-Maxila (Anatomia, Vertebrados, crânio, par, abreviatura: Pmx), lat. *os, ossis,* gr. ὀςτέον, *osteon* + lat. *pre-,* anterior + *maxilla,* dim. de *mala,* "maxila". Este osso, com a maxila e o dentário, dá suporte aos dentes, nos Mamíferos. Em alguns destes (e.g., Homem) este osso fusiona precocemente com a maxila e em geral só é observado na ontogenia. Seu não fusionamento com a maxila dá origem à anomalia conhecida como Fenda palatina lateral. O osso dá suporte apenas aos dentes Incisivos superiores e forma parte do alvéolo do dente canino superior (que usualmente, nos Mamíferos, está ao nível da sutura entre pré-maxila e maxila). O nome do osso é pré-maxila, e não "pré-maxilar", que é o adjetivo relativo à maxila (como em dente pré-maxilar).

Osso Pterigoide (Galeno, Anatomia, Vertebrados, crânio, par), lat. *os, ossis,* gr. ὀςτέον, *osteon* + πτέρυξ, *pteryx,* asa + εἶδος, *eidos,* forma. Este, que em Peixes, Anfíbios e Répteis é um osso independente, nos Mamíferos pode estar fusionado (um de cada lado) a vários outros, formando o Osso esfenoide: um basisfenoide, dois orbitosfenoides e dois alisfenoides, além de dois pterigoides. O caráter mais importante relacionado ao pterigoide é a Fenestra interpterigoide, presente em Répteis "primitivos" (como Captorhinomorfos, Mesossauros, Esfenodontídeos etc.; ver Ferigolo, 2000, 2009).

Osso Púbis (Anatomia, Vertebrados, cintura pélvica, par), lat. *os, ossis,* gr. ὀςτέον, *osteon* + lat. *pubis,* maturidade sexual. Este é um dos ossos chatos que formam a cintura pélvica dos Tetrápodes, com os Ossos ílio e ísquio. Ele se situa anterior e ventralmente na pelve óssea. Ver Ossos ílio e ísquio.

Osso Quadrado (Anatomia, alguns Vertebrados, crânio, par; abreviatura: Q), lat. *os, ossis*, gr. ὀςτέον, *osteon* + lat. *quadratus*, quadrado. Este é o osso craniano que se articula com o Osso articular da Mandíbula, em Vertebrados não Mamíferos. Ele se situa póstero-ventralmente e se articula anteriormente também com o Osso quadrado-jugal, quando este está presente. Em Répteis o Quadrado dá suporte ao tímpano. Não existe em Mamíferos pois o Quadrado migrou para a Orelha média e deu origem ao Osso bigorna.

Osso Quadrado-Jugal (Anatomia, alguns Vertebrados, crânio, par); lat. *os, ossis*, gr. ὀςτέον, *osteon* + lat. *quadratus*, quadrado + *jugum*, jugo, canga. Este osso situa-se entre o quadrado e o jugal, como diz seu nome, podendo fazer parte do Arco zigomático em Tetrápodes "primitivos". Não existe em Mamíferos.

Osso Rádio (Celsus, Anatomia, Vertebrados, antebraços), lat. *os, ossis*, gr. ὀςτέον, *osteon* + lat. *radius*, raio; osso do antebraço, que se situa lateralmente à ulna, no Homem. Ele se articula proximalmente com o úmero e com o rádio, e distalmente com a ulna e os Ossos tarsais escafoide e semilunar. Em alguns Mamíferos, uma ou as duas extremidades do rádio estão fusionadas com a ulna, de modo que nestes animais não há uma rotação do antebraço sobre o braço, diferentemente do Homem. Ver Pronação e Supinação.

Osso Sacro (Galeno, Anatomia, Tetrápodes, Bípedes, Coluna vertebral, ímpar, mediano), lat. *os, ossis*, gr. ὀςτέον, *osteon* + lat. *os sacrum*; em gr. ἱερόν ὀςτέον, *hieron osteon*, "osso sagrado". A origem deste nome não é clara; poderia dever-se a uma suposição de que o Osso sacro seria o último osso a se decompor, assim *perdurando após a vida*. Mas o termo ἱερός, *hieros*, também pode significar "grande" e "forte". Em grego antigo, utilizava-se também o termo κλόνις, *clonis*, para o sacro, o qual deu origem ao termo lat. *clunis*, nádegas. Outros nomes clássicos latinos são *Os clunium* e *Os latum*, este último significando "osso largo"; talvez em comparação com as demais vértebras. O Osso sacro é formado por várias vértebras sacrais, mas sem os respectivos DIV (logo, o sacro também não tem AF, LCT nem NP). Segundo Singer (1952), o nome *Os sacrum* em latim aparece pela primeira vez em Caelius Aurelianus (fl. século V).

Osso Semilunar ou **Lunar (Anatomia, Mamíferos, mãos)**, lat. *os, ossis*, gr. ὀςτέον, *osteon* + lat. *semi-*, metade + *lunare*, lunar. Osso do carpo, que no Homem se articula proximalmente com o rádio e distalmente com os demais ossos do carpo, exceto trapézio, trapezoide e pisiforme.

Osso Septomaxila (Anatomia, Vertebrados "inferiores", crânio, par, abreviatura: SMx), lat. *os, ossis*, gr. ὀςτέον, *osteon* + lat. *septus*, septo + *maxilla*, dim. de *mala*, osso da bochecha. Nos Mamíferos ele está presente apenas em Monotremados. Situa-se junto à maxila e à narina externa.

Osso Sinsacro (Anatomia, Aves e Dinossauros, ímpar), lat. *os, ossis*, gr. ὀςτέον, *osteon* + ςυν-, *syn*, junto + lat. *sacrus*, sagrado. Osso complexo formado por muitos ossos fusionados: todas as vértebras sacrais, todas as vértebras lombares, as últimas vértebras torácicas, as primeiras vértebras caudais e os ossos pélvicos.

Osso Supraoccipital Dérmico (Anatomia, Mamíferos, crânio, ímpar ou par), lat. *os, ossis*, gr. ὀςτέον, *osteon* + lat. *supra-*, acima, sobre + *occiput*, nuca + gr. δέρμα, *derme*, pele. Este é um osso dos Mamíferos que nem sempre está presente e que se situa dorsalmente ao supraoccipital endocondral e póstero-ventralmente aos parietais; e forma a parte dorsal da parede posterior do crânio. Alguns autores consideram ser este osso o mesmo que o Osso interparietal. Nos Mamíferos, quando existe, ele é parte de um osso complexo, o occipital; formado também pelo supraoccipital endocondral, pelos dois exoccipitais e pelo basioccipital.

Osso Supraoccipital Endocondral (Anatomia, Vertebrados, crânio, ímpar), lat. *os, ossis*, gr. ὀςτέον, *osteon* + lat. *supra-*, acima, sobre + *occiput*, nuca + gr. *endo-*, para dentro, interno + χόνδρος, *chondros*, cartilagem. Este é um osso que se situa ventralmente ao supraoccipital dérmico e se limita lateralmente com os esquamosais e os exoccipitais; formando a maior parte da parede posterior do crânio. Nos Mamíferos ele é parte de um osso complexo, o occipital; constituído ainda pelos dois exoccipitais, pelo basioccipital e (por vezes) o supraoccipital dérmico (um ou dois).

Osso Tabular (1; Anatomia, Vertebrados, crânio, par), lat. *os, ossis*, gr. ὀςτέον, *osteon* + lat. *tabula*, pequena tábua. Osso localizado na margem posterior do teto craniano nos Teleóstomos "primitivos". Um Osso tabular também é encontrado em alguns Tetrápodes "primitivos". Raramente, um osso semelhante é encontrado também em alguns Mamíferos (e.g., Notoungulados), entre o occipital e o esquamosal. Os ossos chatos ou planos são ainda chamados de ossos tabulares. Ver Teleostomi.

Osso Tabular (2, Anatomia, tipo de osso quanto à forma). O mesmo que osso chato; ex.: Ossos ílio e escápula.

Osso Talus. Ver *Osso astrágalo*.

Osso Temporal (Anatomia, Mamíferos, crânio, par, abreviatura: T), lat. *os, ossis*, gr. ὀςτέον, *osteon* + lat. *temporalis*, relativo à têmpora; então, "osso das têmporas". Este é um dos três ossos compostos ou complexos nos Mamíferos (os outros são o esfenoide e o occipital); ele forma parte da parede lateral do crânio e é situado posterior ao Osso alisfenoide e anterior ao supraoccipital. Ele é constituído, de cada lado, pelos ossos fusionados: esquamosal, pétreo, ectotimpânico, entotimpânico (nem sempre presente) e Processo estiloide (parte do Aparelho hioide).

Osso Tíbia (Celsus, Anatomia, Tetrápodes, pernas), lat. *os, ossis*, gr. ὀςτέον, *osteon* + lat. *tibia*, um tipo de flauta romana, geralmente feita com a tíbia (osso da "canela") de uma ave. A tíbia é o osso medial da perna (o lateral é a fíbula).

Osso Trabecular ou **Esponjoso (Anatomia, Vertebrados, tipo estrutural de osso)**, lat. *os, ossis*, gr. ὀςτέον, *osteon* + lat. *trabecula*, pequena travessa; *spongiosus*, esponjoso. Este é o tipo de osso que é encontrado na porção interna dos ossos endocondrais, como as vértebras, bem como nas partes internas das epífises e metáfises (e.g., do fêmur). É formado por trabéculas muito finas e ordenadas segundo as forças biomecânicas. Ele tende a ficar muito irregular, mais fino e menos denso com a idade, devido à Osteoporose.

Osso Trapézio (Anatomia, Mamíferos, mãos), lat. *os, ossis*, gr. ὀςτέον, *osteon* + τράπεζα, *trapeza*, "mesa" de quatro pernas. Osso do carpo que no Homem se situa entre o escafoide proximalmente, o trapezoide lateralmente e os metacarpais I e II distalmente.

Osso Trapezoide (Anatomia, Mamíferos, mãos), lat. *os, ossis*, em gr. ὀςτέον, *osteon* + τράπεζα, *trapeza*, "mesa" de quatro pernas + εἶδος, *eidos*, forma. Osso do carpo que no Homem está situado entre o escafoide proximalmente, o trapézio medialmente e o metacarpal I distalmente.

Osso Ulna (Anatomia, Vertebrados exceto Peixes e Serpentes, antebraços), lat. *os, ossis*, gr. ὀςτέον, *osteon* + lat. *ulna*, antebraço. Osso do antebraço, medial ao rádio no homem. Antigamente chamado de cúbito, em função de uma medida da Antiguidade, com o mesmo nome; e que se estendia da extremidade do cotovelo até a ponta do dedo médio. A medida variava de acordo com a região e o país. O cúbito da Antiga Grécia equivalia a 24 *dactyloi* [24 dedos; 1 *dactylos* (1 dedo) = 19,3 mm], enquanto que o cúbito egípcio media 27 *dactyloi*. A Ulna se articula proximalmente com o úmero e o rádio e distalmente com o rádio e o semilunar carpal. Em alguns Mamíferos, uma ou as duas extremidades dos ossos do antebraço estão fusionadas entre si, de modo que nestes animais não é possível a rotação do antebraço sobre o braço.

Osso Úmero (Anatomia, Vertebrados, braços), lat. *os, ossis*, gr. ὀςτέον, *osteon* + lat. *umerus*, úmero. Osso do braço, chamado por Aristóteles de βραχίονος, *brachionos* (significando "osso do braço") e pelos Romanos de *os brachium* ("osso do braço"). Ele se articula proximalmente com a escápula e distalmente com o rádio e a ulna.

Osso Uncinado ou **Unciforme**. Ver *Osso hamato*.

Osso Vômer (Anatomia, Tetrápodes, crânio), lat. *os, ossis*, gr. ὀςτέον, *osteon* + lat. *vomer, vomeris*, arado, relha de arado; osso da base do crânio dos Vertebrados, e com forma de um antigo arado; que possuía uma porção superior (cabo do arado) e duas lâminas inferiores, que cortavam a terra. O Osso vômer no Homem e outros Mamíferos tem uma forma semelhante, com uma lâmina vertical e duas lâminas ventrais. Nos Mamíferos o osso é aparentemente ímpar e faz parte do septo ósseo nasal, situando-se posteroventralmente à lâmina mesetmoidal do Osso etmoide. Todavia, no início de seu desenvolvimento, são formadas duas lâminas ósseas, direita/esquerda, que depois fusionam entre si. Nos Répteis ele é par, faz parte do palato e é posterior à pré-maxila. Nos Mamíferos ele raramente faz parte do palato ósseo secundário.

Ossos Anquilosados ou **Fusionados (Anatomia, tipo de osso quanto à relação com outros ossos)**, lat. *os, ossis*, gr. ὀςτέον, *osteon* + ἀγκύλος, *ankylos*, torto, curvo, unido. São muito comuns principalmente em Mamíferos, em que ossos pouco desenvolvidos fusionam entre si. Como entre os Ossos rádio/ulna (e.g., Artiodáctilos) e tíbia/fíbula (e.g., Xenarthras). Os mais importantes ossos anquilosados têm nomes especiais, como é o caso do sacro, sinsacro, pigóstilo, uróstilo e cóccix, além da fúrcula e do notarium. Em Aves, Pterossauros e Dinossauros, o osso mais complexo é o sinsacro.

Ossos Cuneiformes (Anatomia, Mamíferos, pés), lat. *os, ossis*, gr. ὀςτέον, *osteon* + lat. *cuneus*, cunha + *forma*. Estes são três ossos mais ou menos em forma de cunha, que no Homem se articulam proximalmente com o calcâneo e o escafoide e distalmente com os metatarsais I, II, III e IV. Eles ainda se articulam entre si, sendo também chamados de ectocuneiforme (lateral), entocuneiforme (medial) e mesocuneiforme (intermediário).

Ossos Metacarpais I a V (Anatomia, Vertebrados, mãos), lat. *os, ossis*, gr. ὀςτέον, *osteon* + pref. μετά, *meta-*, com, além, após + lat. *carpus*, carpo; ossos da mão (ou pata anterior), situados entre os ossos carpais e as falanges.

Ossos Metatarsais I a V (Anatomia, Vertebrados, pés), lat. *os, ossis*, gr. ὀςτέον, *osteon* + pref. μετά, *meta-*, com, além, após + lat. *tarsus*, tarso; ossos do pé (ou pata posterior), situados entre os ossos tarsais e as falanges.

Ossos Palpebrais (Anatomia, Crocodilianos e Dinossauros Ornitísquios, crânio, pares), lat. *os, ossis*, gr. ὀςτέον, *osteon* + lat. *palpebra*; ossos situados dentro das pálpebras ou dentro das órbitas; ex.: *Heterodontosaurus*.

Ossos Pós-Dentários (Anatomia, Terápsidas, Cinodontes, mandíbula, pares), lat. *os, ossis*, gr. ὀςτέον, *osteon* + pref. lat. *post-*, posterior + *dens, dentis*, dente. Termo hoje utilizado usualmente para Cinodontes: são os ossos da Mandíbula, exceto dentários. Geralmente eles se tornam muito reduzidos em tamanho, na sua tendência a se tornarem (alguns) ossículos da Orelha média. Também estão presentes em Mamíferos mesozoicos, como *Morganucodon*.

Ossos Sesamoides (Galeno, Anatomia, tipo de osso quanto à forma, pés, pares), lat. *os, ossis*, gr. ὀςτέον, *osteon* + lat. *sesamus*, semente de sésamo (gergelim) + gr. εἶδος, *eidos*, forma. Este é o osso que, como seu nome diz, tem o formato aproximado de uma semente; e constitui-se junto a articulações, sendo relacionados a tendões, mudando o ângulo de origem ou fixação deles, em relação à articulação. Os Ossos sesamoides geralmente são bilaterais, mas podem ser ímpares, como nos pés. A patela (rótula) é o maior sesamoide do corpo.

Ossos Supranumerários (Anatomia, Vertebrados, número variável), lat. *os, ossis*, gr. ὀςτέον, *osteon* + *supra*, acima + *numerus*; estes são ossos anômalos, associados ou não a doenças congênitas, como é o caso dos Ossos Wormianos.

Ossos Wormianos ou ***Ossa suturarum*** ou **Ossos Intra-Suturais (Anatomia, crânio, número variável)**, lat. *os, ossis*, gr. ὀςτέον, *osteon* + Ole Worm, quem se referiu a estes ossos pela primeira vez. Ossos supranumerários, principalmente em Mamíferos, se situam geralmente na sutura lambdoide, entre o occcipital e os parietais; mas também ao nível da sutura sagital, entre os parietais; e na face lateral do crânio, junto ao esfenoide. Por serem ossos suturais, eles têm tamanho muito variável e forma extremamente irregular. Os Ossos Wormianos mais importantes são 1- o Osso Inca (*os Incae*), assim chamado devido à sua elevada frequência nas múmias peruanas dos Incas; e o 2- o Ossículo pterigoideu, situado na sutura entre os Ossos alisfenoide (grande asa do esfenoide) e parietal. A origem dos ossos dérmicos do crânio está relacionada às escamas dos Peixes. Os Ossos Wormianos podem estar associados a várias doenças congênitas, inclusive a Hidrocefalia.

Ostea hebes **(Rufus de Efésos, Galeno, Anatomia)**, gr. ὀςτέον, *osteon*, osso, lat. *os, ossis* + gr. Ἥβη, *Hebe*, deusa da Juventude, filha de Zeus e Hera; termo para nomear o Osso púbis. Ver Galenus (1535; trad. e comentários em Singer, 1952).

Osteoblasto (Citologia), gr. ὀςτέον, osso + βλαςτός, *blastos*, germe; são células que formam os componentes orgânicos da matriz óssea, o colágeno, as glicoproteínas e os proteoglicanos. Depois de "aprisionadas" na matriz óssea, as células se chamam osteócitos.

Osteócito (Citologia), gr. ὀςτέον, osso + κύτος, κύτους, *kytos, kytous*, jarro, vaso, célula; célula óssea madura.

Osteoclasto (Citologia), gr. ὀςτέον, osso + vb. κλάω, *klao*, eu quebro (vb. quebrar); célula multinucleada que normalmente reabsorve o tecido ósseo, em processos normais e patológicos.

Osteodentina (Histologia, Peixes, poucos Mamíferos, dentes), gr. ὀςτέον, *osteon*, osso, lat. *os, ossis* + *dens, dentis*, dente; tecido das escamas de Peixes paleozoicos e de dentes de Gliptodontes (Xenarthra) e Pangolins (Tubulidentata). Este nome de osteodentina se deve à presença de *denteons* (semelhantes aos *osteons*, mas com túbulos de dentina) em sua estrutura histológica. A osteodentina é o segundo tecido mais duro dos Vertebrados, após o esmalte/enameloide. Nos gliptodontes ela forma as cristas centrais, diagnósticas, dos dentes. Ver Ferigolo (1985).

Osteodermas ou **Osteodermos (Anatomia, Tetrápodes, ossos dérmicos)**, gr. ὀςτέον, *osteon*, osso, lat. *os, ossis* + gr. δέρμα, *derma*, pele; refere-se a ossos formados dentro da derme de vários grupos de Vertebrados, como em Répteis (Crocodilos e Quelônios), muitos Dinossauros e alguns raros Mamíferos (Xenarthras: Dasipodídeos, Pampaterídeos, Gliptodontes e Preguiças Terrestres; os três últimos grupos já extintos).

Osteogênico, gr. ὀςτέon, osso + francês *-gène*, produzir; relacionado às células e condições teciduais levando à ossificação.

Osteoide, gr. ὀςτέon, osso + εἶδος, *eidos*, forma; matriz extracelular não calcificada de osso imaturo, depositada pelos osteoblastos.

Osteon **(Homero, Anatomia)**, gr. ὀςτέon, osso, lat. *os, ossis*; Homero se refere ao "osso branco" do crânio, bem como nos ferimentos; ele também reconhece os tendões e ligamentos a eles relacionados (Daremberg, 1865). Hoje, *osteon* é a unidade da estrutura histológica formada de camadas concêntricas de lamelas que envolvem um canal central que conduz nervos e vasos sanguíneos (o mesmo que Sistema de Havers). *Osteon* é o nome da unidade morfológica dos ossos compactos. Ver *Osso Haversiano*.

Ostium, lat., porta, óstio ou abertura; ex.: Óstio das glândulas; Óstio das esponjas.

Ostrakoderma **(Aristóteles, Classificação)**, gr. ὀςτρακόδερμα, ὄςτρακον, pedaço de cerâmica ou concha, com inscrições + δερμα, *derma*, pele. Em Aristóteles corresponde aos animais marinhos com "carapaça", os Moluscos exceto Cefalópodes; mas incluindo ainda os Asteroides, os Equinoides e as Ascídias. Não confundir com os Peixes Ostracodermos, que são um grupo de Agnatas paleozoicos.

Ostrakon **(Aristóteles)**, gr. ὄςτρακον, pedaço de cerâmica ou concha com inscrições; na Antiguidade eram utilizados para escrever o nome de alguém que seria destinado ao exílio ou ao *ostracismo* (esquecimento); ex.: *Ostrakoderma*; Ostracismo.

Ostreon **(Aristóteles, Classificação)**, gr. ὄςτρεον, ostra; ex.: *Ostrea* (gênero de ostra).

-osus, -ose, suf. lat. formadores de adj. indicando "predisposto a", "cheio de"; ex.: Glicose (gr. γλυκός, *glycos*, doce; "cheio de doce").

Otocônias (Anatomia), gr. οὖς, ωτός, *ous, otos*, ouvido, orelha + κονία, *konia*, pó; pequenos cristais ou concreções de carbonato de cálcio localizados no sáculo e utrículo da Orelha interna dos Vertebrados. Sob a ação da aceleração em linha reta eles estimulam as células ciliares. Nos Mamíferos são cristais de calcita ($CaCO_3$). O mesmo que estatocônias e otólitos.

Otólitos (Anatomia), gr. οὖς, ωτός, *ous, otos*, ouvido, do ouvido + λίθος, *lithos*, pedra; são concreções acelulares situadas dentro do sáculo e utrículo da Orelha interna de Vertebrados e que funcionam como mecanorreceptores que estimulam as células ciliares, com funções acústicas e de equilíbrio. Nos Peixes ósseos a contagem das camadas concêntricas dos otólitos serve para determinar a idade cronológica do animal. Nestes Peixes, são em geral três pares destas concreções, chamadas de *sagittae*, *lapilli* e *asterisci*. Otólitos são o mesmo que otocônias e estatocônias.

***Oula, oulon* (Rufus de Efésos, Anatomia)**, gr. οὖλα, οὖλον, termo para as *gengivas*.

***Oura* (Rufus de Efésos, Anatomia)**, gr. οὐρά, cauda; rel. a ὄρρος, nádegas.

***Ouranon* (Aristóteles)**, gr. οὐρανόν, céu; ex.: *Stomatos ouranon* ("céu da boca").

Ourein, gr. vb. οὐρεῖν, urinar; ex.: Uretra; Ureter; Urólito.

***Oureter* (Anatomia)**, gr. οὐρητήρ, ureter; do vb. οὐρεῖν, urinar; ex.: Vasos ureterais.

***Ourethra* (Anatomia)**, gr. οὐρήθρα, uretra, do vb. οὐρεῖν, urinar; ex.: Vasos uretrais.

***Ouretikos* (Rufus de Efésos, Anatomia)**, gr. οὐρητικός, termo para *ureter*.

***Ouron* (Rufus de Efésos)**, gr. οὖρον, termo para *urina*.

***Ous, ouas* (Homero, Anatomia)**, gr. οὖς, οὖας, orelha, ouvido, Conduto auditivo externo; também utilizado para as "orelhas de um vaso" (alças); ex.: Cápsula ótica (cápsula do crânio do embrião que dá origem ao ouvido e estruturas adjacentes; não confundir com cápsula óptica, a cápsula que origina o olho e estruturas adjacentes).

***Ous, otos* (Anatomia)**, gr. οὖς, ωτός, orelha, ouvido, *do* ouvido.

Ova (Anatomia), lat. *ovum*, ovo; nome popular dos ovários maduros de Peixes. Também utilizado para Invertebrados. Ver *Ovo*.

Ovário (Anatomia), lat. *ovarius*, originalmente era o nome utilizado para um escravo romano habilidoso e respeitado, que cuidava das galinhas e dos ovos; ovário, hoje refere-se à gônada feminina.

Ovarius (Anatomia), lat., ovário; ex.: Vasos ovarianos.

Oviduto (Anatomia), lat. *ovum*, ovo + *ductus*, caminho; a tuba ou salpinge uterina; o mesmo que Trompa de Falópio.

Ovipara (Aristóteles, Classificação), lat. cient., ovíparos; em gr. *Ootoka*: Animais Tetrápodes Ovíparos, os Anfíbios e Répteis (exceto Serpentes). O termo "ovíparo" é confuso para aplicação à biologia de Aristóteles, porque, além dos *Ootoka*, há Serpentes e Peixes que são ovíparos para ele.

Oviparidade (Aristóteles), lat. cient. *ovipara*, ovíparos. Refere-se aos animais que se reproduzem por meio da postura de ovos no meio ambiente. É o caso da maioria dos Peixes, todos os Anfíbios, Répteis (exceto algumas Serpentes) e Aves; além dos Mamíferos Monotremados e inúmeros Invertebrados.

Ovis (Classificação), lat. cient., ovelha; ex.: Ovinos.

Ovo (Citologia), lat. *ovum*; gameta feminino de Répteis, Aves e Insetos. Este é também o nome da célula reprodutiva da fêmea dos Mamíferos, antes de ser fecundada pelo espermatozoide. De *ovum* proveio *ovarius*, originalmente o nome de um escravo romano habilidoso e respeitado, que cuidava das galinhas e dos ovos.

Ovoviviparidade, lat. *ovum*, ovo + lat. cient. *vivipara*, vivíparos. Refere--se aos animais que se reproduzem por meio de ovos, cujos embriões se desenvolvem no oviduto; nos quais a gema do ovo e fluídos secretados pelas paredes do oviduto nutrem o embrião. Não confundir com Oviparidade, cujos embriões se desenvolvem dentro de ovos, em um ambiente externo, portanto fora do corpo da mãe.

Ovum, ovulum (Citologia), lat., lat. *ovum*, ovo + suf. dim. *-ulum*, pequeno ovo; ex.: Ovo, Óvulo.

Oxífilas (Citologia), adj. gr. ὀξύς, *oxys*, agudo, ácido, afiado + φιλία, φίλος, *philia*, *philos*, amor, amizade; células facilmente coráveis (com afinidade) por corantes ácidos.

Oxínticas (Citologia), adj. gr. *oxyntos*, gr. ὀξύς, agudo, ácido, afiado; células da parede do estômago e que produzem ácido clorídrico.

Oxitocina, gr. ὀξύς, agudo, ácido, afiado + gr. τόκος, *tokos*, nascimento de criança ou cria; hormônio provocando forte contração uterina durante o parto.

Oxys, gr. ὀξύς, agudo, ácido, afiado; ex.: Oxigênio.

Ozon, gr. ὄζων, cheiro; ex.: Ozônio.

P

PA, P.A. (Aristóteles), abreviaturas para a obra de Aristóteles *Pars Animalium*.

Pachys, pachos, pacheos, gr. παχύς, πάχος, πάχεος, gr. espesso; ex.: Paquiostose (espessamento de vértebras e costelas de Vertebrados marinhos, como os Mesossauros).

Paene, paen-, lat., quase, próximo; ex.: Península (*paen-* + *insula*, ilha, "quase uma ilha"); Paenungulata ("quase ungulados"; pertencem aos Afrotheria e incluem os elefantes, os dugongs e os hirax).

Pagina, lat., página.

Paideia, gr. παιδεία, educação, juventude, infância; do vb. παιδεύω, *paideuo*, eu crio/educo (vb. criar/educar) uma criança.

Paiein, gr. παίειν, golpear.

Pais, paidos, gr. παῖς, παιδός, criança, *da* criança; distinguir do gr. πέδον, *pedon*, solo, terra; ex.: Pediatria.

Palaios, gr. παλαιός, velho, antigo; ex.: Paleontologia; Paleopatologia.

Palatino. Ver *Osso palatino*.

Palato (Anatomia), lat. *palatum*, teto da boca; ex.: Palato ósseo.

Palato Primário (Celsus, Anatomia, Vertebrados), lat. *palatum*, palato + *primarius*, primário, de *primo*, primeiro; refere-se aos ossos do teto da boca, nos animais que não têm palato secundário. Em Peixes, Anfíbios e muitos Répteis, ele é o único palato existente. Nos animais com palato secundário (Crocodilos, Quelônios, Terápsidas e Mamíferos), ele forma a parte mais anterior do palato ósseo, anterior à fenda palatina; correspondendo aos Ossos pré-maxila.

Palato Secundário (Celsus, Anatomia, Terápsidas, Mamíferos, Quelônios e Crocodilos), lat. *palatum*, palato + *secundus*, segundo, do vb. *sequior*, *sequi-*, seguir; refere-se aos ossos do teto da boca, nos animais que, além do palato primário, têm um palato ósseo separando as cavidades nasal e bucal. É formado pelos Processos palatais dos Ossos maxila e palatino; ex.: Mamíferos; Terápsidas; Crocodilídeos; Quelônios.

Palatum, lat., palato; ex.: Palato primário; Palato secundário; Palato mole.

Paleognatia (Anatomia, Aves, palato secundário), gr. παλαιός, *palaios*, velho, antigo + γνάθος, *gnathos*, mandíbula; tipo palatal de Aves, no qual os o Osso vômer é grande e está fortemente articulado ao Osso pterigoide; mas não há uma articulação entre os Ossos pterigoide e palatino. Há uma articulação móvel entre o basicrânio e o palato (Carroll, 1980). Ver Neognatia.

Paleopallium **(Anatomia, SNC)**, gr. παλαιός, *palaios*, velho, antigo + lat. *pallium*, nome do manto romano. Refere-se à parte mais antiga do *pallium* e é constituído principalmente pelas estruturas olfatórias do Cérebro, consideradas mais primitivas do que as do *neopallium* (responsáveis pelo pensamento e memória). As estruturas do *paleopallium* são: bulbo e trato olfatório, córtex piriforme, núcleo olfatório anterior, comissura anterior e uncus. Ver *Neopallium*; e Romer e Parsons (1977).

Paleostilia (Anatomia, tipo de suspensão craniomandibular), gr. παλαιός, *palaios*, velho, antigo + ςτῦλος, *stylos*, coluna; suspensão craniomandibular hipotética, na qual o crânio não estaria articulado à Mandíbula. Neste caso os Arcos branquiais, mandibular e hioide permaneceriam ainda como tais. Nenhum animal é conhecido com este tipo de suspensão, mas supõe-se que tenha existido em animais pisciformes ancestrais.

Paleozoico. Ver Era Paleozoica.

Palin, gr. πάλιν, costas, para trás, novamente; ex.: Palingênese (conceito relacionado ao renascimento ou à recriação de algo; utilizado em filosofia, teologia, política e biologia); ex.: Movimento pró-palinal.

Palinal (Biomecânica, Vertebrados), gr. πάλιν, *palin*, costas, para trás, novamente, de volta (lugar), de novo (tempo); tipo de movimento mandibular, a qual se desloca posteriormente, durante a mastigação. Ver Ortal, Pró-Palinal e Proal.

Palliare, vb. lat., cobrir, colocar capa; ex.: Medicamento paliativo.

Pallium, lat., nome do manto romano; ex.: *Pallium* cerebral (camada externa de substância cinzenta do Cérebro dos Vertebrados; os Mamíferos têm *arquipalium*, *paleopallium* e *neopalium*; ver Romer; Parsons, 1977).

Palma (Anatomia), lat., gr. παλάμη, *palame*, mão aberta, palma da mão; em lat. *palma* se refere ao broto ou ramo de uma videira, que lembra a forma de mão, lançando pequenos "dedos" para se fixar; vb. *palmo*, eu imprimo (vb. imprimir) a palma da mão; eu amarro (vb. amarrar) os ramos da videira em uma estaca. Ver Valpy (1852).

Palpare, vb. lat., palpar; ex.: Exame de Palpação (Semiologia/Medicina).

Palpebral (Anatomia), adj. do lat. *palpebra*, pálpebra, relacionado ao vb. lat. *palpitare*, mover-se rapidamente; ex.: Ossos palpebrais.

Paluster, lat., *palus*, pântano, pantanoso, palustre; ex.: Ambiente palustre.

Pamprodactilia (Anatomia, Aves, dedos), pref. gr. παν-, πάντα, todos, tudo, cada um + pref. gr. πρό, antes, anterior, para frente + δάκτυλος, *dactylos*, dedo; todos os quatro dedos (I a IV) dirigidos anteriormente.

Pan, pas, pantos, pason, pantotes, pantothen, gr. πᾶν, πᾶς, παντός, παςῶν, παντότης, πάντοθεν, tudo, todos; ex.: Teoria da Panspermia, Pâncreas (*pan-* + *kreas*, carne, "todo carne", em referência ao fato de a víscera ser toda formada de parênquima e sem cavidades; diferentemente dos rins).

Pâncreas (Galeno, Anatomia), pref. gr. παν, *pan*, todos, tudo, cada um + κρέας, *kreas*, carne, "tudo carne". Talvez em função da consistência homogênea do pâncreas, utilizado como alimento. Os Antigos Gregos chamavam ao parênquina das vísceras de *sarkos* ou *kreas*, "carne".

Pandere, pans-, pref. gr. παν, *pan*, todos, tudo, cada um; ex.: Teoria da Panspermia (*pan* + ςπέρμα, *sperma*, esperma).

Pânfagos (Aristóteles), pref. gr. παν, *pan-*, todos, tudo, cada um + φαγος, *phagos*, glutão, animais que comem de tudo; o mesmo que o termo moderno "omnívoro".

Panniculus adiposus (Anatomia), lat., pequeno pano + *adeps*, gordura, "camada de gordura". Adiposo provém por corrupção do termo *apeds*. O panículo refere-se à camada de gordura subcutânea.

Panspermia (Teoria da), pref. gr. παν, *pan-*, todos, tudo, cada um + gr. ςπέρμα, semente, broto, esperma; de acordo com esta teoria, a vida na Terra teria provindo de outros corpos celestes, principalmente por meio de cometas, meteoros ou poeira cósmica. Isto se baseia em alguns dados, entre eles: 1- existência de compostos orgânicos no espaço e 2- existência na Terra, de organismos primitivos capazes de sobreviver no espaço por um certo período, como os Estremófilos (Tardígrados). A ideia vem dos filósofos pré-socráticos, como Anaxágoras (século V a.C.), e mais recentemente apresentada por Hermann von Helmholz, no século XIX.

Panthera (Aristóteles, Classificação, Mamíferos), gr. πάνθηρ, pref. πάν- *pan-*, todos, tudo, cada um + θήρ, *ther*, animal selvagem, besta, presa; forma alternativa φήρ, *pher*, cognato[42] do lat. *ferus*, fera; assim, *pantera* significa "predador de todos os animais". Este é o termo que Aristóteles utiliza para o animal que ele também chama de *Pardalis* (πάρδαλις), o leopardo (cujo nome atual é *Panthera pardus*).

Papilar (Malpighi, Berengario da Carpi, Anatomia), adj. do lat. *papilla*, papila; refere-se a pequenas elevações da pele ou das mucosas; ex.: Papilas linguais, Papilas da derme.

Papiro, lat. *papirus*, gr. πάπυρος; planta da família das ciperáceas (*Cyperus papyrus*) e nome do "papel" feito desta planta e utilizado para escrever, principalmente no Antigo Egito e Oriente Médio. O conhecimento anatômico egípcio está registrado principalmente nos *Papiros Kahun* (ca. 1825 a.C.), *Ebers* (ca. 1550 a.C.) e *Edwin Smith* (ca. 1500 a.C.), bem como em textos sobre mumificação, como o Papiro do Ritual de Embalsamamento. No Papiro *Ebers* há referência a estruturas vasculares, chamadas de *metu*, termo também utilizado para outras estruturas, como os tendões. No Papiro *Edwin Smith*, aparece pela primeira vez uma referência ao Cérebro e a estruturas relacionadas, como as meninges e o líquido cerebrorraquidiano.

Paquimeninge (Anatomia), gr. παχύς, *pachys*, espesso + μῆνιγξ, *meninx*, originalmente uma "pele" ou uma membrana que se formava sobre o vinho velho; o mesmo que dura-máter.

Paquiostose (Anatomia), gr. παχύς, *pachys*, espesso + ὀςτέον, *osteon*, osso + suf. gr. -ωςις, condição especial, doença, ação; aumento na espessura de ossos, principalmente costelas e vértebras, mais comum em animais marinhos. Supostamente aumenta o peso do corpo facilitando o mergulho; ex.: Mesossauros (Pararréptil do Paleozoico), Sirênios.

Par, lat., igual, semelhante; ex.: Método comparativo (lat. *comparare*, *com*, junto, ao lado + vb. lat. *parare*, colocar ao lado de, derivado de *par*; o

---

[42] Palavras que têm a mesma etimologia.

método comparativo aparece pela primeira vez na literatura nos *Analytica Posteriora* e no *Pars Animalium* de Aristóteles).

Para, pref. gr. παρά, ao lado, ao longo de, paralelo a; muito utilizado como preposição por Aristóteles em suas descrições anatômicas; ex.: Osso Paraesfenoide (situado ventralmente ao longo do Osso Basisfenoide).

Paradigma (Demócrito, Aristóteles, Kuhn), gr. παράδειγμα, *paradeigma*, do vb. παραδείκνυμι, *paradeiknumi*; pref. παρά, *para-* ao lado + vb. δεικνύναι, de *iknunai*, mostrar; apresentar ou exibir lado a lado. Este termo tem mudado de sentido ao longo dos milênios, desde Demócrito e Aristóteles, até Thomas Kuhn e sua aplicação moderna, principalmente nas Ciências Humanas. No contexto das semelhanças, paradigma, em Aristóteles, se refere a "argumentos por analogia"; embora ele utilize o termo com vários outros sentidos. Modernamente significa modelo ou toda a estrutura de uma área do conhecimento (teorias, livros-texto, equipamentos etc.; ver Kuhn, 1970); ex.: Paradigma Neodarwinista.

Paragânglio (Histologia), pref. gr. παρά, ao lado, ao longo de, paralelo a + γαγγλίον, *ganglion*, uma acumulação do corpo de células nervosas, situadas fora do Cérebro e da Medula Espinal. Também aplicado às massas intracerebrais de tecido cinza, como nos Núcleos da Base.

Paralelismo, pref. gr. παρά, ao lado, ao longo de, paralelo a; refere-se ao surgimento de estruturas anatômicas semelhantes em dois ou mais animais distintos, mas aparentados; ex.: Forma corporal dos botos e baleias. Ver Convergência.

Paramétrio (Anatomia), lat. *parametrium*, do pref. gr. παρά, ao lado, ao longo de, paralelo a + lat. *metra*, útero; tecido conectivo gorduroso no ligamento largo do útero.

Parametrium. Ver Paramétrio.

Para physin, pref. gr. παρά, ao lado, ao longo de, paralelo a + φύσις, *physis*, Natureza, origem; literalmente "contrário à Natureza", não natural.

Parapófise (Anatomia), pref. gr. παρά, ao lado, ao longo de, paralelo a + *apophysis*, refere-se à faceta articular onde se articula a cabeça das costelas. As tuberosidades das costelas se articulam a uma faceta semelhante, a diapófise, no Processo transverso. Quando ambas as facetas estão unidas, ela é chamada de sinapófise.

Paraqueratina (Histologia), pref. gr. παρά, ao lado, ao longo de, paralelo a + κέρας, *keras*, corno; tipo de queratina superficial encontrado em locais de maior abrasão e de rápida renovação celular, como nas gengivas, na língua e no palato.

Parare, vb. lat., prover, preparar; ex.: Preparação.

Parasita, pref. gr. παρά, ao lado, ao longo de, paralelo a + ςῖτος, *sitos*, comida, grão, trigo. O "parasita" é um personagem muito famoso nas comédias gregas e romanas da Antiguidade; em que o parasita era uma pessoa que ia comer de graça na casa dos mais abastados; muitas vezes fazendo o papel de palhaço, como pagamento. O termo *parasita* foi aplicado na Biologia apenas a partir do século XVII. Ver *Sitos*.

Paraesfenoide. Ver *Osso Paraesfenoide*.

Parassagital (Anatomia, TRA), gr. παρά, *para*, ao lado, ao longo de + lat. *sagitta*, flecha, seta; diz-se das estruturas paralelas à linha/crista sagital (TRA) do crânio, ex.: Cristas parassagitais (delimitam a extremidade medial da origem do Músculo temporal nos Mamíferos, as quais podem ir se deslocando medialmente durante a ontogenia, finalmente formando uma crista única, a linha sagital. Portanto, nestes grupos, linhas parassagitais (sem uma crista sagital) podem indicar indivíduo juvenil ou imaturo. Outros Mamíferos têm ambas, linhas/cristas sagital e parassagitais.

Paratireoide (Anatomia), gr. παρά, *para*, ao lado, ao longo de + gr. θυρεός, *thyreos*, escudo; glândulas ao lado da glândula tireoide, que produzem o hormônio paratireoideu; o qual está relacionado com a regulação das taxas de cálcio e de fosfato no sangue.

Paraxonia (Anatomia), gr. παρά, *para*, ao lado, ao longo de + ἄξων, eixo, em lat. *axis*; condição em que o eixo do membro passa entre os dedos III e IV (como nos Artiodáctilos), e não sobre o dedo III (dedo médio, como nos Equídeos).

Pardalis **(Aristóteles, Classificação)**, gr. πάρδαλις, este é o termo que ele utiliza para o animal que ele também chama de *Panthera* (o leopardo, hoje chamado de *Panthera pardus*). O termo *pardalis* refere-se às cores deste animal.

Parênquima (Anatomia), gr. παρέγχυμα, *parenchyma*, ao lado de um conteúdo/volume; pref. gr. παρά, *para*, ao lado + ἔγχυμα, *enchyma*, conteúdo, volume. Hoje o termo é utilizado para a parte funcional de uma víscera. Na Antiguidade, os Gregos chamavam de *sarkos* e de *kreas* à parte principal dos órgãos; como em pâncreas (pref. gr. παν, *pan*, todos, tudo, cada um + κρέας, *kreas*, carne, "tudo carne"). A aplicação dos termos *sarkos* e *kreas*, em tais casos, relaciona-se ao uso dos órgãos como alimento ("carne").

Paries, parietis, lat., parede; ex.: Osso Parietal (osso que forma a parede lateral do crânio; no Homem ele forma mais o teto do que a parede lateral, que é principalmente formada pela porção escamosa do Osso Temporal).

Parietal. Ver Osso *Parietal*.

PARMÊNIDES DE ELEIA (ca. 530-460 a.C.) foi um filósofo pré-socrático cuja cosmovisão era a de que *não há mudanças nas coisas do Mundo*, porque *todas elas são perfeitas e não se transformam*. Esta filosofia contrasta com a filosofia de Heráclito de Efésos, para quem a essência do Mundo seria a constante transformação.

Parótida (Anatomia), gr. παρά, *para*, ao lado, ao longo de + οὖς, ωτός, *ous, otos*, ouvido; uma das glândulas salivares, situada sobre o Músculo masseter e ao lado do meato auditivo externo.

Pars, partis (Aristóteles, Anatomia), lat., parte, peça, divisão; em gr. μορίων, μορία, *morion, moria*, parte, partes; ex.: *Pars Animalium* (*Sobre as Partes dos Animais*; um dos livros de Aristóteles).

Pars Animalium (Aristóteles), lat., em gr. Περὶ ζῴων μορίων, uma das duas principais obras biológicas de Aristóteles, tratando sobre Fisiologia Animal; além de apresentar em detalhe o método comparativo.

Parte, lat. *pars, partem*, parte, peça, divisão; em gr. μορίων, *morion*; ex.: Περὶ ζῴων μορίων (nome de um dos livros da Biologia de Aristóteles, o *Pars Animalium, Sobre as Partes dos Animais*).

Parthenos, gr. παρθένος, virgem; ex.: Partenogênese (*parthenos + genesis*, gênese, que se refere ao desenvolvimento de um embrião sem fertilização; em função de que as fêmeas da espécie podem procriar sem contato com os machos. Ver Telitoquia.

Particular (Sócrates, Platão), lat. *particularis*; refere-se a cada um dos indivíduos e coisas do Mundo; ex.: Cada cavalo (cão, homem etc.) do Mundo é um particular. Ver Universal.

Parturio, lat., parir; ex.: Parto, Viviparidade.

Parvus, lat., pequeno; termo hoje utilizado para formar nomes de táxons; ex.: *Conopias parvus* (Passeriformes Tyrannidae).

Parastatai **(Rufus de Efésos, Anatomia)**, gr. παραςτάται, termo para os *vasos espermáticos de aspecto varicoso*.

Parcere, vb. lat., salvar, preservar; ex.: Parcimônia.

Paregkephalis **(Aristóteles, Herófilo, Anatomia)**, gr. παρεγκεφαλίς, termo para o *Cerebelo*.

Parthenos, gr. παρθένος, virgem; ex.: Partenogênese.

Pas, pasa, pan, pases, pantos, gr. πᾶς, πᾶςα, πᾶν, πάςης, παντός, todos, cada um, o todo; em lat. *totus*; ex.: Pâncreas (*pan-*, todo + κρέας, *kreas*, carne; i.e., "todo carne"). Na Antiguidade era comum os autores chamarem o corpo das vísceras de *kreas*, ou *sarkos*, "carne" (devido à alimentação), o que chamamos hoje de parênquima.

Pascere, vb. lat. *pasco*, eu como (vb. comer); relacionado a *pasto*, comida, pastagem; ex.: Pastagem.

Paschein, pathetikos, pathos, vb. gr. πάςχειν, παθητικός, πάθος, sentir, doença; ex.: Patologia, Patognomônico.

Passer, lat., pardal; ex.: Aves Passeriformes.

Passus, lat., passo; ex.: Passo a passo.

Patagium, lat. do gr. *patageion*, dobra de veste feminina; dobra de pele ou membrana da asa em morcegos, Pterossauros e Tetrápodes planadores.

Patela (Celsus, Anatomia), lat. *patella*, bandeja, panela; nome utilizado atualmente para o maior sesamoide do corpo (antiga rótula).

Pater, patros, patria, patriotes, gr. πατήρ, πατρός, πατριά, πατριώτης, pai, pátria, patriota; ex.: Paternidade.

Pathologikes, gr. παθολογικές; de πάθος, dor, sofrimento, forte emoção + λόγος, λόγοι, fala(s), estudo(s), opinião(ões), razão(ões); do vb. λέγω, *lego*, eu digo (vb. dizer); estudo das doenças na Antiga Grécia.

Pathos, gr. πάθος, dor, sofrimento, forte emoção; ex.: Patologia.

Patos, gr. πάτος, caminho.

Paucus, paucis, lat., pouco; termo hoje utilizado para formar nomes de táxons; ex.: Paucituberculata (ordem de Mamíferos Marsupiais Sul-Americanos).

PAULA-COUTO, CARLOS DE (1910-1982). Principal paleomastozoólogo do Brasil do século XX. Iniciou sua carreira profissional de paleontólogo no Museu Nacional da UFRJ. Após sua aposentadoria, voltou para Porto Alegre, sua cidade natal, onde veio a se tornar o primeiro presidente da Fundação Zoobotânica do RS. Também foi professor-orientador no PPG-Geociências da UFRGS, tendo sido orientador de dezenas de biólogos e paleontólogos. Paula-Couto, além de paleontólogo, compunha músicas, principalmente valsas, e era especialista em cinema mudo, tendo, aliás, publicado em periódicos norte-americanos sobre o tema. Ele recebeu o título de doutor Honoris Causa pela UFMG e foi agraciado com a Cruz de Cavaleiro da Ordem Real de Dannebrog, do Reino da Dinamarca, por seus trabalhos sobre Peter Lund. Foi também membro da Academia Brasileira de Ciências e publicou o livro *Tratado de paleomastozoologia* (Paula-Couto, 1979), até hoje a principal obra sobre o tema em língua portuguesa. Sua esposa, D.ª Zilah de Paula-Couto, era uma conceituada professora de música e piano.

Pax, pacis, lat., paz; ex.: Animal pacífico.

PC (1; Anatomia), abreviatura para *pleurocentro*, um dos centros de crescimento do corpo vertebral de Vertebrados "primitivos"; o outro é o *intercentro* (IC). Ver Intercentro (IC).

PC (2), abreviatura para *personal computer* (computador pessoal).

Pechys (Homero, Galeno, Rufus de Efésos, Anatomia), gr. πῆχυς, em lat. *cubitus*; em Homero, braço ou membro superior; também medida de comprimento grega, que vai do cotovelo até a ponta do dedo médio. Possivelmente originada no Egito, a medida do cúbito tinha 27 dedos; e o cúbito grego, 24 dedos (1 dedo = 19,3 mm). Ver Cúbito.

Pectos, gr. πηκτός, fixo; ex.: Pectina.

Pectus, pectoris (Anatomia), lat., tórax, peito; ex.: Músculo peitoral.

Ped-, pedo-, pref. gr., de παιδός, criança; ex.: Pediatria; Pedomorfose (Heterocronia).

Pedículo (Anatomia, Vértebra), lat. *pediculus, pes, pedis*, pé + suf. dim. *-ulus*, pequeno pé; ex.: Pedículo vertebral (base do arco neural, onde este se une ao corpo vertebral).

Pedion (Galeno, Anatomia), gr. πεδίον, *pedion*, plano, chato (parte chata dos pés) nome dado aos Ossos metatarsais. Também significa órgãos genitais femininos.

Pedomorfose (Heterocronia, Teorias Evolutivas), gr. παιδός, *paidos*, criança + μορφή, *morphe*, forma; forma de criança; retenção de caracteres juvenis no animal adulto, devido a um dos processos heterocrônicos. Oposto de Peramorfose. Ver Heterocronia; Peramorfose; McNamara (1986, 1988); e McKinney e McNamara (1991).

Pedon, gr. πέδον, solo, terra; ex.: Pedogênese. Distinguir gr. πέδον do gr. παῖς, *pais*, criança, que deu origem a termos como "pediatria"; e do gr. πεδίον, *pedion*, plano, chato.

Pedúnculo, lat. *pedunculus*, de *pes, pedis*, pé, *do* pé + suf. dim. *-ulus*, pequeno pé.

Pedúnculos Ilíaco, Púbico e Isquiádico (Anatomia, Aves e Dinossauros), lat. *pedunculus*, pequeno pé, de *pes, pedis* + suf. dim. *-ulus*. O Osso ílio destes animais apresenta dois processos ventrais que formam as margens anterior e posterior do acetábulo e que vão articular-se com o púbis e o ísquio, nos respectivos Pedúnculos púbico e isquiádico.

Pegma, gr. πῆγμα, algo fixo ou colado.

Peixes (Aristóteles, Classificação), lat. *pisces*; em gr. ἰχθύες, *Ichthyes*; um dos gêneros de *Enaima* (com *Selache, Lepidotoi, Ornithes, Ootoka, Ophis, Zootoka* e *Kete*). Os *Ichthyes* são caracterizados principalmente por serem Ápodes, terem escamas, nadadeiras em vez de membros, e guelras em vez de pulmões[43]. Por serem um dos gêneros de *Enaima*, eles têm também todos os caracteres deste grupo: sangue vermelho, vértebras e vísceras. Peixes e Aves eram gêneros de animais que já haviam sido reconhecidos e nomeados antes de Aristóteles. Na Antiguidade, *Ichthyes* era também o filho da deusa do Mar chamada Atargis, ainda conhecida como Afrodite, Tirgata, Pelagia e Delfim. Por correlação, o termo ademais podia significar útero e golfinho. Os *Ichthyes* são divididos por Aristóteles em *Lepidotoi*

---

[43] Aristóteles aparentemente não conhecia os peixes pulmonados, que têm pulmões em vez de guelras.

(Peixes Ósseos, com escamas e opérculo) e *Selache* (Peixes Cartilaginosos, sem opérculo e para ele sem escamas). Na realidade, os tubarões também têm escamas, o que os torna ásperos ao tato.

Pelagos, pelagikos, gr. πέλαγος, πελαγικός, mar, *do* mar; ex.: Ambiente pelágico.

Pelargos, pelargodes, gr. πελαργός, πελαργώδης, cegonha.

***Peleias, peleas, pelias* (Homero, Aristóteles)**, do gr. Πελίας, um rei da mitologia grega, filho de Poseidon (ou Creteus) e Tiro; "pássaro negro". *Peleia* e *peleias* aparecem desde Homero, e são também termos utilizados por Aristóteles para certo(s) tipo(s) de pomba(s) migrantes. Ver *Peristera*.

Pelekanos, gr. πελεκάνος, pelicano. Para Aristóteles (*Historia Animalium* VIII, 10; 597a9-13, b29-30), estas Aves seriam gregárias e migrariam da Trácia até o Rio Danúbio, onde se reproduziriam.

Pellere, pulsus, vb. lat., dirigir, empurrar; ex.: Pulso radial.

Pellucidum, lat. *per*, através + vb. *lucere*, brilhar, ser translúcido; ex.: Zona pelúcida do folículo ovariano, Septo pelúcido do Cérebro.

Pelos, gr. πηλός, lama, argila; ex.: Pelito (rocha sedimentar com grãos muito finos).

Pélvis (Anatomia), lat. cient. *pelvis*, do lat. antigo *peluis*, bacia para lavar-se; em gr. πυελος, *pyelos*, pelve; ex.: Cintura pélvica (informalmente chamada de "bacia"); Pelve renal.

Pempein, vb. gr. πέμπειν, enviar.

Penia, gr. πενία, déficit; utilizado como suf. -penia; ex.: Osteopenia (relativo déficit de cálcio no esqueleto, uma fase anterior à Osteoporose).

Penna, penn-, pinn-, pinna, lat., pena, asa; ex.: Penugem.

Pepon, peponos, gr. πέπων, πέπονος, maduro.

***Pepse, pepsis* (Aristóteles)**, gr. πέψη, cozimento, digestão; do vb. gr. πέςςειν, *pessein*, cozinhar, digerir. Este termo tem sido traduzido para o inglês como "concoction" (misturar, fazer uma mistura ou cozinhar). Ver A. L. Peck (em Aristotle, 1955, p. 5, 33 ff.; 133 ff.; 153 ff.; e 253 ff.). *Pepsis* deu origem a termos médicos como Dispepsia (má digestão) e pepsina.

Pepsina, gr. πέψη, cozimento, digestão, do vb. gr. πέςςειν, *pessein*, cozinhar, digerir; enzima digestiva produzida no estômago.

Pepsinogênio, gr. πέψη, cozimento, digestão, do vb. gr. πέςςειν, *pessein*, cozinhar, digerir + vb. lat. *generare*, gerar; um precursor da pepsina.

Peptos, gr. πεπτός, cozido, digerido, maduro; do vb. gr. πέςςειν, *pessein*, cozinhar, digerir; ex.: Pepsina. Em relação às frutas, ἡμίπεπτος, *hemipeptos* significa meio-madura. Observe a semelhança no significado em grego, entre "maduro" e "cozido".

Per-, pref. lat., através de; ex.: Perfuração (vb. *perforare, per* + vb. *forare*, furar, furar através).

Pera, peridion, gr. πήρα, πηρίδιον, carteira, alforje, saco; não confundir com πέρας, *peras*, πέρᾰτος, *peratos*, fim, objetivo, extremidade.

Peramorfose (Heterocronia, Teorias Evolutivas), πέρας, *peras*, gen. πέρᾰτος, *peratos*, fim, objetivo, extremidade; semelhante a πείρω, *peiro*, eu atravesso (vb. atravessar), eu corro (vb. correr) através; ou περάω, *perao*, eu atravesso + μορφή, *morphe*, forma. Portanto, peramorfose significa "ir além da forma ancestral". *I.e.*, na ontogenia, o descendente adulto "vai além" (é mais complexo e/ou maior), ou seja, ele ultrapassa a forma ancestral, como resultado de um processo heterocrônico (principalmente Hipermorfose). Oposto de pedomorfose (forma juvenilizada). Ver Heterocronia; McNamara (1986, 1988); e McKinney e McNamara (1991).

Peran, gr. πέραν, através, além; ex.: Peramorfose.

Perdix, perdikos, gr. πέρδιξ, πέρδικος, perdiz.

Peri-, pref. gr. περί, ao redor de, indicando lugar; ou ser "sobre algo" (como nos títulos de alguns livros de Aristóteles). Muito utilizado como preposição por Aristóteles em suas descrições anatômicas; ex.: *Peri zoion morion* (Περὶ ζῴων μορίων, literalmente *Sobre as Partes dos Animais*).

Pericárdio (Anatomia), pref. gr. περί, ao redor, indicando lugar + καρδιά, coração, mente, centro da vida espiritual e do pensamento, alma, parte interna ou central de alguma coisa. No coração, o pericárdio tem duas partes, o pericárdio visceral (em torno do coração) e o parietal, revestindo externamente o saco pericárdico.

Pericário (Citologia), pref. gr. περί, ao redor, indicando lugar; + κάρυον, *karyon*, noz, miolo, portanto núcleo; refere-se ao citoplasma dos neurônios.

Pericôndrio (Histologia), pref. gr. περί, ao redor, indicando lugar + χόνδρος, *chondros*, cartilagem; é o tecido conectivo que reveste externamente as cartilagens; tendo funções semelhantes às do periósteo (remodelação, reparação etc.).

Perikardios **(Rufus de Efésos, Anatomia)**, gr. περικάρδιος, termo para o *pericárdio*.

Perilinfa (Anatomia), pref. gr. περί, ao redor, indicando lugar + lat. *lympha*, fluído claro; talvez do gr. νύμφη, *nympha*, noiva, ninfa; nome do fluído do labirinto membranoso da Orelha interna.

Perimísio (Anatomia), lat. *perimysium*, ao redor do músculo; do pref. gr. περί, ao redor, indicando lugar + μῦς, *mys*, músculo; tecido conjuntivo que envolve cada fascículo muscular (conjunto de fibras musculares). Ver Epimísio e Endomísio.

Perineuro (Anatomia), pref. gr. περί, ao redor, indicando lugar + *neuron*, tendão, nervo; bainha de tecido conjuntivo que reveste um nervo externamente.

Período, lat. *periodus*, ciclo, parte que se repete; ex.: Períodos geológicos.

"Período Antropoceno", lat. *periodus*, ciclo, parte que se repete + gr. ἄνθρωπος, humano, Homem + καινός, *kainos*, novo, recente. Este é ainda um período não bem estabelecido e de qualquer modo ainda não reconhecido formalmente, nem pela "International Commission on Stratigraphy", nem pela "International Union of Geological Sciences". O período a ser definido e formalmente reconhecido relaciona-se ao *lapso de tempo desde o início das mudanças significativas feitas pelo Homem* sobre a geologia e os ecossistemas; os quais não se limitam absolutamente às mudanças climáticas. Um Grupo de Trabalho (AWG, Anthropocene Working Group) da Subcomissão Internacional de Estratigrafia (ICS) apresentou uma recomendação ao Congresso Geológico Internacional em agosto de 2016. Nem mesmo as datas propostas para o início do Antropoceno são um consenso: início na Revolução da Agricultura (cerca de 12 a 15 mil anos atrás) ou até mesmo bem mais recentemente, em 1945, quando do Teste Nuclear Trinity. O período mais recente do Antropoceno tem sido referido como a

Grande Aceleração, quando as tendências às mudanças socioeconômicas e dos ecossistemas aumentaram dramaticamente, em particular após a Segunda Guerra Mundial.

Período Cambriano (Є; Paleozoico, tempo geológico), lat. *periodus*, ciclo, parte que se repete + lat. *Cambria*, latininização de *Cymru*, nome dos nativos gauleses para seu país; Período entre 543 e 490 milhões de anos antes do Presente; situado entre os Períodos Pré-Cambriano e Ordoviciano. Foi nesse período que houve a assim chamada "Explosão do Cambriano", quando *a* maioria dos *fila* de modernos animais metazoários surgiu, enquanto que antes do Cambriano existiam apenas organismos simples, constituindo-se de células individuais e algumas colônias.

Período Carbonífero (C; Paleozoico, tempo geológico), lat. *periodus*, ciclo, parte que se repete + *carbo*, carvão, assim chamado porque o carvão da Europa se formou neste período; Período entre ca. 359 e 299 milhões de anos antes do Presente. Situa-se entre o Devoniano e o Permiano. O nome Carbonífero refere-se às camadas que contêm carvão: lat. *carbo*, carvão + vb. *fero*, carregar. *Os anfíbios foram os Vertebrados dominantes em terra*, um grupo dos quais finalmente evoluiu nos amniotas completamente terrestres (os Répteis). *Os artrópodes eram também abundantes*, como o *Meganeura*. Vastos pântanos cobriam os continentes, o que originou as camadas de carvão. Outro aspecto notável foi a mais elevada taxa atmosférica de O_2 de todos os períodos geológicos, chegando a 35%, quando comparada com os 21% de hoje; o que permitiu o enorme crescimento de alguns Invertebrados. Na última metade do período, aconteceram glaciações, baixos níveis do mar e *orogenias relacionadas às colisões dos continentes, durante a formação da Pangea*. No fim do período, uma extinção aconteceu no ambiente marinho, causada supostamente por mudanças climáticas.

Período Cretáceo (K; tempo geológico), lat. *periodus*, ciclo, parte que se repete + *creta*, calcário, argila, giz; Período entre 145,5 e 66 milhões de anos antes do Presente; foi no Cretáceo que se deu uma das maiores extinções do planeta. O clima era quente e os oceanos formavam muitos mares rasos internos. *Os dinossauros não avianos continuaram a se diversificar, mas no fim do período todos se extinguiram, com os répteis marinhos, pterossauros e amonites*. Neste período *surgiram novos grupos de aves e de mamíferos*.

Período Devoniano (D; tempo geológico), lat. *periodus*, ciclo, parte que se repete + *Devon*, nome do condado da Inglaterra onde estas camadas foram primeiro descritas; Período entre 419,5 e 358,9 milhões de anos antes do Presente; e situado entre os Períodos Siluriano e Carbonífero. Foi nesse período que a conquista da terra firme aconteceu, com plantas vasculares formando extensas florestas, onde viviam muitos grupos de artrópodes. Também nesse período surgiram as plantas com verdadeiras folhas e raízes; as primeiras plantas com sementes no fim do Devoniano. Também foi nesse período que apareceram os *braquiópodes* e *amonites*, bem como os primeiros *recifes de corais*. No fim do período, *extinguiram-se os placodermos. Surgiram os peixes com nadadeiras raiadas e lobadas*, sendo tão abundantes que o período é chamado de *Idade dos Peixes*, também devido à diversificação dos tubarões primitivos.

Período Eoceno (Eo; tempo geológico), lat. *periodus*, ciclo, parte que se repete + pref. gr. ἠώς, *eos*, início + καινός, *kainos*, novo, recente; *o nome, no entanto, é dado em função da nova fauna que surgiu neste período*, e não ao início do Cenozoico, que é o Período Paleoceno. Período entre ca. 55 e ca. 36 milhões de anos antes do Presente. Situa-se entre o Paleoceno e o Oligoceno. Considera-se como tendo sido o período de *explosão dos grupos de Mamíferos* que surgiram no Paleoceno, após a grande extinção do Cretáceo.

Período Jurássico (J; tempo geológico), lat. *periodus*, ciclo, parte que se repete + *Juras*, nome de montanhas dos Alpes franceses, onde estas camadas foram primeiro descritas; Período entre 202 a 145 milhões de anos antes do Presente. Situa-se entre os Períodos Geológicos Triássico e Cretáceo. Devido ao clima quente e úmido, houve *proliferação das florestas, principalmente com ginkgos, cicadáceas e coníferas, também tendo aparecido as primeiras angiospermas*. Como no Triássico predominam os répteis, com *grande diversificação dos dinossauros, pterossauros e répteis marinhos, como plesiossauros e ictiossauros*. Também surgem os *primeiros mamíferos verdadeiros e as primeiras aves*.

Período Mioceno (Mi; tempo geológico), lat. *periodus*, ciclo, parte que se repete + gr. μεῖον, *meion*, menos, no meio + gr. καινός, *kainos*, novo, recente; Período entre ca. 24 e ca. de 5 milhões de anos antes do Presente, entre o Oligoceno e o Plioceno. Nesse período há a *formação de grandes cadeias de montanhas, surgimento de mamíferos carnívoros e um clima que favoreceu a expansão das gramíneas*.

Período Oligoceno (Ol; tempo geológico), lat. *periodus*, ciclo, parte que se repete + gr. ὀλίγος, *oligos*, pouco + καινός, *kainos*, novo, recente; Período entre ca. 36 milhões e ca. 23 milhões de anos antes do Presente, entre o Paleoceno e o Mioceno. É considerado como sendo um período de transição entre um clima mais tropical do Eoceno, com grupos de mamíferos mais primitivos, para o Mundo mais moderno do Mioceno. O isolamento da Antártida e o aumento da calota polar fizeram com que os níveis dos oceanos no Oligoceno baixassem. *A extinção dos mamíferos mais primitivos do Eoceno deu lugar aos ungulados modernos, como os perissodáctilos e artiodáctilos, bem como aos proboscídeos.* Dentre *os predadores, destacam-se os carnívoros creodontes e depois os carnívoros modernos, como os felinos.*

Período Ordoviciano (O; Paleozoico, tempo geológico), lat. *periodus*, ciclo, parte que se repete + *Ordovices*, uma tribo do norte de Gales, onde estas camadas foram primeiro descritas. Período entre ca. 485,4 e ca. 443,8 milhões de anos antes do Presente, entre os Períodos Cambriano e Siluriano. Neste período *moluscos e artrópodes dominaram os oceanos. Nos peixes surgiram os primeiros gnatostomados* (peixes com aparelho maxilo--mandibular); anteriormente existiam apenas os vertebrados agnatas. Nesse período *o clima era ameno, mas muito úmido, embora os continentes fossem desérticos.* A maior parte das terras estava no supercontinente do Gondwana, que, no entanto, estava deslocado para o sul e em boa parte debaixo d'água. Neste período *predominam os Invertebrados, como grapto- zoários, trilobitas, além de cefalópodes, corais, gastrópodes e crinoides.*

Período Paleoceno (Pa; tempo geológico), lat. *periodus*, ciclo, parte que se repete + gr. παλαιός, *palaios*, velho, antigo + καινός, *kainos*, novo, recente; Período entre ca. 65 milhões e ca. 55 milhões de anos antes do Presente, entre o Cretáceo e o Eoceno. Ele *começa com a extinção em massa do fim do Cretáceo, dos dinossauros não avianos, dos pterossauros e dos répteis marinhos gigantes (como os plesiossauros e ictiossauros) e a diversificação dos mamíferos verdadeiros.* Alguns autores sugerem que a extinção dos dinossauros teria deixado vagos inúmeros nichos, então ocupados pelos mamíferos. Todavia isto é um equívoco, pois dinossauros e mamíferos ocupam nichos completamente distintos.

Período Permiano (Pe; Paleozoico, tempo geológico), lat. *periodus*, ciclo, parte que se repete + *Perm*, região a noroeste da Rússia, onde as camadas foram descritas pela primeira vez; Período entre 298,9 e 251,9 milhões de anos antes do Presente, entre Carbonífero e Triássico. Nesse período diversificaram os amniotas que iriam originar *arcossauros, lepidossauros, tartarugas e sinápsidas. Os continentes no período eram a Pangeia e a Sibéria, rodeados pelo Oceano Pantalassa.* O desaparecimento das florestas do Carbonífero deu origem a extensos desertos. Os primeiros amniotas foram capazes de conquistar esses novos ambientes e assim sucederam os anfíbios. *O fim do Permiano marca a maior extinção do planeta, quando cerca de 96% das espécies marinhas e 70% das terrestres desapareceram.*

Período Pleistoceno (Pl; Cenozoico, tempo geológico), lat. *periodus*, ciclo, parte que se repete + gr. πλεῖςτος, *pleistos*, o mais + καινός, *kainos*, recente, o mais recente; Período entre ca. 2,58 milhões e ca. 11,7 mil anos antes do Presente, geralmente chamado de a Idade do Gelo, em função das várias glaciações, seu fim marcando o final da última glaciação. Ele é caracterizado por algumas grandes migrações, como as do GABI, e seu fim, pelas grandes extinções, principalmente da megafauna em todo o Mundo. As migrações, em particular para a América do Sul, levaram a uma grande diversificação dos grupos de origem norte-americana (como cricetídeos, cervídeos, camelídeos, canídeos, felídeos, ursídeos) bem como ao desaparecimento de nativos sul-americanos (como toxodontes, gliptodontes e preguiças gigantes). Ver GABI.

Período Plioceno (Pli; Cenozoico, tempo geológico), lat. *periodus*, ciclo, parte que se repete + gr. πλεῖον-, *pleion*, mais + καινός, *kainos*, mais recente; Período entre 5,33 e 2,58 milhões de anos antes do Presente, entre Mioceno e o Pleistoceno. Nesse período o clima e a vegetação eram muito semelhantes aos atuais. *O principal fenômeno no período foi o Grande Intercâmbio Biótico Americano* (ou GABI em inglês), que ocorreu quando da formação do Istmo do Panamá, que permitiu a troca de faunas entre as Américas do Norte e do Sul, 3 milhões de anos antes do Presente. Neste intercâmbio passaram para o norte principalmente os marsupiais (didelfídeos), xenarthras (tatus, gliptodontes, preguiças-gigantes) e para o sul muitos grupos de ungulados (como camelídeos, cervídeos, proboscídeos, equídeos), roedores e predadores (como felinos, canídeos, ursídeos). Com o istmo *também ocorreu o cessar de trocas de correntes entre os Oceanos Pacífico e Atlântico*, levando ao esfriamento do último e o aumento das calotas polares ártica e antártica, com o consequente abaixamento dos níveis dos mares. Ao norte, *a aproximação entre a África e a Eurásia faz surgir o Mar Mediterrâneo*. As florestas tropicais reduziram-se com o clima mais frio e seco; e *a própria Amazônia transformou-se em uma savana*. Do ponto de vista da *origem de grupos, o surgimento dos hominídeos* no Leste africano foi o evento principal.

Período Pré-Cambriano ou Criptozoico (PЄ; tempo geológico), lat. *periodus*, ciclo, parte que se repete + pref. *pre-*, antes, início + *Cambria*, nome com que os galeses chamavam sua terra; Período anterior ao Cambriano (Є). Ele se estende desde o surgimento da Terra (ca. 4,6 bilhões de anos atrás), até o Período Cambriano, ca. 541 milhões de anos antes do Presente, e *é responsável por cerca de 88% do tempo geológico da terra*. No fim desse período, considerado informalmente, surgiram os primeiros organismos com concha externa. *O registro fóssil desse período é muito pobre, porque muitas rochas foram metamorfizadas ou erodidas. Os principais fósseis são os estromatólitos.*

Período Siluriano (S ou Si; Paleozoico, tempo geológico), lat. *periodus*, ciclo, parte que se repete + *Silures*, nome de tribo do sudoeste de Gales, de onde estas camadas foram primeiro descritas; Período entre ca. 443 e ca. 417 milhões de anos antes do Presente, e situado entre Ordoviciano e Devoniano. Esse período foi caracterizado pelo *derretimento de grandes formações glaciais* e a *estabilização do clima*, diferentemente de períodos anteriores que tiveram padrões climáticos erráticos. Em relação aos Invertebrados, foi nesse período que surgiram os *corais, crinoides, conodontes, graptolitos e estromatoporoides*. Nos continentes, surgiram os *aracnídeos e centípedes*. Em relação aos Vertebrados, houve uma notável evolução dos peixes, com 1- *ampla radiação dos agnatas*, 2- *surgimento dos primeiros peixes de água doce*, e dos 3- *primeiros gnatostomados*. Surgiram ainda as primeiras *plantas vasculares*.

Período Triássico (TR ou T; Mesozoico, tempo geológico), lat. *periodus*, ciclo, parte que se repete + alemão *trias*, três, referente às três camadas desta idade, na Alemanha; Período entre ca. 200 e ca. 252 milhões de anos antes do Presente. Situa-se entre os Períodos Permiano e Jurássico. É o período mais importante do Mesozoico, porque, após a extinção em massa do fim do Permiano, foi *no Triássico que surgiram muitos dos principais grupos de Vertebrados*, quando terápsidas e arcossauros abundavam. Os *dinossauros* surgiram nesse período, mas só foram dominar no Jurássico. Também surgiram nesse período os primeiros *mamíferos* e os primeiros vertebrados voadores, os *pterossauros*. Nesse período a *Pangea começou a* *se dividir para formar a Laurásia ao norte e o Gondwana ao sul.* O clima era quente e seco com muitos desertos, tornando-se mais úmido com a divisão da Pangeia. *Ao fim do período, seguiu-se outra grande extinção, deixando os dinossauros como os vertebrados dominantes.*

Periodonto ou **ligamento** ou **membrana periodontal (Anatomia, cartilagens)**, pref. gr. περί, ao redor, indicando lugar + ὀδούς, ὀδόντος, *odous, odontos*, dente, *do* dente; tecido fibroelástico que une os dentes aos alvéolos.

Periósteo (Anatomia, ossos), pref. gr. περί, ao redor, indicando lugar + ὀςτέον, *osteon*, osso; tecido fibroso que reveste cada osso externamente e que é fixado à matriz óssea por meio das fibras de Sharpey. O periósteo é o que permite a regeneração óssea, por exemplo, em casos de fraturas, mediante a formação de calo ósseo. O tecido correspondente na cartilagem se chama pericôndrio. Os ossos que têm cavidade medular são revestidos internamente pelo endósteo, com funções semelhantes às do periósteo.

Periótico. Ver *Osso periótico.*

***Peri physeos methodon* (Aristóteles)**, περὶ φύσεως μέθοδον, nome de Aristóteles para o método que utiliza para investigar a natureza (ver *Pars Animalium* I, 4; 644b15) e que chamamos hoje de Método Dialético de Aristóteles (ver Ferigolo, 2015, 2021, 2023).

Perissos, perisso-, gr. περιςςός, ímpar; ex.: Perissodáctilos ("dedos ímpares").

***Peristalse* (Galeno)**, gr. *peristaltikos*, pref. περί, ao redor, indicando lugar + vb. ςτέλλειν, *stellein*, enviar; onda de contração que percorre o tubo digestivo e que empurra seu conteúdo distalmente.

***Peristera* (Aristóteles, Classificação)**, gr. περιςτερά, pomba; ex.: *Peristeroeides* ("forma de pomba", um dos grupos de Aves de Aristóteles).

***Peristeroeides* (Aristóteles, Classificação)**, do gr. περιςτερά, pomba + εἶδος, *eidos*, forma, "forma de pomba", um dos grupos de Aves de Aristóteles, aparentemente as pombas que não migrariam, mas seriam residentes.

Peritôneo (Anatomia, abdômen), pref. gr. περί, ao redor, indicando lugar + vb. τείνω, *teino*, eu estico (vb. esticar) ao redor de; membrana que reveste a parede interna do abdômen (este é o peritônio parietal). O peritônio visceral é a membrana que se reflete sobre os vasos do mesentério e outros "mesos" e depois reveste externamente as vísceras intra-abdominais (intestinos, fígado, baço etc.). Algumas vísceras são retroperitoneais (rins, suprarrenais, duodeno e pâncreas) de modo que são revestidas apenas ventralmente/anteriormente pelo peritônio parietal.

***Perittoma* (Aristóteles)**, gr. περίττωμα, "resíduo"; do pref. gr. περί-, *peri-*, ao redor, sobre, acerca de + τωμα, *toma*, partes; logo, ao redor das partes. O termo tem sido traduzido como "resíduo", mas este sentido é obscuro, porque Aristóteles se refere a "resíduos úteis" (sangue, leite, esperma etc.) e "resíduos inúteis" (bile, fezes, urina). Em vez de "resíduo", o que Aristóteles parece querer se referir é à transformação (digestão) que sofrem os alimentos. Disto resultando *substâncias úteis* (leite, esperma etc.) e *substâncias inúteis* (verdadeiros resíduos: fezes, urina e para ele, também a bile). Ver Cloaca.

Perônio (Galeno, Anatomia, Tetrápodes, pernas), lat., em gr. περόνη, genit. περόνις, *perone, peronis*, um broche da Antiguidade; em Anatomia é o *perônio*, antigo nome do Osso fíbula, o osso lateral da perna). *Perones* era ainda o nome de uma botina da Antiguidade; a qual em grego era também chamada de ἀρβύλη, *arbule*, uma bota curta (até o tornozelo) utilizada por pessoas do campo, caçadores, viajantes etc.

Persikos, persicos, gr. περςικός, referente à Antiga Pérsia (atual Irã); termo hoje utilizado para formar nomes de táxons; ex.: *Panthera leo persica* (leão da Ásia); *Prunus persica* (pessegueiro).

Pes, pedis, lat., pé, em gr. πούς, ποδός, *pous, podos*, pé, *do* pé; ex.: Bípede; Tetrápode; *Pedes unci*, unhas dos pés.

Petra, gr. πέτρα, pedra, rocha; ex.: Osso pétreo; Petrologia.

Pétreo ou **Petroso**. Ver *Osso pétreo*.

***Phagein, phago* (Aristóteles)**, vb. gr. φαγεῖν, comer; ex.: Sarcófagos (os animais "comedores de carne" de Aristóteles; os atuais Carnivora).

***-phagia-* (Aristóteles)**, pref./suf. gr. -φαγία-, do vb. inf. φαγεῖν, *phagein*, comer; vb. gr. φάγω, eu como; ex.: Carpófagos ("comedores de carpo" de Aristóteles, ou comedores de frutos).

***Phagos* (Aristóteles)**, gr. φαγος, comedor, glutão; ex.: Sarcófagos (animais comedores de carne); Carpófagos (comedores de carpo, fruto); Fagocitose.

Também deriva do gr. φαγος o nome "sarcófago", dado pelos Gregos às caixas de pedra das múmias egípcias. Eles as chamavam de *lithos sarkophagos*, i.e., "pedra comedora de carne", em função de que as múmias são corpos ressecados e por vezes apenas esqueletos.

Phaino, vb. gr. φαίνω, eu faço aparecer; ex.: Éon Fanerozoico (Período da "vida evidente"; de 570 milhões de anos atrás até o Presente).

Phaios, gr. φαιός, escuro.

Phalaros, gr. φάλαρος, que tem uma mancha branca.

Phainon, gr. φαῖνον, evidente, visível; ex.: *Phainomena*; Fâneros (pelos, unhas, garras, cascos, cornos etc.); Fenômenos; Fanerozoico.

Phainomena (**Aristóteles**), gr. φαινόμενα, fenômenos, i.e., como as coisas se manifestam aos nossos sentidos; aquilo que aparece aos sentidos, aparência.

Phalanx, phalangos, phalanges, phalang- (**Anatomia, Vertebrados, dedos**), lat., do gr. φάλαγξ, φάλαγγος; Falange ou batalhão grego ou romano em forma de cunha; ex.: Falanges distais dos dedos (em forma de cunha).

Phallaina (**Aristóteles, Classificação**), gr. φάλλαινα, baleia; em lat. *ballaena*.

Phaneros (**Anatomia, Vertebrados**), gr. φανερός, fâneros; originalmente significava aparente, visível, manifesto etc. Em Anatomia hoje designa as estruturas visíveis da pele (dos Vertebrados), como os pelos, escamas, penas, unhas, garras, cascos etc. Muitos termos muito distintos derivam modernamente de φανερός, tais como Fanerozoico.

Phantazo, vb. gr. φαντάζω, eu mostro (vb. mostrar).

Pharmakon, gr. φάρμακον, droga, medicamento; ex.: Farmacologia (*pharmakon* + λόγος, *logos*, estudo).

Pharynx, pharyngos (**Homero, Rufus de Efésos, Anatomia**), gr. φάρυγξ, φαρυγγος, *pharynx, pharyngos*, garganta, traqueia; em Homero, faringe ou porção superior do pescoço (Daremberg, 1865); ex.: Faringe.

Phatnia (**Galeno, Anatomia**), gr. φάτνια; termo utilizado por Galeno (1535; trad. e comentários em Singer, 1952) para o osso onde se situam os alvéolos, possivelmente se referindo ao que chamamos hoje de Processos alveolares (da pré-maxila, maxila e mandíbula).

Phagein, vb. gr. φαγεῖν, comer; ex.: Fagócitos; Sarcófago.

Pharynx, gr. φάρυγξ, φαρυγγος, *pharynx, pharyngos*, garganta, faringe.

Ph.D., abreviatura para lat. *Philosophiæ Doctor* (doutor em filosofia).

Phebesthai, phobos, gr. φέβεςθαι, φόβος, ter medo, medo; ex.: Fobia.

Pher, gr. φήρ, cognato do lat. *ferus*, fera; também utilizado como nome específico; ex.: *Equus ferus* (*E. caballus*); em gr. θήρ, θηρός, *ther, theros*, animal selvagem, besta; ex.: *Theria; Megatherium*.

Phero, vb. gr. φέρω, eu porto (vb. portar), eu levo (vb. levar), eu carrego (vb. carregar); ex.: Feromônio.

Philtron (Rufus de Efésos, Anatomia), gr. φίλτρον, filtrum, termo para o *sulco debaixo do nariz*.

Phleba (Rufus de Efésos, Anatomia), gr. φλέβα, *veias*. Rufus já distinguia veias de artérias.

Phlegma (Rufus de Efésos), gr. φλέγμα, flegma (uma descarga do Cérebro, um muco espesso, um dos quatro humores para os médicos da Antiguidade).

Phi, letra grega φι, minúsc. φ, maiúsc. Φ. Translitera-se como "ph". A presença de "ph" nas palavras indica sua origem grega [e.g., *physique* (francês), *physics* e *philosophy* (inglês)]. O mesmo se dá com palavras com "rh" e "th". Antes da reforma ortográfica de 1911, também em português muitas palavras tinham "rh", "th" e "ph" (e.g., *rheumatismo, theologia* e *philosophia*).

Philia, philos, -phile, gr. φιλία, φίλος, suf. lat. *-phila*; amor, amizade; φιλέω, *phileo*, eu amo (vb. amar); ex.: Eosinofilia.

Phim, phimos, gr. φῑμ, focinho (rostro).

Phimoo, vb. gr. φιμόω, fechar a boca com um focinho (rostro).

Phlegein, phlegma, phlox, vb. gr. φλέγειν, deverbais φλέγμα, φλόξ, chama, inflamação; muco espesso da mucosa respiratória; ex.: Inflamação.

Phleps, phlebos (Homero, Aristóteles, Anatomia), gr. φλέψ, φλεβός, vaso sanguíneo, usualmente traduzido como "veia"; em lat. *vena, venula*. Homero se refere a um ferimento que vai do dorso até o pescoço, seccionando um vaso que, para Daremberg (1865), é a Veia Jugular Externa. Em Aristóteles, *phleps* deve ser entendido como *vaso sanguíneo*, já que ao seu tempo as verdadeiras veias não haviam sido ainda perfeitamente distinguidas das artérias. Ele chamava alguns vasos de artérias, como a Artéria Aorta, por conduzirem ar, e não sangue. Ver Artéria.

Phloios, phloe-, gr. φλοιός, casca de árvore; ex.: Floema.

Phobia, gr. φόβος, medo exagerado; ex.: Hidrofobia.

Phoke (Aristóteles, Classificação), gr. φώκη, foca; foca do Mediterrâneo [*Monachus monachus*, o pinipédio sob o maior risco de extinção (2022)].

Phone, phonetikos, phonema, gr. φωνή, φωνητικός, φώνημα, som; ex.: Fonética.

Phoros, vb. gr. φέρω, *phero*, eu porto (vb. portar), eu carrego (vb. carregar); ex.: Lofóforo (gr. *lophos*, crista + *phero*).

Phos, photois, phot-, gr. φῶς, φωτός, φωτ-, *da* ou relativo à luz; ex.: Fototropia (*photo* + *tropos*, caminho); Fósforo (elemento químico, *phos-* + *phero*, carregar).

Phragma, gr. φράγμα, cerca, divisória; ex.: Diafragma (pref. gr. διά, *dia*, através de, separado de, entre + *phragma*; "divisória entre tórax e abdômen").

Phren, phrenes (Homero, Anatomia), gr. φρήν, φρήνες, alma, mente, vida, diafragma; Homero se refere ao *phren* que envolve o coração (pericárdio?) e que suspende o fígado (Daremberg, 1865). Homero se refere a *phren* quando fala de ferimentos no peito, mas deve-se lembrar que *phren* significa também alma, vida; ex: Nervo frênico.

Phryne (Aristóteles, Classificação), gr. φρύνη, sapo; ex.: *Phrynops*.

Phyllon, gr. φύλλον, folha; ex.: Clorofila. Distinguir o gr. φύλλον do gr. φύλον, de onde provém o termo lat. *phylum*, tribo, raça; também distinguir o gr. φύλλον do lat. *filum*, fio.

Phylon, gr. φύλον, lat. *phylum*, tribo, raça; ex.: *Phylum*, Filogenia. Distinguir do lat. *filum*, fio e do gr. φύλλον, *phyllon*, folha.

Phylum (Classificação), lat., tribo, raça, gr. φῦλον, *phylon*; distinguir do lat. *filum*, fio e do gr. φύλλον, *phyllon*, folha; ex.: Filogenia.

Physika (Aristóteles), gr. φυςικά, física, Natureza; ex.: Biofísica.

Physike episteme (Aristóteles), gr. φύςις, Natureza, origem + ἐπιςτήμη, *episteme*, conhecimento; conhecimento natural ou física.

Physikos, physikoi (Aristóteles), gr. φυςικός, φυςικοι, físico, físicos; o termo *physikoi* é utilizado por ele para se referir aos "filósofos naturais", os naturalistas; ex.: Física.

Physiologoi (Filósofos Pré-Socráticos, Aristóteles), gr. φυςιόλογοι; "filósofo natural", aqueles que estudam a Natureza; termo utilizado na Antiguidade Clássica para se referir aos Filósofos Pré-Socráticos (Diels, 1907; *Die Fragmente der Vorsokratiker*).

Physis (Hipócrates, Aristóteles), gr. φύςις, *physis*, origem, crescimento, Natureza; em lat. *natura*; Aristóteles se refere a *physis* no sentido de Natureza; os deverbais do vb. gr. *physein* têm o sentido de originar ou crescer. *Physis* é uma raiz grega muito utilizada em Biologia e Medicina desde a Antiguidade. Hipócrates já se referia à epífise (literalmente "sobre a *physis*") dos ossos, com o sentido de um "crescimento" nos ossos, de modo semelhante ao que chamamos hoje de processo ósseo. Hoje, epífise tem um sentido muito distinto, o de *um centro de crescimento* (ou de ossificação) em ossos endocondrais (pré-formados em cartilagem). Para Galeno e Vesalius, as epífises eram ossos independentes dos ossos principais, onde se articulavam. Ver Ham e Cormack (1987) sobre epífise, crescimento ósseo endocondral; e Epífise.

Phyton, gr. φυτόν, planta; ex.: Fitoplancton.

Pi, letra grega πι, minúsc. π, maiúsc. Π; translitera-se como "p"; π é também um número, que representa a relação entre o perímetro de uma circunferência e seu diâmetro; π = 3,14159265359 ou 3,1416.

Pia-máter (Anatomia), lat. *pius*, macio, fiel, confiável + *mater*, mãe, "mãe delicada ou afetuosa (do cérebro)". Uma das meninges, a mais interna, delicada e vascularizada e que é acolada ao Cérebro e à Medula Espinal.

Pigídio (Anatomia), novo lat. *pygidium*, do gr. πυγή, *pyge*, anca, cauda; refere-se ao último segmento do exosqueleto dos Artrópodes. Distinguir de Pigóstilo (últimas vértebras caudais fusionadas entre si, em Aves e alguns Dinossauros).

Pigóstilo (Anatomia), gr. πυγή, *pyge*, anca, cauda + ςτῦλος, *stylos*, coluna, instrumento utilizado para escrever, desenhar ou gravar na madeira; últimas vértebras caudais, fusionadas entre si, em Aves e alguns Dinossauros.

Pilomotor (Anatomia, músculo), lat. *pilus*, pelo + vb. *motor*, mover; Músculo responsável pelo movimento dos pelos (eriçamento dos pelos).

Piloro (Galeno, Anatomia), gr. πυλωρός, *pyloros*, "guarda do portão"; Esfíncter gastroduodenal.

Pilus **(Anatomia)**, lat., pelo; ex.: Pilosa (Xenarthra; preguiças + tamanduás).

Pinea, pinealis, lat. científico, pinha, em forma de pinha; ex.: Glândula pineal.

Pineal, lat. *pinea*, pinha em forma de cone; glândula pineal, raramente também chamada de *conarium*.

Pinein, pino, gr. πίνειν, πῑνω, beber, eu bebo; ex.: Pinocitose.

Pinna, lat., gr. πίννα, nadadeira; ex.: Pinnipedia (*pinna* + *pes*, pé, "pés em nadadeira").

Pinnipedia (Classificação, Mamíferos), lat. *pinna*, gr. πίννα, nadadeira + *pes*, pé, "pés em nadadeira". Hoje são assim chamados os Carnivora de hábitos semiaquáticos (focas, lobos, leões e elefantes marinhos).

Pinocitose, gr. πίνειν, *pinein*, beber + κύτος, κύτους, *kytos, kytous*, jarro, vaso, célula + suf. gr. -ωςις, condição especial, doença, ação; processo pelo qual uma célula engloba gotículas de líquidos, por meio da membrana citoplasmática.

Pinus, pinea, lat., pinheiro, pinha; ex.: Glândula pineal (rel. à forma da glândula).

Pirus, pirum, piri-, lat., pera, forma de pera; ex.: Músculo piriforme (*piri- + forma*).

Piscis, pis-, lat., peixe; ex.: Pisciforme.

Pithekoi, pithecoi **(Aristóteles, Classificação)**, gr. πίθῆκοι, "macacos"; segundo Leroi (2014) corresponderiam à *Macaca sylvanus*. Os outros

Primatas de Aristóteles são κῆβοι, *keboi* (macacos de cauda longa) e κυνοκέφαλοι, *kynokephaloi* (babuínos).

Pituitária ou **Hipófise (Vesalius, Anatomia)**, lat. *pituitarius*, de *pituita*, umidade, muco, flegma; lat. cient. *hypophysis*, gr. ὑπό, *hypo-*, sob, debaixo + φύςις, *physis*, Natureza, origem, "crescimento debaixo" (do Cérebro). Nome criado em função de que, na Antiguidade, acreditava-se que a hipófise formasse o muco do nariz.

pl., abreviatura para plural.

Placa motora, francês *plaque* + lat. *motor*, o que desloca, o que move, do vb. *movere*, deslocar, mudar de lugar. É o local da membrana citoplasmática, na qual se encontram o nervo e a fibra muscular; o que permite a contração muscular.

Placenta (Anatomia), gr. πλάξ, πλακός, lâmina. Órgão que tem várias funções durante a gestação dos Mamíferos placentários, entre eles a transferência de oxigênio e nutrientes, da mãe para o feto, bem como a secreção de alguns hormônios.

Placeo, *placere*, vb. lat., eu agrado (vb. agradar); ex.: Placebo.

Plano horizontal do corpo (TRA), lat. *planus*, plano, chato; qualquer plano horizontal que divide o corpo dos animais em parte dorsal e parte ventral; e no Homem em superior (cranial) e inferior (caudal); portanto não homólogo daquele dos tetrápodes.

Plano mediano ou **sagital do corpo (Anatomia, TRA)**, lat. *planus*, plano, chato + *medianus* + *sagitta*, flexa, seta + *corpus*, corpo; plano vertical que passa pela linha sagital ou mediana e divide o corpo em lados direito e esquerdo, nos animais de simetria bilateral. Estes lados não são iguais, porque várias vísceras são assimétricas (ex.: coração, pulmões, intestinos) ou estão apenas em um dos lados do corpo (ex.: estômago, fígado, baço).

Plano radial do corpo (Anatomiam TRA), lat. *planus*, plano, chato + *radius*, raio; planos que, em animais de simetria radial, como os ouriços e estrelas do mar, dividem o corpo em partes homólogas ou não.

Plano transversal do corpo (Anatomia, TRA), lat. *planus*, plano, chato + *transversus*, transversal + *corpus*, corpo; qualquer plano que corta o corpo transversalmente e o divide em parte anterior (cranial) e parte posterior (caudal), em animais de simetria bilateral; no Homem o mesmo que plano horizontal.

Planos corporais (Anatomia, TRA), lat. *planus*, plano, chato + *corporis*, do corpo; refere-se aos diferentes planos que podem seccionar teoricamente o corpo em partes distintas ou semelhantes, nos animais de diferentes simetrias.

Planta, lat., sola do pé; ex.: Mamífero plantígrado (que caminha sobre a planta dos pés, como o Homem).

Plantígrado (Anatomia, Tetrápodes, mãos/pés), lat. *planta*, sola do pé + *gradus*, passo; refere-se aos Mamíferos (como o Homem) que caminham apoiando-se sobre a planta dos pés, diferentemente dos digitígrados (sobre os dedos) e ungulígrados (sobre as unhas ou cascos).

Planus, lat., plano, chato; ex.: Osso plano.

Plaquetas, francês antigo *platelet*, do lat. *platus*, chato, plano; elementos discoides anucleares do sangue, derivados da fragmentação dos megacariócitos.

Plasma, gr. πλάσμα, algo formado, formação; conteúdo líquido do sangue e da linfa; adj. plasmático, relacionado ao plasma; ex.: Membrana plasmática.

Plasmólise, gr. πλάσμα, algo formado, formação + λύσις, dissolução; ruptura de uma célula devido à pressão osmótica.

PLATÃO (428/427-348/347 a.C.), gr. Πλάτων, *Platon*, apelido significando "largo"; nome verdadeiro: Arístocles. Filósofo fundador da Academia, considerada como a *primeira instituição de ensino superior do Mundo*. Foi mestre de Aristóteles e escreveu sobre Sócrates (*Diálogos*). Ele considerava que as coisas que captamos por meio dos sentidos são meras sombras, cópias imperfeitas das coisas reais ou ideais, as *formas*, as quais seriam, estas sim, a verdadeira realidade (embora não material).

Plateos osteon **(Galeno)**, gr. πλατύς, *platys*, achatado, largo, em lat. vulgar *plattus* + gr. ὀςτέον, osso, "osso plano ou chato"; refere-se ao Osso Ílio em Galenus (1535; trad. e comentários em Singer, 1952).

Platho, plas-, gr. πλάθω, eu moldo (vb. moldar); πλάςςειν, *plassein*, formar, moldar; ex.: Plasma (gr. πλάςμα, algo formado).

Platicelia (Anatomia, Mamíferos, Coluna vertebral), gr. πλατύς, *platys*, achatado, largo, em lat. vulgar *plattus* + gr. κοιλία, *koilia*, cavidade, de *koilos*, vazio, em lat. *coelia*; diz-se dos corpos com faces anterior/posterior planas nas vértebras; i.e., corpos que não são opistocélicos nem procélicos. O mesmo que vértebra acélica e anfiplatiana.

Platyneuron **(Rufus de Efésos, Anatomia)**, gr. πλατὺνεῦρον, do gr. πλατύς, *platys*, achatado, largo, em lat. vulgar *plattus* + gr. νεῦρον, *neuron*, tendão; "tendão chato", o Tendão de Aquiles.

Platys, gr. πλατύς, achatado, largo[44]; em lat. vulgar *plattus*; ex.: *Platypus* (gênero de mamífero monotremado, o Ornitorrinco).

Plax, *plakos*, gr. πλάξ, πλακός, lâmina; ex.: Monoplacophora (μόνος, *monos*, um + *plakos* + vb. φέρω, *phero*, eu porto (vb. portar), eu levo (vb. levar), eu carrego (vb. carregar), Polyplacophora (πολυς, *polys*, muitos + *plakos* + *phero*, carrego; "carrego muitas lâminas").

Plec-, *pleco-*, *pleko*, lat. *plecto*, do vb. gr. πλέκω, eu entrelaço (vb. entrelaçar); ex.: Osso Simplético (da mandíbula dos Peixes, situado entre o hiomandibular e o quadrado; por vezes fusionado a este último).

Plectere, *plex-*, vb. lat., girar, dobrar; ex.: Plexo simpático.

Pleiomórfico, gr. πλείων, εῖον, mais, maior, múltiplo + *morphe*, forma; diz-se de um organismo que varia na forma e/ou tamanho.

Pleion, gr. πλείων, -εῖον, mais, maior, múltiplo; ex.: Pleiotropia (*pleion* + *tropon*, caminho); diz-se de um gene que determina mais de um caráter fenotípico.

Pleiotropia, gr. πλείων, -εῖον, mais, maior, múltiplo + τρόπος, voltar-se, dirigir-se. Refere-se aos múltiplos efeitos de cada gene. Ou, mais precisamente, um único gene controla diversas características do fenótipo dos organismos; características estas, aparentemente não relacionadas. É um caso de herança chamada de autossômica (cromossomos autossômicos).

---

[44] Latim Vulgar *plattus*, chato, largo; latim medieval *plata*, prato, prato de metal; em português e espanhol o termo "prata/plata" veio a ser o nome de um metal com que se faziam moedas, bem como o das próprias moedas de prata; o termo lat. *argenteus* significa *"de prata"* (genit.), enquanto que o termo latino *argento* significa moeda de prata (Império Romano). Em espanhol *"plata d'argento"*, primeiro significava "prato, ou prato de prata" e depois, por extensão, "moeda de prata". Este é um exemplo de uma metáfora, na qual o nome "prato" (utensílio de comer) veio finalmente a significar o nome de um metal, a prata, bem como significar moeda, dinheiro.

Plesios, gr. πλησίος, próximo; ex.: Plesiomorfia (*plesio*, próximo + μορφή, *morphe*, forma; "forma próxima" (ao padrão ancestral), Plesiossauros (animal próximo aos "sauros", "lagartos", ou Répteis).

Pleumon (Rufus de Efésos), gr. πλεύμων, nome dado ao *pulmão*.

Pleura, pleurai (Homero, Aristóteles, Rufus de Efésos, Galeno, Anatomia), gr. πλευρά, πλευράι; em Homero significando costelas ou costelas do peito; Aristóteles se refere ao(s) lado(s), indicando costela(s); costelas como (ossos dos) lados. Posteriormente o termo *pleura* passou a ser aplicado às membranas de revestimento dos pulmões e às membranas internas da caixa torácica; ex.: Pleuras visceral e parietal.

Pleurocentro (PC, Anatomia, Vertebrados, Coluna vertebral), gr. πλευρά, πλευράι, lado(s), costela(s). Centro vertebral sobre o qual, durante a evolução, vem se formar o arco neural. O outro centro original é o intercentro (IC), que não participa do arco neural. Durante a evolução, dos Sarcopterígios em direção aos Répteis, Aves e Mamíferos, houve progressivo crescimento dos PC, ao mesmo tempo que os IC sofreram redução, até desaparecerem, exceto em *Sphenodon*, único tetrápode que possui ainda hoje os IC articulados aos PC. Os IC também estão sempre presentes no complexo Atlas-Áxis dos Tetrápodes e como uma cunha entre algumas vértebras, em muitos Répteis fósseis, como os "Pelicossauros" (Sinápsidas basais).

Pleurodontia (Anatomia, Répteis, dentes), gr. πλευρά, πλευράι, lado(s), costela(s) + gr. ὀδούς, ὀδόντος, *odous, odontos*, dente, *do* dente; tipo de implantação dentária na qual os dentes são fixados por ligamentos à face medial dos ossos; ex.: Muitos lagartos.

Plexo Coroide (Anatomia), lat. *plexus* + gr. χόριον, *chorion*, pele + εἶδος, forma; uma rede de vasos sanguíneos derivados da pia-máter (mãe delicada), coberto por células ependimais e que se projetam para dentro dos ventrículos laterais do Cérebro.

Plexus, plexi (Anatomia), lat., plexo(s); uma rede de estruturas lineares, principalmente formada por nervos; ex.: Plexo braquial.

Plica, plicae, lat., dobra(s); do vb. *plicare*, dobrar; ex.: *Plica semilunaris* do olho.

Plicae circulares (**Anatomia**), lat., dobras circulares; dobras no intestino delgado.

Plicae palmatae (**Anatomia**), lat., dobras + *palmatae*, semelhante a palmeiras; dobras planas (como as frondes das palmeiras) de mucosa do canal cervical uterino.

Plicare, vb. lat., dobrar.

PLÍNIO, O VELHO (23-79 d.C.). Gaius Plinius Secundus foi um naturalista, historiador, além de gramático, administrador público e oficial do Exército Romano, que estudou em Roma e depois ingressou na carreira militar. Após isto ele retornou a Roma para estudar Direito. Sua única obra sobrevivente é *Historia Natural*, uma compilação de tudo o que era conhecido até então e que compreende 37 volumes. Nesta obra são tratadas a medicina, a fisiologia (animal e vegetal), a história da arte, a cosmologia, a geografia, além de outros temas. Uma contribuição importante em relação à ciência é sua crítica às representações dos objetos descritos pela ciência, que variavam muito conforme o copista e as cores utilizadas, portanto sendo falhas quanto à fidelidade, segundo ele. Com isto ele chegou à conclusão de que as *descrições*, e não as representações, seriam as mais confiáveis e mais importantes. Sua morte se deu quando tentava observar a erupção do vulcão Vesúvio, no ano 79. As assim chamadas *Erupções Plinianas*, no entanto, se relacionam ao fato de Plínio, o Novo, sobrinho de Plínio, o Velho, ter descrito corretamente aquele tipo explosivo de erupção vulcânica.

Pluere, *plue-*, vb. lat., chover; ex.: Pluviosidade.

Pluma (**Anatomia**), lat., pena; ex.: Bípede implume (Bípedes sem penas; expressão de Platão para referir-se ao Homem). O nome se contrapõe aos outros Bípedes, as Aves, que são os Bípedes emplumados.

Pluris, *pruri-*, lat., vários, muitos; ex.: Pluricelular.

Pluvia, lat., chuva; ex.: Pluviosidade.

PM (**Anatomia, Mamíferos**), abreviatura para dente *pré-molar superior*.

pm (**Anatomia, Mamíferos**), abreviatura para dente *pré-molar inferior*.

p.m. (1), abreviatura para *post meridiem* (depois do meio-dia).

p.m. (2), abreviatura para *post mortem* (depois da morte).

PM1-4 e pm1-4 ou PM1-4/ e PM/1-4 (Anatomia, Mamíferos, dentes), abreviaturas para dentes *pré-molares superiores* (PM1-4 ou PM1-4/) e dentes *pré-molares inferiores* (pm1-4 ou PM/1-4), respectivamente.

Pmx, abreviatura para Osso *Pré-Maxila*.

Pneuma, pneumatos, gr. πνεῦμα, πνεύματος, respiração, espírito; do vb. πνέω, *pneo*, eu respiro (vb. respirar), eu sopro (vb. soprar); ex.: Pneumócitos (células de revestimento dos alvéolos pulmonares).

***Pneumon, pneumonos* (Homero, Anatomia)**, gr. πνεύμων, πνεύμονος, pulmão; em lat. *pulmo*; Homero se refere a ferimentos que atravessam o peito e atingem o pulmão; ex.: Ossos pneumatizados (como os Seios da face em Mamíferos). Alguns crânios de Mamíferos têm quase todos os ossos do teto e da base peumatizados (e.g., *Macrauchenia*).

Po, abreviatura para Osso *Pós-Orbital*.

***Podes* (Anatomia)**, gr. πόδες, pés; ex.: Podologia.

Poena, lat., punição; ex.: Pena.

Pof, abreviatura para Osso *Pós-Frontal*.

***Poiein* (Aristóteles)**, vb. gr. inf. ποιειν, refere-se ao fazer algo ou produzir algo.

***Poieo* (Aristóteles)**, vb. gr. ποιέω, eu faço (vb. fazer); ex.: Tecido hematopoiético (tecido produtor de células de sangue).

Polemos, gr. πόλεμος, guerra; ex.: Polêmica científica.

Polys, pref. gr. πολύς, vários, muitos; ex.: Polípodes.

***Poliaima* (Aristóteles)**, gr. πολύαιμα, pref. πολύς, *polys*, vários, muito, muitos + αἷμα, *haima*, sangue; animais com muito sangue. Não é claro a que animais isto se refere e é possível mesmo que seja um termo espúrio.

POLIBO ou POLIBUS (fl. ca. 400 a.C.), gr. Πόλυβος. Foi supostamente um dos discípulos do verdadeiro Hipócrates e também seu genro; de modo que ele deve ter sido um dos autores do *Corpus Hippocraticum*, já que este é hoje considerado como sendo da autoria de vários "autores hipocráticos". Em relação a isto, diferentes especialistas o consideram como autor das seguintes obras do *Corpus*: *De Affectionibus* e *De Internis Affectionibus*, *De Genitura*, *De Natura Hominis*, *De Natura Pueri*, *De Salubri Victus Ratione* e *De Septimestri et Octimestri Partu*. Ele é ainda considerado como um dos fundadores da Escola Dogmática de Medicina. Polibo é conhecido por ter sido citado por Aristóteles no *Historia Animalium* (III, 3) em uma curta passagem sobre vasos sanguíneos. Galeno, Celso e Plínio, o Velho, também se referem a Polibo.

Policromatofilia, gr. πολύς, *poly-*, muito, muitos + gr. χρῶμα, *chroma*, cor + vb. φιλεῖν, *philein*, amar; diz-se de células e tecidos que têm afinidade por vários corantes.

Polidáctilos (Aristóteles, dedos), gr. πολυδακτυλα, *polydactyla*, pref. πολύς, *polys*, vários + δάκτυλος, *dactylos*, dedo; literalmente "vários dedos"; correspondem aos *Zootoka* com mais de dois dedos, incluindo os *Pithecoi*, os *Dermoptera* e os *Sarkophaga*.

Polios, *poliotes*, gr. πολιός, πολιότης, cinza.

Polimorfonuclear (Citologia), adj. gr. πολύς, *poly-*, muito, muitos + μορφή, *morphe*, forma; que tem o núcleo com diferentes formas; ex.: Leucócito neutrófilo.

Polípedes ou **polípodes (Aristóteles, Classificação)**, pref. gr. πολύς, *polys*, vários + πούς, *pous*, pés; muitos pés. Este termo é aplicado aos *Anaima* com muitos pés; um tipo que não existe nos *Enaima* (pois todos estes são Ápodes, Bípedes ou Tetrápodes).

Poliploide, gr. πολύς, *poly-*, muito, muitos + εἶδος, *eidos*, forma; de muitas formas; ou seja, tendo vários conjuntos de cromossomas; ex.: Triploide etc.

Polis, *poleis*, gr. πόλις, πόλεις, cidade, cidade-estado.

Polissoma, gr. πολύς, *poly-*, muito, muitos, agregação de ribossomas.

Pollen, *pollinis*, lat., farinha fina, pólen; ex.: Polinização.

Pollex, *pollicis*, lat., pólex, primeiro dedo da mão; talvez derivado do vb. lat. *pollere*, ser forte.

Pollos, gr. πολλός, muitos.

Polos, gr. πόλος, polo; ex.: Urso polar.

Polpa dentária (Anatomia, Vertebrados, dentes), lat. *pulpa*, parte carnosa, mole + *dens, dentis*, dente; é a porção interna dos dentes e que permite crescer e regenerar em certos processos patológicos dentários. É na polpa que se situam os osteoblastos, vasos e nervos. Com a necrose da polpa o dente morre, mas pode continuar funcional por muito tempo.

Polypous **(Aristóteles, Classificação)**, gr. πολύπους, pref. πολύς, *polys*, vários, muitos + πούς, *pous*, pé; "vários pés". Hoje este gênero de cefalópode é chamado de *Octopus* (oito pés) e é o animal para o qual Aristóteles descreveu o braço hectocotilar como um apêndice copulador. Georges Cuvier, equivocadamente, descreveu o mesmo apêndice, dois mil anos depois, como um novo gênero de parasita. Ver *Hectocotylus*.

Polys, gr. πολύς, *poly-*, muito, muitos; ex.: Polidáctilos (um dos grupos de Tetrápodes de Aristóteles; os quais têm mais de dois dedos, geralmente cinco).

Pons, pont- **(Anatomia)**, lat., ponte; ex.: Pons ou Ponte do Cérebro (Sistema Nervoso Central).

Populus, lat., povo; ex.: Genética de populações.

Poros **(Aristóteles, Anatomia)**, gr. πόρος, πόροι, *poros, poroi*, poro(s), orifício(s), ducto(s), vaso(s) sanguíneo(s), filamento(s); termo utilizado por Aristóteles para vasos sanguíneos e seus ramos; bem como para alguns nervos cranianos.

Porphyra, gr. πορφύρα, em lat. *purpura*; tinta de cor púrpura retirada dos gastrópodes dos gêneros *Purpura* e *Murex* e utilizada para colorir roupas. A tinta é chamada hoje de púrpura-de-Tiro.

Porta, lat., porta, portão; ex.: Veia porta (fígado).

Porta hepatis, lat. *porta*, porta + *hepatis*, do fígado; uma depressão no hilo do fígado, por onde entram e saem vasos, como a Veia Porta Hepática.

Porta lienis, lat. *porta*, porta + lat. *lienis, do* baço; uma depressão do hilo esplênico, por onde entram e saem vasos.

Portal, adj. lat. *portare*, carregar; ex.: Sistema Portal.

Portio, portionem, lat., parte; ex.: Proporção.

Posição (uma das Categorias de Aristóteles), vb. gr. κεῖσθαι, *keisthai*, estar (em uma determinada posição). Na Biologia é o que é dito da substância (cada indivíduo ou parte), em relação à sua posição ou postura; como em "o cavalo dorme *em pé*" e "o boi dorme *deitado*".

Post-, pref. lat., após, atrás, posterior; ex.: Alterações *post mortem* (como as causadas por Insetos e Roedores em um esqueleto de material arqueológico); Ossos Pós-Orbital e Pós-Frontal.

Posterus, lat., posterior; ex.: Face posterior do crânio.

Potamos, lat., gr. ποταμός, rio; ex.: Hipopótamo (lat. *hippos*, cavalo + *potamos*, rio, "cavalo-do-rio").

Potencialidade (Aristóteles), lat. *potentialis*, de *potentia*, poder, força; em gr. δύναμις, *dynamis*; na Biologia de Aristóteles é a capacidade de algo ou alguém para se transformar ou realizar algo. Aquilo em que um ser vivo ou sua parte pode se tornar. Por exemplo, algo é agora um ovo, mas tem a potencialidade de se transformar em um animal. Com a Teoria do Ato e Potência, Aristóteles solucionou um antigo problema dos Gregos, o do Ser e do Não Ser (Parmênides). Principalmente as coisas que, na Natureza, se transformam continuamente (Heráclito).

Poto, vb. lat., eu bebo (vb. beber); ex.: Água potável.

Pous, podes, podos (Homero, Aristóteles), gr. πούς, πόδες, ποδός, pé(s), *do* pé; em lat. *pes, pedis*; pé(s) é também medida da Antiguidade, equivalendo na Grécia a 16 *dactyloi* (1 *dactylos* = 1 dedo = 19,3 mm); ex.: Ápodes, Bípedes, Tetrápodes, Polípodes.

p.p., abreviatura para *verbo no particípio passado*.

Prae-, pre-, pref. lat., anterior a; ex.: Osso Pré-Maxila.

Praedicamenta (Aristóteles), lat., termo da Filosofia Escolástica que se refere ao conjunto das Categorias de Aristóteles; portanto um termo não utilizado por este último. Não confundir com os Predicáveis (Definição, Gênero, Diferenças, Propriedades e Acidentes) de Aristóteles.

Praedo, vb. lat., eu roubo, do vb. lat. inf. *praedare*, roubar, predar; ex.: Animal predador.

Praeputium, praeputia (Anatomia), lat., prepúcio, do pref. gr. πρό, na frente, antes, anterior, para frente + -*putium*, talvez do bielorrusso *potke*, pênis; ou talvez do vb. lat. *puteo*, eu fedo (vb. feder), em referência ao cheiro do esmegma (gr. ϛμήγμα, *smegma*, sebo); então, por analogia, *praeputia* poderia significar falta de limpeza, mau odor.

Praeter, prep. lat., antes, passado; ex.: Fauna pretérita.

Prane, gr. πρανῆ, encosta, inclinação; ex.: Pronação (posição de uma pessoa, deitada de barriga para baixo); Pronação do antebraço (rotação com a face anterior do antebraço rotada para baixo). Utiliza-se frequentemente o termo "pronação" em relação ao movimento do pé, no caminhar, quando ele se inclina ligeiramente sobre sua face lateral. Um excesso nesta inclinação pode induzir à dor e às lesões no tornozelo.

Prapidon (Homero, Anatomia), gr. πραπίδων, anatomicamente com sentido semelhante a *hepar*, fígado.

Praxis, gr. πράξις, atividade prática (Ética e Política em Aristóteles).

Pre-, lat. *prae* (advérbio de lugar), anterior, em frente de; ex.: Osso Pré--Frontal (osso anterior ao frontal; ausente em Mamíferos).

Pré-adaptação, lat. *prae* (advérbio de lugar), anterior, em frente de + *ad-*, próximo de, em direção a + vb. *aptare*, ajustar; vb. *apto*, eu ajusto; refere-se à presença em um organismo, de um caráter que serve para um determinado uso, mas que com uma mudança ambiental ou de outro tipo servirá como uma adaptação. Por exemplo, as penas das aves serviam inicialmente como isolamento e proteção (como nos Dinossauros), mas tornaram-se uma pré-adaptação para o voo nos Dinossauros Avianos.

Predicável (Aristóteles), lat. *praedicabilis*, termo da Escolástica. Os cinco Predicáveis são as distintas maneiras por meio das quais nós podemos falar acerca de algo ou de um animal. Podemos falar de um animal em relação à sua *espécie*; em relação ao seu *gênero*; em relação a outras espécies de animais (Diferenças; *Differentiae*); em relação às suas *Propriedades*; e em relação às coisas que não são essenciais a esta espécie de animal, os seus *Acidentes*. Predicável não deve ser confundido com *Praedicamenta*.

pref., abreviatura para *prefixo*.

pref. priv., abreviatura para *prefixo privativo*.

Prehendo, vb. lat., eu seguro (vb. segurar), eu prendo (vb. prender); ex.: Apreensão.

Pré-Maxila. Ver *Osso Pré-Maxila*.

Pré-Maxilar (Anatomia, Vertebrados, crânio /rostro), lat. *prae* (advérbio de lugar), anterior, em frente de + *maxilla*. Adjetivo que se refere ao Osso Pré-Maxila; ex.: Processo pré-maxilar; Dentes pré-maxilares.

Pré-Molares (PM; Anatomia, Mamíferos, dentes), lat. *prae* (advérbio de lugar), anterior, em frente de + vb. *molere*, moer; dentes semelhantes aos molares, mas que podem ser da primeira (decíduos) ou da segunda dentição (permanentes). Os pré-molares decíduos são semelhantes aos molares, porque ambas são séries da primeira dentição. Os pré-molares definitivos podem ser diferentes. Os PM são em número de zero a quatro.

Prep., abreviatura para Preposição.

Prepúcio (Anatomia), lat. *praeputium*, prepúcio, do pref. gr. πρό-, na frente, antes, anterior, para frente + *-putium*, talvez do bielorrusso *potke*, pênis; ou talvez vb. lat. *puteo*, eu fedo (vb. feder), relacionado ao cheiro do esmegma.

Presbys, gr. πρέϛβυς, velho; ex.: Presbiopia (*presbys* + ὄψ, *ops*, olho; "olhos velhos", "olhos cansados").

Prf, abreviatura para *Osso Pré-Frontal*.

Primates (Classificação), pl. do lat. *primas*, primeiro, mais elevado; ordem de mamíferos a que pertence o Homem.

Primus, *primatis*, lat., primeiro, mais importante, anterior; ex.: Primatas.

Prior (Aristóteles), lat., anterior; ex.: Prioridade.

Privus, *privare*, *privatus*, lat., separado, privado; ex.: *Orsiris privatus* (coleóptero Cerambycidae).

Pro, abreviatura para *Osso Pró-Ótico*.

Pro-, pref. gr. πρό, na frente, antes, anterior, para frente; ex.: Pronação; Prosencéfalo (*pro-* + ἐγκέφαλος, *enkephalos*, Cérebro), Próstata (lat. medieval *prostata*, gr. προϛτάτης, *prostates*, guardião, líder, o que está na frente, antes; do gr. *pro-* + vb. ἵςταμαι, *histamai*, o que faz ficar; possivelmente em função da posição da próstata sob a bexiga urinária).

Proal (Biomecânica), relacionado à proa de um barco; tipo de movimento mandibular em Tetrápodes, no sentido anterior, durante a mastigação. Ver também Ortal, Palinal e Pró-palinal.

Procelia (Anatomia, Répteis, Dinossauros, Coluna vertebral), gr. πρό, *pro-*, na frente, antes, anterior, para frente + κοιλία, *koilia*, cavidade (de *koilos*, vazio, oco, cavidade). Tipo vertebral em que o corpo é côncavo anteriormente e convexo posteriormente. Oposto de opistocelia.

Processo (Anatomia, Vertebrados/Craniata), lat. *processus*, do vb. inf. *procedere*, ir para frente; vb. *procedo*, eu avanço (vb. avançar); porção proeminente de um osso e que pode ter várias formas, como uma cabeça, uma tuberosidade, um tubérculo, um côndilo etc. Nos processos referidos abaixo, pode-se notar a grande diversidade de tamanho e morfologia deles.

Processo Alar (Anatomia, Mamíferos), lat. *processus*, ir para frente + *alaris*, alar; processo em forma de asa; ex.: Processo alar do Osso Esfenoide.

Processo Alveolar (Anatomia, Vertebrados, crânio/mandíbula), lat. *processus*, ir para frente + *alveus*, cavidade + suf. dim. *-olus*, pequena cavidade; refere-se à parte dos Ossos Dentário, Maxila e Pré-Maxila, onde se situam os alvéolos dentários (em animais com tecodontia).

Processo Angular (Anatomia, Mamíferos), lat. *processus*, ir para frente + *angulus*, ângulo. Processo que se projeta póstero-ventralmente, no ângulo entre o corpo e o ramo do Osso Dentário. Nos Mamíferos, se o processo angular se projeta medialmente, este é um caráter de Marsupial, porque nenhum Placentário tem esta forma de processo angular.

Processo Basipterigoide (Anatomia, Répteis), lat. *processus*, ir para frente + *basis-*, base + πτέρυξ, *pteryx*, asa, nadadeira; processo do Osso Basisfenoide que se articula (articulação móvel) com o Osso Pterigoide. Ele une o palato à caixa craniana. A articulação é também chamada de basicraniana.

Processo Condilar (Anatomia, Mamíferos), lat. *processus*, ir para frente + *condylus*, côndilo. Processo do Osso Dentário, onde se situa a faceta para a articulação com a fossa mandibular do Osso Temporal.

Processo Coronoide (Galeno, Anatomia, Mamíferos), lat. *processus*, ir para frente + *corona*, coroa. Processo no dentário para fixação dos Músculos pterigoide e temporal, e que está situado anteriormente ao Processo condilar do ramo mandibular.

Processo crista galli ou **Apófise crista galli (Anatomia, Mamíferos)**, lat. *processus*, ir para frente + *crista*, crista + *gallo*, galo; processo (em forma de crista de galo) que é a extremidade ântero-dorsal da lâmina mesetmoidal do Osso Etmoide.

Processo Cultriforme (Anatomia, Vertebrados/Craniata "primitivos"), lat. *processus*, ir para frente + *culter*, *cultri*, faca, lâmina + *forma*, processo anterior do Osso Paraesfenoide, na caixa craniana.

Processo Espinhoso (Anatomia, Vertebrados, Coluna vertebral), lat. *processus*, ir para frente + *spina*, espinho. Processo que se projeta posteriormente ou póstero-dorsalmente, com base na porção média do arco neural das vértebras.

Processo Estiloide (Galeno, Anatomia, Mamíferos, crânio), lat. *processus*, ir para frente + gr. ςτῦλος, *stylos*, coluna. Parte do arco hioide que se ossifica e fusiona com o crânio em alguns mamíferos, inclusive no Homem.

Processo Mastoide (Galeno, Anatomia, Mamíferos, crânio), lat. *processus*, ir para frente + *masto*, mama + gr. εἶδος, *eidos*, forma. Processo do Osso Pétreo que se situa póstero-ventralmente ao Osso Esquamosal.

Processo Odontoide ou *Dens* (Galeno, Anatomia, Mamíferos, Aves, Áxis), lat. *processus*, ir para frente + gr. ὀδούς, ὀδόντος, *odous*, *odontos*, dente, *do* dente + εἶδος, *eidos*, forma; *dens*, *dentis*, dente, *do* dente. Processo do Áxis, que se articula com o arco anterior do Atlas. Ele se origina do fusionamento do pleurocentro do Atlas aos centros do Áxis, nos Mamíferos e Aves. Nos Répteis em geral, todos os elementos (intercentros e pleurocentros, arco neural) do complexo Atlas-Áxis permanecem articulados, não fusionados. Ver Processo pirenoide.

Processo Parabasal (Anatomia, Répteis), lat. *processus*, ir para frente + pref. gr. παρά, *para-*, paralelo, ao lado, próximo + lat. *basis*, base; processo do Osso Pterigoide que se articula com o Processo basipterigoide do Osso Basisfenoide.

Processo Paroccipital (Anatomia, Mamíferos, crânio), lat. *processus*, ir para frente + pref. gr. παρά, *para*, paralelo, ao lado, próximo + lat. *occiput*, região occipital. Processo no crânio, no Osso Exoccipital ou no Osso Opistótico, e situado junto ao Côndilo occipital.

Processo Pirenoide (Anatomia, Galeno, Homem, Áxis), novo lat. *pyrena*, semente de um fruto; semelhante a *pyros*, semente de trigo. Termo utilizado por Galeno para nomear o processo odontoide de Áxis no Homem (Galenus, 1535; trad. e comentários em Singer, 1952). Relacionado ao gr. πῦρ, πυρετός, *pyr, pyretos*, calor, febre, fogo; talvez porque certas sementes (como as do trigo e da azeitona) lembrem a forma de uma chama de vela. Ver Processo odontoide.

Processo Pós-Orbital (Anatomia, Mamíferos, crânio), lat. *processus*, ir para frente + pref. *post-*, posterior + *orbis*, anel. Processo que se situa sobre o Osso Frontal e marca o limite póstero-dorsal da órbita, bem como o limite entre esta e a Fossa temporal. Também chamado de Barra pós-orbital, principalmente quando se estende até o Osso Jugal.

Processo Quadrado (Anatomia, Répteis, crânio), lat. *processus*, ir para frente + *quadratus*, quadrado; processo do Osso Pterigoide que se articula com o Osso Quadrado, na base do crânio. Constitui a articulação do palato com o neurocrânio.

Processo Retroarticular (Anatomia, Répteis, mandíbula), lat. *processus*, ir para frente + *retro*, de volta, para trás + *articularis*, articular. Um importante processo mandibular em Tetrápodes, que pode ser formado em diferentes ossos (Articular, Angular ou Supra-Angular); que se projeta posteriormente à fossa mandibular e que tem importante papel na fixação de músculos que abduzem (abrem) a boca; ex.: Processo retroarticular dos Dinossauros e Crocodilos.

Processo Transverso (Anatomia, Vertebrados, Coluna vertebral), lat. *processus*, ir para frente + *transversus*, transversal. Processo lateral no arco neural. Por vezes parte dele é formado por uma costela fusionada, como nas vértebras cervicais e lombares dos Mamíferos/Aves. Nestes, este processo é típico na região cervical, pois o fusionamento da costela ao Processo transverso original forma o Forame vertebral, por onde passa a Artéria Vertebral. Logo, qualquer vértebra que tenha um Processo transverso com um forame deste tipo é uma vértebra cervical de Mamífero ou Ave.

Processo Uncinado (1; Anatomia, Vertebrados, costelas), lat. *processus*, ir para frente + *uncus*, unha; processo mais ou menos triangular na margem posterior das costelas de algumas Aves e que por vezes se superpõe com a costela imediatamente posterior. Supostamente provê maior área de fixação para os músculos respiratórios, ao mesmo tempo que dá maior rigidez ao tórax. Também presente em alguns Tetrápodes basais.

Processo Uncinado (2; Anatomia, Homem, Coluna vertebral, região cervical); processo em forma de unha, na margem látero-superior/anterior do corpo vertebral; e que se articula com uma depressão correspondente na margem látero-inferior/posterior do corpo vertebral inferior/posterior. Estes processos podem sofrer artrose com a idade, chamada de uncoartrose.

Processo Xifoide (Anatomia, Vertebrados, Osso Esterno), lat. *processus*, ir para frente + gr. ξίφος, *xiphos*, espada + εἶδος, *eidos*, forma; este processo é o último segmento do Osso Esterno, nos Mamíferos.

Processo Zigomático (Rufus de Efésos, Anatomia, Tetrápodes, crânio), lat. *processus*, ir para a frente + gr. ζεῦγος, *zeugos*, canga, jugo, algo par; um processo dos Ossos Maxila e Esquamosal (temporal), que se articulam formando o Arco zigomático.

Procto, lat., *anus*, reto, gr. πρωκτός, *proktos*; ex.: Proctodeum (porção ectodérmica caudal de tubo digestivo).

Procumbentes (Anatomia, Mamíferos, dentes), pref. gr. πρό, *pro-*, na frente, antes, anterior, para frente + vb. lat. inf. *cumbere*, deitar-se; diz-se dos dentes Incisivos que são muito inclinados anteriormente. Em muitos grupos isto é característico, como nos Roedores e Multituberculados, bem como em muitos ungulados (e.g., *Toxodon platensis*).

Prófase (mitose), pref. gr. πρό, *pro-*, na frente, antes, anterior, para frente + *phasis*, fase, do vb. gr. φαίνειν, *phainein*, parecer, mostrar; primeiro estágio da mitose do cromossoma. Ou, dito de outro modo, corresponde à individualização dos cromossomos duplicados.

Progesterona, pref. gr. πρό, *pro-*, na frente, antes, anterior, para frente + vb. lat. *gerere*, carregar; hormônio formado no *corpus luteum* e que prepara o útero para a gravidez.

Prognatia (Anatomia, Homem, dentes), gr. πρό, *pro-*, na frente, antes, anterior, para frente + gr. γνάθος, *gnathos*, mandíbula; diz-se dos casos em que a mandíbula (e em consequência seus dentes incisivos) se projetam anteriormente de forma anômala. Pode ser caráter racial ou devido à consanguinidade.

Promontório da Região Lombo-Sacra (Anatomia), refere-se ao ângulo formado entre as vértebras L5 (quinta lombar) e S1 (primeira sacral), o qual, quanto mais acentuado, leva a um maior grau de cifose sacral e/ou lordose lombar.

Promontório do Osso Pétreo (Anatomia, Mamíferos, crânio), proeminência situada no teto da Cavidade timpânica, dentro da qual se situam as Janelas redonda e oval e a própria Orelha interna.

Pronação (Anatomia, Tetrápodes, membros), lat. tardio *pronationem*, de *pronatus*, p.p. do vb. *pronare*, dobrar para a frente. Decúbito prono se refere a estar deitado com o abdômen para baixo (decúbito ventral). Pronação da mão é, estando a pessoa deitada de costas e com a palma da mão voltada para cima, rotá-la de modo a que a palma fique voltada para baixo. O mesmo movimento leva também à pronação do antebraço, quando ele fica então com a face anterior anatômica[45] voltada para baixo. Contrário de supinação.

Propalinal (Anatomia, Vertebrados, tipo de movimento mastigatório), pref. gr. πρό, *pro-*, na frente, antes, anterior, para frente + gr. πάλιν, *palin*, de volta (lugar), de novo (tempo); movimento da mandíbula ântero-posteriormente na mastigação. Ver Ortal, Palinal e Proal.

Propedêutica (Aristóteles), vb. gr. προπαιδεύω, *propaideuo*, eu instruo (vb. instruir), eu dou (vb. dar) instrução preparatória; do pref. gr. πρό, *pro-*, para a frente, antes + vb. gr. παιδεύω, *paideuo*, eu ensino. Este é um termo importante em Aristóteles, pois atualmente se considera que ele jamais tenha proposto a de*monstração* como um método de investigação (ver Barnes, 1969; Ferigolo, 2015, 2016, 2021); mas sim como um *método de repasse do conhecimento* (uma Propedêutica) daquilo que já se dispõe/sabe, como faz um professor. Em Medicina, a Propedêutica é a disciplina que fornece uma série de conhecimentos introdutórios aos futuros médicos.

Propódio (Anatomia, Tetrápodes, braços, coxas), pref. gr. πρό, *pro-*, na frente, antes, anterior, para frente + πούς, ποδός, *pous*, *podos*, pé, *do pé*;

---

[45] Por convenção, em Posição Anatômica, o Homem estaria em pé, com a palma das mãos voltada anteriormente (supinação) e com a face medial dos pés encostada uma na outra.

refere-se à porção proximal dos membros e os respectivos ossos: o braço (e o úmero) e a coxa (e o Fêmur). O mesmo que epipódio ("acima do pé").

Propriedade (Aristóteles), lat. *proprietas*, de *proprius*, o mesmo, próprio; em gr. ἴδιον, *idion*. Em Aristóteles é aquilo que não é Acidente nem Essência, mas ainda assim pertence apenas àquele objeto; por exemplo, ser gramático é uma propriedade exclusiva do homem.

Proprietas **(Aristóteles)**, lat., propriedade; ex.: Propriedades químicas (que são exclusivas de cada elemento ou substância química).

Pros, prep. gr. πρός indica movimento de aproximação em relação a algo; ex.: *Prostata*, lat. medieval (gr. προϛτάτης, *prostates*, o que está na frente, antes; pref. πρό, *pro-* + vb. inf. ἵϛταμαι, *histamai*, o que faz ficar).

Prosopon **(Homero, Rufus de Efésos, Anatomia)**, gr. πρόϛωπον, face.

Prostates **(Aristóteles, Herófilo, Galeno, Anatomia)**, gr. προϛτάτης, próstata, o que está na frente, antes; pref. πρό, *pro-* + vb. inf. ἵϛταμαι, *histamai*, o que faz ficar; possivelmente pela posição da próstata abaixo (ou anterior, nos Tetrápodes) da bexiga urinária). Herófilo utiliza o nome *prostatai adenoeideis* (próstata com forma de glândula); enquanto que Galeno chama de *prostatai* ao conjunto de próstata e vesículas seminais.

Protmesis **(Homero, Anatomia)**, gr. πρότμηϛις, talvez seja sinônimo de *omphalos*, umbigo; ou se relacione ao corte do cordão umbilical.

Protoplasma (Citologia), gr. πρῶτος, *protos*, primeiro, principal, mais importante + gr. πλάϲμα, algo formado, formação; é uma parte importante de uma célula, cujos componentes principais são carboidratos, lipídios, sais minerais e água. Termo pouco utilizado atualmente.

Protos, *proto-*, gr. πρῶτος, primeiro, principal, mais importante; ex.: *Protoceratops* (gr. *protos-* + κέρας, *keras*, corno + ὄψ, *ops*, olho, face, "animal com um corno no Rostro"; gênero de Dinossauro Ornitísquio).

Proximal (Anatomia, TRA, Tetrápodes, membros), lat. *proximus*, próximo, perto. Refere-se à parte mais próxima do centro do corpo; e se contrapõe a distal, a parte relativamente mais distante do centro do corpo. Ambos são termos relacionais; por exemplo, o braço é proximal em relação ao antebraço e à mão; e esta é distal ao braço e ao antebraço.

Proximus, lat., próximo; ex.: Proximal (TRA; o que está mais próximo do centro do corpo).

Pseudes, gr. ψευδής, falso; ex.: Pseudosuchia ("falsos Crocodilos"; uma das grandes divisões dos Archosauria).

Psi, letra grega ψι, minúsc. ψ, maiúsc. Ψ. Translitera-se como "ps".

Psyche (Homero, Aristóteles), gr. ψυχή, relacionado a alma, vida, respiração; na Biologia refere-se à vida; ex.: Psicologia. A psicologia de Aristóteles se refere ao estudo das almas (vegetativa, sensitiva e racional). *Psyche* é também uma personagem mitológica grega, que personifica a alma. Ver Alma e Vida.

Pt, abreviatura para Osso *Pterigoide*.

Pterna (Homero, Rufus de Efésos, Galeno, Anatomia), gr. πτέρνα, calcanhar, nome utilizado para o Osso Calcâneo ("*calcanhar*"); ex.: Litopterna (lat. *litos*, plano, liso + gr. *pterna*; Ordem de Ungulados Nativos Sul-Americanos).

Pteron (Aristóteles, Anatomia), gr. πτερόν, asa; ex.: Pteridófita; Pterodáctilos.

Pterygion (Aristóteles, Galeno, Anatomia, Peixes), gr. πτερύγιον, dim. de πτέρυξ, *pteryx*, pequena asa, nadadeira. Este termo é utilizado por Aristóteles para nadadeira de Peixes. O suf. *-pteryx*, como também *-ornis* e *-avis*, é muito utilizado hoje para criar nomes de gêneros e de Famílias de Aves fósseis, como *Archaeopteryx*. No *De Respiratione*, Aristóteles diz que o nome *pterygion*, para nadadeiras, se deve à semelhança delas com as asas (*pteryx*). Hoje sabemos que os membros dos Tetrápodes, inclusive as asas, são homólogos das nadadeiras dos Peixes; ver Hall (2007); ex.: Pterigióforo.

Pteryx, pteryg- (Aristóteles, Galeno, Anatomia, Vertebrados), gr. πτέρυξ, asa, nadadeira, extremidade; ex.: *Archaeopteryx*. Ver *Pterygion*.

Ptosis, gr. πτῶσις, queda; ex.: Nefroptose ("rim caído"; rim anomalamente posicionado na região da pelve); Apoptose (pref. gr. απο-, *apo-*, a partir de, proveniente de + *ptosis* das folhas caducas das árvores).

Ptyon, ptyalon, gr. πτύαλον, saliva; ex.: Ptialina (ou amilase; uma enzima da saliva).

Pu, abreviatura para Osso Púbis.

Pubis **(Anatomia)**, lat., maturidade sexual; ex.: Osso Púbis.

Publicus, lat., público; ex.: Publicar (dar a conhecer, dar a público).

Pulmo, lat., pulmão; em gr. πνεύμων, *pneumon*; ex.: Artéria Pulmonar.

Pulmonar, lat. *pulmo*, pulmão, relacionado a pulmão; ex.: Vasos pulmonares.

Pulpa, lat., polpa, macio, carnoso; porção central dos dentes e de vísceras (como no baço etc.).

Pulsus, p.p. do vb. lat. *pello*, eu empurro (vb. empurrar); ex.: Pulso radial.

Punctum lacrimale, lat., ponto das lágrimas; abertura proximal do ducto lacrimal, no *canthus* medial do olho, que carrega as lágrimas para dentro da cavidade nasal.

Pupa, lat., menina, boneca; ex.: Pupila. Ver *Pupilla* ("menina dos olhos").

Pupila. Ver *Pupilla*.

Pupilla **(Cícero, Anatomia)**, lat., pequena boneca; dim. de *pupa*, menina, boneca; em gr. κόρη, *kore*, menina, donzela, pupila do olho; assim chamada devido à reflexão da imagem de uma menina (pessoa) à nossa frente, sobre o olho; ex.: Pupila. Daí também provém a expressão "menina dos olhos".

PURKINJE, JOHANNES (1787-1869). Patologista de Breslau e fisiologista de Praga; entre outras coisas, ele reconheceu as células de Purkinje (neurônios cerebelares) e o fenômeno de Purkinje.

Purpura, lat., gr. πορφύρα, *porphyra*; tinta púrpura retirada de Gastrópodes, principalmente dos gêneros *Purpura* e *Murex*. A tinta é chamada hoje de púrpura-de-Tiro.

Pyelos, pyelis **(Anatomia)**, gr. πύελος, πυελίς, cocho oblongo, banheira, tina, bacia para lavar-se, cuba; em anatomia refere-se à pelve renal (cavidade do rim, para onde drena a urina, que depois segue pelo ureter até a bexiga urinária).

Pyge, pygai **(Rufus de Efésos, Anatomia)**, gr. πυγή, anca, cauda; πυγαί, *pygai*, nome utilizado para as *nádegas*; ex.: Pigóstilo (últimas vértebras caudais, fusionadas entre si, em Aves e Dinossauros; *pyge* + ςτῦλος, *stylos*, instrumento utilizado para escrever, desenhar ou gravar na madeira).

GLOSSÁRIO ETIMOLÓGICO DE VERTEBRADOS: ORIGEM GREGA E LATINA DOS TERMOS

Pyle, pylon, pylonos, gr. πύλη, πυλών, πυλῶνος, portão.

Pyloros (Rufus de Efésos, Anatomia), gr. πυλωρός, nome utilizado para o *piloro* (passagem, esfíncter, entre o estômago e o duodeno).

Pyon, gr. πυον, pus; ex.: Processo piogênico, Bactéria piogênica (formadora de pus).

Pyr, pyretos, pyrros, pyrrotes, pyrrazo (Galeno), gr. πῦρ, πυρετός, calor, febre, fogo, algo cor de chama; ex.: Processo pirenoide (nome que Galeno deu ao Processo odontoide do Áxis, talvez por lembrar a forma de uma chama de vela; ver Galenus, 1535; trad. e comentários em Singer, 1952), *Pyrotherium* (Ungulado Sul-Americano fóssil).

Q[46]

Q, abreviatura para *Osso Quadrado*.

Q J, abreviatura para *Osso Quadrado-Jugal*.

Qua (Aristóteles), lat., enquanto; termo muito utilizado em Filosofia e em traduções de textos gregos, com o sentido de "enquanto"; ex.: "Só as espécies indicam a essência, não os indivíduos *qua* indivíduos" (i.e., não os indivíduos *enquanto* indivíduos).

Quadrado (Anatomia, Vertebrados, crânio, abreviatura **Q)**, lat. *quadratus*, osso craniano que se articula com o Osso Articular, principalmente em Répteis.

Quadrado-Jugal (Anatomia, Vertebrados, crânio, abreviatura **Q J)**, lat. *quadratus + jugus*, jugo, canga; osso que se articula com o Quadrado, e faz parte do Arco temporal ventral, em Répteis.

Quadratus, lat., quadrado; ex.: Osso Quadrado (Crânio, ausente em Mamíferos).

Quadri-, pref. lat., de *quattuor*, quatro ex.: Músculo quadríceps (*quadri- + -ceps*, cabeça, "quatro cabeças", significando quatro tendões de origem/fixação).

Quaerere, vb. lat., questionar; ex.: Questionário.

Quaestio, questio, vb. lat., eu procuro (vb. procurar), eu investigo (vb. investigar), eu questiono (vb. questionar); ex.: Questionamento.

Qualidade (uma das Categorias de Aristóteles), lat. *qualitas, qualitatis*; em gr. ποιόν, *poion*. Na Biologia, o que é dito da substância (cada coisa ou cada animal) em relação às suas qualidades, como em "o cavalo é *branco*".

Quantidade (uma das Categorias de Aristóteles), lat. *quantitas, quantitatis*; em gr. πόςων, *poson*, quanto. Na Biologia, o que é dito da substância (cada coisa ou cada animal) em relação às quantidades, como em "os cavalos têm *quatro pernas*".

---

[46] A língua grega não tem as letras "c" e "q"; para o som correspondente, utiliza-se a letra *kappa*, "k"; ex.: Κάνθαρος, *kantharos*, cântaro.

Quarto Trocânter (Anatomia, Tetrápodes, Fêmur), lat. *quatuor*, quatro + gr. τροχαντήρ, vb. τρέχω, eu corro; trocânter na face medial do Fêmur, para a fixação do Músculo *caudofemoralis*, presente em todos os Tetrápodes que têm uma cauda. Este músculo flexiona a cauda para o lado do membro posterior que está apoiado. Quando o membro posterior se eleva do solo, o músculo, contraindo-se, provoca a abdução (deslocamento lateral) do membro correspondente.

Queiropterígio (Homero, Anatomia, Vertebrados, mãos, pés), lat. *cheiropterigium*, gr. χειρός, *cheiros*, mão + πτερύγιον, *pterygion*, dim. de *pteryx*, asa, nadadeira, extremidade. Refere-se ao conjunto dos ossos da mão ou do pé. Em Homero, *cheiros* significa mão ou membro superior.

Quela, gr. χηλή, *chele*, garra de caranguejo, casco; ex.: Quelíceras.

Queratina, gr. κέρας, κέρατος, corno; proteína dos pelos (Mamíferos, Pterossauros), unhas (Mamíferos), garras (Répteis, Mamíferos) e escamas córneas (Répteis em geral, Aves e alguns Mamíferos nas pernas).

Quiasma, lat. *chiasmus*, gr. χίασμα, *chiasma*, cruzamento; do vb. gr. χιάζω, *chiazo*, eu marco (vb. marcar) com a letra X.

Quiasma Óptico (Anatomia, Vertebrados, SNC), lat. *chiasmus*, gr. χίασμα, *chiasma*, cruzamento; do vb. χιάζω, *chiazo*, eu marco (vb. marcar) com a letra X + ὄψ, *ops*, olho, face. Aristóteles foi quem descreveu pela primeira vez o quiasma do Nervo Óptico, ao falar que cada um dos "condutos" se une com o contralateral e cruza de um lado para o outro. O termo em Aristóteles para Quiasma Óptico é ϲυμπίπτουϲιν (*sympiptousin*), significando coalescer, referindo-se a que os dois nervos coalescem.

Quilo. Ver Quimos.

Quimos, gr. χυμός, suco; de onde proveio o nome do quimo intestinal; do vb. gr. χέω, *cheo*, eu derramo (vb. derramar); ex.: Quimo é o nome que em Fisiologia se dá ao conteúdo gástrico parcialmente digerido, que passa para o duodeno. Ele é extremamente ácido, pois é formado pelo *ácido clorídrico* do estômago, as *enzimas* secretadas no estômago e o *bolo alimentar*. Misturado à *bile* e ao *suco pancreático*, o *quimo* se transforma no que é chamado de *quilo*.

R

R, abreviatura para o *Osso Rádio*.

Racemoso, adj. lat. *racemosus*, algo cheio de "aglomerados" (como um cacho de uvas); utilizado para glândulas exócrinas.

Radere, vb. lat., raspar; vb. lat. *rado*, eu raspo (vb. raspar); ex.: Rádula.

Radial, lat. *radius*, raio, Rádio; um dos ossos proximais do carpo em Répteis e Anfíbios e que se articula proximalmente ao Osso Rádio.

Radiare, vb. lat., irradiar, colocar raios; ex.: Irradiação.

***Radius* (Celsus, Anatomia, antebraços)**, lat., raio (de um círculo); ex.: Osso Rádio.

Radix, radicula, lat., raiz; *radicula*, lat. *radix*, raiz + suf. -dim. -*ula*; uma pequena raiz; ex.: Nervos radiculares.

Rana, lat., sapo; ex.: *Rana* (gênero de Anfíbios Anuros).

Rancere, vb. lat., tornar-se rançoso, amargar.

Ranfoteca (Anatomia, Aves), gr. ῥάμφος, *rhamphos*, bico + lat. *theca*, gr. θήκη, *theke*, caixa, receptáculo, revestimento; revestimento queratinoso do bico de alguns Vertebrados.

Ramificação, lat. *ramus*, ramo + vb. *facere*, fazer, "fazer um ramo"; ex.: Ramificações vasculares e Ramificações nervosas.

Ramo do dentário (Anatomia, Mandíbula), porção verticalizada do Osso Dentário, onde se situam os Processos angular, articular e coronoide. Observe que chamar as porções direita e esquerda da mandíbula de "ramo" é um equívoco. Para isto, deve ser utilizado o termo "dentário direito/esquerdo" nos Mamíferos e "hemimandíbula direita/esquerda" nos demais Vertebrados, uma vez que nestes últimos a mandíbula é formada por vários ossos.

RAMON Y CAJAL, SANTIAGO (1852-1934). Anatomista em Valência e histologista em Madrid, ganhador do Prêmio Nobel de Medicina de 1906, com Camillo Golgi, pelos seus estudos sobre a histologia do Sistema Nervoso Central.

Ramus, lat., ramo; ex.: Ramo do Osso Dentário (a porção verticalizada; a porção horizontalizada chama-se corpo do dentário).

Rapere, v. lat., cortar, raptar, roubar, aproveitar-se; ex.: Ave de rapina, *Velociraptor*.

***Raphe* (Hipócrates, Aristóteles, Galeno, Anatomia)**, gr. ῥαφή, costura, sutura. As suturas cranianas foram assim chamadas pelos Antigos Gregos pela sua semelhança com as costuras (feitas a mão) das roupas. O termo "rafe" não é mais utilizado para suturas ósseas, mas sim para muitas outras estruturas que lembram "costuras", como a rafe perineal e a rafe de uma semente.

Raquítoma (Anatomia, Anfíbios, Coluna vertebral), vértebras de Anfíbios "primitivos", onde há um grande intercentro semilunar anteriormente e dois pequenos pleurocentros posterodorsalmente ao intercentro; ex.: Anfíbios Raquítomos.

Rarus, lat., raro; termo hoje utilizado para formar nomes de táxons; ex.: *Elmisaurus rarus* (Dinosauria, Theropoda, Caenagnathidae).

RATHKE, MARTIN HEINRICH (1793-1860). Anatomista, embriologista e zoólogo de Königsberg; e que descobriu, entre outras coisas, a bolsa de Rathke, um recesso anterior à membrana bucofaríngica dos embriões de Vertebrados.

***Ratio* (Aristóteles)**, lat., razão; em gr. λόγος, *logos*; ex.: Racional.

Raucus, lat., grosseiro, áspero; termo hoje utilizado para nomear espécies; ex.: *Otiorhynchus raucus* (Coleoptera Curculionidae; gorgulho).

Re-, pref. lat., contra, para trás, novamente; ex.: Renascimento (*re-* + vb. lat. *nascere*, nascer; refere-se ao "nascer novamente" da Cultura Greco-Romana).

***Rectum, rectus* (Galeno)**, lat., reto; porção final do intestino grosso.

Refúgio, lat. *refugium*, lugar para voltar; pref. lat. *re-*, novamente + vb. inf. *fugere*, fugir, escapar; ex.: Teoria dos Refúgios (ver Vanzolini; Williams, 1981).

Refugium. Ver Refúgio.

Regere, vb. lat., dirigir, guiar (direto, reto).

Região Caudal (Anatomia, Vertebrados/Craniata, Coluna vertebral). Na regionalização da Coluna vertebral, as vértebras caudais sofreram várias distintas modificações, nos diferentes grupos. Em alguns Mamíferos, elas continuaram bem desenvolvidas, o que é da maior importância para o uso da cauda no equilíbrio, principalmente na corrida. Em outros, como nos Antropoides, as vértebras caudais foram extremamente reduzidas em número e fusionaram entre si (formando o Cóccix). Nas Aves as vértebras caudais estão fusionadas no Pigídio. Em outros Vertebrados, as vértebras caudais são em bom número e são importantes para os diferentes tipos de deslocamento. Na maioria dos Répteis, recentes e fósseis, ela é longa e seu movimento sinuoso látero-lateralmente permite o que se constitui no que é chamado de *reptação*; como, por exemplo, nos Crocodilos e Lagartos.

Região Cervical (1; Anatomia, Tetrápodes, Coluna vertebral). Na regionalização da Coluna vertebral, a primeira parte se tornou muito diferenciada para permitir os movimentos complexos do pescoço. Para tal, nos Mamíferos e Aves, as costelas se tornaram muito pequenas e fusionaram aos Processos transversos das respectivas vértebras, forman-do-se, assim, entre costelas e Processos transversos, o Forame da Artéria Vertebral, inexistente em outros Vertebrados. Na região cervical de muitos Mamíferos, as zigapófises têm disposição látero-lateral, como na região torácica. Nos Répteis, a região cervical se assemelha à torácica, apenas com costelas menores. Peixes não têm região cervical muito diferenciada, e Anfíbios em geral têm apenas uma vértebra cervical. Nos Répteis as costelas se articulam às vértebras correspondentes, assim formando o que se chama de canal vértebro-arterial, por onde passa a Artéria Verte-bral, à semelhança dos Mamíferos. Todos os Mamíferos têm uma região cervical, mesmo nos que aparentemente não têm pescoço, como é o caso dos Cetáceos (frequentemente estes têm um *bloco de vértebras cervicais* fusionadas entre si). Ver Atlas e Áxis.

Região Cervical (2; Anatomia, Mamíferos, dentes). Porção ou constri-ção entre a coroa (corpo) e as raízes dos dentes braquiodontes, como no Homem. Também presente em outros Vertebrados, onde há uma distinção entre coroa e raiz, como em alguns Dinossauros.

Região Lombar (Anatomia, Cinodontes, Mamíferos, alguns Répteis, Coluna vertebral). Na regionalização da Coluna vertebral, onde isto ocorreu (Mamíferos, Cinodontes), a terceira parte da coluna (entre as regiões torácica e a sacral) se modificou como região lombar. As costelas se tornaram muito pequenas e fusionaram aos Processos transversos (como nas cervicais). As zigapófises se tornaram mais ou menos verticalizadas. Esta disposição é o que permite a extrema flexão e extensão da coluna, como acontece nos Felinos ao correrem.

Região Torácica (Anatomia, Mamíferos, Coluna vertebral). Na regionalização da Coluna vertebral dos Mamíferos, a segunda parte da coluna (entre as regiões cervical e lombar) permaneceu muito semelhante à do tronco dos Répteis, de modo que foram mantidas as longas costelas e as zigapófises dispostas no sentido látero-lateral, o que permite principalmente os movimentos látero-laterais do corpo (reptação). Assim, nos Mamíferos esta é a parte mais conservadora da coluna, pois é muito semelhante à coluna dos Répteis em geral.

Região Sacral (Anatomia, Tetrápodes, Coluna vertebral). Na regionalização da Coluna vertebral, as vértebras sacrais (entre as regiões lombar e caudal) foram as que sofreram as maiores modificações. Os corpos têm desenvolvimento limitado progressivamente em sentido distal, os quais depois fusionam entre si em muitos Vertebrados. O mesmo se dá com as costelas sacrais, que fusionam entre si e com as vértebras; e é por meio destas costelas que o Osso Sacro se articula ao Osso Ílio. Este fusionamento vertebral tornou mais estável a cintura pélvica, o que é ainda mais importante no caso dos grandes Répteis, Mamíferos e Dinossauros.

Regime radiográfico ou **Regime de Raios X (kV X mAs)**, refere-se à quilovoltagem (kV) e à miliamperagem (miliampére/segundo; mAs) utilizada no equipamento radiológico para realizar as radiografias; e que varia muito com o que se quer radiografar. A quilovoltagem refere-se à penetração dos raios X, enquanto que a miliamperagem se refere à intensidade da radiação. Por exemplo, se se quer radiografar ossos, deve-se evitar quilovoltagem acima de 70kV, porque de outro modo os raios atravessarão completamente os ossos e a imagem ficará borrada. Nas radiografias de tecidos moles, deve-se utilizar quilovoltagem ainda mais baixa e miliamperagem mais elevada.

GLOSSÁRIO ETIMOLÓGICO DE VERTEBRADOS: ORIGEM GREGA E LATINA DOS TERMOS

Regionalização da Coluna vertebral (Anatomia, Tetrápodes). Na evolução dos Répteis em direção aos Mamíferos e às Aves, houve uma progressiva diferenciação da Coluna vertebral, com partes que se tornaram especializadas para cumprir diferentes funções. O mesmo aconteceu com as duas primeiras vértebras, que se tornaram muito diferentes das demais, o Atlas e o Áxis. Nos Mamíferos as cervicais são em número de sete, salvo poucas exceções (e.g., preguiças arborícolas); as torácicas em geral são doze ou treze; as lombares e sacrais em geral cinco; e em alguns raros Mamíferos as vértebras sacrais podem estar fusionadas aos ossos da pelve, como nos Xenarthras; as caudais, que fusionam entre si formando o Cóccix, são em geral quatro vértebras. Nas Aves e nos Dinossauros, pode haver um Sinsacro, no qual as vértebras sacrais estão fusionadas entre si e a algumas caudais, lombares e torácicas. Ver Sinsacro.

Regula, lat., governar, dirigir; ex.: Regulamentação.

Relação (uma das Categorias de Aristóteles), em gr. πρóςτι, *pros ti*, em direção a ou em relação a algo. Na Biologia é o que é dito da substância, concernente à relação entre duas partes; como em "grande versus pequeno" (e.g., crânio grande na espécie "A" versus crânio pequeno na espécie "B"). Estes termos, como outros, poderiam parecer referir-se a quantidades, mas são, na realidade, *relações*: algo só é *maior* em relação a outra coisa que lhe é *menor*.

Relicto, lat. *relictus*, p.p. do vb. *relinquo*, eu abandono (vb. abandonar), eu deixo (vb. deixar) para trás; ex.: Relictual (refere-se a uma espécie encontrada só em um habitat isolado ou em determinadas áreas; e que é resquício de uma fauna/flora antes mais amplamente distribuída).

Remus, lat., remo.

Ren, renes, lat., rim; ex.: Artéria Renal.

Renal, adj., do lat. *ren*, rim; rel. aos rins.

Renascimento ou **Renascença**; pref. lat. *re-*, contra, para trás, novamente + vb. *nascere*, nascer. Refere-se ao período da *história europeia* que vai do fim do século XIV até o fim do século XVII. O período se caracterizou pelo Renascimento da cultura grega e romana da Antiguidade Clássica, principalmente nas artes e cultura em geral, Política e Religião. O Renascimento marca também a mudança do Feudalismo para o Capitalismo.

Renículo, lat. *ren*, rim + suf. dim -*ulus*; pequeno rim ou cada lobo de um rim.

Reptação (Biomecânica), do vb. lat. *repere*, reptar; refere-se ao movimento sinuoso látero-lateral do corpo da maioria dos Répteis, mas também presente em muitos Invertebrados.

Reptere ou repere, vb. lat., reptar; ex.: Reptação (movimento sinuoso do corpo da maioria dos Répteis, em sentido látero-lateral; mas também presente em muitos Invertebrados).

Répteis (Classificação), lat. *reptilia*, do vb. inf. *reptere*, reptar (reptação). Diferentemente do que fazemos hoje, Aristóteles não separa os Anfíbios dos Répteis. Ele incluía ambos os grupos dentro do gênero Tetrápodes Ovíparos ou *Ootoka*. As Serpentes não são incluídas nos *Ootoka*, por serem Ápodes, além de algumas serem vivíparas. Réptil é um termo hoje utilizado informalmente, porque muitos deles não têm relação alguma entre si, pois são polifiléticos ou parafiléticos. Por exemplo, os Crocodilos são filogeneticamente mais próximos das Aves e dos Dinossauros do que dos demais Répteis viventes.

Residere, vb. lat., ficar para trás; ex.: Fauna residente.

Rete, *retia*, *reticulum*, lat., rede; ex.: Retina, *Rete mirabile*, Retículo (*rete* + suf. dim. -*ulo*) endoplasmático.

Rete Malpighii **(Anatomia)**, lat. *rete*, rede, rede de Malpighi, rede do estrato germinativo da epiderme, assim chamada devido ao cruzamento dos filamentos que contém.

Rete mirabile **(Anatomia)**, lat. *rete*, rede + *mirabile*, maravilhosa; divisão abrupta de um vaso em muitos capilares, os quais se reúnem novamente em um vaso único, como acontece nos glomérulos renais.

Rete testis **(Anatomia)**, lat. *rete*, rede + *testis*, testículo; rede de delicados túbulos, no hilo do testículo; ela carrega o esperma dos túbulos seminíferos para os ductos eferentes do testículo.

Reticular, adj. do lat. *reticula*, de *rete* + suf. dim. -*ula*, pequena rede; fibras extracelulares formando um retículo; também um tipo de tecido conectivo com uma rede ramificada de fibras. Ademais, camada reticular é um nome utilizado para uma camada espessa e forte da derme, apresentando muitas fibras irregulares de colágeno.

GLOSSÁRIO ETIMOLÓGICO DE VERTEBRADOS: ORIGEM GREGA E LATINA DOS TERMOS

Retículo endoplasmático ou **ergastoplasma**, lat. *reticulum*, dim. de *rete*, rede, pequena rede + pref. gr. ἔνδον, ἐνδο-, *endon, endo-*, interior, interno + πλάσμα, algo formado, formação; uma diminuta rede de túbulos e vesículas interconectados e que se comunicam com a carioteca.

Reticulócito (Citologia), lat. *rete*, rede + gr. κύτος, κύτους, *kytos, kytous*, jarro, vaso, célula; células vermelhas jovens que apresentam uma rede de proteínas basófilas no seu citoplasma.

Reticulum, lat. *reticula*, de *rete* + suf. dim. *-ula*, pequena rede.

Retina (Galeno, Anatomia), lat. *rete*, rede; é uma membrana na região posterior do olho dos Vertebrados e que forma imagens como em uma tela, as quais são transformadas em estímulos nervosos que são levados ao Cérebro por meio do Nervo Óptico (n. II).

Retro, pref. lat., para trás, atrás; ex.: Processo retroarticular.

RETZIUS, MAGNUS GUSTAV (1842-1919). Anatomista de Estocolmo que descobriu, entre outras coisas, as linhas de Retzius (linhas concêntricas escuras no esmalte dos dentes).

Reumatismo, lat. *rheumatismus*, gr. ῥευματισμός, *rheumatismos*, que significava originalmente humor, descarga. Este termo grego provém do vb. ῥευματίζομαι, *rheumatizomai*, "eu sofro de catarro" (lat. *catarrhus*, gr. κατάρροος, do vb. καταρρεῖν, fluir). Por sua vez, ῥεῦμα, *rheuma*, córrego ou fluxo, provém do vb. ῥέω, ῥ̔*heo*, eu faço fluir.

Rex, lat., rei; ex.: *Tyranosaurus rex* (réptil tirano, rei).

Rhachis, racheos **(Homero, Aristóteles, Rufus de Efésos, Anatomia)**, gr. ῥάχις, ῥάχεως. Em Homero parece sinônimo de *notos* (*rhachis* de porco, *notos* de ovelha; Daremberg, 1865). Aristóteles também utiliza o termo *rhachis* para se referir ao lado dorsal (sem ventosas) do braço hectocotilar dos Cefalópodes (e.g., *Historia Animalium* IV, 1; 524a1-5). O termo "raque" é ainda hoje utilizado para referência à coluna e aos nervos raquidianos; bem como a certos procedimentos médicos, como a Raquianestesia. Para vértebra, Aristóteles utiliza principalmente o termo ςπόνδυλος, *spondylos*, palavra que originalmente significava articulação. O termo ςφόνδυλος, *sphondylos*, que também aparece nas suas obras, não é Grego Ático[47] (como o de Aristóteles) e pode dever-se a uma corrupção do texto, no processo de cópia.

---

[47] Observação do Dr. Odi Alexander Rocha da Silva, Universidade Estadual de Tocantins (UNITINS).

***Rhaphe* (Aristóteles, Anatomia)**, gr. ῥαφέ, sutura; do vb. ῥαπτειν, *rhaptein*, costurar; ex.: Rafe perineal.

Rhegnunai, vb. gr. ῥηγνύναι, rasgar, marcar; ex.: Hemorragia.

Rheo, vb. gr. ῥέω, eu faço fluir; ex.: Reumatismo (lat. *rheumatismus*, gr. ῥευματιςμός, *rheumatismos*, descarga; do vb. gr. ῥευματίζομαι, *rheumatizomai*, sofrer de reumatismo; ῥεῦμα, *rheuma*, córrego, fluxo).

Rhetine, rhetinodes, gr. ῥητίνη, éter, resina; ex.: Retinoides.

***Rhethos* (Homero)**, gr. ῥέθος, semelhante a gr. γυῖον, *guion*, membro em geral.

Rheuma, gr. ῥεῦμα, fluxo; ex.: Reumatismo (gr. *rheumatismos*).

Rhigos, gr. ῥῖγος, frio; ex.: *Rhigosaurus* (gênero de Terápsida Terocéfalo).

***Rhin* (Homero)**, gr. ῥίν, nariz, face.

***Rhinokeros* (Classificação)**, gr. ῥινόκερος, ῥῑ́ς, *rhis*, nariz, Rostro + κερας, *keras*, corno, rinoceronte ("nariz com corno").

***Rhinos rhachis* (Rufus de Efésos, Anatomia)**, gr. ῥῑνὸς ῥάχις, nome utilizado para a *"ponte do nariz"*. *Rhachis* é um termo que Aristóteles utiliza para a Coluna vertebral e para o dorso de outras estruturas como no apêndice copulador dos Cefalópodos, o braço hectocótilo (descrito por Cuvier como um parasita de polvos, o *"Hectocotylus"*).

***Rhis, rhinos* (Homero, Rufus de Efésos, Anatomia)**, gr. ῥῑ́ς, ῥῑνός, nariz, Rostro; ex: Rinoceronte.

***Rhiza* (Rufus de Efésos, Anatomia)**, gr. ῥίζα, raiz, nome utilizado para a raiz da língua; ex.: Micoriza (gr. μύκης, *mykes*, fungo + ῥίζα, *rhiza*, raiz; associação simbiótica entre um fungo e uma planta).

***Rhizonychia* (Rufus de Efésos, Anatomia)**, gr. ῥιζωνύχια, "raiz das unhas", nome utilizado para a *base das unhas*.

Rhô, letra grega ῥῶ, minúsc. ρ, maiúsc. P. Translitera-se como "r", sem o sinal de aspiração e "rh" com o sinal de aspiração. Em grego, o "rhô" pode ou não ter um acento de aspiração, que é uma espécie de "vírgula" colocada sobre a letra; se a concavidade for virada para trás (ῥ), o "rô" é aspirado; então, na transliteração teremos não "r", mas "rh"; por exemplo,

Rhinoceros (de ῥῑς, *rhis*, nariz + gr. κέρας, κέρατος, *keras, keratos,* corno; portanto, *nariz com corno*), o gênero do rinoceronte. Quando a "vírgula" for voltada para a frente, o "rô" (ῥ) tem significado de "r" simples, como em ῥαφή (*raphe,* sutura). Em Grego Antigo, o "rô" e todas as vogais têm acento de aspiração no início da palavra. Eles foram introduzidos pelos assim chamados *Gramáticos Alexandrinos,* os quais trabalhavam na Biblioteca de Alexandria (século IV a.C.), com o objetivo de ajudar as pessoas na pronúncia e na leitura das palavras.

Rhoia, gr. ῥοία, fluxo; ex.: Amenorreia (ausência de ciclos menstruais).

Rhombos, gr. ῥόμβος, rombo, losango; ex.: Romboedro.

Rhothones (**Rufus de Efésos, Anatomia**), gr. ῥώθωνες nome utilizado para as *narinas*.

Rhynchos (**Anatomia**), gr. ῥύγχος, Rostro, bico; ex.: Rhynchocephalia.

Rhytides (**Rufus de Efésos**), gr. ῥυτίδες, nome utilizado para as *sobrancelhas*.

Ribossoma, radical ribo-, de ribose (açúcar com cinco carbonos, presente no ácido ribonucleico; RNA) + gr. ςωμα, *soma,* corpo; partícula citoplasmática contendo proteína ribonucleica.

Rima, lat., fenda, fissura; ex.: *Rima glottidis; Rima palpebrarum.*

Rinencéfalo (Anatomia, SNC), gr. ῥίς, *rhis,* nariz + *enkephalos,* ἐγκέφαλος, encéfalo. Este é o "cérebro do olfato"; e é constituído pelo primitivo *arquipallium* mais o *paleopallium.* O *arquipallium* é constituído pelo hipocampo, enquanto que o *paleopallium* é formado pelo bulbo e trato olfatório, córtex piriforme, núcleo olfatório anterior, comissura anterior e uncus. É muito desenvolvido em Mamíferos "primitivos", como os Dasipodídeos e Didelfídeos, nos quais o principal sentido é o do olfato. Em Mamíferos mais derivados, outros sentidos são mais importantes. Sobre evolução do Cérebro em vertebrados/craniata, ver Romer e Parsons (1977). Ver *Neopallium* e *Paleopallium.*

Rinos (**Anatomia**), gr. ῥινος, nariz; ex.: Rinoceronte ("nariz com corno").

Rinos diafragma (**Rufus de Efésos, Anatomia**), gr. ῥινὸςδιάφραγμα, nome utilizado para o *septo nasal.*

RIOLANO, JEAN (1577/1580-1657). Anatomista, farmacologista e botânico parisiense que descobriu, entre outras coisas, o Músculo de Riolano.

Rius, latim vulgar, do lat. *rivus*, rio, córrego, corrente; *rius* deu origem ao nome "rio" em português.

RNA, *ácido ribonucleico* (abreviatura em português: ARN).

ROBIN, CHARLES PHILIPPE (1821-1885). Histologista parisiense que descreveu o osteoclasto (célula que promove a reabsorção óssea).

Roborare, vb. lat., fortalecer; ex.: Corroborar uma hipótese (Popper, 1972, 1980).

Rodere, vb. lat., comer, mastigar, roer; ex.: Rodentia (Ordem de Mamíferos).

ROENTGEN ou RÖNTGEN, WILHELM CONRAD (1845-1923). Físico alemão que descobriu os raios X e por isto recebeu o primeiro Prêmio Nobel de Física (1901).

Rogare, vb. lat., rogar, pedir.

ROLANDO, LUIGI (1773-1831). Anatomista de Turim que descreveu, entre outras coisas, a fissura de Rolando, um sulco central do hemisfério cerebral.

RUFUS DE EFÉSOS (Ῥοῦφος ὁ Ἐφέςιος, fl. fim do séc. I, início do séc. II A.D.). Seguidor de Hipócrates, foi um médico e anatomista grego que escreveu tratados sobre patologia, anatomia e dieta. Fez muitas contribuições para com a anatomia.

Rostro (Anatomia, Vertebrados), lat. *rostrum*, focinho; porção anterior do crânio ou da cabeça dos Vertebrados e que corresponde à porção facial nos Mamíferos, sendo constituído principalmente pelos Ossos Nasal, Pré-Maxila, Maxila e Lacrimal. O Osso Frontal é parte do crânio propriamente dito ou caixa craniana, que contém o Cérebro.

Rostrum. Ver Rostro.

Rota, rotare, lat., roda; vb. lat., rotar, rodar; ex.: Rotação da Terra.

Ruber, lat., vermelho; ex: Enrubescer, *Rubidium* (símbolo Rb, elemento químico).

Rudis, lat., rude, sem habilidade; ex.: Estruturas rudimentares.

***Ruga, rugae* (Anatomia)**, lat., dobra ou enrugamento presente em vários órgãos, como o estômago e a vagina; ex.: Superfície rugosa.

Rugare, vb. lat., enrugar.

Ruminare, vb. lat., mastigar; ex.: Ruminantes.

Rumpere, vb. lat., romper; ex.: Erupção dentária.

Rus, ruris, lat., fazenda, região rural; ex.: Rural.

S

S (Anatomia), abreviatura para *Vértebra Sacral*.

S1-S5 (Anatomia, Tetrápodes, Coluna vertebral), abreviaturas para as vértebras da região sacral (S1, primeira sacral etc.).

Saccarum, lat., açúcar, gr. ςάκχαρον, *sakcharon*; ex.: Sacarose.

Sacculus, lat. *saccus*, saco, gr. ςάκκος, *sakkos* + suf. dim. lat. *-ulus*; pequeno saco; ex.: Sáculo da laringe.

Saccus, lat., saco, gr. ςάκκος, *sakkos*; ex.: Saco lacrimal.

Sacer, sacr-, lat., sagrado; em gr. ιερόν, *hieron*; ex.: Osso Sacro (em gr. *hieron osteon*).

Sacrare, vb. lat., relacionado a *sacer, sacri*; sagrado; ex.: Sacralização (de L5).

Sacro. Ver Osso Sacro.

***Saeptum* (Anatomia)**, lat., septo; ex.: Septo nasal.

Sagax, sagacis, lat., sábio; ex.: *Sardinops sagax* (peixe Cupleidae).

Sagitta, lat., flecha, seta, reta; termo hoje utilizado na formação de nomes de táxons; ex.: *Sagittaria sagittifolia* (planta da família das Alismataceae).

Sal, salis, lat., sal, em gr. ἅλς, ἁλός, *hals, halos* (ex.: *hals ammoniakos*, "sal de *Ammon*"), sal; ex.: Salinidade.

Salire, saltus, vb. lat., saltar.

Saliva, lat. *saliva*, saliva; ex.: Glândula salivar.

Salix, salic-, lat., salgueiro; ex.: Ácido salicílico.

Salpinx, gr. ςάλπιγξ, trumpete; ex.: Salpinge uterina (Trompa de Falópio ou Tuba uterina).

Salto, saltare, vb. lat., eu salto (vb. saltar), eu danço (vb. dançar); ex.: Hábito saltatório.

Salus, lat., saúde, bem-estar; ex.: Hábito salutar.

Salvare, vb. lat., salvar; ex.: Salvar da extinção.

Sanguinea **(Aristóteles, Classificação)**, lat., "animais com sangue"; trad. medieval do termo gr. *Enaima* de Aristóteles. Em algumas traduções de suas obras, o termo hoje utilizado é *Sanguinea* (e *Exanguinea*).

Sanguis, *sanguinis*, lat., sangue; ex.: *Sanguinea* (*Enaima*, Vertebrados).

SANTORINI, GIOVANNI DOMENICO (1681-1737). Anatomista de Veneza que foi discípulo de Malpighi; descobriu, entre outras coisas, o orifício acessório do ducto pancreático e o corneto nasal superior.

Sanus, lat., são, saudável; ex.: Sanidade mental.

Sapere, vb. lat., ser sábio, saber.

Sapo, *saponis*, lat., sabão; ex.: Saponificação. Sapo também se refere a um tipo de anfíbio anuro, talvez uma onomatopeia (o som do sapo ao pular n'água).

Sapor, lat., gosto, sabor.

Sarcófago, gr. ςάρξ, ςαρκός, *sarx*, *sarkos*, carne + φαγος, *phagos*, glutão; comedor de carne. Termo de Aristóteles para os carnívoros que ele chama de "comedores de carne". Apesar de vários Carnivora atuais serem incluídos por ele (e.g., leão, cão), nem todos os representantes atuais do grupo o são. Os Antigos Gregos também chamaram de "sarcófagos" as caixas de pedra (λίθος ςαρκοφάγος, *lithos sarkophagos*, "pedra comedora de carne") onde estavam as múmias egípcias. Eles acreditavam equivocadamente que este tipo especial de pedra, muitas vezes pedra calcária, consumiria os cadáveres, deixando apenas o esqueleto.

Sarcopterígios (Classificação, Peixes), gr. ςάρξ, ςαρκός, *sarx*, *sarkos*, carne + *pterygium*, nadadeira, nadadeira com músculos; são os Peixes relacionados filogeneticamente aos Tetrápodes, como a *Latimeria chalumnae* e *L. menadoensis*, os únicos celacantos ainda viventes (conhecidos).

Sarkophaga **(Aristóteles, Classificação)**, gr. ςάρξ, ςαρκός, *sarx*, *sarkos*, carne + ἔφαγον, *ephagon*, eu como (vb. comer); termo utilizado por Aristóteles para se referir a alguns dos atuais Carnivora.

Sarx, *sarkos* **(Homero, Aristóteles, Anatomia)**, gr. ςάρξ, ςαρκός, *sarx*, *sarkos*, carne. Em Homero, *sarx*, diferentemente de *kreas*, parece se referir ao homem apenas, e não incluir nem vísceras, nem gordura (Daremberg, 1865). O termo ϛάρξ aparece em Aristóteles quando ele se refere aos hábitos alimentares dos animais. Por exemplo os *Sarkophaga*, que são os "comedores de carne" (onde ele inclui alguns dos atuais Carnivora). Σάρξ, ϛαρκός parece ser derivado do vb. ϛύρω e ϛαίρω, *syro, sairo*, eu removo (vb. remover), eu retiro (vb. retirar), com o sentido de retirar a carne dos ossos; ex.: Sarcopterígios.

Sativa, sativus, sativum, lat., cultivado; termo hoje utilizado para formar nomes de táxons; ex.: *Pisum sativum* (nome específico da ervilha).

***Sauros, saurou* (Aristóteles, Classificação)**, gr. ϛαῦρος, ϛαύρου, lagarto, *do* lagarto. Em Aristóteles o termo sauro se refere aos lagartos em geral; ex.: Dinosauria (lagarto ou réptil terrível).

Scabere, vb. lat., coçar; termo hoje utilizado para formar nomes de táxons; ex.: *Sarcoptes scabiei* (nome científico do parasita da sarna).

***Scala, scalae* (Aristóteles)**, lat., escada(s), degrau(s), do vb. *scandere*, escalar; ex.: *Scala Naturae*.

***Scala media* (Anatomia, Vertebrados)**, lat., escada, degraus + *medius*, médio; espiral do Ducto coclear médio, situado entre a *Scala vestibuli* e a *Scala tympani*.

***Scala naturae* (Aristóteles, Classificação)**, *scala*, lat. escada, degraus + *naturae*, da Natureza; cadeia dos seres vivos dispostos linearmente, do mais simples até o mais complexo, o Homem.

***Scala tympani* (Anatomia, Vertebrados)**, lat., escada, degraus + gr. τύμπανον, tímpano, membrana; também conhecido como ducto timpânico, é o ducto mais inferior da cóclea; ele é preenchido pela perilinfa e se comunica com o espaço subaracnoideu.

***Scala vestibuli* (Anatomia, Vertebrados)**, lat., escada, degraus + *vestibulum*, vestíbulo, entrada; ducto contendo perilinfa na cóclea, que é separado do ducto coclear abaixo, por meio da membrana vestibular; está conectado com a janela oval e recebe as vibrações do Estribo.

Scandere, vb. lat., subir, escalar; ex.: Scandentia (ordem de Mamíferos, tupaias ou mussaranhos arborícolas).

Scaphe, gr. ϛκάφη, barco, navio; ex.: Osso Escafoide.

Scapula (**Anatomia, Vertebrados, membro superior/anterior**), lat. tardio, escápula; nome antigo: Omoplata ("lâmina do ombro"; Galeno); ex.: Cintura escapular.

Schema (**Aristóteles**), gr. ϛχῆμα, esboço, figura; ex.: Esquema (termo utilizado por Aristóteles para "figura").

Schistos (**Aristóteles**), gr. ϛχιϛτός, separado, dividido; ex.: *Aschides* (pé não dividido) como o cavalo (que tem um só dedo).

Schizopoun (**Aristóteles, Classificação**), gr. ϛχιζοπουν, "animal com pés divididos" (significando várias divisões, i.e., vários dedos); contrapõe-se a *Aschides*, "animal com pés não divididos".

SCHWANN, THEODOR (1810-1882). Anatomista e fisiologista de Louvaine e Liège; discípulo de Johannes Müller e que descobriu, entre outras coisas, a pepsina, reconheceu a célula como a unidade básica dos seres vivos e a bainha de Schwann de mielina dos nervos.

Scientia, lat. medieval, trad. do termo de Aristóteles gr. ἐπιϛτήμη, *episteme*, conhecimento ou compreensão. Originalmente *scientia* não tinha o sentido moderno de "ciência", nem o de "conhecimento científico", diferentemente do que aparece nas traduções das obras de Aristóteles. O termo *scientia* mudou de sentido através dos tempos, desde a Idade Média até hoje.

Scindere, vb. lat., dividir; ex.: Incisão (lat. *incisionem*, do vb. inf. *incindere*, cortar em, *in-*, em + *scindere*, cortar).

Scire, vb. lat., conhecer; ex.: *Scientia* (conhecimento).

Scleros, skleros, gr. ϛκληρός, duro; ex.: Esclerótomos (*skleros + tomos*; estruturas embrionárias que vão dar origem às vértebras; a metade posterior do esclerótomo anterior se une com a metade anterior do esclerótomo posterior, para formar cada vértebra; como os miótomos não sofrem esta divisão, este processo permite que um músculo se origine em uma vértebra e se fixe na anterior/posterior. Se não houvesse a divisão dos esclerótomos, cada músculo se originaria e se fixaria na mesma vértebra, portanto sem a possibilidade de ação alguma). Ver Romer e Parsons (1977).

-sco, -scos, -sca, -scas, suf. lat. formador de adj. indicando "relação com"; ex.: Caráter simiesco.

Scolios, skolios, gr. ςκολιός, torcido; ex.: Escoliose (curvatura lateral da Coluna vertebral). Cifose se refere a uma acentuação da curvatura posterior da região torácica. Lembrar que existe uma cifose normal da região torácica e uma lordose normal das regiões cervical e lombar da Coluna vertebral, no Homem. A Cifose clínica é a acentuação da cifose normal, devido a processos patológicos, como as Discopatias e a Osteoporose; o mesmo se dá com a Lordose lombar clínica.

Scopeo, skopos, vb. gr. ςκοπέω, eu observo, eu vejo; vb. gr. inf. *scopein*, ver, observar, gr. ςκοπός, do vb. ςκέπτομαι, *skeptomai*, observar, examinar; ex.: Microscópio (gr. μικρός, pequeno + *scopeo*).

Scribere, vb. lat. inf., escrever; ex.: Escriba.

Scrotum (Anatomia, Mamíferos), corrupção do lat. *scortum*, pele; ex.: Saco escrotal.

Scrotum cordis (Anatomia, Mamíferos), lat. *scrotum*, uma corrupção do lat. *scortum*, pele + *cordis, do* coração; antigo nome do pericárdio.

Scutum (Anatomia), lat., escudo, escama; termo hoje utilizado para formar nomes de táxons; ex.: *Lottia scutum* (Gastropoda Lottiidae).

s.d., s/d, lat. *sine die*, sem dia; abreviaturas para *sem data*.

Sebum (Anatomia, Mamíferos), lat., sebo, gordura, graxa, secreção das glândulas sebáceas; ex.: Glândulas sebáceas.

Secare, sect-, seg-, vb. lat. inf., cortar; ex.: Secção, Segmento (de uma estrutura anatômica).

Secodontia (Anatomia, Mamíferos, dentes), *secare*, vb. lat. inf., cortar + gr. ὀδούς, ὀδόντος, *odous, odontos*, dente, do dente; dentes molares e pré-molares com cúspides em forma de lâminas cortantes; também chamados de dentes tubérculo-setoriais ou simplesmente setoriais; ex.: Dentes carniceiros dos Carnivora.

Sedare, vb. lat. inf., acalmar, apaziguar; ex.: Sedação (Medicina).

Sedeo, sedere, vb. lat., eu sento, vb. sentar-se; ex.: Rochas sedimentares.

Seismos, gr. ςειςμός, terremoto; ex.: Sismógrafo.

Selachos, selache (Aristóteles, Classificação), gr. ϛέλαχος, ϛελάχη, Peixes Cartilaginosos, tubarões; talvez do gr. ϛέλας, *selas*, luz, brilho. Nome dado talvez em função do aspecto fosforecente que estes Peixes podem ter. É muito possível que este nome já existisse antes de Aristóteles.

Selene, gr. ϛελήνη, lua; ex.: *Selenium* (elemento químico; símbolo: Se).

Selenodontia (Anatomia, Mamíferos, dentes), gr. ϛελήνη, lua; dentes com cúspides em forma de meia-lua; ex.: Ruminantes e Equídeos.

Sella, lat., sela; ex.: Sela túrcica.

Sella turcica (Anatomia, Vertebrados, crânio), lat. *sella*, assento + *turcica*, turca; fossa em forma de uma sela turca, situada no Osso Basisfenoide, onde fica a glândula Hipófise ou Pituitária.

Semen, semin-, lat., sêmen, semente; ex.: Tubos seminíferos.

Semi-, semis, pref. lat., meio, metade; ex.: Osso Semilunar (punho).

Senex, senis, lat., velho, senil; ex.: Mamífero senil.

Sensus, lat., sentido; ex.: Órgãos dos sentidos.

Sentio, sentire, sens-, vb. lat., eu sinto, vb. inf. sentir; ex.: Órgãos dos sentidos.

Septo, lat. *septum*, septo, divisão; termo hoje utilizado para estruturas ósseas ou cartilaginosas laminares que servem para dividir ou separar estruturas; ex.: Septo nasal, septos dos Seios da face, Septos interalveolares e intra-alveolares.

Septo Interalveolar (Anatomia, Vertebrados), lat. *septum*, septo, divisão + pref. *inter-*, entre + *alveus*, cavidade; septos ósseos que separam os alvéolos das raízes de dois dentes contíguos.

Septo Intra-Alveolar (Anatomia, Vertebrados), lat. *septum*, septo, divisão + pref. *intra*, dentro + *alveus*, cavidade; septos ósseos que separam os diferentes alvéolos das raízes de um mesmo dente.

Septo Nasal (Anatomia, Vertebrados), lat. *septum*, septo, divisão + *nasus*, nariz; septo ósteo-cartilaginoso que separa as cavidades nasais direita/esquerda. A parte óssea é formada pelo Osso Vômer e pela lâmina mesetmoidal do Osso Etmoide, posteriormente. Mais anteriormente, o septo é formado pela cartilagem septal.

Septos dos Seios Paranasais (Anatomia), lat. *septum*, septo, divisão + *sinus*, seio + pref. gr. παρά, *para*, ao lado, ao longo de + lat. *nasus*, nariz; refere-se às delicadas paredes ósseas que separam as tábuas dos Seios paranasais; ex.: Septos dos Seios frontais.

Septum, saeptum, sept-, lat., cerca, partição, divisão; ex.: Septo nasal.

ser., abreviatura para *série(s)*.

Serosa, lat. *serum*, soro do leite, um líquido pálido; ex.: Serosas viscerais e das Cavidades corporais.

Serpere, serpo, vb. lat. inf., serpentear, arrastar-se, eu me arrasto; ex.: Serpente; também alguns Invertebrados serpenteiam, como é o caso das minhocas.

Serra, lat., serra; ex.: Dentes serrilhados.

Serrare, vb. lat., serrar; ex.: *Trachyrhamphus serratus* (peixe Syngnathidae).

Serratus, lat., denteado como uma serra; ex.: Dentes serrilhados (principalmente em Peixes e outros grupos como Dinossauros Terópodes), *Trachyrhamphus serratus*.

Serum, lat., soro, fluído corporal; ex.: Soro sanguíneo (plasma sem fibrinogênio).

Servare, vb. lat., proteger, salvar; ex.: Conservação de material biológico.

Sesamoide (Galeno, Anatomia), lat. *sesamoideum*, gr. ςεςαμοειδής, *sesamoeides*; semelhante às sementes de sésamo; nome dado aos ossículos dos tendões.

SHARPEY, WILLIAM (1802-1880). Anatomista e fisiologista de Londres que descobriu, entre outras coisas, as fibras de Sharpey, fibras de colágeno que penetram no osso por um tendão ou periósteo; ou na dentina, pelo tecido periodontal.

SHERRINGTON, CHARLES SCOTT (1857-1952). Fisiologista de Liverpool e Oxford que ganhou o Prêmio Nobel de 1932 pelo estudo dos dermátomas da pele e seus respectivos nervos sensoriais.

Siagones (Rufus de Efésos), gr. ςιαγόνες, nome utilizado para os "ossos das bochechas" (malar, jugal).

Sibilare, vb. lat., sibilar; ex.: Sibilar da jiboia.

Siccare, vb. lat., secar, ter sede.

Siccus, lat., seco; ex.: Dissecção.

Sideros, gr. ςίδηρος, ferro.

Sidus, sideris, lat., estrela; ex.: Espaço sideral.

Sielos (**Rufus de Efésos**), gr. ςίελος, termo para *saliva*.

SIENNESIS DO CHIPRE (Συέννεςις; **séc. IV ou V a.C.**). Anatomista e médico do Chipre, mais conhecido por ter sido citado por Aristóteles no *Historia Animalium* (III, 2), em uma curta passagem sobre vasos sanguíneos. A mesma passagem também está presente na obra de *Ossium Natura* (*Sobre a natureza dos ossos*) do *Corpus Hippocraticum*, o qual é considerado como sendo formado por passagens de vários diferentes médicos da Antiguidade, e não apenas o verdadeiro Hipócrates.

Signum, sign-, lat., sinal, desenho; termo hoje utilizado para formar nomes de táxons; ex.: *Xiphophorus signum* (Actinopterygii, Ciprynodontiformes).

Sigma, letra grega ςίγμα, minúsc. ς (no início ou no meio da palavra) e ς (no fim da palavra), maiúsc. Σ. Translitera-se como "s".

Sigmoeides (**Galeno**), gr. ςιγμοειδής, em forma de sigma (ς), sinuoso; nome dado ao Cólon sigmoide (parte do Intestino grosso).

Silva, silv-, lat., floresta, selva; ex.: Silvicultura.

Siluriano. Ver Período Siluriano.

SILVIUS (FRANÇOIS DE LA BOË; 1614-1672). Anatomista e médico de Amsterdam e Leiden que, entre outras coisas, descreveu o aqueduto de Silvius e a fissura de Silvius.

Simetria bilateral (Anatomia), diz-se normalmente que os Vertebrados têm simetria bilateral, mas devemos lembrar que esta simetria é bilateral apenas externamente, já que internamente a maioria dos órgãos dos Vertebrados é assimétrica. Por exemplo, os pulmões direito e esquerdo têm um diferente número de lobos, o coração não é simétrico, os rins são de diferentes dimensões, e vários órgãos existem em apenas um dos lados (como o fígado e o baço).

Simia, lat., símio, macaco; ex.: Simiologia (não confundir com Semiologia, o estudo dos sinais e sintomas na Medicina).

Similis, lat., semelhança, similitude; ex.: Caracteres similares.

Sin-, pref. gr. ςυν-, *syn-*, junto com, em companhia de; ex.: Sínfise (*syn-* + *physis*, origem, Natureza).

Sinapófise (Anatomia, Tetrápodes), pref. gr. ςυν-, *syn-*, junto, com + ἀπόφύςις, *apophysis*, apófise; nome aplicado quando parapófise e diapófise estão unidas em um só processo; de modo que a costela tem também suas duas facetas articulares unidas, quando são então chamadas de holocefálicas ou holocéfalas.

Sinapse (1; Histologia), pref. gr. ςυν-, *syn-*, junto, com + vb. gr. ἅπτειν, *haptein*, unir, juntar; ponto de contato, de junção, para transmissão elétrica ou química entre duas células contíguas, usualmente neurônios.

Sinapse (2), pref. gr. ςυν-, *syn-*, junto, com + vb. gr. ἅπτειν, *haptein*, unir, juntar; junção de dois cromossomos homólogos durante a meiose.

Sinartrose (Anatomia), pref. gr. ςυν-, *syn-*, junto, com + *arthrosis*, *da* articulação; uma articulação imóvel; ex.: Suturas do crânio.

Sincício (Anatomia), pref. gr. ςυν-, *syn-*, junto, com + κύτος, κύτους, *kytos*, *kytous*, jarro, vaso, célula; refere-se a uma única massa multinucleada de citoplasma, como na musculatura do coração.

Sincondrose (Anatomia), pref. gr. ςυν-, *syn-*, junto, com + χόνδρος, *chondros*, cartilagem + suf. gr. -ωςις, *-osis*, condição especial, doença, ação; união de dois ossos através de cartilagem; ex.: Disco intervertebral (DIV).

Sincrânio (Anatomia, Vertebrados), pref. gr. ςυν-, *syn-*, junto, com, em companhia de + κρανίον, em lat. *cranium*, crânio, esqueleto da cabeça; Sincrânio refere-se ao conjunto de crânio + mandíbula (nos Mamíferos formada por apenas dois Ossos Dentários).

Sinóvia (Paraselsus, Anatomia), pref. gr. ςυν-, *syn-*, junto, com + lat. *ovum*, ovo; como a clara do ovo; líquido dentro das cavidades sinoviais das diartroses, como o joelho.

Sínfise (Galeno, Anatomia, um tipo de articulação), gr. ςυν-, *syn-*, junto, com + φύςις, *physis*, origem, crescimento; um tipo de articulação fibrocartilaginosa, encontrada entre os dois Ossos Púbis (na cintura pélvica) e entre os dois Ossos Dentários (na Mandíbula). Sínfise, além de ser o nome de duas articulações específicas, é um tipo de articulação (ver Galenus, 1535; trad. e comentários em Singer, 1952).

Singulus, lat., um de cada; termo hoje utilizado para formar nomes de táxons; ex.: *Ulodemus singulus* (Arthropoda Gomphodesmidae). Não confundir com cíngulo, um acidente dos dentes dos Mamíferos.

Sinistro, lat., lado esquerdo; ex.: Substância sinistrógira.

Sinistrógira, lat. *sinistro*, lado esquerdo; o mesmo que levógira; ex.: Substância sinistrógira (aquela que faz girar o plano da luz polarizada para a esquerda; o contrário de Substância dextrógira).

Sínfise mandibular (Galeno, Anatomia, Tetrápodes), gr. ςυν-, *syn-*, junto, com + φύςις, *physis*, origem, crescimento + lat. *mandibula*; articulação tipo sínfise, entre os dois dentários. Nos Tetrápodes em geral, apenas os Ossos Dentários se articulam entre si na sínfise. Em raras ocasiões, também participam da sínfise mandibular outros ossos. Em muitos Mamíferos, a sínfise persiste só em animais juvenis, pois nos adultos a sínfise está fusionada, como no Homem. Portanto, em mandíbulas onde os dentários estão fusionados, não há uma sínfise. Nestes animais, o que existe na região da antiga sínfise é a goteira lingual, sobre a qual se assenta a língua quando em repouso.

Sínfise pubiana ou **púbica (Galeno, Anatomia, Tetrápodes)**, gr. ςυν-, *syn-*, junto, com, + φύςις, *physis*, origem, crescimento + lat. *pubis*, puberdade, maturidade sexual; sínfise entre os dois Ossos Púbis.

Sinsacro. Ver Osso Sinsacro.

***Sinus* (Celsus)**, lat., seio, cavidade; que pode ser vascular (Seios venosos) ou em um osso (Seios da face); ex.: Seio venoso transverso; Seio venoso sagital; Seios frontais; Seios maxilares; Seios etmoidais.

Sinusoide (Anatomia), lat. *sinus*, seio + gr. εἶδος, *eidos*, forma; um pequeno vaso com um caminho tortuoso e muitas conexões com vasos semelhantes; ex.: Sinusoides hepáticos, Sinusoides da medula óssea.

Siphon, gr. ςίφων, tubo; ex.: Sifão (Moluscos).

Siringe (Anatomia), gr. ϛυριγξ, *syrinx*, siringe, uma estrutura das Aves, homóloga da laringe dos Mamíferos. Syrinx é também uma ninfa por quem Pan se apaixonou, segundo a mitologia grega.

Sistema de Havers (SH; Histologia). Ver Osso Haversiano.

Sistema Nervoso Autônomo (Anatomia, SNA), lat. tardio *systema*, do gr. ϛύϛτημα, *systema*, reunião, arranjo, grupo, um todo formado de partes, organizado, do vb. gr. ϛυνιϛταμαι, *synistamai*, colocar junto, organizar, pôr em ordem; do pref. gr. ϛυν-, junto, com + vb. iϛταμαι, *histamai*, fazer ficar em pé; portanto, fazer funcionar junto + lat. *nervus* + pref. gr. αὐτο-, *auto-*, próprio + νόμος, *nomos*, lei, costume. O SNA é também conhecido como sistema neurovegetativo ou sistema visceral. O SNA regula a vida vegetativa (respiração, circulação, digestão, temperatura etc.). Ou seja, ele mantém a homeostase corporal.

Sistema Nervoso Central (Anatomia, SNC), lat. tardio *systema*, do gr. ϛύϛτημα, *systema*, reunião, arranjo, grupo, um todo formado de partes, do vb. ϛυνιϛταμαι, *synistamai*, colocar junto, organizar, pôr em ordem; do pref. gr. ϛυν-, *syn-*, junto, com + iϛταμαι, *histamai*, fazer ficar em pé; portanto, fazer funcionar junto + lat. *nervus* + *centrus*, centro. Sistema Nervoso Central refere-se ao conjunto do Cérebro e Medula Espinal.

Sitos, gr. ϛῖτος, comida, grão, trigo; ex.: Parasita[48].

Skalenos, scalenos, gr. ϛκαληνός, ímpar; ex.: Músculo escaleno.

Skaphe, skaphos, gr. ϛκάφη, ϛκάφος, barco, algo oco; ex.: Osso Escafoide (do tarso).

Skeleton. Ver *Skelos, skeleos*.

Skellein, skleros, gr. ϛκέλλειν, ϛκληρός, duro; ex.: Esclerótomos (embriologia da Coluna vertebral).

Skelos, skeleos **(Homero, Anatomia)**, gr. ϛκέλος, ϛκέλεος, perna seca, múmia, membro inferior; ex.: Esqueleto, Triângulo isósceles (pref. lat.

---

[48] Este termo foi primeiro utilizado na Antiga Grécia e Roma para as pessoas que viviam à custa de outras, alimentando-se na casa destas. E significa literalmente "comer ao lado" (pref. gr. παρά, *para-*, ao lado + *sitos*, grão, comida; i.e., "comer ao lado do dono da casa"). Normalmente esta figura também servia de "palhaço" para alegrar a família. A figura do parasita é famosa em comédias da Grécia e Roma Antigas. Só no século XVII é que o termo foi aplicado à Biologia, com o sentido de animais ou plantas que vivem à custa de outros organismos; como os parasitas intestinais dos Vertebrados.

isos-, igual + gr. *skelos*; triângulo com as "pernas iguais"); sinônimo de κνημη, *cneme, kneme*, perna, Tíbia, canela.

Skeptesthai, vb. gr. ςκέπτεςθαι, ver, observar.

Skolios, skoliotes, gr. ςκολιός, ςκολιότης, torto, curvo; ex.: Escoliose da Coluna vertebral.

Skyphos, gr. ςκύφος, copo, taça; ex.: Scyphozoa (*skyphos* + *zoion*, animal; uma classe de Cnidaria).

SNA, abreviatura para *Sistema Nervoso Autônomo*, que controla a homeostase corporal.

SNC, abreviatura para Sistema Nervoso Central, o neuroeixo dos Vertebrados/Craniata; formado pelo Encéfalo e Medula Espinal. O nome é também utilizado para o Sistema Nervoso dos Invertebrados.

So, abreviatura para Osso *Supraoccipital*.

Sociare, socius, lat., grupo; ex.: Animais sociais.

SÓCRATES (Σωκρατης; ca. 469-399 a.C.). É considerado um dos principais filósofos gregos, com Platão e Aristóteles. Não deixou nada escrito, e o que se sabe dele está principalmente nos *Diálogos* de Platão, supostamente seu discípulo. Suas maiores contribuições estão na Ética e na Epistemologia (conceitos de definição, Particular e Universal). Atribui-se a ele ou a Platão o Método Socrático.

Sol, solis, lat., sol; ex.: Insolação.

Solidungula (Classificação), lat. *solidus*, sólido + *ungula*, pequena unha; de *unguis*, unha; ou seja, "casco único". Corresponde ao nome *Monychon* (Equídeos) de Aristóteles.

Solipede (Classificação), lat. *solum*, simples, único + *pedes*, pé; "pé único", com o sentido de pés com apenas um dedo. Corresponde ao nome *Monychon* (ou *Aschides*, Equídeos) de Aristóteles.

Solvere, solut-, vb. lat., soltar, deixar livre; ex.: Solução química.

Soma, gr. ςῶμα, corpo; ex.: Corpo de um ser vivo (o *soma* se refere à parte mortal do corpo, em contraste com a *Psyche*, a Alma, em Platão).

Somático, gr. ςῶμα, corpo, relacionado ao corpo.

Somnus, lat. sono; ex.: Sonífero.

Sonus, lat., som.

Sophia (Aristóteles), gr. Σοφία, Sabedoria.

Sophos (Aristóteles), gr. Σοφός, Sábio; do vb. gr. *sophizestai*, tornar-se sábio.

Sophronistera, gr. ςωφρονιςτῆρα, dentes cisos (terceiros molares).

Sorbere, sorpt-, vb. lat., chupar, sorver, absorver; ex.: Absorção intestinal (vb. lat. *absorbere*, engolir).

Sordere, vb. lat., sujar, estar sujo; ex.: Sórdido (lat. *sordes, sordidus*, sujo).

-sorius, -soria, -sorium, -toria, -torius, -torium, suf. lat. formadores de adj. ou substantivos; ex.: Ambulatório, Laboratório.

Soror, lat., irmã; termo hoje utilizado para formar nomes de táxons; ex.: *Seicercus soror* (Aves Phylloscopidae).

Spados, spadon, gr. ςπάδος, ςπάδων, eunuco.

Spasmos, gr. ςπαςμός, empurrão, espasmo; ex.: Espasmo intestinal.

Spatium, lat., espaço; termo hoje utilizado para formar nomes de táxons; ex.: *Gutella spatium* (Gastropoda Streptaxidae).

Spatium interossium (Anatomia), lat., refere-se ao "espaço entre ossos" sem músculos, entre Rádio/Ulna e Tíbia/Fíbula.

Specio, vb. lat., eu observo, vb. inf. *spectare*, olhar para, observar; ex.: Espéculo (instrumento médico para examinar cavidades como vagina e útero).

Spectare, speculare, vb. lat. ver, especular, olhar, observar; ex.: Especulação científica.

Sperma (Aristóteles), gr. ςπέρμα, nome utilizado para o *esperma*.

Spermatica angeia (Rufus de Efésos, Anatomia), gr. ςπερματικὰ ἀγγεῖα, nome utilizado para os Vasos *espermáticos*.

Sphage, gr. ςφαγέ, do vb. ςφάζω, eu chacino (vb. chacinar) (matança de gado ou pessoas, (na guerra); ex.: *Sphagitides* (Veia Jugular; veia que é cortada na degola de animais, e pessoas na guerra).

***Sphagitides* (Aristóteles, Anatomia)**, gr. ϛφαγίτιδες, garganta, significando "veias da garganta", ou seja, as Veias Jugulares. O termo "jugular" vem do lat. *jugum*, jugo, canga; daí "veia do pescoço" (veia sobre a qual se coloca a canga dos bois).

Sphaira, gr. ϛφαῖρα, bola, esfera; ex.: Esfera Terrestre.

***Sphen* (Galeno)**, gr. ϛφήν, cunha; ex.: Osso Esfenoide; Hiposfene; Zigosfene (processos articulares do arco neural de Vertebrados "primitivos").

***Sphincter* (Anatomia)**, lat. tardio, gr. ϛφιγκτήρ, faixa, músculo contrátil, do vb. gr. ϛφίγγω, *sphingo*, eu amarro (vb. amarrar); ex.: Esfíncter gastroesofágico.

***Sphondylos* (Homero, Aristóteles, Anatomia)**, gr. ϛφόνδυλος, vértebra, o mesmo que *spondylos*. O termo *sphondylos* não é Grego Ático[49], como o de Aristóteles, de modo que sua presença em Aristóteles pode dever-se a uma corrupção dos textos originais. O termo em Grego Ático é ϛπόνδυλος (*spondylos*).

Sphragis, gr. ϛφραγίς, foca.

Sphyzein, sphygmos, gr. ϛφύζειν, ϛφυγμός, pulso; ex.: Esfigmomanômetro (aparelho médico para verificar o pulso e a pressão arterial).

***Sphyra* (1; Homero, Galeno, Anatomia)**, gr. ϛφυρα, tornozelo. Homero e Galeno utilizaram o termo gr. ϛφυρα, para os processos que chamamos hoje de maléolos. Devido a uma confusão entre os termos gregos ϛφυρα (tornozelo) e ϛφύρα (martelo), por parte dos tradutores, os processos medial e lateral do tornozelo foram traduzidos como "pequenos martelos", do lat. *malleus*, martelo + suf. dim. *-olus*. Galeno utilizou o termo correto, em grego, que foi traduzido erroneamente para o latim, possivelmente por Belamio Siculo. Ver Galenus (1535).

***Sphyra* (2; Galeno)**, gr. ϛφύρα, martelo (também utilizado para um dos ossículos do ouvido). Galeno utilizou o termo gr. ϛφυρα (e não ϛφύρα) para os processos que chamamos hoje de maléolos. Devido a uma confusão entre os termos gregos ϛφυρα (tornozelo) e ϛφύρα (martelo), por parte dos tradutores, as projeções medial e lateral do tornozelo foram traduzidas como "pequenos martelos", do lat. *maleolus*, pequeno martelo,

---

[49] Odi Alexander Rocha da Silva, Universidade Estadual de Tocantins (UNITINS).

lat. *malleus*, martelo + suf. dim. *-olus*. Galeno utilizou o termo correto, em grego, que foi traduzido erroneamente para o latim, possivelmente por Belamio Siculo. Ver Galenus (1535).

Spiculum, spica, lat., espinho, estaca, prego, ferrão; ex.: Espículas (das esponjas).

Spina, lat., espinho; ex.: Medula Espinal. Do termo "espinho" talvez tenha se originado o nome popular de "espinha", para a Coluna vertebral. Devido ao fato de lembrar espinhos, os processos posteriores das vértebras são chamados de Processos espinhosos ("spines of neural arches" em inglês).

Spinosum, do lat. *spina*, espinho; ex.: Processo espinhoso (vértebras).

Spirare, vb. lat., respirar; ex.: Inspirar/Expirar.

Spiro, vb. lat., eu respiro; vb. lat. *spirare*, respirar; ex.: Espiráculo dos Cetáceos.

Splanchnon (**Homero, Aristóteles, Anatomia**), gr. ςπλάγχνον, víscera; ex.: Esplancnologia.

Splen, gr. ςπλήν, baço; ex.: Vasos esplênicos.

Spondylios (**Homero, Anatomia**), gr. ςπονδύλιος, vértebra; com o mesmo sentido de *astragalos*, também significando vértebra (do pescoço).

Spondylos ou ***sphondylos*** (**Aristóteles, Anatomia**), gr. ςπόνδυλος, ςφόνδυλος, vértebra; ambos termos estão presentes nos textos de Aristóteles com o significado de vértebra. O termo *spondylos* foi utilizado inicialmente com o significado de articulação ou vértebra do pescoço. Como *sphondylos* não é Grego Ático (o de Aristóteles), pode ser uma corrupção. O termo de Aristóteles para Coluna vertebral é ράχις, *rachys*, raque; o qual deu origem a nomes de grupos, como Raquítomos (um grupo de anfíbios primitivos), e a muitos termos utilizados hoje em Medicina, como Raquianestesia.

Spongos, spongoi (**Homero, Aristóteles, Classificação**), gr. ςπόγγος[50], ςπόγγοι, qualquer coisa esponjosa, como esponja de banho; termo também usado para a tonsila palatina; ex.: Esponjas (Porifera).

---

[50] Em grego, o duplo gama "γγ" translitera-se e lê-se como "ng"; como emςπόγγος, *spongos*.

Squama, lat., escama; ex.: Osso Esquamosal (parte escamosa do Osso Temporal dos Mamíferos).

St, abreviatura para Osso *Supratemporal*.

Stagnare, vb. lat., estagnar, parar; ex.: Água estagnada.

Stalsis, gr. ςτάλςις, contração; ex.: Peristalse intestinal.

***Stapes* (Anatomia)**, lat., Estribo, do vb. lat. *stare*, estar + *pes*, pé; um dos ossículos da Orelha média.

Stasis, gr. ςτάςις, parado, estático; em lat. vb. *stare*, estar, ficar; ex.: Homeostase.

Statos, gr. ςτατος, em pé, estacionário; ex.: Estatocisto.

Staxis*, *staktos, gr. ςτάξις, ςτακτός, gotejamento; ex.: Epistaxe.

Stear*, *steatos, gr. ςτέαρ, ςτέατος, gordura; ex.: Estearina, Esteatose.

***Steganopodes* (Aristóteles, Classificação)**, gr. ςτέγη, ςτεγανός, cobertura, revestimento; um grupo de Aves com nadadeira interdigital como nos patos.

Stegein, vb. gr. ςτέγειν, cobrir, recobrir, vb. gr. ςτέγω, eu cubro; ex.: Steganopodes (um dos grupos de Aves de Aristóteles com nadadeira interdigital como nos patos).

Stella, lat., estrela; em gr. ἀςτήρ, ἄςτρου, *aster*, *astrou*; ex.: Estelar.

Stenos, gr. ςτενός, estreito; ex.: Estenose (pilórica, intestinal etc.).

STENSEN, NIELS ou STEENSEN ou STENO (1638-1686). Anatomista dinamarquês, que descreveu, entre outras coisas, os canais hoje com seu nome, os ductos de excreção da Glândula parótida.

***Stephaniaia* (Rufus de Efésos, Galeno, Anatomia)**, gr. ςτεφάνη, *stephane*, coroa, grinalda de noiva e qualquer objeto que circunde a cabeça; em Anatomia da Antiguidade é o nome da sutura coronal (entre os Ossos Frontais e Parietais). Ver Rufus de Efésos (1889) e Galenus (1535; trad. e comentários em Singer, 1952).

Stereos, adj. gr. ςτερεός, sólido, duro, imóvel, robusto, vigoroso; ex.: Stereospondyli (Subordem de Anfíbios, que têm vértebras completamente ossificadas e dentes labirintodontes).

***Sternon* (Homero, Anatomia)**, gr. ςτέρνον, lat. científico *esternum*, peito, tórax, osso do peito; em Homero, parte anterior do tórax, ou peito; ex.: Osso Esterno. Ver *Stethos*.

***Stethos* (Homero, Anatomia)**, gr. ςτῆθος, peito, tórax; em Homero, toda a caixa torácica e por vezes também a armadura do guerreiro; ex.: Estetoscópio (*stethos* + vb. *scopein*, observar; instrumento médico para auscultar as vísceras). Ver *Sternon*.

***Stillare*, vb. lat., gotejar; ex.: Água destilada (pref. lat. *dis-*, separar + *stillare*).

***Stimulus*, lat., aguilhão, estímulo, excitação; ex.: Estímulo luminoso.

***Stinguere, stinct-*, vb. lat., extinguir, separar; ex.: Extinguir.

***Stochos*, gr. ςτόχος, objetivo, alvo; ex.: Processos estocásticos (evolução).

***Stoma, stomatos, stomat-* (Homero, Hipócrates, Aristóteles, Anatomia)**, gr. ςτόμα, ςτοματ-, boca; em Homero, todos os sentidos modernos de boca, lábios etc.; aliás, a desembocadura dos rios é chamada de *stoma* (Daremberg, 1865); ex.: Estômago, Estômatos.

***Stomachos* (1; Homero, Hipócrates, Anatomia)**, gr. ςτόμαχος; em Homero pode ter o sentido de garganta, faringe, esôfago. Para Hipócrates, o esôfago começaria na "língua" (base da língua ou faringe) e estaria ligado a uma abertura chamada de ςτόμαχος, estômago.

***Stomachos* (2; Aristóteles, Anatomia)**, gr. ςτόμαχος, estômago. Na Biologia de Aristóteles, por vezes *stomachos* é traduzido como esôfago (e.g., Peck e Saint' Hilaire). Em alguns Invertebrados, o *stomachos* pode vir logo após a boca; como o termo deriva do gr. ςτόμα, *stoma*, boca, faz sentido que *stomachos* seja a parte do tubo digestivo que se segue à boca; ex.: Estômago.

***Stomatos ouranon* (Aristóteles, Anatomia)**, gr. ςτόματος οὐρανόν, literalmente "céu da boca" ou palato. Aristóteles utiliza este termo quando diz que aquilo que hoje chamamos de Trompa de Eustáquio (pela primeira vez referida por ele) se estende do ouvido até o "céu da boca" (na realidade até a faringe, onde fica o óstio da trompa).

***Stratum, strat-*, lat., camada, secção, faixa, cama; vb. gr. ςτρωννύω, *stronnuo*, eu me espalho, eu faço uma cama; do vb. gr. ςτόρνυμι, *stornymi*, espalhar-se, acalmar-se; ex.: Estratigrafia (Geologia).

Streptos, gr. ςτρεπτός, torcido; ex.: Movimento estreptostílico (movimento craniano das Aves; mas não restrito a elas). Nele, quando a boca é aberta, mandíbula e palato são deslocados anteriormente ao mesmo tempo, de modo que o bico rota dorsalmente (em relação ao neurocrânio).

Stria, lat., canal ou sulco; ex.: Corpo estriado (SNC).

Striatus, lat., estriado, com estrias, com sulcos; ex.: Corpo estriado (SNC).

***Stromboides* (Aristóteles, Classificação)**, gr. ςτρόμβος, *strombos*, concha em espiral + εἶδος, *eidos*, forma; nome dos Gastrópodes em Aristóteles.

***Strombos, strombois* (Aristóteles, Anatomia)**, gr. ςτρόμβος, ςτρόμβοις, concha(s) em espiral; Aristóteles utiliza este termo quando descreve a cóclea da Orelha interna, devido à sua forma semelhante à concha de um caracol.

***Strouthos* (Aristóteles, Classificação)**, gr. ςτρουθός, ave, pardal (*Passer domesticus*).

***Strouthos Lybicos* (Aristóteles, Classificação)**, gr. ςτρουθὸς Λιβυκός, "ave da Líbia (i.e., da África)", Avestruz; para Aristóteles, este era um animal intermediário entre uma Ave e um *Zootoka* (por ter asas, mas não voar, e ter penas que se assemelham a pelos).

Studere, vb. lat., estudar, dedicar-se; ex.: Estudo.

***Styloeideis* (Galeno, Anatomia)**, gr. ςτιλοειδεῖς, gr. ςτῦλος, coluna + εἶδος, *eidos*, forma; em forma de coluna, ou instrumento afiado para escrever, desenhar ou gravar na madeira; ex.: Processo estiloide do crânio.

Stylos, lat., gr. ςτῦλος, coluna, instrumento afiado para escrever, desenhar ou gravar na madeira; ex.: Processo estiloide. Também são chamados de estilos, as cúspides dos cíngulos dos dentes em Mamíferos e Cinodontes.

Sub-, pref. lat., debaixo de, sob; ex.: Subaquático.

Substância (uma das Categorias de Aristóteles), lat. *substantia*, de *sub-*, debaixo + vb. *stare*, ficar, em gr. οὐςία, *ousia*, substância, cada indivíduo (coisa ou animal) do Mundo e seus gêneros/espécies. Substâncias podem ser Primárias (indivíduos) ou Secundárias (gênero e espécie dos indivíduos).

Substância branca (Anatomia, SNC), lat. *substantia*, de *sub-*, debaixo + vb. *stare*, ficar + alemão *blank*; parte do Sistema Nervoso Central na qual há grande número de fibras nervosas mielinizadas e poucos neurônios: ex.: Maior parte da porção interna dos hemisférios cerebrais e cerebelares (exceto córtex cerebral, formado de substância cinzenta).

Substância Primária (uma das Categorias de Aristóteles), lat. *substantia prima*; de *sub-*, debaixo + vb. *stare*, ficar; em gr. οὐςία πρώτη, *ousia prote*; aquilo não pode ser predicado de nada mais ou dito de algo mais. Na Biologia, Substância Primária se refere a cada um dos animais (indivíduos vivos) ou a cada uma das partes em um indivíduo vivo.

Substância Secundária (uma das Categorias de Aristóteles), lat. *substantia seconda*; em gr. οὐςία δευτέρα, *ousia deutera*. Na Biologia de Aristóteles, são o gênero e a espécie dos animais. A Substância Secundária é muito diferente da Primária. Enquanto que a Primária são os indivíduos do Mundo, João, José, os cavalos Alazão, Bucéfalo etc., as Substâncias Secundárias são predicados; i.e., *elas são o que se diz de um conjunto de Substâncias Primárias*; ex.: *Animal racional* (gênero + espécie); nome que se dá ao conjunto de João + José + Pedro + Maria etc. (todas as pessoas do Mundo).

Subter, lat., abaixo, debaixo; contrário de *super* (acima, sobre, mais do que); ex.: Subterfúgio.

Succus, lat., suco; ex.: Suco gástrico.

Succus entericus, lat., suco entérico; uma mistura das substâncias digestivas provindas do estômago e as secreções biliar e pancreática.

Succus gastricus, lat., suco + *gaster*, estômago; suco gástrico, uma mistura de muco, ácido clorídrico e enzimas digestivas (principalmente pepsina).

Sudare, vb. lat., suar; ex.: Glândulas sudoríparas.

Suere, *sut-*, vb. lat., costurar; ex.: Suturas cranianas (lembram costuras devido à sua forma em zigue-zague).

suf., abreviatura para *sufixo(s)*.

Sui-, pref. lat., próprio; ex.: Coloração *sui generis*.

Sulcus, lat., sulco, canal; em Anatomia, utiliza-se sulco apenas para depressões longas e estreitas; enquanto que canal é termo hoje utilizado para um sulco fechado ou um tubo; ex.: Sulcos vasculares (nos ossos).

Super-, lat., acima, superior; ex.: Vista superior (TRA).

Superfície, lat., *super-*, acima, superior + *facies*, face; ex.: Estruturas superficiais (pele, vasos superficiais etc.).

Superus (Celsus, Anatomia), lat., superior; ex.: Superior (TRA).

Supercílio (Anatomia), adj. lat. *super*, acima + *cilium*, cílio, pálpebra.

Supinação (Homem), do lat. tardio *supinationem*, do p.p. do vb. *supinare*, dobrar para trás; *supinus*, deitar de costas. Decúbito supino refere-se a estar deitado de costas (também chamado de decúbito dorsal). Supinação da mão é, estando a pessoa deitada de costas e com a palma da mão voltada para baixo, rotá-la de modo a que a palma fique para cima (dorso da mão para baixo). O movimento correspondente do antebraço é quando ele fica com a face anterior anatômica[51] voltada para a frente ou para cima.

Supra, pref. lat., sobre, acima, mais do que; o contrário de *subter*; ex.: Osso Supraoccipital.

Supraoccipital Dérmico. Ver *Osso Supraoccipital Dérmico*.

Supraoccipital Endocondral. Ver *Osso Supraoccipital Endocondral*.

Surdus, lat., surdo; ex.: Surdez.

Surgere, lat., elevar-se; ex.: Fonte ressurgente.

Sustentacular, adj., do lat. *sustentaculum*, um suporte; algo que dá suporte; ex.: Células sustentaculares de Sertoli (células situadas nos túbulos seminíferos testiculares e que dão sustentação às células responsáveis pela espermatogênese).

Sutura (Heródoto, Aristóteles, Rufus de Efésos, Celsus, Anatomia), lat., costura; em gr. ῥαφέ, *raphe*, sutura; do vb. ῥαπτειν, *rhaptein*, coser, costurar; ex.: Suturas cranianas.

---

[51] Por convenção, a posição anatômica do Homem é em pé, com as palmas das mãos voltadas anteriormente. Nesta posição, há uma inversão na ordem dos dedos das mãos, em que o primeiro dedo fica lateral, enquanto que no pé ele é medial.

Sutura Coronal (Anatomia, crânio), lat. *sutura*, costura + *corona*, coroa; sutura situada entre os Ossos Frontais e os Parietais.

Sutura Lamboide (Anatomia, crânio), lat. *sutura*, costura + gr. λάμδα, letra *lambda* + εἶδος, *eidos*, forma; "sutura craniana em forma de lambda", situada entre os Ossos Parietais e o Occipital ou Supraoccipital.

Sutura Neurocentral (Anatomia, Coluna vertebral), lat. *sutura*, costura, sutura + gr. νεῦρον, *neuron*, tendão + lat. *centrum*, centro; sutura entre o arco neural e o corpo vertebral.

Sutura Sagital (Anatomia, crânio), lat. *sutura*, costura + *sagitta*, flecha, reta; sutura situada na linha sagital do crânio, entre os Ossos Parietais.

SWAMMERDAM, JAN (1637-1680). Anatomista e médico dinamarquês que descreveu, entre outras coisas, as células sanguíneas e as válvulas dos linfáticos.

***Symbebekos* (Aristóteles)**, gr. συμβεβηκος, Acidente; em lat. vb. *accidere*, acontecer por acaso. Para Aristóteles, Acidente é o atributo que não é essencial nem é uma Propriedade; o que significa que, sem ele, a coisa não deixa de ser o que é. Como em "João está deitado". "Estar deitado" é um fato acidental para João, porque ele não deixa de ser João quando está em pé ou sentado. Ver Acidente.

Symmetria, lat., gr. σύμμετρος, *symmetros*, "que têm medida em comum", proporcional; ex.: Animais de simetria bilateral.

Syn-, pref. gr. σύν-, com, junto a; ex.: Sínfise (junto à *physis*).

***Synapsida* (Classificação)**, Ordem de Répteis que surgiu no Carbonífero Superior (Pelicossauros) e se extinguiu no Triássico Superior (Terápsidas). Eles apresentam apenas uma Fenestra Temporal no crânio, situada entre os Ossos Esquamosal, Pós-Orbital, Jugal e Quadrado-Jugal. Os Sinápsidas, em particular os Cynodontia, têm muitos caracteres dos Mamíferos. Durante a evolução deste grupo, os ossos dos membros, por assim dizer, rotaram para debaixo do corpo, por meio do desenvolvimento de um colo na cabeça do úmero e do Fêmur; como acontecerá depois, mais marcadamente, nos Mamíferos e Dinossauros.

***Syntaxis* (Galeno, Anatomia)**[52]**, gr.** ςυν-, *syn-*, junto com + τάξις, ordem; um tipo de articulação em Galenus (1535; trad. e comentários em Singer, 1952).

***Synthesis* (Galeno, Anatomia)**, gr. ςύνθεςις, ςυν-, *syn-*, junto com + θεςις, *thesis*, proposição; composição, mistura, conexão, síntese; é um tipo de articulação em Galenus (1535; trad. e comentários em Singer, 1952).

***Syrinx, syringos* (Anatomia)**, gr. ςύριγξ, ςύριγγος, flauta, siringe; Σύριγξ, *Syrinx*, é também uma ninfa que seduziu o deus *Pan*; ex.: Siringe das Aves (homóloga da laringe dos Mamíferos).

---

[52] Estes dois termos (*syntaxis* e *synthesis*), como alguns outros, não têm uma definição clara em Galeno. Singer (1952) traduz *syntaxis* como "conjunção" de ossos, enquanto que *synthesis* é traduzida como "união" de ossos.

T

T, abreviatura para *Osso temporal*.

T1-T12 (Anatomia, Mamíferos, Coluna vertebral), abreviaturas para as vértebras da região torácica (T1, primeira vértebra torácica etc.). Ver "Vértebra dorsal".

***Ta anomoiomere moria* (Aristóteles)**, gr. τὰ ἀνομοιομερῆ μόρια, partes heterômeras ou não uniformes em Aristóteles; ex.: Braço (o qual, ao ser dividido, daria origem a várias partes diferentes: ossos + músculos + nervos etc.; i.e., partes diferentes da parte inicial; o mesmo vale para Cabeça, Tronco, Tórax, Abdômen etc.).

***Tabula, tabella*,** lat., pequena mesa ou tábua; ex.: Osso tabular (do crânio).

***Tachys*,** gr. ταχύς, rápido, veloz; ex.: Taquicardia.

***Taenia*,** gr. ταινία, fita; termo hoje utilizado para formar nome de táxon; ex.: *Taenia solium*.

Tafonomia, gr. τάφος, taphos, enterramento + νόμος, nomos, nome; estudo dos processos de enterramento e decomposição dos organismos que virão a se tornar fósseis. Por exemplo, em muitos Vertebrados/Craniata fósseis, o crânio é encontrado deslocado para cima e para trás em relação à Região Cervical da coluna, o que se deve ao ressecamento e à retração dos músculos e ligamentos que unem a Cabeça ao Pescoço, particularmente quando estes forem longos (e.g., Mesossauros). Ver Tanatocenose.

***Ta homoiomere moria* (Aristóteles)**, gr. τὰ ὁμοιομερῆ μόρια, partes homômeras ou uniformes, em Aristóteles; ex.: Osso e Músculo, que, ao serem divididos, dão origem apenas a "partes de osso" ou a "partes de músculo"; ou seja, partes semelhantes à parte inicial.

***Talaria* (Virgílio, Ovídio, Cícero)**, lat., sandália greco-romana, com asas fixadas no nível do tornozelo, relacionada aos deuses Mercúrio (Virgílio, *Eneida*, IV, 239), Perseu (Ovídio, *Metamorfoses*, IV, 666) e Minerva (Cícero, *De Natura Deorum*, III, 23); em gr. πέδιλα, pedila (Homero, *Ilíada*, 24). Do lat. *talaria* deve ter vindo o nome do Osso talus (astrágalo), situado entre os maléolos do tornozelo. Ver Rich (1861, p. 625). Segundo Smith (1842, p. 933-934), *talaria* se refere às asas do tornozelo de tais deuses, que por vezes eram colocadas diretamente sobre o deus, outras vezes fixadas nas suas sandálias.

Talus, lat., tornozelo, osso do tornozelo, sinônimo de astrágalo; provavelmente derivado do lat. *talaria*, uma sandália greco-romana com asas, e relacionada aos deuses Mercúrio, Perseu e Minerva; ex.: Osso talus (astrágalo).

Tanatocenose, gr. Θάνατος, *Thanatos*, morte + *coenosis*, associação; diz respeito ao destino de um conjunto de seres vivos, após sua morte e durante sua fossilização. O termo é utilizado quando os fósseis são considerados como tendo morrido num evento catastrófico. Mas eles não necessariamente devem ter morrido ao mesmo tempo e no mesmo lugar; mas sim morrido mais ou menos na mesma época (algumas centenas de milhares de anos), e mais ou menos na mesma região (ao redor de alguns km). Ver Tafonomia.

Ta onta, gr. τὰ ὄντα, os seres; ex.: Ontologia.

Tapetum, lat., tapete, carpete; corresponde às estruturas anatômicas; 1- fibras da parte posterior do *corpus callosum*; e ao 2- *tapetum choroideae*, camada iridescente na coroide do olho de certos animais (e.g., gato).

Tapetum lucidum, lat., tapete, carpete luminoso; camada da retina de muitos Vertebrados, que reflete a luz que entra pelo olho, assim reforçando a imagem formada sobre a retina. É uma adaptação para a visão no escuro e à noite.

Tardus, lat., lento; termo hoje utilizado para formar nome de táxons; ex.: Tardigrada (Animalia, Panarthropoda). Tardigrada é também o nome do grupo das preguiças (Xenarthra).

Tarso, lat. *tarsus*, do gr. ταρςός, *tarsos*, tornozelo, ossos do tornozelo; ossos do pé, entre os ossos da perna e do metatarso.

Tarsometatarso (Dinossauros e Aves), gr. ταρςός, tornozelo + pref. gr. μετά, *meta*, acima, além, ao lado + *tarsos*. Este é um osso complexo, resultado do fusionamento de ossos do tarso e do metatarso, em Aves e alguns Dinossauros não avianos. Aristóteles parece descrevê-lo como se fosse um segmento adicional nas pernas das Aves (ver Ferigolo, 2012, 2016).

GLOSSÁRIO ETIMOLÓGICO DE VERTEBRADOS: ORIGEM GREGA E LATINA DOS TERMOS

Tarsos, gr. ταρςός, tornozelo, ossos do tornozelo, entre os ossos da perna e do metatarso; ex.: Ossos tarsais.

Tau, letra grega ταυ, minúsc. τ, maiúsc. Τ. Translitera-se como "t".

Tauros, gr. ταύρος, touro; em lat. *taurus*; ex.: *Bos taurus*. Observe que em *Bos taurus* temos dois nomes com significados distintos; *bos*, que significa boi (bovino macho), e *tauros*, que significa touro. Ver *Bos* e *Bous*.

Taxis, gr. τάξις, ordem; ex.: Taxonomia; *Syntaxis* (um tipo de articulação em Galenus, 1535; trad. em Singer, 1952).

Teca, lat. *theca*, uma bainha, um envelope, do gr. θήκη, *theke*, caixa, tumba, bainha de espada; ex.: Teca do folículo de Graaf.

Techne (Aristóteles), gr. τέχνη, arte, habilidade do artesão; ex.: Técnicas laboratoriais.

Technika, do gr. τεχνικός, *technikos*, de ou relativo à arte; de τέχνη, *techne*, arte ou artesanato; ex.: Técnicas bioquímicas.

Tecido, lat. *textere*, tecer ou entrelaçar fios. Mesma origem do termo "texto". Uma aparência semelhante levou à denominação dos tecidos orgânicos.

Tecodontia (Répteis, Mamíferos, Aves fósseis, dentes), lat. *theca*, uma bainha, um envelope, do gr. θήκη, caixa, tumba, bainha de espada + ὀδούς, ὀδόντος, *odous, odontos*, dente, *do* dente; refere-se aos dentes situados dentro de cavidades chamadas de alvéolos; ou seja, articulados aos alvéolos, uma articulação chamada gonfose. Podem ser fusionados aos respectivos ossos (em alguns Répteis fósseis), ou não (Mamíferos).

Tegmen, lat., um revestimento, um tegumento; ex.: *Tegmen tympani* (teto da Cavidade Timpânica do Ouvido Médio).

Tegere, vb. lat., cobrir; ex.: Tegumento.

Tegmen tympani (Mamíferos, crânio, ouvido médio), vb. lat. *tego*, eu cubro + *tympanum*, tímpano. Refere-se ao teto da cavidade timpânica nos Mamíferos, onde se situa o promontório com as fenestras oval e redonda.

Telitoquia, gr. θηλυτοκία, de θῆλυς, feminino + -τόκος, que gera; tipo de partenogênese em que as fêmeas são produzidas de ovos não fertilizados.

Teino, vb. gr. τείνω, eu estendo, eu estico, eu alongo; termo hoje utilizado para descrever estruturas (e.g., vasos) que vão de um lugar até outro.

Tela, lat., rede, qualquer tecido em um tear; ex.: Tela submucosa; Tela subcutânea.

Tele-, pref. gr. τῆλε-, longe; ex.: Teleologia.

Teleologia (Aristóteles), gr. τέλος, *telos*, propósito, objetivo, fim + λόγος, *logos*, estudo, discurso. Na zoologia de Aristóteles, o que se chama de teleologia está relacionado à sua fisiologia. Os órgãos e suas partes não têm um propósito em si mesmos, mas têm uma função dentro do organismo como um todo. A função última ou principal de cada parte é a reprodução do organismo; o que leva à eternalização da forma. A reprodução do organismo é o que Aristóteles chama de "bem" do organismo.

Temno, vb. gr. τέμνω, eu corto; ex.: Temnospôndilos (anfíbios fósseis com corpos vertebrais aparentemente divididos, por terem dois centros para cada vértebra).

Tempo (uma das Categorias de Aristóteles), lat. *tempus*; em gr. πότε, *pote*, quando. Na Biologia, é o que é dito da Substância (indivíduo) em relação ao tempo; como em "tempo de gestação", e "o filhote nasceu ontem".

Temporal (Celsus), termo referente à região das têmporas, como região temporal (TRA).

Tempus, temporis, lat., tempo, *do* tempo; ex.: Osso temporal.

Tendão (Rufus de Efésos, Galeno), vb. lat. *tendo*, eu estendo, vb. *tendere*, esticar, estender; em gr. νεῦρον, *neuron*. Desde a Antiguidade e até Galeno pelo menos, o termo *neuron* significava tendão ou corda (as quais eram geralmente feitas de tendões de animais ou de fibras vegetais). Tendões são as extremidades fibrosas dos músculos, onde eles se originam, ou aonde eles vão se fixar nos ossos. Rufus de Efésos (século I d.C.) foi o primeiro anatomista a distinguir os verdadeiros nervos dos tendões (ver também Galenus, 1535; trad. em Singer, 1952).

Tenuis, lat., fino, delgado; termo hoje utilizado para formar nomes de táxons; ex.: *Heterotermes tenuis* (espécie de térmita).

TEOFRASTO (ΘΕΟΦΡΑΣΤΟΣ, THEOPHRASTOS; 372-287 a.C.); do gr. θεος, *theos*, deus + vb. φράζω, *phrazo*, eu explico, eu digo, eu mostro. Seu nome verdadeiro era Tirtamo, mas recebeu o apelido de Teofrasto, dado por Aristóteles, em função de sua qualidade como orador. Ele era original de Eressos, na Ilha de Lesbos. Teria sido originalmente aluno de Platão e depois de Aristóteles, a quem sucedeu no Liceu, durante cerca de 35 anos. Em seu testamento, Aristóteles, além de designá-lo como seu sucessor, o indicou como tutor de seus filhos, tendo-lhe passado sua biblioteca e seus trabalhos. Em Biologia, seus livros mais famosos são sobre botânica: *Sobre as plantas*, e *As causas das plantas*. Ele é considerado o fundador da botânica como disciplina independente da Medicina.

Teoria, gr. *theoreo*, eu contemplo, eu considero.

Teoria das Quatro Causas (Aristóteles), lat. *causa*, razão, origem; em gr. αἴτιον, αἰτία, *aition, aitia*. Em Aristóteles, refere-se à Teoria das Quatro Causas. *Aition* deriva do adjetivo gr. *aitios*, significando responsável. Aparece pela primeira vez em Homero, aplicado ao autor de algo. Mais tarde veio a ser aplicado a coisas não vivas. Nos textos hipocráticos e nos de Tucídides, já encontramos a terminologia referente às causas das coisas (e.g., as causas da Peste, em Thucydides, 1919; *Peloponnesian War* 2, 47-54). É de *aition* também que provém o termo "etiologia", a área da Medicina que estuda as causas das doenças. A etiologia é também a principal área da Ecologia; **Causa Eficiente ou Motora**, lat. *causa* efficiens, em gr. κινοῦν, *kinoun*, motor. O *proton kinoun* de Aristóteles é o "primeiro motor". Na Biologia é o que faz as coisas surgirem, moverem-se ou mudarem. Por exemplo, o coração é a causa eficiente das demais vísceras, porque faz com que elas se desenvolvam. Por isto é que ele entende que o coração seria o primeiro órgão a surgir no embrião. Tomás de Aquino utilizou o conceito de causa eficiente ou motora para fundamentar filosoficamente a ideia de Deus; **Causa Final**, lat. *causa finalis*; em gr. οὗ ἕνεκα, *hou heneka*, literalmente, "para o que algo é", ou "para o que algo existe". Na Biologia é "para o que o órgão ou a parte existe"; ou seja, sua função em relação ao organismo como um todo. Enquanto que, em relação a Aristóteles, frequentemente se considera a causa final como parte de sua teleologia, a função das partes dos animais é hoje estudada pela Fisiologia Animal. Logo, a teleologia de Aristóteles refere-se à sua fisiologia, quando diz respeito aos seres vivos. A Fisiologia Animal foi fundada na obra *Pars Animalium*; **Causa Formal ou Forma**, lat. *causa formalis*, de *forma*, em gr. εἶδος, *eidos*. Na Biologia, é a forma que cada órgão ou parte deve ter para poder exercer sua função (Causa Final). Por exemplo, para que algo funcione como um apêndice que auxilie um animal a voar, ela deve ter a forma de uma asa. Para que um órgão auxilie na digestão dos alimentos, ele deve ter a forma de um estômago, ou intestino etc.; **Causa Material ou Matéria,** lat. *causa materialis,* de *materia,* matéria; em gr. ὕλη, *hyle.* Na Biologia, causa material é do que cada órgão ou suas partes são formados. Por exemplo, a asa de uma ave é formada pelas matérias osso, músculo, vasos, nervos etc.

Teoria do Ato e Potência (Heráclito, Aristóteles). Refere-se ao conceito do "vir a ser". A origem do conceito está em Heráclito de Éfeso (ca. 535-c. 475 a.C.), que observou que as coisas não têm permanência ("um homem não pode entrar duas vezes no mesmo rio", disse ele), mas estão em constante movimento, em transformação. Uma cosmovisão contrária à de Parmênides de Eleia (ca. 530-460 a.C.), segundo a qual as mudanças que observamos são apenas aparências, porque tudo é perfeito e não muda. Com sua teoria, Aristóteles aparentemente solucionou a questão principal da Filosofia grega, qual seja, a do Ser que deixa de ser o que é, para se transformar em algo diferente. Ver Heráclito e Parmênides.

Tepere, vb. lat., estar quente, *tepeo,* eu estou quente, eu estou enamorado; ex.: Água tépida.

Teras, teratos (Aristóteles), gr. τέρας, τέρατος; maravilha, algo espantoso, monstro; ex.: Teratologia.

Terceiro trocânter (Mamíferos, fêmur), lat. *tertius,* terceiro + gr. τροχαντήρ, *trochanter,* parte da popa de um navio; processo situado junto ao grande trocânter do fêmur.

Teres, lat., arredondado; ex.: Ligamento teres (ou ligamento redondo, que liga o fêmur à fóvea da pelve; há também outros ligamentos teres, como o ligamento teres hepático).

Terminus, lat., fim, limite; ex.: Terminal axônico (porção final do axônio que contata com outro neurônio ou outra célula).

Termo, lat. *terminus,* limite, fim, final; termo é utilizado aqui para referência a uma palavra ou uma locução (que equivale a uma só palavra) bem definida, que foi utilizada por algum autor Por exemplo, os nomes dos Grupos Naturais dados por Aristóteles, como *Anaima, Enaima, Zootoka, Ootoka* etc.

Termos descritivos (Aristóteles). São os termos que indicam algum aspecto anatômico ou fisiológico da estrutura; embora muitas vezes ele utilize tais termos também significando nome de Grupos Naturais. Por exemplo, *Ootoka* se refere aos animais com reprodução por meio de ovos, o que é evidente no outro nome que o mesmo Grupo Natural tem: Tetrápodes Ovíparos. Mas devemos lembrar que há ainda outros Grupos Naturais que se reproduzem por meio de ovos, como muitos Peixes e todas as Aves. Aristóteles não conhecia os Monotremados.

Termos de Referência Anatômicos (TRA). São termos utilizados para posicionar as estruturas de um animal/homem quando de sua descrição. As estruturas, mesmo se isoladas e fora do corpo, devem ser orientadas como se estivessem em um indivíduo vivo; principais TRA: Anterior/Posterior, lat. *anterius, posterius*; refere-se a estruturas que se situam mais próximas da cabeça (ou do crânio), e da cauda, respectivamente; nos Vertebrados (exceto homem), anterior corresponde a cefálico ou cranial; enquanto que posterior corresponde a caudal; Cefálico gr. κεφαλή, *kephale*, cabeça; refere-se às estruturas que estão na cabeça; ou que, relativamente, estão mais próximas da cabeça do que da cauda; e.g., Os principais órgãos dos sentidos estão todos da região cefálica; Colateral, lat. *collateralis*, pref. co-, pref., junto com + *lateralis*, refere-se a duas ou mais estruturas que estão do mesmo lado do corpo; ou uma ao lado da outra; e.g., Os dedos de uma das mãos são todos colaterais (direitos ou esquerdos); Coronal, lat. *corona*, coroa; refere-se a estruturas, geralmente cranianas, relacionadas à posição da coroa dos reis/rainhas; e.g., Sutura Coronal (ou Bregmática) do crânio, Secções Coronais do crânio; Cranial/Caudal, lat., Cranial: refere-se a estruturas cranianas ou que estão mais próximas do crânio/Cabeça do que da cauda; ex.: a Região cervical da coluna vertebral) é cranial em relação à região lombar; Caudal: refere-se a estruturas que estão mais próximas da cauda do que do crânio/cabeça; ex.: Região caudal da coluna vertebral; Direito/Esquerdo, lat., *directus*, "que segue regras predeterminadas", do p.p. do vb. *dirigere*, dirigir; esquerdo vem do basco *ezker* do espanhol *izquierdo*; direito/esquerdo referem-se aos lados do corpo, nos animais de simetria bilateral; ex.: O fígado está no lado direito no Abdômen, e o baço no lado esquerdo; Dorsal/Ventral, lat. *dorsus*, dorso, costas, e lat. *venter*, Abdômen, barriga, ventre; estes termos, com Anterior/Posterior são os principais TRA nos Vertebrados; eles se referem ao lado da coluna vertebral, antigamente chamada de "coluna dorsal"; o termo Ventral também se refere ao lado do abdômen; Frontal/Nucal, lat. *frontalis*, refere-se à fronte, ou à testa (homem), e portanto à região do Osso frontal; e Nucal refere-se à região da nuca ou do Osso occipital do crânio; Interno/Externo, lat. *internus* refere-se a algo voltado para dentro; e exterus, voltado para fora. Interno, ao lado que está voltado para dentro do corpo. Por exemplo, lado interno da parede torácica, ou abdominal. No crânio, lado interno diz respeito ao lado voltado para o cérebro. Não confundir interno com medial: os ossos do crânio têm face interna, enquanto que a perna (e seus ossos) têm face medial (voltada para o plano mediano ou sagital do corpo) e face lateral; *exterus*, externo, por sua vez, relaciona-se ao lado que está voltado para fora do corpo. Por exemplo, da parede torácica, ou abdominal. No crânio, lado externo é o que está voltado para o couro cabeludo. Não confundir interno com medial: os ossos do crânio têm face interna, enquanto que a perna (e seus ossos) têm face medial (voltada para o plano mediano ou sagital do corpo) e face lateral; Horizontal, lat. *horizontalis*, refere-se a uma linha ou um plano horizontal em relação ao corpo de um animal; e.g., o Plano Horizontal que secciona o corpo em uma porção Dorsal e uma Ventral (e.g., Vertebrados), ou em uma porção Superior e outra Inferior (e.g., Muitos Invertebrados); sobre este plano, situa-se a Linha Longitudinal; Intermédio, lat., *inter*, entre + *medius*, médio; refere-se a uma estrutura que está em uma posição intermediária, entre duas outras; pouco utilizada atualmente; Longitudinal, lat. *longus*, longo; a um eixo, uma linha ou estrutura que se estende ao longo da maior dimensão de um animal de simetria bilateral, ou alguma de suas partes; ex.: Eixo Longitudinal dos membros dos Tetrápodes; Medial/Lateral, lat., *medius*, medial refere-se a uma estrutura que, em relação a outra(s), está mais próxima do centro do corpo, em uma animal de simetria bilateral; lateral, à estrutura que está mais afastada do centro do corpo, quando comparada a outra estrutura com a qual tem alguma relação (espacial, funcional etc.); ex.: A tíbia é medial em relação à fíbula, que lhe é lateral; Mediano, lat. *medius*, no meio, no centro; refere-se a uma estrutura que está sobre o plano que divide o corpo em duas metades direita/esquerda, nos animais de simetria bilateral; ex.: Nariz; Médio, lat., *medius*, no meio, no centro; termo hoje utilizado principalmente com o sentido de intermediário; Mesial/Distal, gr. μέςος, *mesos*, no meio; passando-se um plano parassagital pelo meio dos dentes da arcada dentária, mesial diz respeito à Face Interdental que está voltada para a linha média, se a série dentária for retificada; e distal, à Face Interdental que está voltada para o ramo da mandíbula; Proximal/Distal, lat. *proximalis*, proximal, refere-se a uma estrutura que está mais próxima do centro do corpo ou centro de origem ou fixação; *distalis*, distal, é o contrário de proximal; ex.: O braço é proximal em relação ao antebraço, do qual a mão é distal; Radial/Ulnar, lat. *radialis, ulnaris*; estes são adjetivos que se relacionam aos Ossos rádio e ulna ou ao lado destes; ex.: O rádio tem facetas articulares chamadas de lunares, porque destinam-se à articulação com a ulna; as facetas articulares radiais da ulna destinam-se à articulação com as facetas ulnares do rádio. Em alguns Anfíbios e Répteis, há ossos carpais que se chamam Osso radial e Osso ulnar, porque articulam-se proximalmente com o rádio e a ulna; Sagital/Parassagital, lat. *sagittalis*, de *sagitta*, flecha + *para-*, pref. gr. ao lado; estes termos referem-se a estruturas que se situam sobre a linha mediana (sagital), ou paralelas à linha mediana (parassagitais); ex.: Linhas Sagital e Parassagitais do crânio; Superficial/Profundo, lat. *superfícies/profundus*; dizem respeito a estruturas que se situam mais próximo da superfície do corpo ou mais profundas em relação a este; ex.: Artérias e veias superficiais e profundas dos membros; Superior/Inferior, lat., *superius/inferus*; acima, sobre e abaixo, sob, respectivamente; relacionam-se a estruturas mais próximas da cabeça ou dos pés, no homem. Não deve ser utilizado em Tetrápodes e outros animais em que, preferencialmente, deve-se utilizar Dorsal/Ventral, respectivamente; Tibial/Fibular, lat. *tibialis/fibularis*; estes são adjetivos que se referem aos Ossos tíbia e fíbula; ex.: A tíbia tem facetas articulares para a fíbula e vice-versa, proximal e distalmente. A tíbia tem, evidentemente, também facetas para o fêmur (proximalmente), e para o tarso (distalmente).

Terra, lat., terra seca, terra continental; ex.: Hábito subterrâneo.

Tertius, lat., terceiro; ex.: Época Terciária ou Terciário. Hoje, tende-se a utilizar suas duas divisões, Paleógeno e Neógeno, e não mais Terciário.

Tessares, tetr-, gr. τέςςαρες, quatro; ex.: Tetrápodes (*tetra-* + *podos*, pés),

Testacea[53] (Lineu), lat. *testaceum*, um tipo de tijolo, algo coberto com uma concha. Termo utilizado por Lineu para traduzir *Ostrakoderma* de Aristóteles.

Testiculus, lat., de *testis*, testemunho, testículo + suf. dim. *-ulus*. De acordo com a Lei Romana, um testemunho somente era aceito na "presença de

---

[53] Hoje Testacea é o nome de um grupo de Rhizopoda (Reino Protista, Filo Plasmodroma, Classe Sarcodina).

testículos". O assunto é muito mais complexo do que isto; por exemplo, por que *testis* em latim é tanto testemunho (ou, de início, até mesmo juiz) quanto testículo?[54]

Testis, lat., testículo; em gr. ὅςχες, ὀρχις, *orches, orchis*, testículo; ex.: Testosterona.

Testosterona, lat. *testis*, testemunho + *esterona* (esterol + cetona); homônio esteroide masculino produzido principalmente nos testículos; e que é responsável pelo desenvolvimento de características masculinas secundárias; ele é sete vezes mais potente do que a androsterona.

Tethya (Aristóteles), gr. τηθυα, Ascídea; Aristóteles inclui as Ascídias dentro dos Ostrakoderma. Hoje *Tethya* é um gênero de Esponjas (Demospongiae).

Tetraoros (Rufus de Efésos, Galeno), gr. τετραόρος, carruagem de quatro cavalos; nome dado por Rufus de Efésos (*De ossibus* 38; Rufus de Efésos, 1889; ver Galenus, 1535; trad. em Singer, 1952, p. 776) à tróclea do astrágalo.

Tetrápode (Aristóteles), gr. τετράποδη; um dos gêneros de *Enaima* (*Sanguinea*). Gênero (ou Grupo Natural) de animais que caminham com quatro pernas. Para Aristóteles, diferentemente de hoje, Tetrápodes não são os animais que têm quatro pernas, mas sim os que caminham com quatro pernas. Termo anterior a Aristóteles, já encontrado em Heródoto (2, 71; Liddell; Scott, 1953). Na maioria das traduções modernas, o termo τετράποδη é traduzido como "quadrúpede". Todavia, hoje, há grandes diferenças entre Tetrápode e Quadrúpede. O último pode incluir todos os Vertebrados que caminham com quatro pernas; enquanto que Tetrápode se refere aos Vertebrados que anatomicamente têm quatro membros, não importa qual sua função. Por exemplo, Cetáceos são Tetrápodes com perda secundária dos membros posteriores.

Tetrápodes Ovíparos (Aristóteles), em gr. Ωοτόκα, *Ootoka* (ᾠόν, oion, ovo + τοκάς, *tokas*, filho ou cria); um dos gêneros de *Enaima*; e que inclui os atuais Anfíbios e Répteis, exceto as Serpentes. Usualmente traduzido como "quadrúpedes ovíparos". Aristóteles não separava os Anfíbios dos Répteis. As Serpentes não são incluídas em *Ootoka* (Tetrápodes Ovíparos), por duas razões: 1- Serpentes são Ápodes; e 2- algumas Serpentes são vivíparas.

---

[54] Ver Katz (1998). Para uma síntese do artigo de Katz, ver http://www.carmentablog.com/2014/09/26/witness-testicle-linguistic-analysis-latin-word-testis/.

GLOSSÁRIO ETIMOLÓGICO DE VERTEBRADOS: ORIGEM GREGA E LATINA DOS TERMOS

Tetrápodes Vivíparos (Aristóteles), em gr. Ζωοτόκα, *Zootoka* (ζῷον, *zoion*, animal + τοκάς, *tokas*, filho ou cria), um dos gêneros de *Enaima*, nos quais os animais dão à luz crias vivas, e não por meio de ovos. Mas *Zootoka* corresponde apenas ao que hoje chamaríamos de "Mamíferos Tetrápodes", não incluindo os Mamíferos Ápodes (Cetáceos) e o Bípede (homem). "Tetrápodes" se referem a que estes animais caminham com quatro pernas. Lembremos que Aristóteles jamais cria um Grupo Natural com base em caracteres ambientais ou no seu habitat. Como há outros *Enaima* que são vivíparos, a tradução como "Tetrápodes Vivíparos" é mais adequada do que simplesmente "vivíparos" ou *vivipara*, como se encontra em muitas traduções. Nestas, o termo grego τετράπουν, "tetrápode", é geralmente traduzido por "quadrúpede".

***Tetrapodon chauliodontas phainon* (Heródoto)**, gr. τετράπουν χαυλιόδοντας φαῖνον, "tetrápode com grandes presas". Frase que se refere ao hipopótamo (Heródoto 2, 71; Herodotus, 1592). As presas do hipopótamo são seus enormes dentes caninos superiores e inferiores.

Thalamos, gr. θάλαμος, câmara, cama; ex.: Hipotálamo (SNC).

Thalassa, Thalatta, gr. Θάλασσα, Θᾰλᾰττᾰ, mar; na mitologia grega, Thalatta era a deusa do Mar, filha de Éter e Hemera. Ver *Chersaiois* (χερσαίοις, de χέρσος, *chersos*, terra seca).

Thanatos, gr. θάνατος, morte; ex.: Tanatologia.

-theca, -thecae, suf. lat. indicando coleção de algo; ex.: Biblioteca; Mapoteca.

Theos, gr. θεός, deus; ex.: *Teologia Natural* (escola teológica da Idade Média que entendia que os sinais da existência de Deus estão também na Natureza, não apenas nas Escrituras; Sabunde, 1581; *Theologia Naturalis*).

Theke, gr. θήκη, caixa, tumba, bainha de espada; ex.: Tecodontia (caráter dos dentes que se inserem em alvéolos; principalmente Arcossauros e Mamíferos; Tecodontia é também o antigo nome dos Arcossauros basais).

***Theoria* (Aristóteles)**, gr. θεωρία, especulação, teoria; ex.: Teorético.

Ther, theros, θήρ, θηρός, animal selvagem, besta, fera; termo hoje utilizado para formar nomes de gêneros de Mamíferos; termo cognato do lat. *ferus*, fera, do gr. φήρ, *pher,*; ex.: *Megatherium; Brontotherium*.

Thermos, gr. θερμός, calor; ex.: Termostato.

Theta, letra grega θήτα, minúsc. θ, maiúsc. Θ. Corresponde ao "th". Palavras com "th" indicam uma origem grega. Como em theology (gr. Θεός, Theos, Deus). O mesmo acontece com palavras com "rh" (rô aspirado; e.g., Rhodes) e "ph" (e.g., philosophy). Antes da reforma ortográfica de 1911, também muitas palavras em português tinham "rh", "th", e "ph" (e.g., rheumatismo, theologia e philosophia).

Thorax (Galeno), lat. do gr. θώραξ, tórax, porção superior do tronco. O termo deriva do nome de uma armatura metálica utilizada do Período Micênico até o fim do Helenismo. Também refere-se à carapaça de Crustáceos (*Historia Animalium*, 601a13; ver Liddell; Scott, 1953).

Thrix, trichos, gr. θρίξ, τριχός, pelo; ex.: *Trichion* (TRA, ponto de referência na cabeça, utilizado em antropologia física; situado na linha média, no encontro do limite anterior do cabelo com a fronte).

Thrombos, gr. θρόμβος, gota grande de sangue, coágulo; ex.: Trombócitos (plaquetas).

Thymos, gr. θυμός, alma, vida, coração, desejo, amor, pensamento, mente etc.; ex.: Timo.

Thyra, gr. θύρα, porta; ex.: Monothyra (em Aristóteles, Gastrópodes univalves).

Thyreos, thyreoeides (Galeno), gr. θυρεός, θυρεοειδής, escudo, forma de escudo; ex.: Cartilagem tireoide.

-tikos, suf. gr. -τικός, pertencente a; ex.: Gástrico.

Tímpano, gr. τύμπανον, *tympanon*, tambor, tamborete.

Tingere, tint-, vb. lat., tingir, pintar, molhar; ex.: Tinta de lula.

-tio, -tionis, -tione, suf. lat. formador de nome relacionado a alguma ação; ex.: Dissecção.

Tipo, lat. *tipus*, gr. τύπος, *typos*, figura, imagem, tipo, modelo; do vb. τύπτειν, *typtein*, bater, marcar; ex.: Holótipo.

-to, suf. lat. formador de numeral ordinal; ex.: Quarto; Quinto.

Tode ti (Aristóteles), gr. τόδε τι, Substância; conceito básico, que se refere aos 1- indivíduos (Substâncias Primárias, cada objeto, cada pessoa, cada animal), ou ao 2- gênero e espécie (Substâncias Secundárias) dos indivíduos.

Tokas (Aristóteles), gr. τοκάς, filho, cria; do vb. τίκτω, eu carrego; ex.: *Zootoka*.

Tokos (Aristóteles), gr. τόκος, nascimento de criança ou cria; ex.: *Ootoka*.

Tome, tomos, gr. τομή, τόμος, corte, incisão; ex.: Entomologia (*en-*, com + *tomos*, partes + λόγος, *logos*, estudo; estudo dos animais segmentados, os *Entoma* de Aristóteles).

Tomeis (Galeno), gr. τομείς, incisão, secção, algo cortante; termo para referir-se aos dentes incisivos.

TOMES, JOHN (1815-1895). Anatomista e cirurgião dentista inglês; descobriu, entre outras coisas, as Fibras de Tomes, processos dos odontoblastos que se continuam nos túbulos da dentina.

-tomia, suf. gr. -τομία, rel. a dividir, cortar; ex.: Anatomia (*ana-*, sem + *tomia*, sem partes).

-tonia, suf. gr. -τονία, rel. a tônus; ex.: Atonia (sem tônus).

Tonsila, lat. *tonsilla* (de origem obscura); massa de tecido linfático junto ao óstio da trompa de Eustáquio.

To on, ho on (Aristóteles), gr. τὸ ὄν, ὁ ὤν, o Ser (neutro e masculino); termo da Filosofia Clássica. O Ser refere-se a cada um dos indivíduos (objetos, animais etc.) do mundo.

Topos, topoi (Aristóteles), gr. τόπος, τόποι; refere-se às regras gerais para serem seguidas na argumentação; ex.: *Topica* (obra de Aristóteles que trata das regras da argumentação).

Tórax. Ver *Thorax*.

-torius, -toria, -torium, -sorius, -soria, -sorium, suf. lat. formadores de adj. ou substantivos; ex.: Aparelho circulatório.

To ti en einai (Aristóteles), gr. τὸ τί ἦν εἶναι, essência. A essência de algo é dada pela sua definição, por meio do gênero e espécie; termo da Filosofia clássica.

Totus, lat., tudo; ex.: Comprimento total.

Toxicum, lat., do gr. τοξικόν, *toxikon*, veneno; ex.: Toxicologia.

Toxon, gr. τόξον, arco (de flecha); ex.: *Toxodon* (*toxon* + ὀδούς, *odous*, dente; dentes arqueados; gênero de Notoungulata, Ungulados nativos sul-americanos).

TRA, abreviatura para Termos de Referência Anatômicos; ou seja, termos utilizados nas descrições anatômicas, como Anterior, Posterior, Dorsal, Ventral etc. Ver Termos de Referência Anatômicos.

Trabecula, trabeculae, dim. lat. de *trabs*, trave, feixe, do gr. τραπες, *trapes*, "costela" de um navio + suf. dim. *-ula*, pequenas traves, feixes; ex.: Trabéculas do osso esponjoso.

Trabeculae carnae, lat., trabéculas musculares, feixes musculares na parede interna dos Ventrículos Cardíacos.

Trabs, trabis, lat., viga, trave, do gr. τραπες, costela de navio; ex.: Osso trabecular.

Tracheia (**Aristóteles, Galeno**), gr. τραχεία, traqueia ("artéria áspera"); ex.: Traqueal. Inicialmente considerada um condutor de ar "rugoso", o que se refere provavelmente aos anéis cartilaginosos.

Trachelos (Aristóteles), gr. τραχελος, garganta, Pescoço.

Trachys (Aristóteles), gr. τραχύς, áspero, grosseiro, duro; ex.: Traqueia, "artéria áspera"; assim chamada devido a estar cheia de ar, e à rugosidade de seus anéis cartilaginosos.

Tractus, lat., do vb. *traho*, eu carrego; ex.: Trato Urinário.

trad., tradutor ou tradução (utilizado nas Referências).

Tragos, gr. τράγος, bode; em lat. *caper, capri*; porção cartilaginosa mais anterior do meato auditivo externo; o qual pode ter um tufo de pelos, semelhante à "barbicha dos bodes"; ex.: *Oreotragus* (gênero de antílope).

Trans-, pref. lat., além de, através de; ex.: Estruturas translúcidas.

Transversus, transversalis, lat., transverso, transversal; ex.: Processo Transverso (Coluna Vertebral).

Trapeza, gr. τράπεζα, figura com quatro lados, mesa; ex.: Músculo Trapézio.

Traqueia (Aristóteles), gr. τραχύς, trachys, áspero + ἀρτηρία, arteria, Traqueia; "artéria áspera" (devido aos anéis cartilaginosos e a estar cheia de ar), gr. τραχελος, garganta, Pescoço.

Treis, tria, gr. τρεῖς, τρία, treis, tria, três; ex.: Triângulo.

Trema, gr. τρῆμα, orifício, abertura; ex.: Monotremata (μόνος, monos, um + τρῆμα, trema, orifício), grupo de Mamíferos que têm cloaca; ou seja, eles têm um só orifício para o Aparelho gênito-urinário e o digestivo. Os Monotremados têm inúmeros caracteres de Répteis ou mesmo de Verte-brados/Craniata mais "primitivos" (ossos: Septomaxila, Interclavícula, Pré-Esterno, Meso-Esterno, Cleitro, Coracoide, Epicoracoide, Epipúbico, e Costelas Cervicais livres).

Tri-, pref. lat., três; do gr. τρεῖς, τρία, *treis, tria*; ex.: Triangular.

Triássico. Ver Período Triássico.

Tribus, lat., tribo; ex.: Tribo.

Tricobezoar, gr. θρίξ, τριχός, pelo + árabe bazáhr, que significa antídoto; refere-se a um corpo estranho formado de pelos ou fibras vegetais, no Estômago, geralmente em Ruminantes. Antigamente utilizado como antídoto nos envenenamentos.

Tridactilia (Aves, dedos), gr. τρεῖς, τρία, treis, tria + δάκτυλος, dactylos, dedo; um padrão digital no qual só existem os dedos II, III e IV, todos dirigidos anteriormente. Ver Anisodactilia, Didactilia e Pamprodactilia.

Trix, trichos, gr. θρίξ, τριχός, pelo; ex.: Trichoptera (Ordem de Insetos).

Trocânter (Galeno, Tetrápodes, Fêmur), gr. τροχαντήρ, parte da popa de um navio; um processo, geralmente termo hoje utilizado para pro-cesso do Fêmur.

Trocânter maior (Tetrápodes, Fêmur), gr. τροχαντήρ, parte da popa de um navio + lat. *major*, maior; um dos três processos proximais (látero--proximal) do Fêmur (os outros são o Trocânter menor e a Cabeça); com o Trocânter menor e a Crista Intertrocantérica, delimita a fossa intertro-cantérica, para fixação dos Músculos Obturadores.

Trocânter menor (Tetrápodes, Fêmur), gr. τροχαντήρ, parte da popa de um navio + lat. minor, menor; um dos três processos proximais do

Fêmur (os outros são o Trocânter maior e a Cabeça), situado na face posterior; com o Trocânter maior e a Crista Intertrocantérica delimita a Fossa Intertrocantérica.

Tróclea (Galeno), gr. τροχός, polia; normalmente relacionada à porção distal do Úmero; uma tróclea, ou seja, uma articulação com a forma de uma polia também existe em outras partes do corpo, como, por exemplo, na superfície proximal do Astrágalo.

Trofoblasto, gr. τροφή, τροφός, *trophe, trophos*, crescer, alimentar + βλαςτός, blastos, germe; camada externa do córion em um Embrião.

Trombócito, gr. *thrombos*, um coágulo sanguíneo obstruindo um vaso + gr. κύτος, κύτους, *kytos, kytous*, jarro, vaso; uma plaqueta (célula sanguínea anucleada).

Trophe, trophos, gr. τροφή, τροφός, crescer, alimentar; ex.: Necrotróficos (seres que se alimentam de organismos mortos).

-trophia, suf. gr. -τροφία; de τροφή, *trophe*, crescer, nutrir; ex.: Hipertrofia.

Tropon, gr. τρόπον, caminho; ex.: Fototropia (φωτός, *photos*, relativo à luz + *tropon*).

Tropos, gr. τρόπος, voltar-se, dirigir-se; ex.: Heliotropismo positivo (plantas).

Tuba, lat., tuba, instrumento musical; ex.: Tuba ou Trompa de Eustáquio.

Tuba auditiva, lat., tuba, trompete + *auditio*, audição; tuba em forma de trompete; que une o Ouvido Médio com a Faringe, para equilibrar a pressão sobre o Tímpano.

Tuba uterina, lat., tuba, trompete + *uterus*, Útero; oviduto, salpinge.

Tuberosidade (processo ósseo), lat. *tuber*, tuberosidade, excrescência, processo arredondado para a fixação muscular; geralmente termo hoje utilizado para o Úmero proximal; ex. Tuberosidade ou Túber Calcanear (Tetrápodes, pés), lat. *tuber*, tuberosidade, excrescência + *calcaneum*, calcanhar, Osso Calcâneo. Porção posterior do Osso Calcâneo, onde se fixa o Tendão de Aquiles; Tuberosidade ou Túber Basioccipital (Tetrápodes, crânio), lat. *tuber*, tuberosidade, excrescência + *basis*, base + *occiput*, região occipital; um par de proeminências ósseas mais ou menos arredondadas na face externa do Osso Basioccipital; e que servem à fixação de músculos/ ligamentos que estabilizam a Cabeça em relação ao Pescoço; Tuberosidade Umeral Maior e Menor (Tetrápodes, braços, tipo de processo), lat. *tuber*, tuberosidade, excrescência + *umerus* + major + *minor*; são dois processos arredondados na extremidade proximal do Úmero, e que servem para a fixação de músculos.

Tubus, tubulus, lat., suf. dim. *-ulus*; pequeno tubo de diâmetro constante.

-tudo, -tudinis, suf. lat. formador de nomes, indicando estado ou condição; ex.: *Testudo* (gênero de quelônio). A formação testudo dos soldados Romanos constituía-se em colocar os escudos muito próximos, como as escamas de uma Tartaruga, de onde vem seu nome; ex.: Testudinidae.

Tunica, tunicae, lat. casaco, revestimento; ex.: Túnica adventícia; camada externa de uma estrutura tubular (vaso, tubo digestivo); Túnica íntima, lat. casaco, revestimento + íntima, porção mais interna, ou camada interna, como em um vaso sanguíneo.

Tympanon (**Tetrápodes, Ouvido Médio**), gr. τύμπανον, membrana, tímpano; ex.: Membrana timpânica.

Typos, gr. τύπος, figura, imagem, tipo, modelo; do vb. gr. τύπτειν, typtein, bater, marcar; em lat. *tipus*; ex.: Fenótipo.

Typtein, vb. gr. τύπτειν, bater, marcar, verbo que deu origem ao termo "tipo"; ex.: Holótipo.

U

Ualgus, valgus, lat., valgo; ex.: Genu valgo.

Uber, lat., úbre, teta; ex.: Impúbere.

-ulentus, -ulenta, -unlentum, suf. lat. formador de adj. indicando abundância; ex.: Fruto suculento.

Ulna. Ver Osso ulna.

Ultra, lat., além, mais além; ex.: Ultramarino.

-ulus, -ula, -ulum, -unculus, suf. dim., lat., formador de adj., indicando pequeno tamanho ou juventude; também formador de nomes de instrumentos; ex.: Homúnculo, Espéculo (vb. lat. *spectare*, olhar para, observar), Cânula.

Umbilicus, lat., umbigo, em gr. ὀμφᾰλός, *omphalos*: ex.: Cordão umbilical.

Umerus (Tetrápodes), lat. (osso), pertencente ao ombro ou ao braço; ex.: Tuberosidades Umerais.

Unciforme. Ver Osso unciforme.

Uncus, lat., gancho; ex.: Processo Uncinado (do Osso Hamato da mão).

Ungueal, adj. do lat. *unguis*, unha, casco, garra.

Unguis, ungula, lat., unha/garra/casco, pequena unha/garra/casco; ex.: Ungulígrados (animais que caminham sobre as unhas ou cascos, como o cavalo).

Ungulígrado (Mamíferos, pés), diz-se dos animais que caminham se apoiando sobre as unhas/cascos, como os cavalos.

Universal (Sócrates, Platão, Aristóteles), lat. *universalis*, do todo ou pertencendo ao todo; do lat. *Universus*, tudo junto, o todo; em gr. καθόλου, *katholou*. Na Filosofia antiga, universais são geralmente gêneros, mas podem dizer também respeito a propriedades e até mesmo a relações; ex.: Cavalo é um universal que se refere a todos os cavalos do mundo. Ver Particular.

Unus, uni-, lat., um; ex.: Unilateral.

Upsilon, letra grega ὑψιλον, minúsc. υ, maiúsc. Y. Translitera-se como "y".

-ura-, -uro-, pref./suf. lat., do gr. οὐρά, *oura*, cauda; ex.: Urocordados; Xiphosura (grupo dos caranguejos-ferradura).

Urbis, lat., cidade; ex.: Fauna urbana.

Ureter (Galeno), gr. οὖρον, *ouron*, urina + *tereo*, eu preservo; um tubo que leva a urina desde o rim até a bexiga.

***Urethra* (Hipócrates)**, gr. *ourethra*, gr. *ouron*, urina tubo que leva a urina da Bexiga para o exterior.

Urina, lat., do gr. οὖρον, *ouron*, vb. gr. οὐρεῖν, *ourein*, urinar; ex.: Aparelho urinário.

Uróstilo (Coluna Vertebral), gr. οὐρά, *oura*, cauda + ςτίζω, *stizo*, eu marco com instrumento pontiagudo, coluna; últimas Vértebras Caudais fusionadas nos Anura. Ver Cóccix (Mamíferos) e Pigóstilo (Aves e Dinossauros). Não confundir com o Pigídio dos Artrópodes).

Ursus, lat., urso; ex.: Ursidae.

Uterus, lat., Útero; do lat. *uter*, um grande saco feito com pele de cabra, utilizado para carregar vinho na Antiguidade; ex.: Colo uterino.

Utriculus, lat. *uterus* + suf. dim. *–ulus*; um pequeno útero; um dos dois sacos membranosos do labirinto do ouvido interno. Também existe o utriculus prostaticus.

Uva, lat., uva; ex.: Uvea (camada uveal; camada média vascular do olho dos Vertebrados/Craniata).

Uvea, lat. *uva*; camada vascular média vascular do olho dos Vertebrados/Craniata.

Uvula, lat. *uva* + suf. dim. *–ula*, pequena uva; porção pendular do palato mole, com função na produção dos sons guturais das consoantes.

-uus, suf. lat. formador de adj. com base em verbos; ex.: Dentes decíduos.

V

Vacare, vb. lat., vagar, ficar vago; ex.: Vacuidade óssea.

Vacca, lat., vaca, boi, gado; ex.: Vacinação; Vacina.

Vacuidade interpterigoide (Vertebrados, crânio). Ver Fenestra interpterigoide.

Vacúolo, lat. *vacuum*, espaço vazio; nas células um espaço mais claro dentro do citoplasma.

Vadere, vb. lat., ir; ex.: *Invadere*; vb. lat., invadir.

Vagina, lat., bainha, é o nome da bainha do gládio romano (espada romana); ex.: Evaginação; Invaginação.

Vagare, vb. lat., vagar; ex.: Nervo vago.

Vagus, lat., errante, que vagueia; ex.: Nervo vago (n. IX). O nome do nervo se deve ao fato de ele "vagar" entre o tórax e o abdômen, e ao percorrer estas cavidades corporais, inervar várias vísceras.

Valere, vb. lat., valer; ex.: Valência.

Valva, válvula, lat., valva, dobra, folha (porta de duas folhas); ex.: Válvulas Cardíacas.

Vapor, lat., vapor; ex.: Vaporização.

Variare, vb. lat., variar; ex.: Variação anatômica.

Varicoso, lat. *varicosus*, como uma veia enrolada, de *varix, varices*, varizes, uma veia "enrolada".

Varix, varices, lat., varizes, veia enrolada.

Vas, vasa, lat., prato, vaso; ex.: Vaso sanguíneo.

Vas nervi, vasa nervorum, lat. *vas*, vaso + *nervi*, de um nervo (genit.); vasos sanguíneos que irrigam um nervo.

Vas rectus, vasa recta, lat., vasos retos; ex.: Medula renal.

Vas vasi, vasa vasorum, lat., vaso(s) de um vaso sanguíneo (diminutos vasos que irrigam a parede de vasos sanguíneos).

Vascular, adj. lat., de *vas*, vaso; rel. a vasos; ex.: Rede vascular.

Vas, vasculum, lat., vaso, pequeno vaso; ex.: Aparelho cardiovascular.

Vasodentina (Dentes, escamas), um tipo de dentina encontrado principalmente em Peixes paleozoicos, caracterizada por apresentar vasos sanguíneos no seu interior. Equivocadamente alguns autores descrevem vasodentina em dentes de alguns Mamíferos (ver Ferigolo, 1985).

Vastus, lat., vasto, amplo, largo, extenso; ex.: Vasto interno da coxa (músculo).

vb., abreviatura para verbo (vb. lat., vb. gr.).

Velox, velocis, lat., veloz; ex.: Velocidade de voo.

Veia, lat. *vena*; em gr. φλέψ, *phleps*; ex.: Veias cavas.

Veia Basílica (Aristóteles), lat. *vena*; em gr. φλέψ, *phleps* + gr. βαςιλικός, *basilikos*, do árabe *Al-basiliq*, uma veia no lado medial do braço, utilizado na Antiguidade para fazer sangrias.

Veia Cava, superior e inferior, lat. *venae cavae*; são as grandes veias que carregam a maior parte do sangue do corpo para dentro do Átrio Direito. Para Aristóteles, elas seriam apenas uma veia que ele chamou de Grande Veia (μεγάλη φλέψ, *megale phleps*, de μέγας, *megas*, grande + φλέψ, *phleps*, vaso sanguíneo). Para ele, a Grande Veia entra na cavidade cardíaca maior e à direita (hoje Átrio Direito), onde "ela se alarga como um rio se alarga em um lago". Inferiormente (ao Átrio Direito) a Grande Veia emerge novamente. Muitos autores importantes seguiram esta descrição de Aristóteles, considerando existir apenas uma Veia Cava, e três ou até duas cavidades cardíacas.

Veia Cefálica, gr. κεφαλή, *kephale*, Cabeça; veia na qual, na Antiguidade, se fazia a sangria, supostamente aliviando a dor de cabeça.

Veia Jugular, lat. *vena*, veia + *jugum*, jugo, canga; daí "veia do Pescoço". Em gr. ςφαγίτιδες, *sphagitides*, "veia da garganta".

Veias Pulmonares, lat. *vena*, em gr. φλέψ, phleps, veia + pulmo, pulmoōnis, do gr. πνεύμων, pneumon; são as veias que trazem sangue arterial ou oxigenado, dos Pulmões para o Átrio Esquerdo. Estas são as únicas veias a transportar sangue oxigenado, após o nascimento.

Veias Vorticosas, lat. *venae vorticosae, vena*, em gr. φλέψ, *phleps*, veia + *vortex*, vórtice; são veias que formam um emaranhado que circunda o globo ocular.

Vena, venula, lat., veia, vênula; em gr. φλέψ, *phleps*; ex.: Sangue venoso.

Ventral, adj. lat. *venter*, abdômen, barriga. Ver Termos de Referência Anatômicos (TRA).

Ventrículo, lat. *ventriculus*, de *venter*, abdômen + suf. dim. *-ulus*, pequeno; pequeno abdômen; ex.: Ventrículos cardíacos e cerebrais.

Venus, lat., amor, deusa romana do amor e do sexo; ex.: Veneroidea (Venus + *-eidos*, forma; superfamília de Moluscos).

Vermiforme, lat. *vermis*, verme + forma; ex.: Apêndice vermiforme.

Venter, ventris, lat., abdômen, ventre, mulher grávida, mulher com filho; ex.: Ventral (TRA).

Ventral (TRA), lat. *ventralis*, do lat. *venter, ventris*, ventre, barriga. Lado oposto ao Dorsal. Ver TRA.

Ventrículo, lat. *ventriculus*, do lat. *venter*, abdômen, cavidade + suf. dim. *-ulus*, pequeno, pequena cavidade; ex.: Ventrículos cerebrais laterais, Ventrículos cardíacos.

Ventriculum, lat., de *venter*, Abdômen, Estômago, Útero; ex.: Câmara ventricular.

Verbos Gregos. Estes, como os verbos latinos, são mais frequentemente representados pela primeira pessoa do presente do indicativo, como no vb. βαινω, *baino*, eu vou (vb. ir). Ou seja, eles têm a terminação em ômega (gr. ωμέγα). Outras vezes eles aparecem nas várias formas de infinitivo, como em εἶναι, *einai*, verbo ser, e ἔχειν, *echein*, ter, possuir. As palavras do Grego Antigo são consideradas como tendo derivado dos respectivos verbos, daí serem chamadas de termos deverbais.

Vertical, lat. *verticalis*, de *vertex*, coroa da cabeça + suf. *-alis*, formador de adj. rel. a nomes e numerais; ex.: Linha vertical (ver TRA).

Verbum, verbus, lat., verbo, palavra; ex.: Deverbais (termos derivados de verbos).

Vermis, lat., verme; ex.: Vermis cerebelar (SNC).

Vértebra, lat. *vertebra*, talvez do vb. *vertere*, rotar, e vb. *verto*, eu giro, eu roto; em gr. ςπόνδυλος, *spondylos*. Inicialmente, *spondylos* se referia apenas a uma articulação do pescoço. Para coluna vertebral, o termo mais frequente em Grego Antigo é ῥάχις, *rachys*, raque, de onde provêm termos como nervos raquidianos. Hoje, vértebra se refere a cada um dos ossos que formam a coluna vertebral.

Vértebra Acélica (Mamíferos, coluna vertebral), lat. *vertebra* + pref. priv., lat. a- sem, não + gr. κοιλία, *koilia*, cavidade; Vértebra em que o corpo tem ambas as faces (anterior/posterior) planas; o mesmo que Vértebra anfiplatiana.

Vértebra Anficélica (Peixes, Anfíbios e Répteis, coluna vertebral), lat. *vertebra* + pref. gr. ἀμφί, *amphi*, ambos, ao redor + κοιλία, *koilia*, cavidade; vértebra em que o corpo tem cavidades anterior e posterior; encontrada na maioria dos Peixes, muitos Anfíbios e Répteis, mas não em Mamíferos e Aves.

Vértebra Anfiplatiana (Mamíferos, coluna vertebral), lat. *vertebra* + pref. gr. ἀμφί, *amphi*, ambos + gr. πλατύς, *platys*, achatado, largo, em lat. vulgar *plattus*; vértebra em que o corpo tem ambas as faces (anterior/posterior) planas; o mesmo que vértebra acélica.

Vértebra Anticlinal, lat. *vertebra* + pref. gr. ἀντί, *anti-*, contra + κλίνη, *kline*, cama (deitar); refere-se à vértebra cujo processo espinhoso se dirige dorsalmente, não sendo, portanto, inclinado nem cefálica, nem caudalmente. Em geral é uma das últimas torácicas ou a primeira lombar nos Mamíferos. Assim, os processos espinhosos são todos dirigidos para ela (i.e., os das vértebras torácicas são dirigidos caudalmente, e os das lombares cranialmente). Em Répteis os processos espinhosos são na maioria inclinados em direção dorsal ou caudal.

Vértebra Heterocélica (Aves, coluna vertebral), lat. *vertebra* + pref. gr. ἕτερο-, *hetero-*, diferente, outro + κοιλία, *koilia*, cavidade; Vértebra em que o corpo tem uma convexidade látero-lateral e uma concavidade dorsoventral em uma das faces; e vice-versa na face oposta.

Vértebra Magna, um dos nomes do sacro na Antiguidade. Em Grego Antigo, o sacro era chamado ἱερόν ὀςτέον, *hieron osteon* ("osso sagrado"). O termo gr. κλόνις, *clonis*, também significando sacro, deu origem ao termo latino *clunis*, nádegas. Hipócrates utilizava o termo *megas spondylos*, talvez se referindo a uma vértebra cervical (talvez C7).

Vértebra Notocordal (Peixes, Anfíbios, muitos Répteis), lat. *vertebra* + gr. νότος, *notos*, para trás, para o sul + χορδή, *chorde*, corda. Este é um tipo "primitivo" de vértebra, em que a notocorda (tecido embrionário que induz o desenvolvimento da coluna vertebral) atravessa o corpo vertebral. O corpo é anficélico (bicôncavo).

Vértebra Opistocélica (Répteis, Dinossauros), lat. *vertebra*, gr. ὄπιςθεν, ὄπιςθος, atrás, para trás + gr. κοιλία, *koilia*, cavidade; Vértebra em que o corpo tem um côndilo (convexidade) anterior e uma cavidade posterior.

Vértebra Procélica (Répteis, Dinossauros), lat. *vertebra* + pref. gr. πρό, na frente, antes, anterior, para frente + κοιλία, *koilia*, cavidade; Vértebra em que o corpo tem concavidade anterior e côndilo (convexidade) posterior.

Vértebras Caudais ou Região Caudal da Coluna Vertebral (Vertebrados), lat. *vertebra* + *cauda*, cauda, "rabo"; Vértebras situadas após as Vértebras Sacrais (ou Sacro). Em geral são mais complexas proximalmente, mas vão sendo reduzidas simplificadas distalmente, até que as últimas são apenas um cilindro ósseo ou cartilaginoso. As caudais podem fusionar entre si em alguns grupos, formando ossos que têm nomes próprios; são eles: Cóccix, nos Mamíferos, em geral quatro Vértebras; Uróstilo gr. οὐρά, *oura*, cauda + ςτίζω, *stizo*, eu marco com instrumento pontiagudo, coluna, que são as últimas Vértebras Caudais fusionadas nos Anura; e Pigóstilo, várias caudais fusionadas em Aves e Dinossauros.

Vértebras Cervicais ou Região Cervical da Coluna Vertebral (Tetrápodes), lat. *vertebra* + *cervix*, colo, pescoço. Na maioria dos grupos, são apenas menores do que as Vértebras do tronco, mas ainda com Costelas; nos Mamíferos e Aves, as Costelas são reduzidas e fusionadas aos Processos Transversos, formando o Forame da Artéria Vertebral. Nos Mamíferos, com poucas exceções, são em número de sete. Nos demais grupos (exceto Peixes, que não as têm), o número é variável, mas diagnóstico, com limite com a Região Torácica. Em animais que não têm uma Região Cervical bem definida e distinta da torácica, arbitrariamente, estabeleceu-se que o limite entre ambas estaria no limite anterior da Cintura escapular.

Vértebras Lombares ou Região Lombar da Coluna Vertebral (Mamíferos), lat. *vertebra* + *lumbus*, *lumbaris*, lombo; Vértebras em que as Costelas estão fusionadas aos Processos Transversos.

Vértebras Pré-Sacrais (Anfíbios, Répteis), chama-se assim ao número total das Vértebras anteriores ao Sacro (Vértebras do Pescoço + Vértebras do tronco); utilizado em grupos nos quais não se pode individualizar regiões cervical, torácica e lombar. Em muitos grupos, o número de pré-sacrais é mais ou menos constante, e assim é caráter diagnóstico do grupo.

Vértebras Sacrais, Sacro ou Região Sacral da Coluna Vertebral (Tetrápodes), lat. *vertebra* + *sacrum*, sagrado; este é um Osso Complexo, formado não apenas por Vértebras, mas também pelas respectivas Costelas a elas fusionadas. Portanto, constitui-se em uma série de Vértebras simplificadas, e em número diagnóstico para o grupo, resultantes do fusionamento de várias (mais usualmente três a cinco) Vértebras (sem discos intervertebrais). Fazem parte do Sacro as Costelas sacrais correspondentes, que constituem as asas sacrais direita/esquerda; Costelas estas também fusionadas entre si; por meio das quais o Osso Sacro se articula ao Osso Ílio (e por vezes fusiona a outros ossos da Cintura Pélvica).

Vértebras Torácicas ou Região Torácica da Coluna Vertebral (Mamíferos), lat. *vertebra* + θώραξ, *thorax*, tórax; Vértebras do Tórax dos Mamíferos, as quais têm facetas costais para articulação com as Costelas.

Vértebras Truncais ou do Tronco (Tetrápodes exceto Mamíferos), refere-se às Vértebras do tronco de Tetrápodes não Mamíferos, em que não se pode distinguir as Vértebras Torácicas das Lombares (portanto, em que não há típicas Regiões Torácica e Lombar na coluna).

Verticulum, verticulus, lat., do vb. *verto*, eu giro, eu roto, articulação ou Vértebra.

Verus, lat., verdade; termo hoje utilizado para formar nomes de táxons; ex.: *Aloe vera*.

VESALIUS (ANDRIES VAN WESEL; 1514-1564). Mais conhecido como Andreas Vesalius, foi um médico e anatomista que revolucionou a anatomia humana com sua obra *De humanis corporis fabrica* (1543; "Sobre a construção do corpo humano"). Graças a ela, ele é considerado o fundador da moderna anatomia humana. O avanço considerável desta obra reside principalmente na qualidade dos inúmeros desenhos. Anteriormente a ele eram incluídos desenhos nas obras de anatomia, mas quase sempre de má qualidade, como aconteceu na Idade Média. A autoria dos desenhos na obra de Vesalius é controversa, talvez tendo sido algum aluno de Ticiano, como Jan Stephen van Calcar. Vesalius é também conhecido como crítico de Galeno. Galeno dissecou carcaças de macacos (*Macaca sylvana*; Macaco-de-Gibraltar ou macaco-bárbaro, e que Aristóteles chamava de *Kebos*), e não humanas. Segundo Vesalius e outros, Galeno teria considerado que as estruturas seriam iguais às do homem. Aqui temos um problema, porque Galeno era seguidor de Aristóteles, que descobriu, entre outras coisas, a homologia entre as estruturas dos animais e do homem. Aristóteles dizia que tais estruturas, que ele chamava de idênticas, eram a mesma estrutura, ainda que em animais muito diferentes. Esta pode ter sido a razão da afirmação de Galeno de que os ossos do homem e da Macaca eram idênticos. Ou seja, ele poderia estar se referindo a tais ossos no sentido aristotélico, de que eles seriam homólogos, ou os "mesmos ossos". Ver Galenus (1535; trad. em Singer, 1952).

Vesica, lat., saco, bexiga; ex.: Vesícula biliar.

Vesicula, lat., pequeno saco ou bexiga, *vesica* + suf. dim. *-ula*; ex.: Vesícula seminal.

Vesper, lat., tarde; ex.: Hábito vespertino.

Vestíbulo, lat. *vestibulum*, entrada, de *vestes*, roupas; utilizado para várias "entradas", como a do nariz, a da boca, a da vagina etc.

Vestigium, lat., traço, vestígio; ex.: Órgãos vestigiais.

Vestire, vb. lat., vestir-se; ex.: Revestimento ósseo.

Via, lat., caminho; ex.: Aves (pref. priv., gr. ἀ-, ἀν-, *a-*, *an-*, sem, não + lat. *viae*, caminhos, "sem caminhos"). "Sem caminhos" refere-se ao voo aparentemente errático dos pássaros, voando para um lado e depois para o outro, voltando etc.

Vibrissa, do vb. lat. *vibrare*, vibrar; pequenos pelos no vestíbulo nasal.

Vicis, lat., mudança; ex.: Vicariância.

Villus, villi, lat., pelo, de *pilus*, um emaranhado de pelos; diminutas projeções na luz do intestino delgado; e onde se situam os lacteais.

Videre, vb. lat., de *video*, eu vejo.

Villus, lat., cabelo, tufo de cabelo; ex.: Vilosidades intestinais.

Vinagre, lat. *vin acre*, vinho azedo; o termo lat. *acetum* se refere a vinagre diluído.

Vincere, vb. lat., vencer, conquistar; ex.: Vencedor.

Vir, lat., homem no sentido moral; ex.: Esportes viris.

Vir-a-Ser (Aristóteles), em gr. γίγνεϛθαι, *gignesthai*, ser gerado; refere-se à potencialidade de cada coisa ou organismo, de vir a ser no futuro algo distinto do que é agora. Por exemplo, uma semente tem o potencial de vir a ser uma árvore. Ver Teoria do Ato e Potência.

Virere, lat., verde; termo hoje utilizado para cor de plantas e animais e para formar nomes de táxons; ex.: Cianoviridis (cor de Insetos); *Picus viridis* (pica-pau verde).

Virgo, virginis, lat., virgem; ex.: Virgindade.

Virus, lat., veneno; ex.: Virulência de uma bactéria; Retrovírus.

Vísceras (Aristóteles), lat. *viscus, viscera*; em gr. ϛπλαγχνων, *splanchnon*. Para Aristóteles as vísceras (como os rins) estão presentes apenas nos *Enaima*; com a exceção do esôfago, estômago e intestino, que existem tanto em *Enaima* quanto em alguns *Anaima*.

Viscum, lat., espesso, viscoso; ex.: Viscosidade.

Viscus, viscera, lat., víscera(s); em gr. ϛπλαγχνων, *splanchnon*. Ver Vísceras.

Vita, lat., vida; ex.: Vitamina (*vita + amina*, de amônia + suf. químico -ina).

Vitellus (Celsus), adj. lat., vitelo, pequeno bezerro; ex.: Corpo vitelino.

Vitrum, lat., vidro; ex.: Corpo vítreo (ou Humor vítreo, do olho dos Vertebrados).

Vivere, vb. lat., viver; ex.: Vivacidade; Ser vivo.

Viverra, lat., furão; ex.: Viverrídeo.

Vivipara (Aristóteles), lat., vivíparos; animais que dão à luz um ser vivo diretamente (não por meio de ovos); lat. *vivus*, vivo + vb. *parere*, parir.

Tradução medieval do termo *Zootoka*. Lembrar que, para Aristóteles, há vários grupos de animais vivíparos: muitos *Selache*, *Zootoka*, Cetáceos, algumas Serpentes e homem.

Viviparidade (Aristóteles), lat. *vivipara*; são chamados de vivíparos os animais que dão à luz crias vivas, e que se formam dentro do Útero. São quase todos os Mamíferos (exceto Monotremados), muitos tubarões e algumas Serpentes.

Vocare, vb. lat., chamar; ex.: Vocação.

Vola, lat., palma, face palmar da mão; ex.: Face volar (referente à face palmar da mão e à face plantar do pé).

Volar (face), lat. *vola*, o mesmo que palmar e plantar.

Volare, vb. lat., voar; ex.: Volátil (algo que voa).

VOLKMANN, ALFRED WILHELM (1800-1877). Fisiologista alemão; ver Canais de Volkmann e Canais de Havers.

Voluntas, lat., desejo, de *velle*, desejar; ex.: Ser voluntarioso.

Volvere, vb. lat., voltar, enrolar; rel. ao lat. medieval *rotulare*, rolar, revolver; também rota, roda, e *rotula*, pequena roda; ex.: Aspecto convoluto.

Vomere, vb. lat., descarregar; rel. a *vomer*, arado; ex.: Osso vômer.

Vorare, vb. lat., ser voraz; ex.: Voracidade; Carnívoro; Herbívoro.

-vorus, suf. lat. formador de adj., rel. a comer, devorar; ex.: Carnívoro (lat. *caro*, carne + *-vorus*).

Vox, vocis, lat., voz; ex.: Vocalização.

Vulgus, lat., multidão, rel. ao vulgo (povo); ex.: Latim Vulgar.

Vulnus, vulneris, lat., ferimento, ferida; ex.: Prole vulnerável.

Vulpes, lat., raposa; ex.: *Vulpes vulpes* (espécie de raposa; Mammalia, Carnivora).

-vus, -uus, suf. lat. formador de adj. com base em verbos; ex.: Ser vivo (do vb. lat. *vivere*).

W

WOLFF, CASPAR FRIEDRICH (1733-1794). Anatomista e fisiologista russo (São Petersburgo), e fundador da moderna embriologia, tendo contestado a Teoria do Preformacionismo; também descreveu o Ducto de Wolff (Ducto mesonéfrico) e o Corpo de Wolff.

WORM, OLAUS (WORMIUS; 1588-1654). Anatomista dinamarquês, com muitas contribuições à embriologia; em função do que os Ossos Wormianos foram assim chamados em sua homenagem. Worm foi professor de medicina, latim, grego e física. Ver Ossos Wormianos.

X

Xenos, gr. ξένος, estranho; ex.: Xenungulata ("Ungulados estranhos"; Ordem de Mamíferos Sul-Americanos extintos criada pelo Prof. Dr. Carlos de Paula Couto; Paula-Couto, 1952).

Xeros, gr. ξηρός, seco; ex.: Xerófitas ou xerófilas (adaptadas a um ambiente muito seco e quente).

Xi, letra grega ξι, minúsc. ξ, maiúsc. Ξ. Translitera-se como "x" e tem o som de "ks".

Xiphos, gr. ξίφος, espada; ex.: Processo xifoide (do Osso esterno).

Z

ZEISS, CARL (1816-1888). Óptico alemão, desenvolvedor do microscópio óptico e fundador da Companhia Carl Zeiss.

Zeo, zyme, gr. ζέω, ζύμη, fermento; ex.: Enzima; Alozima; Lisozima

Zeta, letra grega ζήτα, minúsc. ζ, maiúsc. Z. Transliterada como "z".

Zeugodactilia ou **zigodactilia** (Aves, dedos), gr. ζεῦγος, *zeugos*, canga, par + δάκτυλος, *dactylos*, dedo; um padrão digital de Aves, no qual os dedos I e IV estão dirigidos para trás; e os dedos II e III estão dirigidos para frente. Ver Anisodactilia, Tridactilia, Didactilia e Pamprodactilia.

Zeugopódio ou **zigopódio (Tetrápodes, antebraços, pernas),** lat. *zeugopodium*, do gr. ζεῦγος, *zeugos*, canga (por extensão, algo par, como dois bois na canga) + ποδός, *podos, do* pé. Termo que se refere aos dois ossos do Antebraço (Rádio e Ulna), ou da Perna (Tíbia e Fíbula) dos Vertebrados. O mesmo que epipódio.

Zeugos, zigo-, gr. ζεῦγος, *zeugos*, ou ζυγόν, *zygon*, canga, par; ex.: Zigoto (gr. ζυγωτός, articulado, unido); Zeugopódio; Zigapófises.

Zigoma (Rufus de Efésos, Galeno, Tetrápodes, crânio), gr. ζεῦγος, *zeugos*, ou ζυγόν, *zygon*, canga, par; do vb. gr. ζυγοῦν, *zygoun*, colocar na canga, juntar, articular. Zigoma se refere hoje a estruturas relacionadas ao arco zigomático do crânio. Osso zigomático é o antigo nome do Osso jugal (malar no homem). O arco zigomático é formado em parte pelo Jugal e em parte pelo processo zigomático do esquamosal/temporal. O nome "jugal" vem do lat. *iugum*, jugo, canga, parelha (de bois).

Zigosfene/zigantro (Tetrápodes "primitivos", coluna vertebral), gr. ζεῦγος, *zeugos-* + gr. ςφήν, *sphen* + lat. *antrum*; processo (cunha) e fossa que dão suporte a facetas articulares acessórias no arco neural de Tetrápodes "primitivos", e também Lagartos e Serpentes. O zigosfene (processo) se encaixa numa cavidade da vértebra anterior, o zigantro. Zigosfene-zigantro situam-se ao nível ou acima do nível das respectivas zigapófises. Diferentemente, outras articulações acessórias como hiposfene-hipantro se situam abaixo do nível das zigapófises.

Zigoto, vb. gr. *zygoein*, reunir, fusionar; fusionamento das células germinativas feminina e masculina.

-zoico, suf. gr. derivado de ζῷον, *zoion*, animal, vida animal, utilizado para nomear as principais eras geológicas: Paleozoica, Mesozoica e Cenozoica (respectivamente, era da "vida antiga", "vida intermediária", e "vida nova"). Embora o nome das eras se refira aos animais (terminação -zoico), o significado é o de "vida", portanto incluindo todos os seres vivos (animais, plantas etc.).

Zoion (Aristóteles), gr. ζῷον, Animal (gênero mais elevado para os animais), vida animal; ex.: Zoologia. Atenção para a diferença entre *zoion* e *bios*; o último se refere à vida, ao tempo de vida, ou ao modo de vida de alguém.

Zoion logikon (Aristóteles), gr. Ζῷον λογικόν, Animal racional, o homem.

Zona, lat., cinto, cintura, zona; ex.: Zona pelúcida.

Zoófitos (Aristóteles), lat. cient. *zoophyton*, do gr. ζωόφῠτον, *zoophyton* (*zoion*, animal + *phyton*, planta). Aristóteles assim chama os organismos que considera intermediários entre animais e plantas: 1- as Esponjas (gr. ςπόγγοι, spongoi) e 2- os Cnidários (gr. κνίδη, knide).

Zootoka (Aristóteles), gr. ζῳοτόκα, de ζῷον, *zoion*, animal + τοκάς, *tokas*, filho ou cria; reprodução por meio de animais vivos; a qual se contrapõe à dos *Ootoka*, a reprodução por meio de ovos. Termos relacionados são gr. *tokas leaina*, animal "com crias", e, gr. *toketos*, "gestação". Os *Zootoka* de Aristóteles não correspondem aos atuais Mamíferos, porque são todos Tetrápodes (como também o são os *Ootoka*). De modo que os atuais Mamíferos incluiriam, em Aristóteles, tanto os *Zootoka* (Tetrápodes Vivíparos) quanto os Cetáceos (Ápodes Vivíparos) e o homem (*Zoion logikon*, um Bípede). Ver *Ootoka*.

Zyme, gr. ζύμη, fermentação; ex.: Enzima.

REFERÊNCIAS

São aqui incluídas não apenas as obras citadas, mas também os mais importantes trabalhos direta ou indiretamente relacionados à anatomia.

AGASSIZ, Louis. **An Essay on Classification**. London: Longman, 1859. Disponível em: https://ia801409.us.archive.org/11/items/essayonclassific1962agas/essayonclassific1962agas.pdf. Acesso em: 31 out. 2018.

AKERS, R. Michael; DENBOW, D. Michael. **Anatomy and physiology of domestic animals**. New York: Wiley, 2013.

ALBERT THE GREAT. **Albertus Magnus "On Animals"**: a Medieval "Summa zoologica". Translated K. C. Kitchell Jr.; I. M. Resnick. Baltimore; London: Johns Hopkins, 1999. 2 v. Disponível em: https://pdfentity.co/downloads/albertus_magnus_on_animals_a_medieval_summa_zoologica.pdf. Acesso em: 8 nov. 2018.

ALBERT THE GREAT. **Questions Concerning Aristotle's on Animals**. Fathers of the Church. Mediaeval continuation. Translation by K. C. Kitchell Jr.; I. M. Resnick. Washington: Catholic University of America Press, 2008. Disponível: http://azexclusivebeauty.ch/download.php/aristotle-historia-animalium-vol--1-books-i-x-text.pdf. Acesso em: 8 nov. 2018.

ALDROVANDUS, Ulisse. **De piscibus libri V et de cetis liber I**. Bononia: Tamburini, 1613. Disponível em: https://books.google.com.br/books/about/Ulyssis_Aldrovandi_De_piscibus_libri_V_e.html?id=gIJDAAAAcAAJ&redir_esc=y. Acesso em: 14 set. 2018.

ARISTOTE. **Histoire des animaux d'Aristote**. Translation by A.-G. Camus. Paris: DeSaint, 1783. Disponível em: http://remacle.org/bloodwolf/philosophes/Aristote/tableanimaux.htm. Acesso em: 14 set. 2018.

ARISTOTLE. **Aristotle's history of animals**. Translation by R. Cresswell. London: Henry, gr. Bohn, 1862. Disponível em: https://ia600309.us.archive.org/34/items/aristotleshisto00schngoog/aristotleshisto00schngoog.pdf. Acesso em: 14 set. 2018.

ARISTOTELES. ΑΡΙΣΤΟΤΕΛΟΥΣ ΊΣΤΟΡΙΑΙ ΠΕΡΙ ZOON. Aristoteles Tierkunde. Zweiter Band. Kritisch-berichtigter Text, mit deutscher Übersetzung, sachlicher und sprachlicher Erklärung und vollständigem Index. Translation by H. Aubert; F. Wimmer. Leipzig: Engelmann, 1868.

ARISTOTLE. **On the parts of animals**. Translation by W. Ogle. London: Kegan Paul, 1882. Disponível em: http://classics.mit.edu/Aristotle/parts_animals.html. Acesso em: 14 set. 2018.

ARISTOTE. **Histoire des Animaux d'Aristote**. Translation by J. B. Saint' Hilaire. Paris: Hachette, 1883. 3 t. Disponível em: http://remacle.org/bloodwolf/philosophes/Aristote/tableanimaux.htm. Acesso em: 14 set. 2018.

ARISTOTLE. **The history of animals**. Translation by W. D' A. W. Thompson. London: Bell, 1907a. Disponível: http://classics.mit.edu/Aristotle/history_anim.html. Acesso em: 14 set. 2018.

ARISTOTELES. **Aristoteles De Animalibus Historia**. Translation by L. Dittmeyer. Lipsiae: Teubneri, 1907b. Disponível em: https://ia800302.us.archive.org/31/items/aristotelesdean00arisgoog/aristotelesdean00arisgoog.pdf. Acesso em: 14 set. 2018.

ARISTOTLE. **De Generatione Animalium**. Translation by A. Platt. Oxford: Clarendon, 1910. Disponível em: https://thevirtuallibrary.org/index.php/en/?option=-com_djclassifieds&format=raw&view=download&task=download&fid=2842. Acesso em: 14 set. 2018.

ARISTOTLE. De Partibus Animalium. Translation by W. Ogle. De motu, De incessu animalium. Translation by A. S. L. Farquharson. De Generatione Animalium. Translation by A. Platt. *In*: SMITH, J. A.; ROSS, W. D. (ed.). **The works of Aristotle**. Oxford: Clarendon, 1912. v. 5. Disponível em: http://onlinebooks.library.upenn.edu/webbin/book/lookupname?key=Ross%2C%20W%2E%20D%2E%20%28William%20David%29%2C%201877-1971. Acesso em: 8 nov. 2018.

ARISTOTLE. **Nicomachean ethics**. Translation by W. D. Ross. Oxford: Clarendon, 1925. Disponível em: https://socialsciences.mcmaster.ca/econ/ugcm/3ll3/aristotle/Ethics.pdf. Acesso em: 14 set. 2018.

ARISTOTLE. **Physics**. Translation by P. H. Wicksteed; F. M. Cornford. Loeb Classical. Cambridge, MA: Harvard University Press, 1929. 2 v. Disponível em: https://rei6ohka.com/tuname.php?z=27612&d=1&q=Physics%20Books%20I%20And%20Ii&vdsvdi=8fqxP18z17NrSYCrgRqbif7OS59VSNbhbW5bqUhI-b4TRhjOfsudBPx0RCbDnyAlh&vdu78=https%3A%2F%2Fpdfsu.com%2Flib.

php%3Fq%3Dread%2Fphysics-books-i-and-ii%26ref%3Dli.propelbikes.com. Acesso em: 9 nov. 2018.

ARISTOTLE. **Minor works**. On colours. On things heard. Physiognomics. On plants. On marvellous things heard. Mechanical problems. On indivisible lines. The situations and names of winds. On melissus, Xenophanes, Gorgias. Translation by W. S. Hett. Loeb Classical. Cambridge, MA: Harvard University Press, 1936. Disponível em: https://ryanfb.github.io/loebolus-data/L307.pdf. Acesso em: 14 set. 2018.

ARISTOTLE. **Categories**. On interpretation. Translation by H. P. Cooke. Prior analytics. Translation by H. Tredennick. Loeb Classical. Cambridge, MA: Harvard University Press, 1938. Disponível em: https://archive.org/details/L325AristotleI-PriorAnalytics. Acesso em: 14 set. 2018.

ARISTOTLE. **Generation of Animals**. Translation by A. L. Peck. Loeb Classical. Cambridge, MA: Harvard University Press, 1953. Disponível em: https://ia802606.us.archive.org/30/items/generationofanim00arisuoft/generationofanim00ari-suoft.pdf. Acesso em: 17 set. 2018.

ARISTOTLE. **Pars of animals**. Translation by A. L. Peck. Movement of animals, Progression of animals. Translation by E. S. Forster. Loeb Classical. Cambridge, MA: Harvard University Press, 1955. Disponível em: https://ryanfb.github.io/loebolus-data/L323.pdf. Acesso em: 17 set. 2018.

ARISTOTE. **Les parties des animaux**. Translation by P. Louis. Paris: Belles Lettres, 1956.

ARISTOTELE. **Opere biologiche**. Translation by D. Lanza; M. Vegetti. Torino: UTET, 1971. Disponível em: https://www.academia.edu/8350128/Aristotele_Opere_Biologiche. Acesso em: 9 nov. 2018.

ARISTOTLE. **Analytica posteriora**. Translation by H. Tredennick. Topica. Translation by E. S. Forster. Loeb Classical. Cambridge, MA: Harvard University Press, 1960. Disponível em: https://archive.org/details/L391AristotlePosteriorAnalyti-csTopica. Acesso em: 17 set. 2018.

ARISTOTLE. **The nicomachean ethics**. Translation by H. Rackham. Loeb Classical. Cambridge, MA: Harvard University Press, 1962. Disponível em: https://archive.org/details/in.ernet.dli.2015.183333. Acesso em: 17 set. 2018.

ARISTOTLE. **History of animals.** Translation by A. L. Peck. Loeb Classical. Cambridge, MA: Harvard University Press, 1965. v. 1 (I-III).

ARISTOTLE. **History of animals.** Translation by A. L. Peck. Loeb Classical. Cambridge, MA: Harvard University Press, 1970. v. 2 (IV-VI).

ARISTOTLE. **History of animals.** Translation by D. M. Balme. Loeb Classical. Cambridge, MA: Harvard University Press, 1991. v. 3 (VII-X).

ARISTOTLE. History of animals. Translation by D' A. W. Thompson. *In*: BARNES, J. (ed.). **The complete works of Aristotle.** Princeton: Princeton University Press, 1995a. Disponível em: https://www.holybooks.com/completes-aristotle-pdf/. Acesso em: 12 nov. 2018.

ARISTOTLE. Mechanics. Translation by E. S. Forster. *In*: BARNES, J. (ed.). **The complete works of Aristotle.** Princeton: Princeton University Press, 1995b. Disponível em: https://www.holybooks.com/completes-aristotle-pdf/. Acesso em: 12 nov. 2018.

ARISTOTLE. **On the soul. Parva naturalia. On length and shortness of life. On youth and old age. On life and death. On respiration. On breath.** Translation by W. S. Het. Loeb Classical. Cambridge, MA: Harvard University Press, 1995c.

ARISTOTLE. **Metaphysics, books x-xiv.** Translation by H. Tredennick. Oeconomica. Magna Moralia. Translation by G. C. Armstrong. Loeb Classical. Cambridge, MA: Harvard University Press, 1997. Disponível em: https://ia801603.us.archive. org/24/items/in.ernet.dli.2015.183332/2015.183332.Aristotle-The-Metaphysics. pdf. Acesso em: 17 set. 2018.

ARISTOTLE. **Metaphysics, Books I-IX.** Translation by H. Tredennick. Loeb Classical. Cambridge, MA: Harvard University Press, 2003. Disponível em: https://ia801602.us.archive.org/11/items/in.ernet.dli.2015.185284/2015.185284. Aristotle-The-Metaphysics.pdf. Acesso em: 17 set. 2018.

ARNOTT, William G. Some Peripatetic Birds: treecreepers, partridges, woodpeckers. **Classical Quarterly**, 27, p. 335-337, 1977.

ARNOTT, William G. Peripatetic eagles: a new look at Aristotle, HA 8(9).32, 618b18-619a14. *In*: BASSON, A. E.; DOMINIK, W. J. (ed.). **Literature, Art, History**: Studies on Classical Literature and Tradition. In Honour of William J. Henderson. Frankfurt: Lang, 2003. p. 225-234.

ARNOTT, William G. Ornithological notes on the Aristotelian History of Animals. *In*: KOLDE, A.; LUKINOVICH, A.; REY, A.-L. (ed.). **Koryphaiō andri**: Mélanges Offerts à André Hurst (Geneva). Paris: Droz, 2005. p. 565-572.

ARNOTT, William G. **Birds in the Ancient World from A to Z**. London: Routledge, 2007.

ASHTON, Eric H.; OXNARD, Charles E. Variation in the maxillary nerve of certain Mammals. **Proceedings of the Zoological Society of London**, [*s.l.*], v. 131, n. 4, p. 607-625, 1958.

ASIMAKOPOULOS, Byron. [Distributional records for the Amphibians of the Greek part of Rhodope Mountain range (East Macedonia and Thrace)]. **Biologia Gallo-Hellenica**, 22, p. 23-36, 1994. Artigo em grego.

ASPINALL, Victoria; CAPPELLO, Melanie. **Introduction to Veterinary Anatomy and Physiology Textbook**. London: Elsevier Health Sciences, 2015.

ASSIS, André K. T. **Arquimedes, o Centro de Gravidade e a Lei da Alavanca**. Montreal: C. Roy Keys, 2008. Disponível em: https://www.ifi.unicamp.br/~assis/Arquimedes.pdf. Acesso em: 31 out. 2018.

BACON, Roger. **Rogeri Bacon Opera quædum hactenus inedita**. Ed. J. S. Brewer. London: Longman, 1859. v. 1 (I. Opus tertium; II. Opus minus; III. Compendium philosophiae). Disponível em: https://ia801408.us.archive.org/17/items/frrogeri-baconop00brewgoog/frrogeribaconop00brewgoog.pdf. Acesso em: 31 out. 2018.

BACON, Roger. **Obras Escolhidas**. Carta a Clemente IV. A Ciência Experimental. Os Segredos da Natureza. Introdução de J. G. ter Reegen; Translation by J. G. ter Reegen, L. A. De Boni, O. A. Bernardi. Porto Alegre; Bragança Paulista: EDIPUCRS; Editora Universitária São Francisco, 2006. (Coleção Pensamento Franciscano).

BALME, David M. Γένος and Εἶδος in Aristotle's Biology. **The Classical Quarterly (NS)**, [*s.l.*], v. 12, n. 1, p. 81-98, 1962.

BALME, David M. Aristotle and the beginnings of Zoology. **Journal of the Society for the Bibliography of Natural History (Archives of Natural History)**, [*s.l.*], 5, p. 272-285, 1970.

BALME, David M. **Aristotle's de Partibus Animalium I and De Generatione Animalium I**. Oxford: Clarendon, 1972. (Clarendon Aristotle Series).

BALME, David M. Aristotle's use of differentiae in zoology. *In*: BARNES, J.; SCHOFIELD, M.; SORABJI, R. (ed.). **Articles on Aristotle**. 1. Science. London: Duckworth, 1975. p. 183-193. Original em Mansion, S., *Aristote et les Problèmes de Méthode*, Louvain-La-Neuve, 1961.

BALME, David M. The place of biology in Aristotle's philosophy. *In*: GOTTHELF, A.; LENNOX, J. G. (ed.). **Philosophical Issues in Aristotle's Biology**. N. York: Cambridge University Press, 1987a. p. 9-20.

BALME, David M. Aristotle's use of division and differentiae. *In*: GOTTHELF, A.; LENNOX, J. G. (ed.). **Philosophical Issues in Aristotle's Biology**. N. York: Cambridge University Press, 1987b. p. 69-89.

BALME, David M. **Aristotle**. History of Animals. Books VII-X. English translation, Introduction and Comments. Cambridge, MA: Harvard University Press, 1991.

BALME, David M. (ed.) **Aristotle**. Historia Animalium. Cambridge, MA: Cambridge University Press, 2002. v. I-X: Text.

BARDELEBEN, Karl Von. **Handbuch der Anatomie des Menschen.** Jena: Fischer, 1896. Disponível em: https://www.biodiversitylibrary.org/item/96315#page/5/mode/1up. Acesso em: 14 set. 2018.

BARNES, Jonathan. Aristotle's theory of demonstration. **Phronesis**, [*s.l.*], v. 14, n. 2, p. 123-152, 1969. Também publicado em: *Articles on Aristotle. 1. Science*. BARNES, J.; SCHOFIELD, M.; SORABJI, R. (ed.). London: Duckworth, 1975. p. 65-87.

BARNES, Jonathan. **Aristotle**. Oxford: Oxford University Press, 1980.

BARNES, Jonathan (ed.). **The Complete Works of Aristotle**. The Revised Oxford Translation. New Jersey: Princeton University Press, 1984. 2 v. (Bollingen Series, 71). Disponível em: https://www.holybooks.com/completes-aristotle-pdf/. Acesso em: 12 nov. 2018.

BARNES, Jonathan. **Early Greek Philosophy**. N. York: Penguin, 1987.

BARNHART, Robert K. **Chambers Dictionary of Etymology**. N. York: Chambers Harrap, 2001.

BAUHIN, Caspar (Bauhinus). **Theatrum anatomicum.** Francofurti: Beckeri, 1605. Disponível em: theatrumanatomic01bauh.pdf. Acesso em: 17 ago. 2021.

BEGON, Michael; TOWNSEND, Colin R.; HARPER, John L. **Ecology:** From Individuals to Ecosystems. N. York: Wiley-Blackwell, 2005.

BEKKER, August I. **Aristoteles Graece**. Preussische Akademie der Wissenschaften. Oxford: Oxonii Typographeo Academico, 1831-1870. 5 v. Disponível em: http://www.archive.org/stream/aristotelisopera01arisrich#page/n7; http://www.archive.org/stream/aristotelisopera02arisrich#page/n3; http://www.archive.org/stream/aristotelisopera03arisrich#page/n5; http://www.archive.org/stream/aristotelisopera04arisrich#page/n3; http://www.archive.org/stream/aristotelisopera05arisrich#page/n5. Acesso em: 17 set. 2018.

BELL, Charles. **System of Dissections**. Edinburgh: Mundell, 1799-1801. 2 v. Disponível em: https://ia600308.us.archive.org/30/items/2543035RX1.nlm.nih.gov/2543035RX1.pdf. Acesso em: 10 mar. 2018.

BELLO, Giambattista. Hectocotylus regeneration in wild-caught sepiolid squids. **Journal of Marine Biological Association (U.K.)**, [s.l.], 75, p. 491-494, 1995.

BELON, Pierre. **L'Histoire Naturelle des Estranges Poisons Marins, avec la Vraie Peincture & Description du Daulphin, & de Plusieurs Autres de Son Espece**. Paris: Regnaud Chaudiere, 1551. Disponível em: https://ia800300.us.archive.org/21/items/lhistoirenature00belo/lhistoirenature00belo.pdf. Acesso em: 17 set. 2018.

BELON, Pierre. **De aquatilibus, libri duo cum eiconibus ad viuam ipsorum effigiem, quo adeius fieri potuit, expressis**. Parisiis: Stephanum, 1553. Disponível em: https://ia800302.us.archive.org/29/items/petribelloniicen00belo/petribelloniicen00belo.pdf. Acesso em: 17 set. 2018.

BELON, Pierre. **L'Histoire de la Nature des Oyseaux, avec leurs Descriptions; & Naïfs Portraicts Retirez du Naturel**. Paris: Guillaume Cavellat, 1555. Também fac-símile de 1997; Paris: Droz). Disponível em: https://gallica.bnf.fr/ark:/12148/bpt6k53618f/f2.image. Acesso em: 17 set. 2018.

BERENGARIO DA CARPI, Giacomo. Isagogae breves, perlucidae ac uberrimae. *In*: ANATOMIAM humani corporis a communi Medicorum Academia usitatam, a Carpo, in almo Bononiensi Gymnasio ordinariam chirurgiae docente, ad suorum scholasticorum preces in lucem datae. Bologna: Benedetto Faelli, 1523. Disponível em: https://archive.org/details/BIUSante_05337. Acesso em: 20 abr. 2024.

BICHAT, Marie François Xavier. **Anatomie Générale, Appliquée à la Physiologie et à la Médecine**. Paris: Brosson, Gabon, 1801. 2 v. Disponível em: https://archive.org/details/anatomiegnra03bich. Acesso em: 16 dez. 2021.

BICHAT, Marie François Xavier. **Traité d'Anatomie Descriptive**. Paris: Gabon, 1801-1803. 5 v. Disponível em: https://ia800902.us.archive.org/16/items/taylorinstituti00agoog/taylorinstituti00agoog.pdf. Acesso em: 16 dez. 2021.

BIDLOO, Govert. **Anatomia humani corporis, centum et quinque tabulis per artificiosiss**. G. de Lairesse ad vivum delineatis. Amstelodami: Someren, 1685. Disponível em: https://donum.uliege.be/handle/2268.1/3976. Acesso em: 14 set. 2021.

BILLERBECK, Heinrich L. J. **De Avibus ab Aristotele Plinioque commemoratis**. Hildesiae: Tuchtfeldii, 1806. Disponível em: https://books.google.com.br/books?id=o7iHmgEACAAJ&printsec=frontcover&redir_esc=y#v=onepage&q&f=false. Acesso em: 19 out. 2018.

BODSON, Liliane. Some of Aristotle's writings about bird behavior and issues still current in comparative psychology. **International Journal of Comparative Psychology**, [s.l.], v. 9, p. 26-41, 1996.

BODSON, Liliane. Un trait d'anatomie fonctionnelle dans l'épopée homérique: le pas de *Bos taurus* (Linné, 1758). **Revue de Paléobiologie**, [s.l.], 10, p. 243-257, 2005. Disponível em: file:///C:/Users/jorgef/Downloads/Un_trait_danatomie_fonctionnelle_dans_l.pdf. Acesso em: 16 dez. 2021.

BODSON, Liliane. Les connaissances zoologiques de l'Antiquité grecque et romaine: aperçu de leur spécificité et de leur actualité. **Bulletin de l'Association Guillaume Budé**, 1, p. 53-82. 2010. Disponível em: https://www.persee.fr/doc/bude_0004-5527_2010_num_1_1_2354. Acesso em: 1 abr. 2021.

BOLK, Louis. **Das Problem der Menschwerdung**. Jena: Gustav Fischer, 1926.

BOLK, Louis. **La Genèse de l'Être Humain par Néoténie**. Paris: Andréas Sniadecki, 2016. Tradução francesa de Louis Bolk, 1926. Disponível em: https://ia801205.us.archive.org/6/items/SniadeckiBolkNeotenie/Sniadecki_Bolk-Neotenie.pdf. Acesso em: 14 set. 2018.

BOLK, Louis *et al.* **Handbuch der Vergleichen den Anatomie der Wirbeltiere**. Berlin: Urban and Schwarzenberg, 1931-1939. 6 v. Disponível em: http://opac.lib.niigata-u.ac.jp/opc/recordID/catalog.bib/BA1323712X?hit=-1&caller=xc-search. Acesso em: 16 dez. 2021.

BOLTON, Robert. Definition and scientific method in Aristotle's Posterior Analytics and Generation of Animals. *In*: GOTTHELF, A.; LENNOX, J. G. (ed.). **Philo-**

sophical Issues in Aristotle's Biology. N. York: Cambridge University Press, 1987. p. 120-166.

BONE, Jesse F. **Animal Anatomy and Physiology**. Englewood Cliffs: Prentice- -Hall, 1988.

BONITZ, Hermann. **Index Aristotelicus**. Graz: Akademische Druck – u. Verlag- sanstalt, 1955. Também publicado em: *Aristotelis Opera*. Edidit Academia Regia Borussica, V.5; Aristotelis quiferebantur librorum fragmenta. Scholiorum in Aristotelen supplementum. Index Aristotelicum. Berolini: Georgii Reimeri, 1870. Disponível em: https://ia801908.us.archive.org/28/items/dli.granth.73796/73796. pdf. Acesso em: 16 ago. 2021.

BOWIN, John. De anima II 5 on the Activation of the Senses. **Ancient Philosophy**, 32, p. 87-104, 2012.

BOYLE, Robert W. A way of preserving birds taken out of the egge, and other small fœtus. **Philosophical Transactions**, 1, p. 199-201, 1666. Inglês do século XVII. Disponível em: http://rstl.royalsocietypublishing.org/content/1/12/199.full. pdf. Acesso em: 8 nov. 2018.

BROCK, Arthur J. Greek Medicine: being extracts illustrative of medical writers from Hippocrates to Galen. **Journal of Hellenic Studies**, [s.l.], 52, p. 320, 1932.

BRODIE, Charles G. **Dissections Illustrated**: A Graphic Handbook for Students of Human Anatomy. London: Whittaker, 1892.

BUDDINGTON, Randal K.; DIAMOND, Jared M. Aristotle revisited: the function of pyloric caeca in fish. **Proceedings National Academy Sciences USA**, [s.l.], 83, p. 8.012-8.014, 1986.

BUFFON (Conde de; Georges-Louis Leclerc). **The Natural History of Animals, Vegetables and Minerals; with the Theory of the Earth in General**. Translation by W. Kenrick, J. Murdoch etc. London: Bell, 1775-1776. 4 v. Original em francês: 1749(I-III), 1753(IV). Disponível em: https://www.gutenberg.org/files/45730/ 45730-h/45730-h.htm. Acesso em: 14 set. 2018.

BULLER, David J. (ed.). **Function, Selection and design**. N. York: State University of N. York Press, 1999.

BURNET, John. **Early Greek Philosophy**. N. York: Meridien, 1957.

BURNYEAT, Myles F. De Anima II, 5. **Phronesis**, [s.l.], v. 47, n. 1, p. 28-90, 2002.

CAIRUS, Henrique. Da natureza do Homem. Corpus hippocraticum. **História, Ciências, Saúde-Manguinhos**, v. 6, n. 2, p. 395-430, 1999.

CALDAS AULETE. **Dicionário Contemporâneo da Língua Portuguesa**. Dicionário Online. [2018]. Disponível em: http://www.aulete.com.br/. Acesso em: 12 set. 2018.

CAMPBELL, Gordeon L. (ed.). **The Oxford Handbook of Animals in the Classical Thought and Life**. Oxford, UK: Oxford University Press, 2014.

CAMUS, Armand-Gaston. **Notes sur l'Histoire des Animaux d'Aristote**. Paris: De Saint, 1783. Disponível em: http://www.documentacatholicaomnia. eu/03d/-384_-322, _Aristoteles, _La_vie_et_les_parties_des_animaux, _FR.pdf. Acesso em: 31 out. 2018.

CANANO, Giovanni B. **Musculorum humani corporis picturata dissectio**. Ferrara: 1541(?). (1962; Firenze: Sansoni Edizioni Scientifiche). Disponível em: https://ia800800.us.archive.org/14/items/39002011123651.med.yale. edu/39002011123651.med.yale.edu.pdf. Acesso em: 16 dez. 2021.

CARROLL, Robert L. **Vertebrate Paleontology and Evolution**. New York: Freeman, 1988. Disponível em: http://doc.rero.ch/record/200124/files/PAL_E3902. pdf. Acesso em: 23 jan. 2019.

CASSERIO, Giulio. **Tabulae anatomicae LXXIIX**. Venetiis, Deuchinum, 1627. Disp Disponível em: https://ia600402.us.archive.org/24/items/tabulaeanatomica00cass/tabulaeanatomica00cass.pdf. Acesso em: 16 dez. 2021.

CASTON, Victor. The Spirit and the Letter: Aristotle on Perception. *In*: SALLES, R. (ed.). **Metaphysics, Soul and Ethics in Ancient Thought**: Themes from the Work of Richard Sorabji. Oxford: Clarendon, 2007. p. 245-320.

CELSUS, Aulus C. **De Medicina libri octo**. Patavii (Padua): Josephus Cominus, 1722. Disponível em: https://ia601505.us.archive.org/5/items/DeMedicinaLibriOcto/De%20Medicina%20libri%20octo.pdf. Acesso em: 31 out. 2018.

CHANTRAINE, Pierre. **Dictionnaire Étymologique de la Langue Grecque**. Histoire des Mots. Paris: Klincksieck, 2009.

CHENG, Tsung O. Hippocrates and cardiology. **American Journal of Cardiology**, [*s.l.*], v. 141, n. 2, p. 174-183, 2001.

CHESELDEN, William. **The Anatomy of the Human Body**. London: Cliff & Jackson, 1713. Disponível em: https://iiif.wellcomecollection.org/pdf/b21516650. Acesso em: 21 set. 2021.

CHESELDEN, William. **Osteographia or The Anatomy of the Bones**. London, [*s. n.*], 1733. Disponível em: https://www.biusante.parisdescartes.fr/histoire/medica/resultats/index.php?cote=01897&do=chapitre. Acesso em: 14 set. 2018.

CHOULANT, Johann L. **Geschichte und Bibliographie der anatomischen Abbildung**. Leipzig: Weigel, 1852. Disponível em: https://books.googleusercontent.com/books/content?req=AKW5Qae64mmCcLC0xOAaA_xTcwQHHoai5Uon-XnMbPK_iQI0l9UI_Ccc_ybRlCTU5uww2o8f2lHsbqkhpblUgWt7C7NzzIc--MXhEZWT0m4be4b4WckkHyL5xkwRqqiMNLU_8Pm9-3LhjSPORqzxjr-pSB_J93-uVOeyW37O0zqmDGhPzPh34BsFZUL8mlcDSb3RSxp02dCx3Er3BNqd-zZMwlbTp-r8MC6oLLKneHi0Yn2ploAQOamb3v27i9bMihiE0QHYC-oVUuz_PIH-qE-s71k5uVdEyg7Nf0uJCKinlBvRn8HjTJoP-e0. Acesso em: 14 set. 2018.

CHOVET, Abraham. **A Syllabus or Index of all the parts that enter the composition of the Human Body**. In Twelve Lectures for the use of those that go through Courses of Anatomy. London, 1732. Ver edição de 2018: Gale Ecco Print Editions.

CLOQUET, Jules G. **Anatomie de l'Homme**. Paris: Lasteyrie, 1821-1831. 5 v. Disponível em: https://ia600902.us.archive.org/0/items/BIUSante_SAP057x01/BIUSante_SAP057x01.pdf. Acesso em: 16 dez. 2021.

COATES, Michaell. The origin of vertebrate limbs. **Development, Supplement**, p. 169-180, 1994.

COATES, Michaell; COHN, Martin J. Fins, limbs, and tails: outgrowths and axial patterning in vertebrate evolution. **BioEssays**, [*s.l.*], 20, p. 371-381, 1998.

COATES, Michaell; COHN, Martin J. Vertebrate axial and appendicular patterning: the early development of paired appendages. **American Zoologist**, [*s.l.*], 39, p. 676-685, 1999.

COHEN, Marc. Plato's method of division. *In*: MORAVCSIK, J. M. E. (ed.). **Patterns in Plato's Thought**. Boston; Dordrecht: Reidel, 1973. p. 158-180.

COHEN, Marc. Hylomorphism and functionalism. *In*: NUSSBAUM, M. C.; RORTY, A. O. (ed.). **Essays on Aristotle's de Anima**. Oxford, 1992. p. 57-74.

COHEN, Marc. **Aristotle on Perception**. Lecture, 2008. Disponível em: https://faculty.washington.edu/smcohen/433/PerceptionLecture.pdf. Acesso em: 21 set. 2021.

COLE, Francis J. **A History of Comparative Anatomy**. From Aristotle to the Eighteenth Century. N. York: Dover, 1975.

CONNELL, Sophia M. Toward an integrated approach to Aristotle as a biological philosopher. **The Review of Metaphysics**, [s.l.], v. 55, n. 2, p. 297-322, 2001.

COOPER, John M. Hypothetical necessity and natural teleology. *In*: GOTTHELF, A.; LENNOX, J. G. (ed.). **Philosophical Issues in Aristotle's Biology**. N. York: Cambridge University Press, 1987. p. 243-274.

COOPER, John M. Metaphysics in Aristotle's Embryology. *In*: DEVEREUX, D.; PELLEGRIN, P. (ed.). **Biologie, Logique et Métaphysique chez Aristote**. Paris: CNRS, 1990. p. 55-84. Original em Proceedings of the Cambridge Philological Society (NS), [s.l.], 34, p. 14-41, 1988.

COPE, Edward D. **The Origin of the Fittest: Essays on Evolution.**[55] N. York: Appleton, 1887. Disponível em: https://ia801409.us.archive.org/5/items/originoffitteste00copeuoft/originoffitteste00copeuoft.pdf. Acesso em: 31 out. 2018.

COPE, Edward D. **The Primary Factors of Organic Evolution**. Chicago: Open Court, 1896. Disponível em: https://ia801407.us.archive.org/6/items/primaryfactorsof00cope/primaryfactorsof00cope.pdf. Acesso em: 31 out. 2018.

CORNER, George W. **Anatomical texts of the Earlier Middle Ages**. Washington: Carnegie Institute Publication No. 364, 1927. Disponível em: https://babel.hathitrust.org/cgi/pt?id=mdp.39015010834482&view=1up&seq=124. Acesso em: 14 set. 2018.

CRIVELLATO, Enrico; MALLARDI, Franco; RIBATTI, Domenico. Diogenes of Apollonia: a pioneer in vascular anatomy. **The Anatomical Record**, [s.l.], 289B, p. 116-120, 2006.

CTESIAS. **On India and Fragments of his Minor Works**. Introduction, translation and commentary (A. Nichols). London: Bloomsbury, 2011. Disponível em: http://etd.fcla.edu/UF/UFE0022521/nichols_a.pdf. Acesso em: 9 nov. 2018.

---

[55] Este livro de E. D. Cope e o seguinte são coletâneas de seus principais artigos sobre evolução e heterocronia, feitas por ele mesmo.

CUVIER, Georges. **Tableau Élémentaire de l'Histoire Naturelle des Animaux**. Paris: Badouin, 1798. Disponível em: https://ia800303.us.archive.org/24/items/tableaulment00cuvi/tableaulment00cuvi.pdf. Acesso em: 17 set. 2018.

CUVIER, Georges. Memoire sur un ver parasite d'un nouveau genre (Hectocotylus octopodis). **Annales Sciences Naturelles**, [*s.l.*], 18, p. 147-156, 1829.

CUVIER, Georges. **Leçons d'Anatomie Comparée**. Paris: Crochard, Fantin & Mason, 1835-1846. 6 t. Disponível em: https://ia800208.us.archive.org/8/items/leconsdanatomiec01cuvi/leconsdanatomiec01cuvi.pdf. Acesso em: 17 set. 2018.

CUVIER, Georges; VALENCIENNES, Achille. **Histoire Naturelle des Poissons**. Paris: Levrault, 1828-1849. 2 v. Disponível em: https://ia800206.us.archive.org/33/items/histoirenaturell01cuvi/histoirenaturell01cuvi.pdf. Acesso em: 17 set. 2018.

DANDOY, Jeremiah R. Astragali through time. *In*: MALTBY, M. (ed.). **Integrating Zooarchaeology**. Proceedings 9th ICAZ Conference, Durham, 2002. Oxford: Oxbow, 2006. p. 131-137.

DAREMBERG, Charles V. **La Médicine dans Homère**. Études d'Archéologie sur les Médecins, l'Anatomie, la Physiologie, la Chirurgie, et la Médecine dans les Poèmes Homériques. Paris: Didier, 1865. Disponível em: https://ia600403.us.archive.org/33/items/b22338330/b22338330.pdf. Acesso em: 19 out. 2018.

DARWIN, Charles R. **Journal of Researches into the Natural History and Geology of the Countries Visited During the Voyage of H.M.S.** Beagle Round the World, Under the Command of Capt. Fitz Roy, R. A. London: John Murray, 1845. Disponível em: http://darwin-online.org.uk/converted/pdf/1878_Researches_F33.pdf. Acesso em: 18 set. 2018.

DARWIN, Charles R. **The Origin of Species by Means of Natural Selection, or the Preservation of Favoured Races in the Struggle for Life**. London: John Murray, 1859. Disponível em: http://darwin-online.org.uk/converted/published/1859_Origin_F373/1859_Origin_F373.html. Acesso em: 18 set. 2018.

DARWIN, Francis. **The Life & Letters of Charles Darwin**. N. York: Appleton, 1896. Disponível em: https://ia800206.us.archive.org/5/items/lifelettersofcha-1896darw/lifelettersofcha1896darw.pdf. Acesso em: 18 set. 2018.

DA VINCI, Leonardo. **The Notebooks of Leonardo da Vinci**. Compiled and edited from the original manuscripts by Jean Paul Richter. N. York: Dover, 1970.

2 v. Disponível em: https://zelalemkibret.files.wordpress.com/2012/02/the-complete-works-leonardo-da-vinci.pdf. Acesso em: 18 set. 2018.

DEMAND, Nancy. **Birth, Death, and Motherhood in Classical Greece**. Baltimore: Johns Hopkins University Press, 1994.

DEMONT, P. About Philosophy and Humoural Medicine. *In*: HIPPOCRATES in Context. Ed. P. J. van der Eijk. Leiden: Brill, 2005. p. 271-286.

DEMSKI, Leo S.; WOURMS, John P. (ed.). **The Reproduction and Development of Sharks, Skates, Rays and Ratfishes**. Heidelberg: Springer, 1993.

DESLAURIERS, Marguerite. Aristotle on definition. **Philosophia Antiqua**, 109. Leiden: Brill, 2007.

DESMOND, Adrian; MOORE, James R. **Darwin**. London: Penguin, 1992.

DEVEREUX, Daniel; PELLEGRIN, Pierre (ed.). **Biologie, Logique et Métaphysique chez Aristote**. Paris: CNRS, 1990.

DIELS, Hermann. **Doxographi Graeci**. Berlin: Weidmann, 1879. Disponível em: https://ia902607.us.archive.org/24/items/doxographigraec00dielgoog/doxographigraec00dielgoog.pdf. Acesso em: 18 set. 2018.

DIELS, Hermann. **Die Fragmente der Vorsokratiker**. Berlin: Weidmannsche, 1907. Disponível em: http://www.wilbourhall.org/pdfs/Die_Fragmente_Der_Vorsokratiker.pdf. Acesso em: 18 set. 2018.

DINSMORE, Charles E. Urodele limb and tail regeneration in early biological thought: an essay on scientific controversy and social change. **International Journal of Developmental Biology**, 40, p. 621-627, 1996. Disponível em: file:///C:/Users/jorge/Downloads/Urodele_limb_and_tail_regeneration_in_early_biolog.pdf. Acesso em: 14 set. 2021.

DIOGENES LAERTIUS. **Lives of Eminent Philosophers**. Translation by R. D. Hicks. Cambridge: Harvard University Press, 1925. Disponível em: https://en.wikisource.org/wiki/Lives_of_the_Eminent_Philosophers. Acesso em: 18 set. 2018.

DIOSCORIDES (Pedanii Dioscuridis Anazarbei). **De materia medica libri quinque**. Edition by Max Wellmann. Berolini: Weidmanns, 1906-1907. 2 v. Disponível em: https://ia902709.us.archive.org/0/items/b21459162_0001/b21459162_0001.pdf. Acesso em: 18 set. 2018.

DOBSON, Jessie. F. Herophilus of Alexandria. **Proceedings of the Royal Society of Medicine**, p. 19-32, mar. 18, 1925.

DOBSON, Jessie F. **Anatomical eponyms**: being a biographical dictionary of those anatomists whose names have become incorporated into anatomical nomenclature, with definitions of the structures to which their names have been attached and references to the works in which they are described. Edinburgh: Livingstone, 1962.

DOBZHANSKY, Theodore H. *et al.* **Evolution**. S. Francisco: Freeman, 1977.

DUNGLINSON, Robley. **New Dictionary of Medical Science and Literature, A Concise Account of the Various Subjects and Terms**: with the Synonymes in Different Languages; etc. Boston: Charles Bowen, 1833. Disponível em: https://ia800605.us.archive.org/35/items/62650260RX1.nlm.nih.gov/62650260RX1.pdf. Acesso em: 21 set. 2021.

DUNGLINSON, Robley; DUNGLINSON, Richard J. **Dunglinson's Medical Dictionary**. Philadelphia: Henry C. Lea, 1874.

DUNSTAN, Gordon R. **The Human Embryo**: Aristotle and the Arabic and European Traditions. Exeter: University of Exeter Press, 1990.

DURLING, Richard J. **A Dictionary of Medical terms in Galen**. Leiden: Brill, 1993.

EMPEDOCLES. **Early Greek Philosophy**. Western Greek Thinkers. Translation by A. Lacks; G. W. Most. Loeb Classical. Cambridge, MA: Harvard University Press, 2016. v. 5, Part 2.

ESTIENNE, Charles. **De dissectione partium corporis humani**. Parisiis: S. Colinaeum, 1545. Disponível em: https://www.e-rara.ch/anatomie/id/1883316. Acesso em: 31 out. 2018.

EUSTACHI, Bartolomeo. Epistola de auditus organis. *In*: OPUSCULA anatomica, Venetia: Vincentius Luchinus, 1564. Disponível em: https://archive.org/details/b3045279x/page/n3. Acesso em: 19 out. 2018.

EUSTACHI, Bartolomeo. **Tabulae anatomicae**. Preface by Johannes M. Lancisius. Amstelaedami: Westenius, 1714. Disponível em: https://reader.digitale-sammlungen.de/de/fs1/object/display/bsb11199938_00001.html. Acesso em: 31 out. 2018.

EVERSON, Stephen. **Aristotle on Perception**. Oxford: Clarendon, 1997.

FABRIZZI AB ACQUAPENDENTE, Girolamo. **De formato foetu.** Venetiis: Bolzettam, 1600. Disponível em: https://books.google.com.br/books/about/Hieronymi_Fabricii_ab_Aquapendente_De_fo.html?id=B_gcgHtt8UMC&redir_esc=y. Acesso em: 3 maio 2019.

FARRINGTON, Benjamin. **Greek Science.** London: Penguin, 1953. Disponível em: http://www.synapse9.com/ref/Farrington'sGreekScience%20Part1-36meg.pdf. Acesso em: 12 nov. 2018.

FEDAK, Tim J.; HALL, Brian K. Perspectives on hyperphalangy: patterns and processes. **Journal of Anatomy,** 204, p. 151-163, 2004.

FEREJOHN, Michael. Perception and dialectics in Aristotle's De Anima. *In*: SIM, M. (ed.). **From Puzzles to Principles?** Essays on Aristotle's dialectic. Lanham: Lexington, 1999. p. 151-162.

FERIGOLO, Jorge. **Conhecimento, Dialética, Analogia e Identidade na Biologia de Aristóteles.** Tese (Doutorado em Filosofia) – UNISINOS, 2012. Disponível em: http://biblioteca.Asav.org.br/vinculos/tede/JorgeFilosofia.pdf. Acesso em: 14 set. 2018.

FERIGOLO, Jorge. **A Epistemologia de Aristóteles.** S. Leopoldo: UNISINOS, 2015.

FERIGOLO, Jorge. **Filosofia da Biologia de Aristóteles.** Curitiba: Prismas, 2016.

FERIGOLO, Jorge. **Filosofia da Biologia de Aristóteles.** 2. ed. Curitiba: Appris, 2021.

FERIGOLO, Jorge. **A Origem da Zoologia.** Curitiba: Appris, 2023.

FEYERABEND, Paul K. **Against Method.** London: Verso, 1993.

FLEMMING, Rebecca. **Medicine and the Making of Roman Women.** Oxford: Oxford University Press, 2000.

FLEMMING, Rebecca. Galen's Imperial Order of Knowledge. *In*: KÖNIG, J.; WHITMARSH, T. (ed.). **Ordering Knowledge in the Roman Empire.** Cambridge: Cambridge University Press, 2007.

FLEMMING, Rebecca; HANSON, Ann E. Hippocrates' Peri Parthenion (Diseases of Young Girls): Texts and Translation. **Early Science and Medicine,** [*s.l.*], 3, p. 241-252, 1998.

FLOWER, William H. **An Introduction to the Osteology of the Mammalia.** London: Macmillan, 1876. Disponível em: Disponível em: Disponível em: Disponível em: Disponível em: https://ia802307.us.archive.org/16/items/anintroductionto00flowiala/anintroductionto00flowiala.pdf. Acesso em: 8 nov. 2018.

FORTENBAUGH, William W. Aristotle: animals, emotion and moral virtue. **Arethusa**, 4, p. 137-165, 1971.

FRANDSON, Rowen D.; WILKE, W. Lee; FAILS, Anna D. **Anatomy and Physiology of Farm Animals**. N. York: Wiley, 2013.

FRANTZIUS, Alexander von. **Aristoteles' vier Bücherüber die Theile der Thiere**. Leipzig: Engelmann, 1853. Disponível em: https://ia801606.us.archive.org/7/items/aristotelesvierb00aris/aristotelesvierb00aris.pdf. Acesso em: 18 set. 2018.

FREDE, Michael. **Essays in Ancient Philosophy**. Oxford: Oxford Universsity Press, 1987.

FREDE, Michael; WALZER, Richard. **Galen, Three Treatises on the Nature of Science**. On the Sects for Beginners, an Outline of Empiricism, on Medical Experience. Indianapolis: Indianapolis University Press, 1995.

GALENUS. **Galenus de ossibus**. Ferdinando Balamio Siculo intérprete. Parisiis: Wecheli, 1535. Disponível em: https://archive.org/details/bub_gb_2cn9NUE-Dw-0C/page/n3. Acesso em: 19 out. 2018.

GALENUS. **Oeuvres Anatomiques, Physiologiques et Médicales de Galien**. Tradução e edição de C. Daremberg. Paris: Bailliére, 1854. 2 v. Disponível em: https://gallica.bnf.fr/ark:/12148/bpt6k6213666q.texteImage. Acesso em: 17 set. 2018.

GANIAS, Kostas; MEZARLI, Charikleia; VOULTSIADOU, Eleni. Aristotle as an ichthyologist: Exploring Aegean fish diversity 2,400 years ago. **Fish & Fisheries**, [s.l.], 18, p. 1.038-1.055, 2017. Disponível em: http://carlgans.org/category/about-carl/. Acesso em: 19 out. 2018.

GEGENBAUR, Carl. **Elements of Comparative Anatomy**. Translation by F. J. Bell; revisão de E. R. Lankester. London: Macmillan, 1878. Disponível em: https://ia800200.us.archive.org/34/items/elementsofcompar00gege/elementsofcompar00gege.pdf. Acesso em: 14 set. 2018.

GENGA. Bernardino. **Anatomia chirurgica**. Roma: A. Ercole, 1672. Disponível em: https://ia600409.us.archive.org/6/items/bub_gb_IHcHVpkGdosC/bub_gb_IHcH-VpkGdosC.pdf. Acesso em: 9 mar. 2023.

GENGA, Bernardino. **Anatomia per uso et intelligenza del disegno ricercata non solo sugl'ossi e muscoli del corpo humano etc.** Roma: Rossi, 1691 Disponível em: https://ia600106.us.archive.org/34/items/BIUSante_01896/BIUSante_01896.pdf. Acesso em: 19 mar. 2023.

GILBERT, Scott F. **Developmental Biology.** Sunderland, MA: Sinauer, 2000. Disponível em: https://archive.org/details/developmentalbio00gilb. Acesso em: 28 nov. 2018.

GILL, Christopher, WHITMARSH, Tim; WILKINS John (ed.). **Galen and the World of Knowledge.** Cambridge: Cambridge University Press, 2009.

GILMOUR, Garth. H. The nature and function of astragalus bones from archaeological contexts in the Levant and Eastern Mediterranean. **Oxford Journal of Archaeology,** [s.l.], 1v. 6, n. 2, p. 167-175, 1997.

GLOGER, Constantin W. L. **Dissertatio inaugural lissistens disquisitionum de Avibus ab Aristotele comemmoratis specimen I quam amplissimi philosophorum in Universitate Viadrina.** Vratislaviae: Max, 1830. Disponível em: https://search.books2ebooks.eu/Record/bau_002990521. Acesso em: 24 jun. 2019.

GOODRICH, Edwin S. **Studies on the Structure and Development of Vertebrates.** London: Macmillan, 1930. 2 v. Disponível em: https://ia801704.us.archive.org/21/items/studiesonstructu00good/studiesonstructu00good.pdf. Acesso em: 8 nov. 2018.

GOSS, Charles M.; CHODKOWSKI, Elizabeth G. On Bones for Beginners by Galen of Pergamon. **The American Journal of Anatomy,** [s.l.], v. 169, n. 1, p. 61-74, 1984.

GOTTHELF, Allan. First Principles in Aristotle's Parts of Animals. *In*: GOTTHELF, A.; LENNOX, J. G. (ed.). **Philosophical Issues in Aristotle's Biology.** N. York: Cambridge University Press, 1987. p. 167-198.

GOTTHELF, Allan; LENNOX, James, G. (ed.). **Philosophical Issues in Aristotle's Biology.** N. York: Cambridge University Press, 1987.

GOULD, Stephen J. **Ontogeny and Phylogeny.** Cambridge, MA: Harvard University Press, 1977. Disponível em: https://pt.scribd.com/document/363229224/Stephen-Jay-Gould-Ontogeny-and-Phylogeny-PDF. Acesso em: 7 nov. 2018.

GRANDEL, Heiner. Approaches to a comparison of fin and limb structure and development. **Theory in Biosciences,** 122, p. 288-301, 2003.

GRAY, Henry. **Anatomy, Descriptive and Surgical**. London: J. W. Parker & Son, 1858. Disponível em: https://openlibrary.org/books/OL24780759M/Anatomy_descriptive_and_surgical. Acesso em: 8 nov. 2018.

GRAY, Henry. **Anatomy of the Human Body**. Philadelphia: Lea & Febiger, 1918. Disponível em: http://www.medicalcity-iq.net/medlib/Anatomy%20of%20the%20Human%20Body.pdf. Acesso em: 18 set. 2018.

GRENE, Marjorie. **The Understanding of Nature**. Essays in the Philosophy of Biology. Dordrecht: Springer, 1974.

GRENE, Marjorie. About the divisions of sciences. *In*: GOTTHELF, A. (ed.). **Aristotle on Nature and Living Things, Philosophical and Historical Studies**. Pittsburgh: Mathesis, 1985. p. 9-13.

GROSS, Charles G. Aristotle on the brain. **The Neuroscientist**, [*s.l.*], v. 1, n. 4, p. 245-250, 1995.

GUDGER, Eugene W. The myth of the shipholder. **Annals and Magazine of Natural History**, [*s.l.*], v. 9, n. 2, p. 271-307, 1918.

GUDGER, Eugene W. Old time figures of the shipholder, Echeneis or remora, holding the ship. **Isis**, [*s.l.*], v.13, n. 2, p. 340-352, 1930.

GUIDI, Guido (VIDIUS). **De anatome corporis humani libri VII**. Venetiis: Juntae, 1611. Disponível em: https://play.google.com/books/reader?id=fy5VAAAAcAA-J&pg=GBS.PP22&hl=pt. Acesso em: 15 set. 2021.

HAECKEL, Ernst. **Generelle Morphologie der Organismen**. Berlin: Reimer, 1866. Disponível em: http://darwin-online.org.uk/converted/pdf/1866_Haeckel_A959.1.pdf. Acesso em: 18 set. 2018.

HAECKEL, Ernst. **Anthropogenie oder Entwickelungsgeschichte des Menschen**. Leipzig: Engelmann, 1874. Disponível em: https://www.zobodat.at/pdf/MON-V-SAEUG_0113_0001-0768.pdf. Acesso em: 18 set. 2018.

HALL, Brian K. (ed.). **Homology**. Novartis Foundation Symposium 22. West Sussex: Wiley, 1999.

HALL, Brian K. (ed.). **Fins into Limbs**. Evolution, development, and Transformation. Chicago: Chicago University Press, 2007.

HALL, John J. The Classification of Birds, in Aristotle and Early Modern Naturalists. I. **History of Science**, 29, p. 111-151, 1991.

HALLER, Albrecht von. **Icones anatomicae.** Gottingae: Wandenhoeck, 1743-1756. 8 pts. Disponível em: https://collections.nlm.nih.gov/ext/dw/2483056RX1/PDF/2483056RX1.pdf. Acesso em: 14 set. 2021.

HALLER, Albrecht von. **Bibliotheca anatomica.** Tiguri: Orell, Gessner, 1774-1777. 2 v. Disponível em: https://books.google.com.br/books/download/Bibliotheca_anatomica_Ad_annum_1776.pdf?id=XaE8AAAAcAAJ&hl=pt-BR&capid=AFLRE-70DAwoB_f4gDTPDGTcHs7S3efqC9mBBPeY0AVuEYri_k-hCJszVwFf7Zl6yM8r-jOwzfSnRkqmq9FWF7LrawFkR7cyMwEw&continue=https://books.google.com.br/books/download/Bibliotheca_anatomica_Ad_annum_1776.pdf%3Fid%-3DXaE8AAAAcAAJ%26hl%3Dpt-BR%26output%3Dpdf. Acesso em: 14 set. 2021.

HAMLYN, David W. Aristotle on dialectic. **Philosophy,** [*s.l.*], v. 65, n. 254, p. 465-476, 1990.

HANKEN, James; HALL, Brian K. (ed.). **The Skull.** Chicago: Chicago University Press, 1993. 3 v.

HANKINSON, R. J. (ed.). **The Cambridge Companion to Galen.** Cambridge: CUP, 2008.

HANNAH, Robert. **Greek & Roman Calendars.** London: Duckworth, 2005.

HARRIS, C. R. S. **The Heart and the Vascular System in Ancient Greek Medicine from Alcmaeon to Galen.** Oxford: Oxford University Press, 1974.

HARVEY, William. **Exercitatio anatomica de motu cordis et sanguinis in animalibus.** Frankfurt: Fitzeri, 1628. Disponível em: https://md.rcm.upr.edu/wp-content/uploads/sites/41/2015/02/exercitatioanato00harv.pdf. Acesso em: 18 set. 2018.

HARVEY, William. **Exercitationes de generatione animalium.** Quibus accedunt quaedam de partu; de membranis ac humoribus uteri; & de conceptione. Londini: Du-Gardianis, 1651. Disponível em: https://ia800301.us.archive.org/3/items/exercitationesde00harv/exercitationesde00harv.pdf. Acesso em: 18 set. 2018.

HARVEY, William. **Works.** Translation by Robert Willis. London: Sydenham Society, 1847. Disponível em: https://www.fadedpage.com/showbook.php?-pid=20130911. Acesso em: 18 set. 2018.

HARVEY, William. **Anatomical Studies on the Motion of the Heart and Blood.** Translation by C. D. Leake. Springfield: Thomas, 1928. Disponível em: http://www4.ncsu.edu/~kimler/hi322/Harvey_selections.pdf. Acesso em: 18 set. 2018.

HAVERS, Clopton. **Osteologia Nova, or Some New Observations of the Bones and the Parts Belonging to Them, with the Manner of their Accretion and Nutrition**. London: Smith, 1691. Disponível em: https://ia800305.us.archive.org/22/items/osteologianovaor00have/osteologianovaor00have.pdf. Acesso em: 8 nov. 2018.

HENLE, Friedrich G. J. **Handbuch der systematischen Anatomie des Menschen**. Braunschweig: F. Vieweg u. Sohn, 1855-1871. 3 v. Disponível em: https://www.biodiversitylibrary.org/item/103788#page/5/mode/1up. Acesso em: 14 set. 2018.

HERODOTUS. **Herodoti Helicarnassei Historia liber IX**. Excudebat Henricus Stephanus. Genevae: Valla, 1592. Disponível em: https://ia902700.us.archive.org/20/items/herodotouhelika00schgoog/herodotouhelika00schgoog.pdf//; https://ia801403.us.archive.org/0/items/herodotouhelika01schgoog/herodotouhelika01schgoog.pdf. Acesso em: 27 set. 2018.

HESSE, Mary. Aristotle's logic of analogy. **The Philosophical Quarterly**, [*s.l.*], v. 5, n. 61, p. 328-340, 1965.

HIPPOCRATES. **The Genuine Works of Hippocrates**. Translation by F. Adams. N. York: Wood, 1886. Disponível em: https://ia802704.us.archive.org/33/items/genuineworkship02hippgoog/genuineworkship02hippgoog.pdf. Acesso em: 11 set. 2018.

HOLLAND, Peter W. H. *et al*. Gene duplications and the origins of vertebrate development. **Development, Supplement**, p. 125-133, 1994.

HOLMES, Robert L.; BALL, John N. **The Pituitary Gland**: A Comparative Account. Cambridge: Cambridge University Press, 1974.

HOMER. **Ilyad**. Translation by A. T. Murray. Loeb Classical. Cambridge, MA: Harvard University Press; Heinemann, 1924. 2 v. Disponível em: https://ryanfb.github.io/loebolus-data/L170N.pdf. Acesso em: 18 set. 2018.

HOMER. **Odyssey**. Translation by A. T. Murray. Loeb Classical. Cambridge, MA: Harvard University Press, 1995. 2 v. Disponível em: http://sul-derivatives.stanford.edu/derivative?CSNID=00000519&mediaType=application/pdf. Acesso em: 18 set. 2018.

HOMERO. **Ilíada**. Tradução de M. O. Mendes. 2009a. *Ebook*. Disponível em: http://www.ebooksbrasil.org/adobeebook/iliadap.pdf. Acesso em: 26 set. 2018.

HOMERO. **Odisseia**. Tradução de M. O. Mendes. 2009b. *Ebook*. Disponível em: http://www.ebooksbrasil.org/eLibris/odisseiap.html. Acesso em: 26 set. 2018.

HUFFMAN, Carl A. **Archytas of Tarentum**. Cambridge, MA: Cambridge University Press, 2006.

HUNTER, Richard H. **A Short History of Anatomy**. London: Bale, 1931.

HUXLEY, Thomas H. Fragments relating to Philosophical Zoology, selected from the Works of K. E. von Baer. *In*: THE SCIENTIFIC Memoirs of Thomas Henry Huxley. London: Taylor & Francis, 1853. p. 176-238. Disponível em: https://archive.org/details/scientificmemoi01lankgoog. Acesso em: 22 jan. 2019.

HUXLEY, Thomas H. On certain errors respecting the structure of the heart attributed to Aristotle. **Nature**, 21, p. 1-5, 1879.

HUXLEY, Thomas H. **Lessons in Elementary Physiology**. London: Macmillan, 1881. Disponível em: https://ia800207.us.archive.org/12/items/cu31924031272697/cu31924031272697.pdf. Acesso em: 18 set. 2018.

HYRTL, Josef. **Das Arabische und Hebräische in der Anatomie**. Wien: Braunmüller, 1879. Disponível em: Https://Archive.Org/Details/Dasarabischeundh00hyrtuoft/Page/N4. Acesso em: 30 maio 2019.

HYTTEL, Poul *et al*. **Essentials of Domestic Animal Embryology**. Philadelphia: Saunders, 2009.

ILLIGER, Carolus (Johann K. W.). **Prodromus systematis mammalium et avium**. Aditis terminis zoographicis utriusque classis, eorumque versione germanica. Berolini: Sumptibus C. Salfeld, 1811. Disponível em: https://archive.org/search.php?query=Prodromus%20systematis%20mammalium%20et%20avium. Acesso em: 26 set. 2018.

INTERNATIONAL COMMISSION ON ZOOLOGICAL NOMENCLATURE (ICZN). Disponível em: http://iczn.org/code. Acesso em: 13 set. 2018.

INTERNATIONAL COMMISSION ON ZOOLOGICAL NOMENCLATURE. **International Code of Zoological Nomenclature**. Disponível em: http://iczn.org/code. Acesso em: 13 set. 2018.

IRWIN, Terence H. **Aristotle's First Principles**. Oxford: Clarendon, 1990.

ITKONEN, Esa. **Analogy as Structure and Process**. Approaches In Linguistics, Cognitive Psychology and Philosophy of Science. Amsterdam: Benjamin, 2005.

JOHANSEN, Thomas K. Aristotle on the sense of smell. **Phronesis**, v. 41, n. 1, p. 1-19. 1996.

JOHANSEN, Thomas K. **Plato's Natural Philosophy**: A Study of the Timaeus--Critias. Cambridge, MA: Cambridge University Press, 2004.

JOHANSEN, Thomas K. **Aristotle on the Sense Organs**. Cambridge Classical Series. Cambridge, MA: Cambridge University Press, 2007.

JOHNSON, Monte R. **Aristotle on Teleology**. Oxford: Oxford University Press, 2005. (Oxford Aristotle Studies).

JOHNSTONE, Mark A. Aristotle on odour and smell. **Oxford Studies in Ancient Philosophy**, [*s.l.*], 43, p. 143-183, 2012.

JOHNSTONE, Mark A. Aristotle on Sounds. **British Journal for the History of Philosophy**, v. 21, n. 5, p. 631-648, 2013.

JOHNSTONUS, John. **A Description of the Nature of Four-Footed Beasts**. With Their Figures Engraved in Brass. London: Moses Pit, 1678. Disponível em: https://quod.lib.umich.edu/cgi/t/text/text-idx?c=eebo; idno=A46231.0001.001. Acesso em: 13 set. 2018.

JOLLIE, Malcolm T. **Chordate Morphology**. N. York: Reinhold. 1973. Disponível em: https://ia800206.us.archive.org/28/items/chordatemorpholo00joll/chordatemorpholo00joll.pdf. Acesso em: 13 set. 2018.

JOLLIE, Malcolm T. Segmentation of the vertebrate head. **American Zoologist**, [*s.l.*], 17, p. 323-333, 1977.

JOUANNA, Jacques. Le rôle des glossaries dans la transmission et l'edition des texts Hippocratiques. **Revue d'Histoire des Textes**, [*s.l.*], 19, p. 1-17, 1989. Disponível Disponível em: https://www.persee.fr/doc/rht_0373-6075_1990_num_19_1989_1336. Acesso em: 3 maio 2019.

KALOF, Linda. **A Cultural History of Animals in Antiquity**. London: Blumsbury, 2007. v. 1.

KAPPERS, Cornelius A.; HUBER, G. Carl; CROSBY, Elizabeth C. **The Comparative Anatomy of the Nervous System of Vertebrates, Including Man**. N. York: Macmillan, 1936. 2 v. Disponível em: https://embryology.med.unsw.edu.au/embryology/index.php/Book_-_The_comparative_anatomy_of_the_nervous_system_of_vertebrates_including_man_-_1. Acesso em: 16 dez. 2021.

KEEN. William W. **A Sketch of the Early History of Practical Anatomy**. Philadelphia: Lippincott, 1874. Disponível em: https://ia800204.us.archive.org/32/items/cu31924072675576/cu31924072675576.pdf. Acesso em: 16 dez. 2021.

KETHAM, Johannes. **Fasciculus medicinae**. Venetiis: Johannem & Gregorius fratres de Forlivio, 1491. Disponível em: https://www.nlm.nih.gov/exhibition/historicalanatomies/ketham_home.html. Acesso em: 16 dez. 2021.

KEYSER, Georgy L.; IRBY-MASSIE, Paul T. **The Encyclopedia of Ancient Natural Scientists**. The Greek Tradition and its Many Heirs. London: Routledge, 2012.

KITCHELL, Kenneth F. Jr. **Animals in the Ancient World from A to Z**. London: Routledge, 2014.

KOEPER, Henry C.; WHITNEY-DESAUTELS, Nancy A. Astragalus bones: artifacts or ecofacts. **Pacific Coast Archaeological Society Quarterly**, [*s.l.*], v. 35, n. 2/3, p. 69-80, 1999.

KONSTANTINIDIS, Giannis. Elsevier's Dictionary of Medicine and Biology. *In*: ENGLISH, Greek, German, Italian and Latin. Amsterdam: Elsevier, 2006.

KUHN, Thomas S. **The Structure of Scientific Revolutions**. International Encyclopedia of Unified Science. Chicago: Chicago University Press, 1970. Disponível em: https://projektintegracija.pravo.hr/_download/repository/Kuhn_Structure_of_Scientific_Revolutions.pdf. Acesso em: 18 set. 2018.

KULLMANN, Wolfgang. **Aristoteles Werke, Band 17/I**. ZoologischeSchriften II: Über die Teile der Lebewesen. Berlin: Akademie, 2007.

LAMARCK. (Chevalier de; Jean-Baptiste Pierre Antoine de Monet). **Hydrogéologie**. Paris: Agasse, 1802. Disponível em: https://books.googleusercontent.com/books/content?req=AKW5Qac9V6dKpm_n3VMvXqu0gfbjouwcdAirpQS9xY--PJNU86ezxgEd3IR8_ShMrLeeSFFiCy8KuGdJoL4HdrPuS2z74760ijmEs05Oe-dO7gp29_uzV1QPmS19Make6HrsAuPVKFfnFRoedbncTKLHX8TmuzSudMVJxN-LlF4a1ElyuFoyCfz8YXkdz2n6s-yq-rz57aQqKOV-V-yOAS1hcGEbcVz1uDwqRpn-zj8h5fSCXHz4Q-4r3adQk3cByloSuFmGoE3QReiHqAc-SA33oADCTXbFrfTma-giTrUndk6_lPRWl4RVTa7g. Acesso em: 16 dez. 2021.

LAMARCK. (Chevalier de; Jean-Baptiste Pierre Antoine de Monet). **Philosophie Zoologique, or Exposition des Considérations Relatives à l'Histoire Naturelle des Animaux**. Paris: Dentu, 1809. Disponível em: https://ia802606.us.archive.

org/10/items/philosophiezoolo02lamauoft/philosophiezoolo02lamauoft.pdf. Acesso em: 18 set. 2018.

LANGSLOW, D. The doctor, His Actions, and the Terminology. *In*: MANUS Medica: Actions et Gestes de l'Officiant dans les Texts Médicaux Latins. Questions de Thérapeutique et de Lexique, GAIDE, F.; BIVILLE, F. (Ed.). Aix-en-Provence: Publications de l'Université de Provence, 2003. p. 25-32.

LAUTH, Thomas. **Histoire de l'Anatomie**. Strasbourg: Levrault, 1815. Disponível em: books.google.com.br/books/about/Histoire_de_l_anatomie.html?id=-id-CAAAAcAAJ&redir_esc=y. Acesso em: 25 set. 2018.

LAZARIS, Stavros. Deux textes grecs hippiatriques pseudo-hippocratiques: remarques et considérations. IXe Colloque International Hippocratique. **Asp Terapia Corpus Hippocraticus**, p. 479-484, 1999.

LE BLOND, Jean-Marie. **Logique et Méthode chez Aristote**. Étude sur la Recherche des Principes dans la Physique Aristotélicienne. Paris: Vrin, 1939. Disponível em: https://signup.axele.net/en/html/sf/registration/eone.html#&sf=eone&lng=en&m=books&ref=5116990&prod=2&_sign=df4f0ed52f7fea4dc0d3dc-f6b79f34b5&_signt=1541702486&utm_expid=72006323-774.np4YZYGgS--w-Cj1DJqKk2w.0. Acesso em: 8 nov. 2018.

LE BLOND, Jean-Marie. **Aristote, Philosophe de la Vie**: le Livre Premier du Traité sur les Parties des Animaux. Paris: Aubier, 1945.

LEE, Henry D. P. Place-names and the date of Aristotle's biological works. **Classical Quarterly**, 42, p. 61-67, 1948.

LENNOX, James G. Aristotle on Genera, Species, and "The More and the Less". **Journal of the History of Biology**, [*s.l.*], v. 13, n. 2, p. 321-346, 1980.

LENNOX, James G. Are Aristotelian species eternal? *In*: GOTTHELF, A. (ed.). **Aristotle on Nature and Living Things. Philosophical and Historical Studies**. Pittsburgh: Mathesis, 1985. p. 67-94.

LENNOX, James G. **Aristotle's Philosophy of Biology**: Studies in the Origins of Life Science. Cambridge, UK: Cambridge University Press, 2001.

LENNOX, James G. Aristotle's Biology and Aristotle's Philosophy. *In*: GILL, M. L.; PELLEGRIN, P. (ed.). **Companion to Ancient Philosophy**. Oxford: Wiley-Blackwell, 2006. p. 292-315.

LENNOX, James G. **Aristotle's Biology**. Stanford Encyclopedia of Philosophy, 2011. Disponível em: https://plato.stanford.edu/entries/aristotle-biology/. Acesso em: 14 set. 2018.

LENZ, Harald, O. **Zoologie der alten Griechen und Römer, deutsch in aus zugenausderen Schriften**. Gotha: Beckersche, 1856. Disponível em: https://ia800302.us.archive.org/7/items/bub_gb_i41bAAAAQAAJ/bub_gb_i41bAAAA-QAAJ.pdf. Acesso em: 15 set. 2021.

LEROI, Armand M. **The Lagoon**: How Aristotle Invented Science. London: Bloomsbury, 2014.

LEWIS, Charlton T.; SHORT, Charles. **A Latin Dictionary**. Oxford: Clarendon, 1956. Baseado na edição de Andrews do Latin Dictionary of Freund. Disponível em: https://archive.org/details/LewisAndShortANewLatinDictionary. Acesso em: 14 set. 2018.

LIDDELL, Henry G.; SCOTT, Robert. **A Greek-English Lexicon**. A new edition revised and augmented throughout by Sir Henry Stuart Jones. Oxford: Clarendon, 1953. Disponível em: https://archive.org/details/greekenglishlex00lidduoft. Acesso em: 14 set. 2018.

LINNAEUS, Carolus. **Systema naturae per regna tria naturae, secundum classes, ordines, genera, species, cum characteribus differentiis, synonymis, locis**. Editio decima. Holmiae (Estocolmo): Laurentii Salvii, 1758. Disponível em: https://ia600503.us.archive.org/26/items/mobot31753000809027/mobot31753000809027.pdf. Acesso em: 18 set. 2018.

LITTRÉ, Émile. **Œuvres Complètes d'Hippocrate, Traduction Nouvelle avec le Texte Grec en Regard**. Paris: Baillière, 1841-1853. Disponível em: https://ia802606.us.archive.org/13/items/oeuvrescomplte01hippuoft/oeuvrescomplte01hippuoft.pdf. Acesso em: 18 set. 2018.

LLOYD, Geoffrey E. R. The development of Aristotle's Theory of the Classification of Animals. **Phronesis**, [*s.l.*], v. 6, n. 1, p. 59-81, 1961.

LLOYD, Geoffrey E. R. Genus, species and ordered series in Aristotle. **Phronesis**, [*s.l.*], v. 7, n. 1, p. 67-90, 1962.

LLOYD, Geoffrey E. R. **Polarity and Analogy**. Two Types of Argumentation in Early Greek Thought. N. York: Cambridge University Press, 1966.

LLOYD, Geoffrey E. R. **Early Greek Science: Thales to Aristotle**. N. York: Norton, 1970.

LONES, Thomas E. On the identification of some of the birds mentioned by Aristotle. **The Zoologist**, 7, p. 241-253, 1903.

LONES, Thomas E. **Aristotle's Researches in Natural Science**. London: West, Newman, 1912. Disponível em: https://archive.org/details/aristotlesresear00lone. Acesso em: 14 set. 2018.

LONIE, I. M. The paradoxical text "On the heart", Part I. **Medical History**, [s.l.], v. 17, n. 1, p. 1-15, 1973. Disponível em: https://www.cambridge.org/core/services/aop-cambridge-core/content/view/503BE538065E0F0857CAC70890B14BF7/S0025727300018147a.pdf/div-class-title-the-paradoxical-text-on-the-heart--part-i-div.pdf. Acesso em: 9 nov. 2018.

LONIE, I. M. The paradoxical text "On the heart", Part II. **Medical History**, [s.l.], v. 17, n. 2, p. 136-153, 1973. Disponível em: https://www.ncbi.nlm.nih.gov/pmc/articles/PMC1081442/pdf/medhist00123-0034.pdf. Acesso em: 16 dez. 2021.

LORENZ, Hendrik. The assimilation of sense to sense-object in Aristotle. **Oxford Studies in Ancient Philosophy**, [s.l.], 33, p. 179-220, 2007.

LOUGH-STEVENS, Michael; SCHULTZ, Nicholas G.; DEAN, Matthew D. The baubellum is more developmentally and evolutionarily labile than the baculum. **Ecology and Evolution**, [s.l.], 8, p. 1.073-1.083, 2018.

LOUIS, Pierre. Animaux anonymes chez Aristote. **Bulletin de l'Association Guillaume Budé**, [s.l.], 2, p. 211-217, 1971.

LOUX, Michael J. Form, species, and predication in Metaphysics Z, H, and Θ. **Mind**, [s.l.], 88, p. 1-23, 1979.

LOVEJOY, Arthur O. The meaning of Φυçις in the Greek physiologers. **The Philosophical Review**, [s.l.], v.18, n. 4, p. 369-383, 1909.

MALGAIGNE, Joseph-François. **Études sur l'Anatomie et la Physiologie d'Homère**. Paris: Baillière, 1842.

MANSFELD, Jaap. **Doxography of Ancient Philosophy**. Stanford Encyclopedia of Philosophy. [2018]. Disponível em: https://plato.stanford.edu/entries/doxography-ancient/. Acesso em: 14 set. 2018.

MANSION, Augustin. **Introduction à la Physique Aristotélicienne**. Paris: Vrin, 1945. Disponível em: https://ia600500.us.archive.org/17/items/introductionla-00mans/introductionla00mans.pdf. Acesso em: 8 nov. 2018.

MAYOR, Adrienne. **The First Fossil Hunters**: Paleontology in Greek and Roman Times. N. Jersey: Princeton University Press, 2000.

McLAUGHLIN, Peter. Naming Biology. **Journal of the History of Biology**, [*s.l.*], v. 35, n. 1, p. 1-4, 2002.

MECKEL, Johann F. **Beyträge zur vergleichenden Anatomie**. Halle: Reclam, 1808. Disponível em: https://ia802307.us.archive.org/6/items/beytrgezurver-gl00meckgoog/beytrgezurvergl00meckgoog.pdf. Acesso em: 14 set. 2018.

MECKEL, Johann F. **Handbuch der menschlichen Anatomie**. Halle & Berlin, 1815-1820. 4 v. (Há também uma edição fac-símile da Nabu Press, 2011). Disponível em: https://ia802604.us.archive.org/2/items/handbuchdermens00meckgoog/handbuchdermens00meckgoog.pdf. Acesso em: 14 set. 2018.

MERCATORIS, Gerardi. **Atlas minor Gerardi Mercatoris à I**. Hondio plurimis æneis tabulis auctus et illustratus: denuo recognit, additisque novis delinea-tionibus emendatus. Amsterodami: Ioannis Ianssonii, 1628. Disponível em: https://archive.org/details/Atlas minorgerard00merc/page/n5; https://ia801005.us.archive.org/33/items/Atlas minorgerard00merc/Atlas minorgerard00merc.pdf. Acesso em: 9 jan. 2019.

MERITT, Benjamin D. **The Athenian Year**. Berkeley: University of California Press, 1961.

MERRIAM-WEBSTER. **Merriam-Webster's Medical Dictionary**. Merriam-We-bster Inc. [2019]. Disponível em: https://www.merriam-webster.com/browse/medical/a. Acesso em: 22 jan. 2019.

MEYER, Arthur W. **An Analysis of the De Generatione Animalium of William Harvey**. California: Stanford University Press, 1936.

MICHAEL EPHESUS. Partibus Animalium, De Animalium Motione, De Animalium Incessu Commentaria. *In*: HAYDUCK, M. (ed.). **Commentaria in Aristotelem Graeca**. Edita consilio et auctoritate Academiae litterarum regiae borussicae. Berlin: Deutsche Akademie der Wissenschaften, 1882. v. XXII, 2. p. 1-193. Dispo-nível em: https://en.wikipedia.org/wiki/Commentaria_in_Aristotelem_Graeca. Acesso em: 14 set. 2018.

MODRAK, Deborah. **Aristotle:** The Power of Perception. Chicago: University of Chicago Press, 1987.

MONDINO DE LIUZZI. **Incipit Anatomia Mundini.** Padua: Mathaeus Cerdonis, 1484. Disponível em: https://gallica.bnf.fr/ark:/12148/bpt6k585458.image. Acesso em: 14 set. 2018.

MOORE, Keith. **Embriologia Clínica.** Rio de Janeiro: Interamericana, 1975.

MOORE, Keith; PERSAUD, T. Vidhya N. **The Developing Human.** Clinically Oriented Embryology. Philadelphia: Saunders, 2014.

MÜLLER, Johannes P.; HENLE, Friedrich, G. J. On the generic characters of cartilaginous fishes, with descriptions of new genera. **The Magazine of Natural History,** [*s.l.*], 2, p. 33-37, 88-91, 1838.

NAGEL, Ernest. **The Structure of Science.** Problems in the Logic of Scientific Explanation. Cambridge, MA: Hackett, 1979.

NEANDER, Karen. The teleological notion of function. *In*: BULLER, D. J. (ed.). **Function, Selection and design.** N. York: N. York State University Press, 1999. p. 123-142.

NEEDHAM, Joseph. **A History of Embryology.** N. York: Cambridge University Press, 1959.

NEWMYER, Stephen T. Being one and becoming the other. *In*: CAMPBELL, G. L. (ed.). **The Oxford Handbook of Animals in the Classical Thought and Life.** Oxford, UK: Oxford University Press, 2014. p. 507-534.

NUTTON, Vivian. Archiatri and the Medical Profession in Antiquity. **Papers of the British School at Rome,** [*s.l.*], 45, p. 191-226, 1977.

NUTTON, Vivian. **Ancient Medicine.** London: Routledge, 2004.

NORDENSKIÖLD, Erik. **The History of Biology.** Translation by L. B. Eyre. 1936. Disponível em: https://archive.org/details/historyofbiology00nord. Acesso em: 14 set. 2018.

OLIVIERI, A. Alcmeone di Crotone. **Memorie de la Reale Academia di Archeologia Lettere e Belle Art (Società Reale di Napoli),** 4, p. 15-41, 1919.

ORÍBASE. **Oeuvres d'Oribase.** Translation by U. Bussemaker; Ch. Daremberg. Paris: L'Imprimerie Impériale. J. B. Baillière et fils. 1851-1873. 5 v. Disponível em:

https://ia803100.us.archive.org/1/items/b29003532_0005/b29003532_0005. pdf. Acesso em: 16 dez. 2021.

O'ROURKE, Fran. Aristotle and the Metaphysics of Evolution. **The Review of Metaphysics**, [*s.l.*], v. 58, n. 1, p. 3-59, 2004.

OSBORN, Henry F. **From the Greeks to Darwin**: An Outline of the development of the Evolution Idea. N. York: Macmillan, 1894. Disponível em: https://ia802300. us.archive.org/19/items/fromgreekstodarw00osboiala/fromgreekstodarw00os-boiala.pdf. Acesso em: 8 nov. 2018.

OSBORN, Henry F. **The Origin and Evolution of Life**. On the Theory of Action, Interaction and Reaction of Energy. N. York: Scribner, 1916. Disponível em: https://www.elib.biz/go.php?q=the%20origin%20and%20evolution%20of%20life%20on%20the%20theory%20of%20action%20reaction%20and%20interaction%20of%20energy. Acesso em: 9 nov. 2018.

OVÍDIO. **Metamorfoses**. São Paulo: Madras, 2003.

OWEN, Guillym E. L. Tithenai ta phainomena. *In*: MANSION, S. (ed.). **Aristote et les Problèmes de Méthode**. Louvain: Institut Supérieur de Philosophie, 1961. p. 83-103. (Também publicado em: *Articles on Aristotle. 1. Science*. BARNES, J., SCHOFIELD, M.; SORABJI, R. [ed.]; e em: From Puzzles to Principles? Essays on Aristotle's dialectic. SIM, M. [ed.]. 1999).

OWEN, Richard. **Lectures on the Comparative Anatomy and Physiology of the Invertebrate Animals**. London: Longman, 1843. Disponível em: https://books.google.com.br/books?id=_DYAAAAQAAJ&printsec=frontcover&hl=pt-BR&source=gbs_ge_summary_r&cad=0#v=onepage&q&f=false. Acesso em: 14 set. 2018.

OWEN, Richard. **On the Archetype and Homologies of the Vertebrate Skeleton**. London: Voorst, 1848. Disponível em: https://books.google.com.br/books?id=IYqb_btyzS0C&printsec=frontcover&hl=pt-BR&source=gbs_ge_summary_r&cad=0#v=onepage&q&f=false. Acesso em: 14 set. 2018.

OWEN, Richard. **On the Classification and Geographical Distribution of the Mammalia**. London: Parker, 1859. Disponível em: https://ia801400.us.archive.org/13/items/onclassification00owenrich/onclassification00owenrich.pdf. Acesso em: 14 set. 2018.

OWEN, Richard. **On the Anatomy of Vertebrates**. London: Longman, 1866-1868. 3 v (I, Fishes and Reptiles; II, Birds and Mammals; III, Mammals). Disponível em: https://ia802205.us.archive.org/9/items/onanatomyofverte01owen/onanatomyofverte01owen.pdf. Acesso em: 14 set. 2018.

PANCHEN, A. L. Homology - history of a concept. *In*: HALL, Brian (ed.). **Homology**. Novartis Foundation Symposium, 22. West Sussex: Wiley, 1999. p. 5-23.

PARKE, Herbert W. **Festivals of the Athenians**. Ithaca, NY: Cornell University Press, 1977.

PAULA-COUTO, Carlos de. **Tratado de Paleomastozoologia**. Rio de Janeiro: Academia Brasileira de Ciências, 1979.

PAULA-COUTO, Carlos de. Fossil mammals from the beginning of the Cenozoic in Brazil. Condylarthra, Litopterna, Xenungulata, and Astrapotheria. **Bulletin of the American Museum of Natural History**, [*s.l.*], 99, p. 355-394. hdl:2246/417. OCLC 18189741.

PAUSANIAS. **Description of Greece**. Translation by W. H. S. Jones; H. A. Ormerod. Loeb Classical. Cambridge, MA: Harvard University Press, 1918-1935. 5 v. Disponível em: https://ia802609.us.archive.org/27/items/pausaniasgreece01pausuoft/pausaniasgreece01pausuoft.pdf. Acesso em: 14 set. 2018.

PEIRCE, Charles S. "Minute Logic". *In*: BERGMAN, M.; PAAVOLA, S. (ed.). **The Commens Dictionary of Peirce's terms**. Peirce's terms in his own words. 2003. Disponível em: http://www.commens.org/bibliography/manuscript-files. Acesso em: 13 set. 2018.

PELLEGRIN, Pierre. **La Classification des Animaux chez Aristote**. Statut de la Biologie et Unité de l' Aristotélisme. Paris: Belles Lettres, 1982.

PELLEGRIN, Pierre. **Aristotle's Classification of Animals**: Biology and the Conceptual Unity of the Aristotelian Corpus. Translation by A. Preus. Berkeley: University of California Press, 1986.

PERFETTI, Stefano. **Aristotle's Zoology and its Renaissance Commentators (1521-1601)**. Ancient and Medieval Philosophy, XXVII. Leuven: Leuven University Press, 2000.

PERSAUD, T. Vidhya N. **A History of Anatomy**. The Post-Vesalian Era. Springfield: Thomas, 1997.

PERSAUD, T. Vidhya N.; LOUKAS, Marios; TUBBS, R. Shane. **A History of Human Anatomy**. Springfield: Thomas, 2014. Disponível em: file:///C:/Users/jorge/Downloads/385066504-A-HISTORY-OF-HUMAN-ANATOMY-pdf.pdf. Acesso em: 15 set. 2021.

PHILLIPS, Eustace D. **Greek Medicine**. (Aspects of Greek and Roman Life). London: Thames and Hudson, 1973.

PLATO. **Timaeus**. Critias. Cleitophon. Menexenus. Epistles. Translation by R. G. Bury. Loeb Classical. Cambridge, MA: Harvard University Press, 1929. Disponível em: http://weraby.org/files/timaeus_critias_cleitophon_menexenus_epistles_v_9_loeb_classical_library.pdf//; http://crm.ibuildings.nl/timaeus_critias_cleitophon_menexenus_epistles_v_9_loeb_classical_library.pdf. Acesso em: 9 nov. 2018.

PLINY THE ELDER. **The Natural History**. Translation by J. Bostock. London: Taylor & Francis, 1855-1857. Disponível em: https://archive.org/stream/plinysnaturalhis00plinrich/plinysnaturalhis00plinrich_djvu.txt. Acesso em: 14 set. 2018.

PLUTARCH. **Lives**. Translation by B. Perrin. Loeb Classical. Cambridge, MA: Harvard University Press, 1914-1926. Disponível em: https://ryanfb.github.io/loebolus-data/L046.pdf. Acesso em: 14 set. 2018.

POLLUX. Ulii Pollucis. **Onomasticon**. Cum annotacionibus interpretum. Curavit Guilielmus Dindorfius. Lipsiae: Kuehniana, 1824. 5 v. Disponível em: https://ia600208.us.archive.org/5/items/onomasticon01polluoft/onomasticon01polluoft.pdf. Acesso em: 14 set. 2018.

POPPER, Karl R. **A Lógica da Pesquisa Científica**. S. Paulo: Cultrix, 1972.

POPPER, Karl R. **The Logic of Scientific Discovery**. London: Hutchinson, 1980. Disponível em: http://strangebeautiful.com/other-texts/popper-logic-scientific-discovery.pdf. Acesso em: 18 set. 2018.

PRAAGH, Richard van; PRAAGH, Stella van. Aristotle's "triventricular" heart and the relevant early history of the cardiovascular system. **Chest**, [*s.l.*], v. 84, n. 4, p. 463-468, 1983.

PRAETCHER, Karl. Review on the Commentaria in Aristotelem Graeca. *In*: SORABJI, R. (ed.). **Aristotle Transformed**. The Ancient Commentators and their Influence. London: Duckworth, 1990. Disponível em: https://philpapers.org/rec/PRAROT-3. Acesso em: 13 set. 2018.

PRIORESCHI, Plinio. **A History of Medicine**. Greek Medicine. Omaha: Horacios, 1996. v. 2.

QUAIN, Jones. **Elements of descriptive and Practical Anatomy**. London: Simpkin & Marshall, 1828. Disponível em: https://ia600201.us.archive.org/15/items/elementsdescrip00quaigoog/elementsdescrip00quaigoog.pdf. Acesso em: 24 jun. 2019.

REDI, Francesco. **Experiments on the Generation of Insects**. Translation by M. Bigelow. Chicago: Open Court, 1909. Disponível em: https://ia801002.us.archive.org/30/items/experimentsonge00bigegoog/experimentsonge00bigegoog.pdf. Acesso em: 14 set. 2018.

REECE, William O. **Functional Anatomy and Physiology of Domestic Animals**. N. York: Wiley, 2013.

RENN, Jürgen; DAMEROW, Peter; McLAUGHLIN, Peter. **Aristotle, Archimedes, Euclid, and the Origin of Mechanics**: The Perspective of Historical Epistemology. The Law of the Lever from the Perspective of a Long-Range History of Mechanical Knowledge. Berlin: Max Planck Institute for the History of Science, 2003. Disponível em: http://citeseerx.ist.psu.edu/viewdoc/download?doi=10.1.1.580.8174&rep=rep1&type=pdf. Acesso em: 14 set. 2018.

REYNOLDS, Sydney H. **The Vertebrate Skeleton**. Cambridge: University Press, 1897. Disponível em: https://www.gutenberg.org/files/43431/43431-h/43431-h.htm. Acesso em: 15 set. 2021.

RICH, Anthony. **Dictionnaire des Antiquités Romaines et Grecques**. Paris: Didot, 1861. Disponível em: https://ia600304.us.archive.org/29/items/pt1dictionnaired03dare/pt1dictionnaired03dare.pdf. Acesso em: 14 set. 2018.

RIHLL, T. E. **Greek Science**: Greece and Rome. Oxford: Oxford University Press, 1999. (New Surveys in the Classics, n. 29).

ROBERT, Fritz. **Les Noms des Oiseaux en Grec Ancient**. Thèse de doctorat présentée a la Faculté de Philosophie de L'Université de Bale. Neuchatel: Attinger Frères, 1911. Disponível em: https://ia800502.us.archive.org/5/items/lesnomsdesoiseau00robe/lesnomsdesoiseau00robe.pdf. Acesso em: 15 abr. 2021.

ROBICSEK, Francis. Leonardo da Vinci and the Sinuses of Valsalva. **Annals Thoracic Surgery**, 52, p. 328-335, 1991.

ROCCA, J. **Galen on the Brain**: Anatomical Knowledge and Physiological Speculation in the Second Century AD. Leiden: Brill. 208, 2003.

ROLLESTON, George. On the domestic cats, Felis domesticus, and Mustela foina, of ancient and modern times. **Journal of Anatomy and Physiology**, [*s.l.*], v. 2, n. 1, p. 47-61, 1868a.

ROLLESTON, George. On the Cat of the Ancient Greeks. **Journal of Anatomy and Physiology**, [*s.l.*], v. 2, n. 1, p. 437-438, 1868b.

ROMER, Alfred S. **The Vertebrate Story**. Chicago: University of Chicago, 1959.

ROMER, Alfred S. **Vertebrate Paleontology**. Chicago: University of Chicago, 1966. Disponível em: https://archive.org/details/vertebratepaleon0000rome_q8n3. Acesso em: 15 set. 2021.

ROMER, Alfred S. **Notes and Comments on Vertebrate Paleontology**. Chicago: University of Chicago Press, 1968. Disponível em: https://actionebooks.club/sl-S-NSZH-D7256/signup-blitz/#/z=niT6qV8hHFFx6ArSxE69Lf/variation=default/q=Notes+And+Comments+On+Vertebrate+Paleontology+eBook+Download/s1=www.readbookpage.com/s2=/s3=/s4=/s5=/source_id=ebaff5f9-4732-106e-5f-cd-ebacfe6ea232/project=yMTSPU/mh_offer_id=/dp=PadVrmJKkWypWLHeU-ZSzhl/m=/c_bg=/c_img1=/c_img2=/c_color=/source=Referral/software=Browser/domain=cdn.bkc1a.club/. Acesso em: 15 set. 2021.

ROMER, Alfred S.; PARSONS, Thomas S. **The Vertebrate Body**. Philadelphia: Saunders, 1977. Disponível em: https://archive.org/details/vertebratebody00rome. Acesso em: 15 set. 2021.

ROMER, Alfred S.; PARSONS, Thomas S. **Man and the Vertebrates**. Harmondsworth: Penguin, 1986. Disponível em: https://archive.org/details/in.gov.ignca.17730. Acesso em: 15 set. 2021.

RONDELET, Gulielmi. **Libri de Piscibus Marinis**. In: quibus verae Piscium effigies expressae sunt. Lugduni: Bonhomme, 1554. Disponível em: https://ia801704.us.archive.org/22/items/gvlielmirondelet00rond/gvlielmirondelet00rond.pdf. Acesso em: 14 set. 2018.

ROSS, William D. **Aristotle**. London: Methuen, 1923. Disponível em: https://archive.org/details/in.ernet.dli.2015.536932. Acesso em: 15 set. 2021.

RUFUS DE EFÉSOS. **Oeuvres de Rufus d'Éphèse**.Texte Collationné sur les Manuscrits, Traduit pour la Première Fois en Français, avec une Introduction.

Publication commencé par le Dr. Ch. Daremberg continuée et terminée par Ch. Émile Ruelle etc. Paris: Imprimerie Nationale, 1889. Disponível em: https://gallica.bnf.fr/ark:/12148/bpt6k6267166m.texteImage. Acesso em: 14 set. 2018.

RUSSELL, Edward S. **Form and Function**. A Contribution to the History of Animal Morphology. Chicago: University of Chicago Press, 1982. Original de 1916. Disponível em: https://ia800201.us.archive.org/22/items/formfunctioncont00russ/formfunctioncont00russ.pdf. Acesso em: 14 set. 2018.

RUSSELL, Kenneth F. **British Anatomy 1525–1800**: a Bibliography. Parkville: Melbourne University, 1963.

RUVINSKY, Ilya *et al*. The evolution of paired appendages in vertebrates: T-box genes in the zebrafish. **Development Genes and Evolution**, [*s.l.*], v. 210, n. 2, p. 82-91, 2000.

SALVIANI, Hippolito. **Aquatilium animalium historiæ**. Liber primus, cum eorumdem formis ære excusis. Romæ: Hippolitum Salvianum, 1557. Disponível em: https://www.biodiversitylibrary.org/item/156187#page/5/mode/1up. Acesso em: 14 set. 2018.

SAMUEL, Alan E. **Greek and Roman Chronology**. München: Beck, 1972.

SANTORINI, Giovanni D. **Observationes anatomicae**. Venetiis: Recurti, 1724. Disponível em: https://ia800200.us.archive.org/2/items/observationesana-00sant/observationesana00sant.pdf. Acesso em: 15 set. 2021.

SAVAGE-SMITH, Emilie. Galen's Account of the Cranial Nerves and the Autonomic Nervous System. **Clio Medica**, [*s.l.*], 6, p. 77-78, 1971.

SCARBOROUGH, John. **Medical and Biological Terminologies**: Classical Origins. Norman: University of Oklahoma Press, 1992.

SCHARFENBERG, Laila M. **Die Cephalopoden des Aristoteles im Lichte der modernen Biologie**. Trier: Wissenschaftlicher, 2001.

SCHUENKE, Michael; SCHULTE, Erik; SCHUMACHER, Udo. **Thieme Atlas of Anatomy, Head, Neck and Neuroanatomy**. Berlin: Thieme, 2011.

SEDLEY, David. **Plato's Cratylus**. Stanford Encyclopedia of Philosophy, 2013. Disponível em: https://plato.stanford.edu/entries/plato-cratylus/. Acesso em: 14 set. 2018.

SEIGWORTH, Gilbert R. Bloodletting over the centuries. **N. York State Journal of Medicine**, [*s.l.*], v. 80, n. 13, p. 2.022-2.028, 1980.

SERRES, Étienne R. A. **Anatomie Comparée du Cerveau dans les Quatre Classes des Animaux Vertébrés**. Appliquée à la Physiologie & à la Pathologie du Systéme Nerveux. Paris, France: Gabon, 1827. Disponível em: https://gallica.bnf.fr/ark:/12148/bpt6k31324n.texteImage. Acesso em: 14 set. 2018.

SERRES, Étienne R. A. **Principes d'Embryogénie, de Zoogénie et de Tératogénie**. Paris: Didot, 1860. Disponível em: https://books.google.com.br/books?id=-N4wAQAAMAAJ&printsec=frontcover&hl=pt-BR&source=gbs_ge_summary_r&cad=0#v=onepage&q&f=false. Acesso em: 14 set. 2018.

SEVILLE, Isidore. **The Etymologies of Isidore de Seville**. Tradução e notas de S. A. Barney W. J. Lewis, J. A. Beach e O. Beghoff. N. York: Cambridge University Press, 2010. Disponível em: https://books.google.com.br/books?id=3ep502sy-Zv8C&printsec=frontcover&redir_esc=y#v=onepage&q&f=false. Acesso em: 14 set. 2018.

SHAPIN, Steven. **The Scientific Revolution**. Chicago: Chicago University Press, 1996.

SHIELDS, Christopher. **Aristotle**. N. York: Routledge, 2008.

SIEGEL, R. E. **Galen On the Affected Parts**. Basle. Oxford: Oxford University Press, 1976.

SIM, May (ed.). **From Puzzles to Principles?** Essays on Aristotle's Dialectic. Lanham: Lexington, 1999.

SIMPSON, George, G. **Principles of Animal Taxonomy**. N. York: Columbia University Press, 1961.

SINGER, Charles J. **Greek Biology and Greek Medicine**. Oxford: Clarendon, 1922. Disponível em: https://ia801409.us.archive.org/6/items/greekbiologygree00sing/greekbiologygree00sing.pdf. Acesso em: 14 set. 2018.

SINGER, Charles J. **The Evolution of Anatomy**. A Short History of Anatomical and Physiological Discovery to Harvey; Being the Substance of the Fitzpatrick Lectures delivered at the Royal College of Physicians of London in the Years 1923 and 1924. London: Kegan Paul, 1925.

SINGER, Charles J. **A Short History of Biology**: A General Introduction to the Study of Living Things. London: Oxford, 1931.

SINGER, Charles J. Galen's Elementary Course on Bones. **Proceedings of the Royal Society of Medicine**, London, v. 45, n. 11, p. 767-776, 1952. Disponível em: https://europepmc.org/backend/ptpmcrender.fcgi?accid=PMC1987542&-blobtype=pdf. Acesso em: 9 nov. 2018.

SINGER, Charles J. **A Short History of Anatomy from the Greeks to Harvey**. Mileola: Dover, 1957.

SINGER, Charles J. The strange history of some anatomical terms. **Medical History**, [s.l.], 3, p. 1-7, 1959.

SINGER, Charles J.; RABIN, Chaim M. (ed.) **A Prelude to Modern Science**. Cambridge: Cambridge University Press, 1946. (Esta publicação reproduz e comenta as *Tabulae anatomicae sex*, de Vesalius, publicada originalmente em 1538; há também edição de 2011).

SLAKEY, Thomas J. Aristotle on Sense Perception. **Philosophical Review**, [s.l.], 70, p. 470-484, 1961.

SMITH, Hobart H. **Evolution of Chordate Structure**. An Introduction to Comparative Anatomy. Austin: Holt, Rinehart & Winston, 1960.

SMITH, Robin. Dialectic and method in Aristotle. *In*: SIM, M. (ed.). **From Puzzles to Principles?** Essays on Aristotle's Dialectic. Lanham: Lexington, 1999. p. 39-55. Disponível em: https://philpapers.org/rec/SMIDAM. Acesso em: 14 set. 2018.

SMITH, William C. A. **A Dictionary of Greek and Roman Antiquities**. London: Taylor & Walton, 1842. Disponível em: https://ia801408.us.archive.org/10/items/adictionarygree05smitgoog/adictionarygree05smitgoog.pdf. Acesso em: 14 set. 2018.

SMITH, William C. A. **A New Classical Dictionary of Greek and Roman Biography, Mythology, and Geography**. New York: Harper & Bros, 1851. Disponível em: https://ia902701.us.archive.org/29/items/bub_gb_FjIaAAAAYAAJ/bub_gb_FjIaAAAAYAAJ.pdf. Acesso em: 14 set. 2018.

SMITH, Wesley D. Galen on Coans versus Cnidians. **Bulletin of the History of Medicine**, [s.l.], 47, p. 569-585, 1973.

SMITH, Wesley D. **The Hippocratic Tradition**. Ithaca: Cornell University Press, 1979.

SMITH, Wesley D. **Hippocrates**: Pseudepigraphic Writings. Leiden: Brill, 1990.

SOBOTTA, Johannes. **Atlas of Human Anatomy**. Philadelphia: Saunders, 1909. Disponível em: https://ia902609.us.archive.org/1/items/Atlas andtextboo01thom-goog/Atlas andtextboo01thomgoog.pdf. Acesso em: 9 nov. 2018.

SOFIANIDOU, Theodora S. [Aristotle's contribution to modern Biology]. **Proceedings of the Sixth Panhellenic Symposium of the Historical and Folklore Society of Chalkidiki, Ierissos**, October 2001, p. 309-319, 2004.

SOLMSEN, Friedrich. The Fishes of Lesbos and their alleged significance for the development of Aristotle. **Hermes**, [s.l.], 106, p. 467-484, 1978.

SOONTIËNS, Franciscus J. K. Evolution: Teleology or Chance. **Journal for General Philosophy of Science/Zeitschrift für allgemeine Wissenschaftstheorie**, [s.l.], v. 22, n. 1, p. 133-141, 1991.

SORABJI, Richard. Body and Soul in Aristotle. **Philosophy**, [s.l.], 49, p. 63-89, 1974.

SORABJI, Richard (ed.). **Aristotle Transformed. The Ancient Commentators and their Influence**. London: Duckworth, 1990.

SORABJI, Richard. Intentionality and Physiological Processes: Aristotle's Theory of Sense-Perception. *In*: NUSSBAUM, M.; RORTY, A. O. (ed.). **Essays on Aristotle's de Anima**. 1996. p. 195-226.

SORABJI, Richard. Aristotle on Sensory Processes and Intentionality: A Reply to Myles Burnyeat. *In*: PERLER, D. (ed.). **Ancient and Medieval Theories of Intentionality**. Leiden: Brill, 2001. p. 49-61.

SPALTEHOLZ, Karl W. **Hand Atlas der Anatomie des Menschen**. Leipzig: S. Hirzel, 1895-1903. 3 v. Disponível em: https://ia802705.us.archive.org/25/items/handAtlas derana01spalgoog/handAtlas derana01spalgoog.pdf. Acesso em: 9 nov. 2018.

SPRUMONT, Pierre. Anatomical terms: towards development of terminologies (terminogenesis). **European Journal of Anatomy**, [s.l.], v. 20, n. 3, p. 249-280, 2016.

STADEN, Heirich von. **Herophilus**: The Art of Medicine in Early Alexandria. Cambridge: CUP, 1989.

STADEN, Heirich von. The Discovery of the Body: Human Dissection and Its Cultural Contexts in Ancient Greece. **The Yale Journal of Biology and Medicine**, [*s.l.*], 65, p. 223-241, 1992.

STADEN, Heirich von. Author and Authority in Celsus and a Construction of a Scientific Self. *In*: VÁZQUEZ BUJÁN, M. E. (ed.). **Tradición e Innovación de la Medicina Latina de la Antiguedad y de la Alta Edad Média**. Actas del IV Coloquia Internacional Sobre los Textos Médicos Latinos Antiguos. 1994. p. 103-117.

STADEN, Heirich von. Anatomy as Rhetoric: Galen on Dissection and Persuasion. **Journal of the History of Medicine and Allied Sciences**, [*s.l.*], 50, p. 47-66, 1995.

STEDMAN, Thomas L. **Stedman's Medical Dictionary**. Stedman's online. Wolters-Kluwer. [2019]. Disponível em: http://stedmansonline.com/. Acesso em: 3 maio 2019.

STEDMAN, Thomas L. **Dental Dictionary**. Stedman's online. Wolters-Kluwer. [2019]. Disponível em: http://stedmansonline.com/. Acesso em: 3 maio 2019.

STEDMAN, Thomas L. **Pocket Medical Dictionary**. Stedman's online. Wolters-Kluwer. [2019]. Disponível em: http://stedmansonline.com/. Acesso em: 3 maio 2019.

STEINER, Gary. **Anthropocentrism and its Discontents**. The Moral Status of Animals in the History of Western Philosophy. Pittsburgh: University of Pittsburg Press, 2005.

STENO. **Nicolai Stenonis Elementorum myologiae specimen, seu musculi description geometrica**. Cui accedunt canis carchariae dissectum caput et dissectus piscis ex canum genere ad Serenissimum Ferdinandum II, Magnum Etruriae Ducem. Florenciae: Stellae, 1667. Disponível em: https://ia800106. us.archive.org/15/items/nicolaistenonise00sten/nicolaistenonise00sten.pdf. Acesso em: 14 set. 2018.

STRABO. **The Geography of Strabo**. Translation by H. L. Jones; J. R. S. Sterrett. London; N. York: Heinemann; Putnam, 1917-1932. 8 v. Disponível em: https://ia800300.us.archive.org/21/items/geographyofstrab01strarich/geographyofstrab01strarich.pdf. Acesso em: 14 set. 2018.

SUGAR, Oscar. How the sacrum got its name. **JAMA**, [*s.l.*], v. 257, n. 15, p. 2.061-2.063, 1987.

TABER, Clarence W. **Taber's Cyclopedic Medical Dictionary**. 2017. Disponível em: https://collegelearners.com/ebooks/tabers-cyclopedic-medical-dictionary--23rd-edition-pdf-free-download/. Acesso em: 17 set. 2018.

TEMKIN, Owsei. **Galenism**: Rise and Decline of a Medical Philosophy, Ithaca and London: Cornell University Press, 1973.

TEMKIN, Owsei. **Hippocrates in a World of Pagans and Christians**. Baltimore: Johns Hopkins, 1991.

TEMKIN, Owsei; TEMKIN, C. L. (ed.). **Ancient Medicine: Selected Papers of Ludwig Edelstein**. Baltimore: Johns Hopkins, 1967.

TESTUT, Jean L. **Traité d'Anatomie Humaine**. Paris: Doin, 1889-1892. 3 v. Disponível em: https://archive.org/details/traitdanatomie01test. Acesso em: 26 set. 2018.

THEOPHRASTOS. ΘΕΟΦΡΑΣΤΟΥ ΕΡΕΣΙΟΥ ΤΑ ΣΩΖΟΜΕΝΑ. Theophrasti Eresii quae supersunt opera: et excerpta librorum. Ed. H. F. Link; J. G. Schneider. Lipsiae: Vogelii, 1821. 5 v. Disponível em: https://ia902701.us.archive.org/0/items/theophrastouere00schngoog/theophrastouere00schngoog.pdf. Acesso em: 18 set. 2018.

THEOPHRASTOS. **Enquiry unto Plants and Minor Works on Odours and Weather Signs**. Translation by A. Hort. London: Heinemann, 1916. 2 v. Disponível em: https://ia802301.us.archive.org/0/items/enquiryintoplant01theouoft/enquiryintoplant01theouoft.pdf. Acesso em: 18 set. 2018.

THEOPHRASTUS. **Metaphysics**. Translation by W. D. Ross; F. H. Fobes. Hildesheim: Georg Olms, 1929.

THOMPSON, D'Arcy W. **A Glossary of Greek Birds**. Oxford: Clarendon, 1895. Disponível em: https://ia902609.us.archive.org/2/items/glossaryofgreekb-00thomrich/glossaryofgreekb00thomrich.pdf. Acesso em: 14 set. 2018.

THOMPSON, D'Arcy W. **On Aristotle as a Biologist**. Oxford: Clarendon, 1913. Disponível em: https://ia802605.us.archive.org/22/items/onaristotleasbio-00thomrich/onaristotleasbio00thomrich.pdf. Acesso em: 14 set. 2018.

THOMPSON, D'Arcy W. **On Growth and Form**. Cambridge: Cambridge University Press, 1917. Disponível em: http://www.gutenberg.org/ebooks/55264. Acesso em: 14 set. 2018.

THOMPSON, D'Arcy W. Natural Science. *In*: LIVINGSTONE, R. W. (ed.). **The Legacy of Greece**. London: Oxford University Press, 1924. p. 137-162. Disponível em: https://ia800204.us.archive.org/24/items/legacyofgreece00liviuoft/legacyofgreece00liviuoft.pdf. Acesso em: 14 set. 2018.

THOMPSON, D'Arcy W. **A Glossary of Greek Fishes**. London: Oxford University Press, 1947. Disponível em: https://pt.scribd.com/doc/175521689/Thompson-Dictionary-of-Fishes. Acesso em: 21 set. 2021.

TIPTON, Jason A. Aristotle's study of the animal world. The case of the kobios and phucis. **Perspectives on Biology and Medicine**, [*s.l.*], 49, p. 369-383, 2006.

TIPTON, Jason A. **Philosophical Biology in Aristotle's Parts of Animals**. New York: Springer, 2013.

TIRRI, Rauno *et al.* **Elsevier's Dictionary of Biology**. Amsterdam: Elsevier Science B.V., 1998.

TORREY, Harry B.; FELIN, Frances. Was Aristotle an Evolutionist? **The Quarterly Review of Biology**, [*s.l.*], v. 12, n. 1, p. 1-18, 1937.

TOWEY, Alan. Aristotle and Alexander on hearing and instantaneous change: a dilemma in Aristotle's account of hearing. *In*: BURNETT, C.; FEND, M.; GOUK, P. (ed.). **The Second Sense: Studies in Hearing and Musical Judgement from Antiquity to the Seventeenth Century**. London: The Warburg Institute, 1991. p. 7-18.

TOYNBEE, Jocelyn M. C. **Animals in Roman Life and Art**. Baltimore: Johns Hopkins, 1973.

TUOMINEN, Miira. **The Ancient Commentators on Plato and Aristotle**. Berkeley: University of California Press, 2009.

TURNER, William. **Turner on Birds**. A Short and Succinct History of the Principal Birds Noticed by Pliny and Aristotle. Cambridge, MA: Cambridge University Press, 1903. Disponível em: http://assets.cambridge.org/97811076/63824/excerpt/9781107663824_excerpt.pdf. Acesso em: 14 set. 2018.

ULLMANN, Manfred. **Dei Medizin im Islam**. Leiden: Brill, 1970.

UNGAR, Peter S. **Mammal Teeth**: Origin, Evolution, and Diversity. Baltimore: Johns Hopkins, 2010.

VALPY, Francis E. J. **A Manual of Latin Etymology.** As Ultimately Derived From the Greek Language, With But Few Exceptions. London: Longman, 1852.

VAN DER EIJK, Philip J. Towards a Rhetoric of Scientific Discourse: Some Formal Characteristics of Greek Medical and Philosophic Texts. *In*: BAKKER, E. J. (ed.). **Grammar as Interpretation:** Greek Literature in its Linguistic Context. Leiden: Brill, 1997. p. 77-129.

VAN DER EIJK, Philip J. The Anonymous Parisinus and the doctrines of the Ancients. *In*: VAN DER EIJK, Philip J. (ed.). **Ancient Histories of Medicine.** Essays in Medical Historiography and Doxography in Classical Antiquity. Leiden: Brill, 1999. p. 295-331.

VAN DER EIJK, Philip J. (ed.) **Ancient Histories of Medicine.** Leiden: Brill, 1999.

VAN DER EIJK, Philip J. (ed.) **Hippocrates in Context:** Papers Read at the XIth International Hippocrates Colloquium, University of Newcastle upon Tyne. Leiden; Boston: Brill, 2002. p. 27-31.

VAN DER EIJK, Philip J. **Medicine and Philosophy in Classical Antiquity.** Doctors and Philosophers on Nature, Soul, Health, and Disease. Cambridge: CUP, 2005.

VANZOLINI, Paulo E. Paleoclimas e especiação em animais da América do Sul tropical. **Estudos Avançados**, [*s.l.*], v. 6, n. 15, p. 41-65, 1992.

VANZOLINI, Paulo E.; WILLIAMS, Ernest E. The vanish refuge: A mechanism for ecogeographic speciation. **Papéis Avulsos de Zoologia**, [*s.l.*], v. 34, n. 23, p. 251-255, 1981.

VESALIUS, Andreas. **Tabulae anatomicae sex.** Venetiis: J.S. Calcarensis, 1538. Reimpressas na obra "A prelude to modern Science", editadas e comentadas por Charles Singer e Chaim M. Rabin (Cambridge, 1946). (Existe também uma edição de 2011, que comenta as *Tabulae anatomicae sex.*) Disponível em: http://special. lib.gla.ac.uk/anatomy/vesalius.html. Acesso em: 22 out. 2018.

VESALIUS, Andreas. **De humani corporis fabrica libri septem.** Basel: Johannes Oporinus, 1543. Disponível em: https://Anatomiaitaliana.com/wp-content/uploads/2013/05/About_Fabrica_Web2.pdf. Acesso em: 14 set. 2018.

VIRGIL. **The Aeneid.** Translation by J. Dryden. N. York: Collier & Sons, 1909. Disponível em: http://oll.libertyfund.org/titles/virgil-the-aeneid-dryden-trans. Acesso em: 18 set. 2018.

VON BAER, Karl E. **Über Entwickelungsgeschichte der Thiere.** Beobachtung und reflexion. Königsberg: Gebrüder Bornträger, 1828. Disponível em: https://ia800206.us.archive.org/30/items/berentwickelun01baer/berentwickelun01baer.pdf. Acesso em: 18 set. 2018.

VON LIEVEN, Alexander F.; HUMAR, Marcel. A cladistic analysis of Aristotle's animal groups in the "Historia Animalium". **History & Philosophy of Life Sciences,** [*s.l.*], v. 30, n. 2, p. 227-262, 2008.

VOULTSIADOU, Eleni; CHINTIROGLOU, Charlton C. Aristotle's lantern in Echinoderms: an ancient riddle. **Cahiers de Biologie Marine,** [*s.l.*], 49, p. 299-302, 2008.

VOULTSIADOU, Eleni *et al.* Aristotle's scientific contributions to the classification, nomenclature and distribution of marine organisms. **Mediterranean Marine Science,** [*s.l.*], v.18, n. 3, p. 468-478, 2017.

VOULTSIADOU, Eleni; TATOLAS, Apostolous. The fauna of Greece and adjacent areas in the Age of Homer: evidence from the first written documents of Greek literature. **Journal of Biogeography,** [*s.l.*], 32, p. 1.875-1.882, 2005.

VOULTSIADOU, Eleni; VAFIDIS, Dimitris. Marine invertebrate diversity in Aristotle's zoology. **Contributions to Zoology,** [*s.l.*], v. 76, n. 2, p. 103-120, 2007.

WADDINGTON, Conrad H. **The Evolution of an Evolutionist.** Ithaca, NY: Cornell University Press, 1975.

WATKINS, Morgan G. **Gleanings from the Natural History of the Ancients.** London: Elliot Stock, 1885. Disponível em: https://ia802605.us.archive.org/14/items/gleaningsfromnat00watkiala/gleaningsfromnat00watkiala.pdf. Acesso em: 14 set. 2018.

WHITE, Nicholas P. Aristotle on sameness and oneness. **Philosophical Review,** [*s.l.*], v. 80, n. 2, p. 177-197, 1971.

WHITTOW, G. Causey. **Comparative Physiology of Thermoregulation.** N. York: Academic Press, 1970-1973. 3 v.

WICKERSHEIMER, Charles A. E. **Anatomies de Mondino dei Luzzi et de Guido de Vigevano.** Paris: Droz, 1926.

WOODS, Michael. Form, species and predication in Aristotle. **Synthese,** [*s.l.*], v. 96, n. 3, p. 399-415, 1993.